정치의
도덕적
기초

THE MORAL FOUNDATIONS OF POLITICS
by Ian Shapiro

Copyright ⓒ 2003 by Yale University.
Originally published by Yale University Press.
All rights reserved.

Korean translation copyright ⓒ 2017 by MUNHAKDONGNE Publishing Corp.
Korean edition is published by arrangement with the Yale University Press through
Duran Kim Agency.

openyalecourses
http://oyc.yale.edu

이 책의 한국어판 저작권은 듀란 킴 에이전시를 통해 저작권자와 독점 계약한 (주)문학동네에 있습니다. 저작권법에 의해 한국 내에서 보호를 받는 저작물이므로 무단 전재 및 무단 복제를 금합니다.

이 도서의 국립중앙도서관 출판예정도서목록(CIP)은
서지정보유통지원시스템 홈페이지(http://seoji.nl.go.kr)와
국가자료공동목록시스템(http://www.nl.go.kr/kolisnet)에서 이용하실 수 있습니다.
(CIP제어번호: CIP2016031222)

오픈예일코스
openyalecourses

정치의
도덕적
기초

이언 샤피로
노승영 옮김

the moral foundations of politics

문학동네

일러두기

1. 이 책은 Ian Shapiro, *The Moral Foundations of Politics* (Yale University Press, 2003)을 완역한 것이다.
2. 본문의 [ ]는 옮긴이 주이고, 인용문의 { }는 인용자(이언 샤피로)의 첨언이다. 원서에서 이탤릭체로 된 강조 부분은 고딕체로 표시했다.
3. 본문의 인용문은 한국어판이 있는 경우 기본적으로 한국어판의 번역을 참고하되 부분적으로 수정하기도 했으며, 한국어판 출처는 주석에 밝혀놓았다.
4. 단행본과 잡지는 『 』로, 논문 등은 「 」로 표시했다.

'정치의 도덕적 기초' 수업을 들은 모든 학생들에게

……확실성은 아름답지만,
불확실성은 더욱 아름답다.
　―비스와바 쉼보르스카

차례

서문 11

머리말 13

1장 계몽주의 정치학 21

2장 고전 공리주의 35

3장 권리와 공리의 종합 59

4장 마르크스주의 101

5장 사회계약론 147

6장 반계몽주의 정치학 199

7장 민주주의 247

8장 성숙한 계몽주의에서의 민주주의 289

주 297

옮긴이의 말 339

찾아보기 343

서문

이 책은 내가 1980년대 초부터 예일 대학에서 가르친 '정치의 도덕적 기초' 강의를 모태로 삼았다. 나는 더글러스 레이에게서 이 강의를 물려받았는데 그뒤로 강의 내용이 썩 달라지긴 했지만, 배를 처음부터 새로 설계하기보다는 바다에서 고치는 식으로 다듬었다. 그러니 내가 레이에게 진 빚은 그가 이 책을 읽으면서 느끼는 바보다 더 클 것이다. 강의를 책으로 펴내자는 아이디어는 예일 대학 출판부에서 나를 담당하던 편집자 존 코벨이 1990년대 중엽에 내놓았다. 이 책의 의붓부모 격인 두 사람에게 감사드린다. 브루스 애커먼, 로버트 달, 클래리사 헤이워드, 낸시 허시먼, 니콜리 나트라스, 제니퍼 피츠, 마크 스타인, 그리고 예일 대학 출판부의 독자 두 사람은 원고를 처음부터 끝까지 읽고서 크고 작은 조언을 해주었다. '도덕적 기초'를 수강했던 연구 조교들은 캐서린 다스트의 지도 아래 집필을 여러모로 도와주었다. 캐럴 황, 칼 창, 클린턴 도커리, 댄 크루거, 조지 매글레어스, 멜로디 레드버

드, 데이비드 슈뢰딜, 마이클 자이벨에게 감사한다. 제프리 풀러는 내가 최종 원고를 쓸 때 스털링 연구 조교를 맡아 큰 몫을 해주었다. 제니퍼 카터도 최종 단계에서 큰 도움을 주었다.

  이 책은 정치철학에 대한 사전 지식 없이도 읽을 수 있는 입문서로, 공리주의, 마르크스주의, 사회계약론, 반계몽주의, 민주주의 전통에서의 다양한 정치적 정당성 이론을 다룬다. 이 이론들을 논의하는 이유는 지난 수세기 동안 서구 정치 논쟁의 토대가 된 주요 지적 전통을 이해하기 위해서다. 나는 이 이론들을 역사적 맥락에서 제시하되 현대의 문제에 적용할 수 있는 현재적 서술에 초점을 두었다. 이 책은 입문서이면서도 독자적 관점에서 특정한 논변을 제시한다. 이 책을 교수자가 유용한 교재로 쓰되, 강의중에 나의 주장을 반박하더라도 내가 실망할 일은 없을 것이다.

  1.2절, 4.2.3절, 5.5절의 일부 내용은 나의 논문("Resources, capacities, and ownership: The workmanship ideal and distributive justice," *Political Theory*, vol. 19, no. 1 (February 1991), pp. 28–46)에 실린 적이 있다. 판권은 세이지 출판사에 있으며 허락하에 인용했다.

머리말

우리가 정부에 충성을 다해야 할 때는 언제이고, 거역해야 할 때는 언제인가? 우리의 탐구는 아주 오래된 이 정치적 딜레마에서 출발한다. 이 딜레마는 소크라테스, 마르틴 루터, 토머스 모어까지 거슬러올라가며, 바츨라프 하벨, 넬슨 만델라, 아웅 산 수 치에게서 그 변함없는 영향력을 확인할 수 있다. 이들이 도덕적 영웅인 이유는 그릇된 정치적 권위에 맞섰기 때문이다. 이에 반해 아돌프 아이히만은 그러지 않았기에 도덕적 악인이다. 나치 독일의 중간 관리자였던 아이히만의 동기와 행동은 기계적 정당성을 가진 권위에 복종한 사례다. 하지만 수많은 사람들을 나치 강제수용소에 보낸 그의 행위가 시사하듯, 모든 정부의 정당한 권위에는 반드시 한계가 있어야 한다.[1]

바로 그 아이히만의 죽음을 둘러싼 사건에서 잘 드러났듯이, 그런 한계가 있어야 한다고 말하기는 쉽지만 어떤 한계를 부여할 것인가 또는 한계를 어떻게 부여할 것인가는 훨씬 까다로운 문제다. 아이히만은 이스라엘 특공대에 체포되어—이 과정에서 이스라엘 측은 아르헨티나 법과 국제법을 위반했다—이스라엘로 압송된 뒤에 인류와 유대인에 대한 범죄 혐의로 재판받고 처형되었다. 아이히만을 동정하지 않은 많은 이들도 그가 체포된 과정에는 우려를 나타냈다. 아이히만은 자신이 범죄를 저지를 때 존재하지도 않던 나라의 법정에서 재판을 받았으며, 그에게 형을 선고하고 처형하기 위한 특별법이 제정되었기 때문이다. 정당한 정치적 권위는 불법 수색과 체포, 특정 사건을 위한 법률의 사후 제정, 사권私權 박탈법 등을 배제해야 마땅하나, 이스라엘의 조치는 이에 부합하지 않는다. 하지만 이스라엘이 당시의 법 제도에도 불구하고 (이스라엘 지도자들이 보기에) 도덕적 명령에 따라 행동한 것과 아이히만이 '자기' 시대의 법 제도에 맹종한 것이 모두 불편하게 느껴진다면, 우리는 서두의 물음을 이렇게 고쳐 물을 수 있다. 우리의 충성을 요구하는 법률과 국가 행위가 그럴 자격이 있는지는 누가, 어떤 기준으로 판단해야 할까? 이 책에서는 이 물음에 대해 근대 서구에서 제시된 주요 답변을 살펴본다.

한 무리의 답변은 제러미 벤담(1748~1832)으로 대표되는 공리주의 전통에서 찾아볼 수 있다. 1789년에 첫 출간된 벤담의 『도덕과 입법의 원칙에 대한 서론』은 공리주의의 교과서적 저작이지만, 공리주의의 시작은 이보다 훨씬 이전으로 거슬러올라가며 (차차 살펴보겠지만) 벤담의 책이 출간된 뒤로도 수없이 재구성되고 재정의되었다. 공리주의자들이 우리의 물음에 대해 내놓는 대답은 '정부의 정당성은 행복을 극대화하려는 정부의 의지와 능력에 달려 있다'라는 주장으로 수렴된다.

무엇이 행복인가, 누구의 행복을 따질 것인가, 행복을 어떻게 측정할 것인가, 누가 계산할 것인가 등은 각 공리주의 학파를 구분하는 논점으로, 이에 대해서는 2장과 3장에서 설명할 것이다. 이러한 논점과 부수적 사안들에 대해서는 이견들이 있지만, 공리주의자들은 정부가 최대 다수의 최대 행복을 추구해야 한다는 벤담의 야심찬, 적어도 명심할 만한 금언을 잣대 삼아 정부를 평가해야 한다는 데 대체로 동의한다.

4장에서 다룰 마르크스주의는 착취 개념을 기준으로 정치적 정당성을 판단한다. 마르크스주의자들은 착취의 정의, 착취와 노동·경제체제·정치체제의 관계, 착취 근절을 위한 정치기구의 역할 등을 놓고 근본적 차이를 보인다. 하지만 마르크스주의를 어떻게 이해하든, 정치기구는 착취를 승인하면 정당성을 잃으며 착취의 반정립인 인간 자유를 증진하면 그만큼 정당성을 얻는다. 마르크스주의의 관점에서는, 역사상 모든 정치체제가 어떤 식으로든 착취를 승인했지만 사회주의와 공산주의는 착취 없는 세상의 가능성을 보여준다고 한다. 카를 마르크스(1818~1883)가 그 가능성을 역설한 이래 역사는 한번도 이에 대해 호의적인 시선을 보내지 않았지만, 사회주의나 공산주의의 바람직한 형태를 새로 만들어낼 수는 없을지라도 자본주의의 규범적 속성을 이해하고 여러 자본주의 체제의 상대적 정당성을 구분하는 데는 마르크스주의 이론이 유용할 것이다.

5장에서 설명할 사회계약론 전통은 우리의 물음에 대한 세번째 대답이다. 사회계약론은 아주 오래되었지만, 근대적 형태의 사회계약론은 1651년에 출간된 토머스 홉스의 『리바이어던』과 1680년대 잉글랜드에서 익명의 논문으로 첫 출간된 존 로크의 『통치론』(제2론)에서 출발했다는 것이 통설이다. 사회계약론자들이 보기에 국가의 정당성은 합의 개념에 뿌리를 둔다. 합의의 성격이 어떤가, 합의 당사자는 누구인가, 합의를 어떻게 실천할 것인가 등을 놓고 처음부터 이견이 있었지만, 피통치자의 동의가—이것을 어떻게 이해하는가는 다를 수 있지만—국가 정당성의 근원이라는 데는 의견이 일치한다. 국가가 우리의 합의를 구현하면 우리는 국가에 충성할 의무가 있지만, 국가가 우리의 합의를 저버리면 우리는 저항할 자유가 (일부 학파에 따르면 심지어 의무가) 있다.

공리주의, 마르크스주의, 사회계약론은 정치적 정당성에 대해 저마다 독특한 관점과 질문을 내세우지만, 생각보다 겹치는 점이 많다. 내가 보기에 그 이유는 이 사상들이 형성되는 데 계몽주의가 결정적 역할을 했기 때문이다. 계몽주의는 과학적 원리를 토대로 사회생활을 합리화하려는 철학 운동이며, 그 안에서는 개인 권리라는 정치적 원칙으로 표현되는 인간 자유의 이상을 진지하게 받아들이려는 강력한 규범적 추동력이 작동한다. 앨러스데어 매킨타이어가 이름 붙인바 '계몽주의 기획'은 대체로 르네 데카르트(1596~1650), 고트프리트 라이프니츠(1646~1716), 바뤼흐 스피노자(1632~1677), 이마누엘 칸트(1724~1804)를 비롯한 유럽 사상가의 저작과 관련이 있지만, 존 로크(1632~1704), 조지 버클리(1685~1753), 데이비드 흄(1711~1776) 같은 영국 경험론자에게서도 큰 영향을 받았다. 우리는 계몽주의적 가치가 어떻게 공리주의, 마르크스주의, 사회계약론의 전통들을 빚어냈는지 들여다볼 것이며, 이 전통들을 살펴보면서 사상가들이 과학과 개인 권리라는 계몽주의적 가치를 어떻게 이해했는지 평가할 것이다.

계몽주의를 비난하는 사람들은 언제나 있었는데, 6장에서는 그들을 다룬다. 계몽주의 정치사상의 비판자들은 에드먼드 버크(1729~1797) 같은 전통주의자에서 현대의 탈근대주의 및 공동체주의 이론가에 이르기까지 다양하다. 이들은 많은 차이점이 있지만, 과학적 노선으로 정치를 합리화한다는 목표에 대해, 또한 개인 권리로 구현된 자유가 가장 중요한 정치적 가치라는 관념에 대해 (적대적일 정도는 아니지만) 상당히 회의적이라는 공통점이 있다. 그 대신 이들은 물려받은 관습에 규범적 무게를 부여하며, 개인의 삶을 형성하고 의미를 부여하는 공동체적 가치를 얼마나 잘 구현하느냐에 따라 정치기구의 정당성을 평가하는 경향이 있다. 찰스 테일러 말마따나 자아의 근원은 개인에 선행하고 개인을 초월하며 이를 통해 정치적 정당성에 대한 개인의 기대를 형성하는 애착과 소속감의 체계에서 비롯하는 것으로 여겨진다.[2]

6장 말미에서 분명히 드러나겠지만 공리주의, 마르크스주의, 사회계약론에 심각한 문제가 있더라도 정치에서 계몽주의 기획을 전적으로 거부하는 것은 불가능하며 설령 가능하더라도 바람직하지 않다. 각 이론들의 난점 중 일부는 각 이론에 고유하며, 또 일부는 이론들이 구현하는 계몽주의적 가치에 대한 특정한 이해에서 비롯한다. 전자와 관련하여 각 전통은 포괄적인 정치적 원칙으로는 실패했으되 정치적 정당성의 근원에 대한 우리의 사유에 실마리를 던지는 통찰을 담고 있다. 후자와 관련하여 나는 반계몽주의적 비판에 취약한 초기 계몽주의와 그렇지 않은 성숙한 계몽주의를 구분한다. 계몽주의가 토대적 확실성에 집착한다고 비판할 수는 있지만 현대적 사고와 실천의 기본인 가류주의fallibilism(오류가능주의)적 과학관은 이런 비판에서 자유로우며, 개인 권리 개념에 어떤 난점이 있더라도 이 개념 없이 정치적 정당성 이론을 전개하기란 여간 어려운 일이 아니다.

여기에서 이런 물음이 도출된다. 성숙한 계몽주의의 가치를 가장 잘 구현하는 정치 이론은 무엇일까? 7장에서 내가 내놓는 답은 민주주의다. 민주주의 전통의 기원은 고대로 거슬러올라가지만, 민주주의가 근대적으로 정식화되어 현대의 정치 논증을 형성하게 된 것은 1762년에 출간된 『사회계약론』에서 장자크 루소가 펼친 일반의지 논의와 이에 대한 반작용에서 비롯한다. 민주주의자들은 정부의 결정에 영향을 받는 사람들이 결정 과정에서 유의미한 역할을 할 때, 또한 현재의 정부에 반대하고 그것을 다른 대안으로 대체할 수 있는 유의미한 기회가 있을 때에만 정부가 정당하다고 주장한다. 정부와 야당을 어떻게 조직해야 하는가, 누구에게 투표권이 있는가, 표를 어떻게 계산해야 하는가, 필요하다면 민주적 다수의 결정에 어떤 한계를 두어야 하는가 등의 구체적 사안에 대해서는 민주주의자들 사이에서도 이견이 분분하다. 하지만 민주적 절차야말로 정치적 정당성의 가장 훌륭한 근원이라는 데에는 의견이 일치한다. 이들이 옳다는 나의 주장이 취약하다고 생각하는 사람도 (적어도 처음에는) 있을 것이다. 오래전부터 민주주의는 진리에 대하여, 또한 개인 권리의 존엄성에 대하여 매우 적대적이라는 비난에 시달렸다. 하지만 나는 이 가치들을 가장 이치에 맞게 다루는 성숙한 계몽주의적 이해에 따라 이러한 비난은 번지수가 틀렸다고 생각한다. 정치적 주장과 그 반대 주장의 진실성을 공론장에서 검증하도록 보장하고, 인간 자유에의 염원을 가장 잘 구현하는 개인 권리를 보호하고자 한다면, 우리는 현재의 대안들보다 더 나은 수단을 민주주의 전통에서 찾을 수 있다.

1장
계몽주의 정치학

계몽주의라는 이름의 철학 운동은 실제로는 여러 별개의―겹치는 부분도 있지만―지적 운동들이었다. 그 뿌리는 적어도 1600년대로 거슬러 올라가며, 지금도 삶의 온갖 분야에서 그 영향을 실감할 수 있다. 철학, 과학, 발명에서 예술, 건축, 문학, 정치, 경제, 조직에 이르기까지 인간 활동의 모든 분야에 계몽주의의 이런저런 흔적이 역력히 남아 있다. 계몽주의의 철학적 가정과 현실적 결과에 대해 처음부터 수많은 공격이 가해졌음에도 계몽주의적 전망은 지난 400년의 대다수 시기 동안 서구 지의식知意識을 지배했다.[1]

계몽주의 사상의 계통은 저마다 다르지만, 이를 추종한 사람들의 중요한 공통점은 우리의 환경과 우리 자신의 참된 본성을 인간 이성으로 이해할 수 있다는 믿음이다. 계몽주의적 전망은 뼛속까지 낙관적이며, 이 낙관은 인간사가 진보한다는 관념의 원동력이 된다. 이성의 범위가 넓어지면, 우리의 환경과 삶을 이해함으로써 이를 통제하고 나아가 개선할 가능성이 더욱 커진다. 열성적 계몽주의자들은 늘 이 진보의 가능성에 매혹되었다. 하지만 유전학 발전을 둘러싼 작금의 논란에서 보듯 진보에는 숱한 위험이 따른다. 지식이 발전하면 유전병과 선천적 장애를 유전공학으로 근절할 가능성이 커지지만, 똑같은 발전이 사람들의 심리를 오웰식으로 조작하는 데 동원될 수도 있다. 계몽주의 진영이 최선으로 여기는 것은 지식을 얻었을 때의 잠재적 이익이 위험보다 크거나 (어떤 경우에는) 인간이 참된 지식의 매력을 거부하지 못하는 것이다. 계몽주의가 소박한 열정의 산물이든, 불가피한 불행한 추세를 그나마 괜찮은 방향으로 이끌려는 다듬어진 욕망의 산물이든, 계몽주의는 이성이 인류의 문제 개선에 이바지하도록 하는 기획이다.

이성을 구사하여 사회적·자연적 세계를 이해하고 이러한 이해를 인류 진보에 활용하려는 열망은 결코 계몽주의가 처음이 아니다. 이성을 통한 앎의 추구에 변함없는 가치가 부여되고 있음은 굳이 플라톤의 『국가』를 읽지 않아도 알 수 있으며, 아리스토텔레스가 『니코마코스 윤리학』에서 천착한 중심 문제는 객관적으로 규정할 수 있는 덕에 부합하도록 인간 정신의 유연한 측면을 빚음으로써 진보를 성취할 수 있다는 것이다. 하지만 이성과 인류 진보에 대한 계몽주의적 이해에는 독특한 면이 있다. 이성의 지식 추구는 과학을 통해 매개되고 달성되는 것으로 간주되며 인류 진보는 인간 자유를 구현하고 보호하는 개인 권리를 잣대 삼아 평가된다는 것이다.

1.1 과학의 우위

과학에 대한 천착은 모든 지식을 확고한 토대에 세우고, 데카르트가 의심 불가능한 명제를 추구한다고 선언하면서 처음으로 규정한 기준에 따라 평가하려는 계획에서 비롯했다. 데카르트가 제시한 유명한 기준은 코기토, 즉 '나는 생각한다. 그러므로 나는 있다'다.[2] 그것을 의심하려는 행위 자체가 필연적으로 그것을 확증한다. 그뒤로 수세기 동안 계몽주의 사상가들은 지식과 과학을 저마다 사뭇 다른 방식으로 이해하면서도, 이마누엘 칸트가 『순수이성비판』(1781)에서 정의한바 지식을 "학문의 안전한 길에"[3] 두는 임무에 너나없이 몰두했다. 철학에서의 이러한 발전은 근대 과학적 의식의 출현을 반영하고 강화했다. 근대 과학적 의식은 과학만이 참된 지식을 제공한다고 생각했을 뿐 아니라 과학이 인류를 해방하리라는 거창하고 낙관적인 믿음에 사로잡혔다. "아는 것이 힘이다"[4]라는 프랜시스 베이컨(1561~1626)의 선언은 과학이 우주를 진정으로 이해하는 (유일하게) 신뢰할 만한 수단이자 인간의 열망에 따라 우주를 변형하는 최선의 도구라는 이중적 믿음을 하나의 강령으로 밝힌 것이었다.

이 책의 관점에서는, 계몽주의 시기에 인문과학의 지위가 상당히 발전했음에 주목할 필요가 있다. 의심할 여지 없는 확실성이 과학적 지식의 징표이던 17세기와 18세기에는 윤리학, 정치철학, 인문과학이 자연과학보다 우월한 것으로 간주되었다. 물리학, 화학, 천문학, 지질학, 생물학이 급속도로 발전하여 18세기에는 상상도 못한 발견을 해낸

21세기의 관점에서 보면 터무니없는 평가 같기도 하다. 돌이켜보면 자연과학의 성과에 반해 인문과학은 확고한 지식을 거의 또는 전혀 생산하지 못했으며, 윤리학과 정치철학을 과학적으로 연구할 수 있다는 주장에는 많은 사람들이 회의적이다. 이 다양한 탐구 분야의 상대적 위상에 대한 현대의 견해가 초기 계몽주의를 풍미한 견해와 왜 이토록 다른지 이해하려면 당시의 독특한—하지만 이후에 폐기된—인식론이 지닌 두 특징에 주목해야 한다.

1.1.1 지식의 제작자적 이상

초기 계몽주의의 첫번째 특징은 선험적 지식—즉 정의에서 도출되거나 상위 원칙에서 연역되는 지식—의 범위에 대한 것이다. 데카르트가 코기토를 정식화할 때 염두에 둔 것, 칸트가 '분석' 판단의 영역에 둔 것이 바로 이러한 종류의 지식이다. 칸트는 이를 '종합' 판단과 구별했다. 종합 판단은 주어로부터 "주어 안에서는 전혀 생각할 수 없었던, 그러니까 주어 개념의 분해에 의해서는 끄집어낼 수 없었"[5]을 술어로 도약하는 것이다. 분석 판단이 용어의 의미에 논리적으로 내포된 것인 데 반해 종합 판단은 그렇지 않은데, 가장 큰 이유는 종합 판단이 연역적 의미를 넘어서 세계에 대한 진실성에 의존하기 때문이다. 20세기의 일부 철학자들이 분석/종합의 구분에 이의를 제기하기도 했지만[6] 대다수는 여전히 이 구분을 (나름의 방식으로) 받아들인다.

오늘날 대다수 철학자들이 초기 계몽주의 철학자들과 뚜렷이 대조되는 지점은 윤리학, 정치철학, 인문과학의 인식론적 위상과 관계가 있을 것이다. 초기 계몽주의 사상가들은 이 학문들을 모두 선험적 지식의 영역으로 분류했는데, 그 이유는 정의에 의해 참인 지식과 경험에서 도출된 지식의 구분을 기준으로 삼지 않았기 때문이다. 이들은 지식을 인간 의지에 의존하는 지식과 인간 의지와 무관한 지식으로 구분했다. 토머스 홉스가 『인간론』에서 말했듯, 순수과학, 즉 '수리'과학은 선험적으로 알 수 있으나, 물리학 같은 '응용수학'은 "우리의 역량에 있지 않은 자연물의 원인들"[7]에 의존한다. 홉스는 『수학 교수들에게 주는 여섯 가지 교훈』의 헌정문에서 자신의 취지를 다음과 같이 상술했다.

> 학예學藝 중에서 어떤 것은 보여줄 수 있고 어떤 것은 보여줄 수 없습니다. 보여줄 수 있는 것은 주제의 구성이 학예인學藝人 자신의 능력 안에 있는 것입니다. 이 학예인은 보여주는 행위를 통해 자신의 활동 결과를 연역할 뿐입니다. 그 이유는 이렇습니다. 주제를 막론하고 과학은 동일한 것의 원인, 발생, 구성을 예지하는 것에서 도출되며 그에 따라 원인을 아는 곳에서는 이를 보여줄 여지가 있지만, 원인을 찾아야 하는 곳에서는 그렇지 않습니다. 따라서 기하학은 보여줄 수 있습니다. 추론의 도구인 선과 도형을 우리 스스로 그리고 묘사하기 때문입니다. 시민철학도 보여줄 수 있습니다. 우리 스스로 국가를 만들기 때문입니다. 하지만 자연물은 그 구성을 알지 못하고 결과에서 찾아야 하므로, 우리가 찾는 원인이 무엇인지가 아니라 무엇일지만 보여줄 수 있습니다.[8]

흄 이전 계몽주의 사상에서의 이 '창조자' 이론, 즉 '제작자' 이론은 도덕적 문제에 그후로는 결코 찾아볼 수 없는 높은 인식론적 지위를 부여했다. 『리바이어던』 머리말 끝부분에서 홉스가 뭐라고 하는지 들어보자. 홉스는 자신이 논증을 "정연하고 명쾌하"게 제시했으니 독자의 임무는 자기 마음속에도 같은 것이 있는지 찾아보는 것뿐이라며 "이러한 종류의 학설은 달리 논증할 방법이 없"다고 말한다.[9] 홉스는 자신의 직관과 독자의 직관이 다를 수 있음을 인정하지 않고, 『리바이어던』의 논증이 수학 증명처럼 강력하다고 잘라 말한다.

존 로크도 비슷한 견해였다. 그가 토대로 삼은 신학 논증이 처음에는 난해하게 보일 수도 있지만, 로크가 이 논쟁을 다룬 방식은 이 책에서 논의하는 많은 원칙에 영향을 미쳤다. 로크와 그 시대 많은 이들에게 근본적 문제는 자연법의 존재론적 지위, 특히 자연법과 신의 의지의 관계였다. (당대의 자연법 이론가들이 대체로 그랬듯) 자연법이 영원불변하다는 견해를 받아들이면 이 견해는 그들 상당수가 강력하다고 여기는 또다른 관념에 위협이 되었다. 바로 신이 전능하다는 관념이었다. 전능한 신은 정의상 자연법에 얽매일 수 없다. 하지만 신에게 자연법을 바꿀 능력이 있다면, 자연법이 영원불변하다고 가정할 수 없다. 로크는 이 갈등을 결코 만족스럽게 해소하지 못한 채 골머리를 썩였으나, 도덕적·정치적 저작에서는 단호한 주의주의[지성이 아닌 의지를 존재의 근본 원리나 실체라고 보는 사상], 즉 의지 중심주의적 입장에 섰다.[10] 로크는 무언가가 법의 지위를 가지려면 의지의 산물이어야만 한다는 명제를 포기할 수 없었다. 이러한 주의주의적 견해를 채택함으로써 로크는 초기 계몽주의의 의지 중심주의 이론가들, 특히 독일의 철학자이자 자연법 이론가 사무엘 폰 푸펜도르프와 어깨를 나란히 했다.[11]

주의주의적 자연법 이론은 로크의 일반적 인식론과—로크의 인식론은 앞서 설명한 홉스의 인식론을 빼닮았다—딱 들어맞았다. 로크는 '모형ectype' 개념과 '원형archetype' 개념을 구분했다. 모형은 실체에 대한 일반적 개념이고 원형은 인간이 구축한 개념이다. 이 구분을 통해 자연적 지식과 약정적 지식이 명확하게 분리되었으며, '명목적' 본질과 '실재적' 본질의 구분이 그러한 분리를 뒷받침했다. 외부 세계에 의존하여 존재하는 실체(나무나 동물)에 대해 인간이 알 수 있는 것은 명목적 본질뿐이다. 실재적 본질은 그 실체를 만든 이, 즉 신만이 알 수 있다. 하지만 원형의 경우는 명목적 본질과 실재적 본질이 같기 때문에 당연하게도 인간이 실재적 본질을 알 수 있다. 사회적 관습은 늘 원형적 개념의 산물이기 때문에, 사회의 실재적 본질은 인간이 알 수 있다는 결론이 도출된다. 우리는 우리가 만드는 것을 안다. 따라서 홉스와 마찬가지로, 로크가 보기에 인간은 자신의 창조물—이 책의 관점에서 무엇보다 중요하게는 정치제도—에 대해 명확한 지식을 가질 수 있다.[12]

1.1.2 확실성에 대한 천착

의지 중심성이야말로 최고 형태의 지식이 가진 특징이라는 주장은 오늘날 우리가 분석적 참이라고 생각하는 것에 대해 케케묵은 허울을 씌워왔다. 같은 맥락에서, 의지 의존적이지 않은 지식을 얕보던 관행 또한 그에 못지않게 낡았다. 이에 반해 흄 이후의 계몽주의 전통은 가류주의적 지식관을 특징으로 한다. 이에 따르면 모든 지식 주장은 오류 가능성이 있으며, 과학은 지식을 더 확실하게 함으로써 발전하는 것이 아니라 더 많은 지식을 생산함으로써 발전한다. 모든 지식 주장에 교정 가능성과 오류 가능성이 있음을 아는 것은 근대 과학적 태도의 대표적 특징이다. 칼 포퍼(1902~1994) 말마따나 가설이 경험적 검증을 통과했을 때 우리가 말할 수 있는 것은 가설이 반증되지 않았으므로 잠정적으로 받아들여야 한다는 것이 고작이다.[13] 극적인 예로, 저명한 천체물리학 연구진의 최근 연구는 자연의 기본 법칙으로 받아들여진 것들이 불변하지 않을 수도 있음을 시사한다. 이것이 사실이라면 근대 과학에 대한 우리의 이해에 아인슈타인의 상대성이론 못지않게 심대한 영향을 미칠 것이다.[14]

따라서 윤리학, 정치철학, 그리고 상당 부분의 인문과학은 계몽주의가 성숙함에 따라 이중의 위협에 직면한다. 창조자적 지식론을 폐기하면, 이 학문들은 초기 계몽주의에서 논리학 및 수학과 동일시되어 탁월한 과학으로 인정받던 지위를 잃어버릴 터였다. 그렇다고 해서 비판적이고 가류주의적인 과학의 기준에서 경험적으로 검증할 수 있는 명제들이 이 학문에 담겨 있으리라는 보장도 전혀 없었다. 확실하지도 반증 가능하지도 않은 이 탐구 분야들은 '그저 주관적인 것'이 되어 (A. J. 에이어가 1936년에 『언어, 논리, 진리』에서 극적으로 주장한바) 형이상학과 함께 사변의 쓰레기통에 처박힐 처지에 놓였다. 에이어는 "가치 판단의 표현은 명제가 아니기 때문에, 여기서는 참과 거짓의 문제가 발생하지 않"¹⁵는다며, 윤리학 이론가들이 "윤리적 감정의 원인이나 속성을 지시하는 명제를 마치 윤리적 개념의 정의인 것처럼 다룬"다고 주장했다. 그리하여 이 이론가들은 "윤리적 개념이 가짜 개념이어서 정의될 수 없다는 사실"¹⁶을 깨닫지 못한다는 것이 에이어의 견해다. 에이어의 논리실증주의 원칙은 곧잘 비판을 받지만, 규범적 탐구가 비과학적이라는 그의 견해는 학계와 대중의 마음속에 지금까지 살아남았다.

1.2 개인 권리의 중심성

과학에 대한 믿음과 더불어, 계몽주의 정치철학은 개인 권리를 중시한다는 점에서 질서와 서열을 중시하던 고대·중세의 정치철학과 구별된다. 개인 권리에 초점을 맞추면 개인의 자유가 정치 논쟁의 중심에 대두되는데, 자연법 전통에서 이 변화는 법의 논리에서 자연권 개념으로 강조점이 이동하는 것으로 표현되었다. 홉스는 『리바이어던』에서 "사람들은 흔히 '권리$_{jus}$'와 '법$_{lex}$'을 같은 뜻으로 혼용하는데, 이 둘은 다른 개념이다. 권리는 어떤 일을 하거나 하지 않을 자유를 말하는 반면, 법은 어떤 일을 하도록 지시하거나 하지 못하도록 금지하는 것이기 때문이다. 그러므로 법과 권리는 의무와 자유만큼이나 다르며, 똑같은 방식으로 서로 다른 말이다"라고 주장했다.¹⁷ 1663년에 쓴 로크의 『자연법론』에서도 비슷한 논리를 찾아볼 수 있다. 로크는 권리와 법의 전통적인 기독교적 상관관계를 거부하면서 자연법이 "자연권과 구별되어야 한"다고 주장했다. 로크가 내세운 이유는 "권리는 우리가 사물을 자유롭게 이용할 수 있다는 사실을 바탕으로 삼는 반면에 법은 사물에 대한 행위를 명령하거나 금지하는 것이기 때문"이었다.[18] 이러한 변화가 얼마나 독특했는가는 영어를 제외한 유럽 언어에서 권리와 법을 구별하지 않는다는 사실에서도 알 수 있다. 독일어 '레히트$_{Recht}$', 이탈리아어 '디리토$_{diritto}$', 프랑스어 '드루아$_{droit}$'는 모두 추상적 형태의 법과 권리를 함께 일컫는다. 또한 이 개념들의 어원은 역사적으로 밀접하게 연관되어 있다. 법에서 권리로의 변화를 주도한 것은 영국의 사회계약론 이론가들이었지만, 이들의 논의는 훨씬 넓은 정치 지형에 지울 수 없는 흔적을 남겼다.

앞에서 우리는 로크의 주의주의 신학이 신의 전능함을 토대로 삼는다는 사실을 확인했다. 인간이 자연법으로 인식하는 것은 사실 신의 자연권, 즉 신의 의지가 표현된 것이다.[19] 이 도식으로부터 자연스럽게 흘러나오는 로크의 소유권 이론에서 지식의 제작자 모형은 권리의 규범적 이론으로 탈바꿈한다. 창조된 것에 대한 권리는 자율적 제작 행위에서 비롯한다. 제작은 소유권을 동반하므로 자연법은 근본적으로 피조물에 대한 신의 자연권이다.[20] 로크는 『통치론』 등에서 제작자와 시계 제작의 비유를 즐겨 들면서, 인간이 신에게 복종해야 하는 이유는 인간을 만든 신의 목적에 있음을 강조했다. 인간은 "유일하고 전지전능한 조물주의 작품이다. ……인간은 그의 재산이자 작품으로서 다른 누구의 뜻이 아니라 신의 뜻이 지속되는 동안만 살도록 되어 있"다.[21]

로크가 보기에 인간이 신의 피조물 중에서 유일무이한 이유는 신이 인간에게 제작 능력, 스스로 권리를 창조할 능력을 주었기 때문이다. 이 관념의 세속화된 형태는 제작자 신학이나 제작자 신학을 낳은 인식론보다 훨씬 오래 살아남았다. 로크의 정식화에 따르면, 자연법은 인간에게 (이러저러한 방식으로 살라는) 신의 명령에 복종하라고 명령하지만 인간은 자연법에 규정된 한계 안에서는 신처럼 행동할 수 있다. 제작자로서 인간에게는 자신의 의도적 행위에 대한 제작자적 지식과, 자신의 생산물을 지배할 자연권이 있다. 자연법을 어기지 않는 한 우리와 (우리가 창조한) 사물의 관계는 신과 우리의 관계와 같다.[22] 따라서 자연법, 즉 신의 자연권은 인간이 신적 권위를 가지고 신의 축소판으로서 행동하며 나름의 권리와 의무를 창조할 범위의 외적 한계를 정한다.

1.3 과학과 개인 권리의 갈등

과학에 천착하고 개인 권리를 중시하는 태도가 정치적 정당성의 근원에 대한 논의에 어떤 영향을 미쳤는지는 이어지는 장들에서 들여다볼 것이다. 로크의 신학을 설명하면서 이미 언급했듯, 우리가 마음에 새겨야 할 전체적 논점은 계몽주의의 두 가치가 서로 잠재적 긴장 관계에 있다는 것이다. 과학은 결정론적 기획으로, 우주를 지배하는 법칙들을 발견하고자 한다. 사회적·정치적 영역에서 결정론은 개인 자유를 강조하는 윤리와 갈등할 가능성이 다분하다. 인간의 행위가 법의 지배를 받는다면 개인 권리를 강조하는 데 근거가 되는 행위의 자유가 어떻게 존재할 수 있겠는가? 자유의지와 결정론 사이의 오랜 긴장은 로크의 신학적 관심사에서 고개를 쳐들었지만, 과학과 개인 권리 사이의 긴장으로 정식화되면서 독특한 계몽주의적 색채를 띠게 된다.

규범적 물음에도 명확한 대답이 존재한다고 그토록 강조한 홉스와 로크조차도 이 긴장을 완전히 해소할 수는 없었다. 두 사람은 자연법이 침묵한다면 사람들이 원하는 행동을 마음대로 할 수 있다고 믿었지만, 자연법이 침묵하지 않을 때 인간의 자유의지가 자연법의 요구에 늘 복종해야 한다는 명제에 완전히 수긍할 수는 없었다. 둘 다 자연법이 과학과 신학의 모든 힘을 등에 업었다고 믿었음에도 말이다. 홉스는 합리적 개인이 기꺼이 절대 주권에 복종하는 것은 끔찍한 내전을 피하기 위해서라고 주장했다. 이 논리는 주권자가 신민에게 전투에서 목숨을 버리라고 명령하는 것이 정당함을 암시하지만, 홉스는 신민이 목숨을 버리려 하지 않아도 주권자가 놀라지 말아야 한다고 말했다.[23] 로크는 성경에 표현된 자연법이 인간을 구속한다고 생각하면서도, 성경이 애매해서 해석의 차이가 발생할 여지가 있음을 인정했다. 로크가 『통치론』(제1론)에서 로버트 필머 경을 반박한 주된 논변은 성경을 읽는 모든 개인에게 신이 직접 이야기하며, 해석들이 상충할 때 어떤 인간적 권위도 하나의 해석을 강요할 자격이 없다는 것이었다.[24] 이렇듯 자신의 관점에서 자연법을 이해할 자유는 주권자에 맞서 발동될 수 있으며, 로크 자신이 1680년대에 잉글랜드 왕권에 맞설 때 동원한 저항권의 바탕이 되기도 했다. 로크는 성경의 의미에 대하여, 또한 이에 따라 자연법이 무엇을 요구하는가에 대하여 정답을 찾을 수 있다고 확신했지만, 그렇다고 해서 정답 자체에 동의하지 않을 인간 자유가 상실된다고는 생각하지 않았다.

한마디로 제작자적 이상은 과학의 결정론적 명령과, 개인 자유에 중심성을 부여하는 윤리를 종합하려는 시도이지만, 이 이상을 인간에게 적용하다보면 로크가 우려한 자연법 역설과 비슷한 긴장이 불거진다. 만일 정치적 정당성과 관련하여 (현명한 사람이라면 누구나 동의할 수밖에 없는) 완벽한 정답이 있다면, 과연 어떤 의미에서 사람들이 이것을 스스로 결정할 권리가 있다고 말할 수 있겠는가? 반면에 사람들이 스스로의 확신을 내세워 과학적 지식을 거부할 자유가 있다면, 과학이 세상에 관여하는 그밖의 형식들에 대해 과연 어떤 근거로 우위를 주장할 수 있겠는가? 우리는 공리주의, 마르크스주의, 사회계약론에서 이 긴장이 완전히 해소되지 않은 채 번번이 불거지는 것을 보게 될 것이다. 이 긴장은 민주주의 전통에서 다시 모습을 드러내고 이를 최소화하는 절차적 장치를 통해 관리되지만, 역시나 완전히 해소되지는 않는다. 이러한 끈질긴 긴장에서 보듯 과학에 대한 천착과 개인 권리의 중시는 둘 다 계몽주의적 정치 의식의 기본 요소다.

2장
고전 공리주의

제러미 벤담은 대담하기 짝이 없었다. 벤담은 자신이 정치에 대해 쓴 유일한 체계적 논고 첫 장에서 자신의 원칙을 한 문단으로 요약했다.

자연은 인류를 고통과 쾌락이라는 최고의 두 주인이 지배하도록 하였다. 우리가 무엇을 행할까를 결정할 뿐만 아니라 우리가 무엇을 해야 하는가를 지시해주는 것은 오직 고통과 쾌락뿐이다. 한편으로는 옳음과 그름의 기준, 다른 한편으로는 원인과 결과의 사슬이 이 둘의 옥좌에 매여 있다. 고통과 쾌락은 우리가 행하고 말하고 생각하는 모든 것을 지배한다. 이 두 주인에 대한 종속에서 벗어나려는 우리의 온갖 노력은 오히려 우리가 그들에게 종속되어 있음을 증명하고 확인시켜줄 뿐이다. 말로는 인간이 이 주인들의 통치에서 벗어나려는 척할 수도 있다. 그러나 현실에서 인간은 줄곧 그들의 통치에 종속된 상태로 남아 있을 것이다. 공리의 원칙은 이런 종속을 인정하며, 이를 이성과 법의 손길로 더없이 행복한 구조를 세

우려는 목적을 지닌 체계의 토대라고 가정한다. 공리의 원칙에 의문을 제기하는 체계들은 분별이 아니라 소음을, 이성이 아니라 변덕을, 빛이 아니라 어둠을 끌어들인다.[1]

더 나아가 벤담은 공리의 원칙이 "이해 당사자의 행복을 증가시키거나 감소시키는 것처럼 보이는 경향, 달리 말해서 그의 행복을 증진하거나 방해하는 것처럼 보이는 경향에 따라서 각각의 행동을 승인하거나 불승인한"다고 설명한다.

벤담은 자신의 행복 원칙이 개인의 행위와 정부의 행위에 동등하게 적용되며, 정부에 적용될 때는 우리가 공동체 내 최대 다수의 최대 행복을 극대화해야 한다고 믿었다.[2] 뒤에서 보듯 이것은 복잡한 과업이지만, 벤담은 이것이 가능하며 자신의 가르침을 따르는 정부는 번성하고 정당성을 인정받을 것이나 자신의 가르침을 따르지 않는 정부는 반드시 암흑 시대에 갇혀 무력함에 시달릴 것이라고 철석같이 믿었다. 벤담은 감옥에서 의회에 이르기까지 온갖 사회적·정치적 제도를 설계하기 위한 자신의 공리주의적 계획을 실현하는 일에 일생을 바쳤으며, 전 세계를 돌아다니며 통치자와 입법자에게 자신의 계획을 홍보했다. 벤담은 거창한 이론에 맞먹는 거창한 확신을 품었다. 인간 상호작용의 모든 측면을 하나하나 관리하고, 정치적·도덕적 딜레마를 공리의 기술적 계산 문제로 전환하는 체제를 구축할 수 있음을 벤담은 결코 의심하지 않았다. 한 세기 뒤에 마르크스와 엥겔스는 정치가 관리로 대체될 수 있는 유토피아 체제에 대해 썼는데,[3] 벤담은 18세기 영국에서 이것이 가능하다고 믿었다.

2.1 고전 공리주의의 과학적 기초

계몽주의의 적자嫡子 벤담은 당대에 영향력 있던 자연법 전통을 경멸했으며, 모든 자연법 및 자연권 이론이 "말도 안 되는 헛소리…… 수사적 헛소리,―죽마 탄 헛소리"[4]라고 단언했다. 벤담은 폭넓은 정치적 권리 체계를 옹호했지만, 권리란 법체계가 만들어내고 주권자가 집행하는 인공물이라고 생각했다. 벤담은 정부 없이는 강제가 없고 강제 없이는 권리가 없다고 주장했다.[5] 이는 이후에 법실증주의[실정법주의]로 알려진 견해를 직설적으로 표현한 것이다. 전통적으로 자연법은 인간이 창조하는 실정법 체계에 평가 기준을 제공하는 것으로 간주되었지만, 벤담은 실정법 이외에는 아무것도 없으며 실정법은 과학에 근거한 공리주의 원칙으로 평가해야 한다고 생각했다.

벤담은 공리주의에 데카르트적 코기토와 같은, 부인할 수 없는 힘이 있다고 철석같이 믿었다. 벤담은 이렇게 주장했다. "어떤 사람이 공리의 원칙에 저항할 경우, 자신은 의식하지 못하겠지만 그것은 바로 이 원칙 자체에서 도출된 이유 때문이다."[6] 따라서 금욕적 도덕주의자가 쾌락을 멀리하는 것은 "사람들이 평가하는 명예와 평판에 대한 기대" 때문이며 이러한 명예에 대한 기대야말로 쾌락의 참된 원천이다. 같은 맥락에서, 쾌락을 거부하거나 종교적 이유로 순교하는 것은 "화를 잘

내고 복수심이 넘치는 신의 손에 달린 미래의 처벌에 대한 공포" 때문이다. 이 공포는 "고통에 대한 예상", 그러니까 온전히 공리주의적 동기일 뿐이다.[7] 언뜻 생각하기에도, 벤담이 이와 같이 설명하는 쾌락 추구와 고통 회피의 관념은 너무 광범위해서 상상할 수 있는 어떤 동기도 공리주의식으로 고쳐 쓸 수 있다. 이론상 반증 불가능한 인간 심리 이론은 과학적으로 평가할 수 없다는 점에서, 벤담의 주장은 오늘날 충분히 의혹을 살 만하다. 하지만 벤담은 초기 계몽주의의 주류였기 때문에, 당연히 자기 주장의 반증 불가능성이 공리주의적 관점을 확증한다고 생각했을 것이다.

벤담은 공리주의가 자연주의적 토대에 서 있으며 이 토대는 인체의 생존 명령에 근거한다고 생각했다. 벤담이 찰스 다윈보다 70년 앞서 책을 쓴 걸 감안하면 놀라운 탁견이다.[8] 벤담은 고통과 쾌락에 종교적·도덕적·정치적 원천과 구속력이 있음을 알았지만, 이것은 모두 고통과 쾌락의 물리적 원천과 구속력에 바탕을 둔 부차적 요소라고 주장했다. 물리적 원천은 정치적·도덕적·종교적 원천의 '토대'인 동시에 "각 원천에 포함되어"[9] 있다. 우리는 "인간 구조의 천성"[10]에 따라 공리의 원칙에 종속되나, 이를 의식하지 못할 때도 있고 자신의 행동에 대한 의식적 설명이 공리의 원칙과 상충할 때도 있다. 벤담은 『경제적 인간의 심리』에서 우리가 공리의 원칙을 따르지 않으면 "인류가 존속할 수 없"으며 "몇 달, 아니 몇 주나 며칠 안에 절멸할" 것이라고 말한다.[11] 벤담은 인간이 "성공하든 못하든" 행복을 목표로 삼고 "자신이 인간인 한 무엇을 하든 이 목표를 추구한"다는 것을 "유클리드가 규정한" 것에

비길 만한 '공리$_{axiom}$'로 여긴다.[12]

2.2 개인적 공리 대 집단적 공리와 정부의 필요성

이와 같이 인간 본성을 철저히 결정론적으로 바라보면, 자연스럽게 '정부가 들어설 자리가 있을까?'라는 의문이 생긴다. 사람들이 다른 어떤 고려 사항과 무관하게 무작정 쾌락을 추구하고 고통을 회피하는 상황에서는, 공리 추구의 증진과 관련하여 정부가 맡을 역할은 별로 없을 듯하다. 게다가 벤담은 입법부가 쾌락의 원인과는 거의 관계가 없으며, 악행을 방지하는 일이야말로 입법부의 주 임무라고 말한다.[13] 벤담은 개인의 사적 행위를—특히 부의 창출에서—공리의 주된 원천으로 여겼음이 분명하다. 이는 벤담의 『민법 원칙』에서 똑똑히 드러난다.

법은 인간에게 "일하라. 그러면 보상하리라"라고 말하지 않고 이렇게 말한다. "일하라. 그러면 남들이 네게서 보상을 빼앗아가지 못하도록 하여 노동의 결실을 보호하리라. 내가 없으면 너는 노동의 자연적이고 충분한 보상을 보전할 수 없느니라." 노동이 창조하되, 보전하는 것은 법이다. 첫 순간에는 모든 것이 노동에 달렸으되, 두번째 순간과 이후의 모든 순간에는 모든 것이 법에 달렸다.[14]

이 구절에서 보듯 벤담은 법의 지배가 공리 추구에 필수적이지만 법의 역할은 사람들이 스스로 공리를 추구할 수 있도록 뒷받침하는 것에 한정되어야 한다고 생각한다. 뒤에서 보듯 이 견해가 공리주의 논리에 포함될 필요는 없지만, 벤담이 이렇게 생각한 것만은 분명하다.[15]

벤담이 정부의 역할을 이렇게 한정한 이유는 쾌락 추구와 고통 회피가 오로지 개인 심리의 차원에서 작동한다는 그의 자기중심적 가정 때문이다. 사람들은 각자의 공리 극대화를 추구할 뿐 사회 전체의 선에는 전혀 관심이 없다. 이 견해에 따르면 생명과 신체와 소유권을 보호하는 형법과, 계약을 강제하고 상업을 진흥하는 민법이 없을 경우, 약속을 어기고 남의 물건을 훔치는 것이 이익이고 그래도 무사하다면 사람들은 그렇게 할 것이다. 하지만 이 가능성만으로는 벤담의 전제로부터 정부를 정당화하기에 충분하지 않다. 강자가 약자를 착취하는, 만인의 만인에 대한 전쟁은 (우리가 아는 한) 생존자에게 가능한 한 최대의 순 공리를 가져다줄 테기 때문이다(사실 공리주의에 대한 가장 날카로운 비판 중 하나는 공리주의에서는 공리가 경험되는 것이 중요하지 누가 경험하느냐는 도덕적으로 전혀 중요하지 않다는 지적이다). 따라서 벤담의 관점에서 정부의 필요성을 정당화하려면 이기적인 쾌락 추구와 고통 회피가 나머지 모든 충동을 앞선다는 단순한 사실을 넘어서는 무언가가 필요하다.

이 '무언가'는 두 가지로 압축된다. 첫째는 이기적 행동이 자멸적일 수 있다는 것이다. 순전히 이기적인 개인들이 자신에게 이로운 행위를 자발적으로 하려 들지 않는 경우는 얼마든지 있다. 벤담이 드는 예는 전쟁 비용의 마련이다(이것은 무임승차 논리에 대한 최초의 설명인지도 모르겠다). 군대가 나라를 지켜주면 각 개인에게 이익이 되지만, 개인의 세금이 국방비에 쓰였을 때의 개인적 이득을 눈으로 확인할 수는 없다. 따라서 자신이 낸 세금이 국방이 아닌 다른 곳에 쓰였을 때 더 많은 이득을 얻을 수 있다면 전쟁을 자발적으로 지지할 이유는 전혀 없다.[16] 일반적으로 볼 때, 자신이 기여하든 하지 않든 이익을 얻을 수 있다면 순전히 이기적인 공리 계산에 따라 기여를 거부하는 것이 당연하다. 이렇듯 공공재public goods에 자금을 지원하는 문제는 시장 실패에 속한다. 시장의 보이지 않는 손이 모든 당사자에게 최선의 결과를 가져다주지 못하는 것이다.[17] 벤담은 "사회는 사람들이 스스로 욕구하는 만족을 위해 희생하도록 유도할 수 있을 때에만 유지될 수 있"으므로 정부는 사람들이 '희생하지 않아도 스스로에게 지장이 없을 상황'에서 희생하도록 강제해야 할 것이라고 생각했다. 이런 희생을 얻어내는 것은 "정부의 가장 어려운 일이며 중대한 임무"다.[18]

둘째, 벤담은 시장 실패로 정부를 정당화한 것과 더불어 사람들의 공리주의적 이익을 계산하여 이를 증진할 정책을 집행하는 것이 정부의 확고한 역할이라고 생각했다. 자기 이익을 추구하는 개인들을 사회의 구성요소로 삼는 현대의 논증들은 개인들이 자신의 공리를 독립적으로 정의한다고 가정한다는 점에서 대개 근본적으로 반反가부장적이지만, 이 가정이 공리주의 전통에 도입된 것은 벤담보다 한 세대 뒤에 존 스튜어트 밀이 이를 재구성한 이후였다. 찰스 L. 스티븐슨이 에이어의 논리실증주의를 좇아 (적어도) 흄 시대 이후로 공리주의 전통에서 당연하게 받아들인 생각—쾌락과 고통의 원천이 개인마다 동일하다는 생각—을 거부하면서 이 가정은 비로소 철저하게 주관주의적인 입장으로 발전했다. 흄은 사실의 문제가 모두 해결되면 도덕적 문제가 하나도 남지 않을 것이며, 모든 개인에게 일반화할 수 있는 결론을 정념의 과학에서 이끌어낼 수 있다고 믿었다. 하지만 스티븐슨은 이 믿음에 근본적 의문을 제기했다. 스티븐슨은 "사실을 잘 아는 사람들이 같은 대상에 대해 찬성할"것이라고 믿을 만한 충분한 이유가 없다고 주장하면서 "모든 또는 대부분의 식견 있는 사람들이 비슷하게 승인하는 것이 하나도 없다면—이 점에서 저마다 기질적으로 다르다면—아무것도 덕이 아니고 아무것도 악이 아니"라고 결론내렸다.[19]

자기중심주의가 순전한 주관주의로 완전히 탈바꿈하는 것은 150년 뒤의 일이었으므로, 벤담은 단순한 의견이나 주관적 단언을 넘어서는 확실한 답을 얻는 것이야말로 새로운 공리주의적 과학의 핵심이라고 생각했다. "그것은 인체의 해부학 및 생리학과 마찬가지로 인간 정신의 해부학에 대한 것이다. 사람들이 정신의 해부학을 모르는 경우가 드문 것이 아니라 아는 경우가 드물다."[20] 따라서 벤담의 자기중심주의는 매우 객관주의적인 성격을 띠었다. 벤담은 모든 사람에 대해 공리주의적 계산을 할 수 있으며, 정부가 사회의 최적 경로를 결정하기 위해 비용–편익 계산을 할 수 있음을 전혀 의심하지 않았다. 그는 쾌락과 고통을 강도, 지속성, 확실성 혹은 불확실성, 근접성 혹은 원격성의 네 차원으로 분류했다.[21] 또한 각각의 즐겁거나 고통스러운 행동에 영향을 받는 사람의 수, 즉 '정도'를 정치 공동체가 계산할 수 있다고 생각했다. 벤담은 이후의 많은 정치경제학자와 마찬가지로 강도는 정확히 측정할 수 있다고 생각하지 않았지만 나머지 차원은 모두 계량화할 수 있다고 확신했다.[22] 그리하여 벤담은 헌법제도로부터 특정 형법 위반시 최적의 처벌에 이르기까지 사회의 공리를 계산하는 거대한 비용-편익 계산법을 구상했다.[23] 실제로 『도덕과 입법의 원칙』의 알맹이는 이런 식의 거창한 공리주의적 계획, 본질은 수정되지 않더라도 여러 세대에 걸쳐 다듬어질 그 계획에 초석을 놓는 것이었다. 벤담은 『도덕과 입법의 원칙』을 입법권자들이 과학의 토대 위에서 사회를 재구성하고자 할 때 (이른바) 공리계$_{utilitometer}$ 설정에 참조할 범용 참조서로 여겼다.

벤담은 고통과 쾌락을 수량화할 수 있다고 생각했을 뿐 아니라 서로 다른 활동에서 비롯하는 고통과 쾌락을 서로 교환할 수 있다고 생각했다. 이 견해를 받아들이면 이런 의문이 떠오른다. 고통과 쾌락을 서로 비교할 수 있도록 하는 측정 기준은 무엇일까? 벤담은 그런 기준이 없다면 "처벌이 범죄의 경중에 비해 적절한지, 아니면 과하거나 미흡한지 알 도리가 없"다고 말했다.[24] 더 일반적으로 표현하자면, 개인이 저마다 다른 고통과 쾌락의 원천을 서로 비교하거나 여러 사람에 관련된 공리의 '정도'를 판단할 방법이 없는 것이다. 이런 종류의 개인 내 비교와 개인 간 비교를 하려면 무수한 쾌락과 고통을 같은 단위로 잴 수 있는 단일한 기준이 필요하다. 즉 공리를 측정할 실제 대용물이 있어야 한다.

벤담의 공리계는 화폐였다. 온도계가 "날씨의 열기를 측정하"고 기압계가 "공기의 압력을 측정하"듯 화폐는 "고통과 쾌락의 양을 측정하는 기구"다. 벤담은 화폐가 측정의 기본 단위로서 완전히 만족스럽지는 않을 수도 있음을 인정했다. 하지만 그 입증 책임을 회의론자들에게 돌려 "더 정확한 기준을 찾아내든지 정치와 도덕에 작별을 고하든지 하"라고 말했다.[25] 벤담은 "부유한 사람이 가난한 사람보다 평균적으로 더 행복한 경향이 있"음에 착안하여, 화폐를 공리의 대용물로 삼으면 "우리의 목적을 위해 수립할 수 있는 어떤 일반적 가정보다 진실에 가까이" 갈 수 있다고 주장했다.[26] 게다가 화폐는 선호도라는 까다로운 문제에도 적용할 수 있다. 사람들은 더 원하는 물건을 사기 위해서 덜 원하는 물건을 팔 수 있기 때문이다. 벤담은 이렇게 말했다.

> 주머니에 1크라운[영국의 구 화폐로 5실링짜리 동전]이 있고 목마르지 않아서, 내가 마시려고 클라레[포도주의 일종]를 살지, 도와주는 사람이 없어 굶어 죽게 생긴 가족을 도울지 망설인다면, 계속 망설일수록 내게는 그만큼 손해일 것이다. 하지만 내가 계속 망설이는 한 감각의 쾌락(전자)과 연민의 쾌락(후자)이 내게 정확히 5실링의 가치가 있으며 두 쾌락이 내게 정확히 동등한 것은 명백하다.[27]

"계속 망설일수록 내게는 그만큼 손해"라는 표현에서 보듯 개인 간 비교는 단순한 문제가 아니다(여기에 대해서는 잠시 뒤에 설명할 것이다). 여기서 정리할 요점은 벤담이 화폐를 공리에 대한 최상의 대용물로 여겼으며, 화폐를 가지고 쾌락과 고통을 측정할 수 있고 인간의 행동에 영향을 미칠 동기 체계를 조정할 수 있다고 생각했다는 것이다.

2.3 개인 간 비교와 결과주의

벤담의 체계는 기수적이었다. 벤담은 고통과 쾌락의 (적절하게도 '유틸$_{util}$'로 이름 붙인) 단위를 더하거나 빼어 개인별 총계를 구할 수 있다고 생각했다. 따라서 원칙상으로는 '책을 읽음으로써 3유틸의 쾌락을 얻을 수 있고 그 책을 사려면 돈을 벌어야 하기에 2유틸의 고통을 겪는다면, 둘을 감안할 때 책을 사기 위해 일하는 것은 바람직하다'라는 식으로 판단을 내릴 수 있다. 벤담의 체계에서는 공리를 개인 간에 비교하는 것도 허용되었다. 이익과 손해가 사회 전체에 어떻게 분배되느냐에 따라 각 사람이 얻는 상대적 공리를 제삼자가 판단할 수 있다는 것이다. 그런데 최대 다수의 최대 행복을 극대화하라는 명령은 다수의 행복을 극대화하라는 말인지, 최대한 많은 사람의 최대 행복을 극대화하라는 말인지, 단순히 사회의 총 공리를 극대화하라는 말인지 애매하다. 어떻게 해석하든—대개는 마지막 해석이 벤담의 취지에 가장 잘 들어맞는다고 본다—해당 공리를 누가 경험하는가는 관심사가 아니다. 이익과 손해는 사회적 순 공리의 극대화라는 기준에 따라서만 분배된다.

따라서 고전 공리주의는 철저히 결과주의적인 원칙이다. 어떤 정책이 일부 사람들에게 중대한 손해—이를테면 죽음—를 끼치더라도, 순효과가 총 공리의 극대화라면 반대할 이유가 없다. 공리주의가 우생학과 연관될 가능성이 있고 공리주의의 장애인 처우에 심각한 문제가 있는 것은 이 때문이다. 누군가를 살려두는 비용이 그와 나머지 사회에 미치는 편익을 초과한다면 그를 죽게 내버려두어서는 안 될 공리주의적 이유는 전혀 없다. 아리아인 지상주의자가 유대인을 절멸시켰을 때의 공리가 유대인이 겪는 고통을 초과한다면 공리주의에서는 이를 반대할 근거가 없다. 오히려 그런 정책에 실제로 찬성할 것이다. 결과주의에 동조하는 사람들도 이 문제는 인정할 수밖에 없었다.[28]

오로지 쾌락의 경험에 초점을 맞추는 벤담의 방식은 개인 간 비교로 인한 문제가 있을 뿐 아니라 자율과 진실성의 문제에도 위협이 된다(곰곰이 생각해보면 대다수 사람이 꺼림칙해할 것이다). 로버트 노직은 이런 이론에 따르면 아무런 고통 없이 쾌락만 계속해서 경험할 수 있는 '경험 기계'가 만들어졌을 때, 실제로는 우리의 뇌가 전극에 연결된 채 수조 속에 떠 있는 신세가 되더라도 이 기계를 사용하고 싶어해야 한다고 지적한다.[29] 이것은 올더스 헉슬리가 『멋진 신세계』의 디스토피아에서 탁월하게 묘사한 '배부른 순응주의'의 논리적 연장이다.[30] 헉슬리의 '필리$_{feely}$'와 '소마$_{soma}$'와 마찬가지로, 노직의 쾌락 기계에 대해서도 곰곰이 생각해보면 사람들이 자신의 삶에 대한 통제권을 버리려 하지 않으며 현실이 아무리 실망스럽더라도 이를 유쾌한 위안을 주는 허구와 자발적으로 바꾸려 들지는 않음을 알 수 있다. 고통을 회피하고 쾌락을 추구하는 것이 사람들에게 중요하기는 하지만, 늘 가장 중요한 것은 아니다.

장애인을 외면하고 소수 약자를 착취하고 진실을 호도하고 자율성을 빼앗는 것은 공리주의에 상존하는 위험이지만, 벤담은 사회적 순공리의 극대화를 위한 재분배를 고려할 때 그런 문제를 중요하게 여기지 않았다. 극소수가 막대한 부를 독점하고 농민이 유랑하고 도시 빈민이 점차 증가하는 상황에서 벤담에게 시급한 과제는, 부자에게서 빈민에게로 부를 재분배하는 것이 사회적으로 순이익일 것인가 하는 문제였다. 벤담이 훗날 한계효용(공리)체감의 법칙으로 알려진 원칙을 받아들였듯이, 그의 대답은 명백히 '그렇다'였다. 벤담은 부가 행복을 증가시키기는 하지만 "부의 양이 1만 배 증가한다고 해서 행복의 양이 1만 배 증가하는 것은 아니"라고 주장한다. 사실, 두 배 증가할 것인가에 대해서도 회의적이었다. 이유는 다음과 같다. "부(내가 가진 부가 다른 사람이 가진 부를 초과하는 양)의 행복 창출 효과는 계속 감소한다. 말하자면 일정 분량(각 분량은 크기가 동일하다)의 부가 창출하는 행복의 양은 매 분량마다 작아진다. 첫번째보다 두번째가 작고 두번째보다 세번째가 작다."[31]

그뒤로 한계효용체감의 법칙은 경제학과 경치경제학의 표준 원칙이 되었다. 여기에다 개인 간 비교를 허용하는 공리주의 체계를 결합하면 급진적 재분배 논리가 탄생한다. 벤담은 이 사실을 잘 알았다. 나머지 조건이 동일하다면 "최대 다수의 최대 행복을 당면 목표로 삼을 경우, 모든 사람의 재산이 같아지거나 불평등의 정도가 계산할 필요 없을 만큼 작아질 때까지 가장 부유한 자들에게서 부를 취하여 덜 부유한 사람에게 이전할 만한 이유가 충분하"다.[32] 따라서 고전 공리주의의 논리는 영국의 풍족한 귀족에게서 선량한 빈민에게—맨 처음에는 가장 부유한 사람에게서 가장 가난한 사람에게—국가가 대규모로 부를 재분배해야 한다는 주장과 맞아떨어졌다. "개인의 부가 클수록, 어느 정도 부의 양을 줄이더라도 그가 느끼는 행복의 양은 전혀 감소하지 않

을 가능성이 커진다."³³

벤담은 평생에 걸쳐 점차 급진적 민주주의자로 변해갔다. 초창기에는 개혁가로서 귀족들을 깨우치기만 하면 자신의 구상을 실현할 수 있으리라고 생각했지만, 훗날에는 귀족을 집합체corporate body─즉 나라 전체의 이익보다는 자기네 이익을 우선시하는 사회 안의 사회─로 보게 되었다. 엘리 알레뷔 말마따나 벤담은 "집합체의 정신이 공적 공리 원칙의 정신에 대한 최악의 적"임을 이해하게 되었다.³⁴ 그러니 자신의 의제를 실현하려면 급진적 정치 개혁이 필요할 터였다. 이에 따라 벤담은 1818년에 출간한 『의회 개혁 방안』에서 제임스 밀, 카트라이트 소령(존 카트라이트)을 비롯한 급진적 공리주의 개혁가들과 더불어 보통선거권을 받아들였다. 이유는 이렇다. "국민 대다수로 이루어진 자유로운 유권자들이 하원 의원을 실제로 선택하고 이따금 해임할 수 있어야만, 의원들의 행위가 국민의 취지와 의사에 부합할 것이며, 그에 따라서 이들이 진실로, 언어의 오용 없이 국민의 대변자로 불리게 될 것이다."³⁵

19세기 초엽에 마지못해 급진적 민주주의자가 되기는 했지만, 벤담은 결코 혁명가가 아니었다.³⁶ 부의 재분배 문제에서도 그의 견해는 그 밖의 사항을 고려하여 재분배 정책을 조율해야 한다는 것이었다. 『경제과학의 철학』에서는 부자에게서 빈민에게로 부를 재분배하면 '1차' 효과로 사회적 순 공리가 대폭 증가할 테지만 '2차, 3차 효과'를 염두에 두면 결과가 사뭇 달라질 것이라고 주장했다. "행복을 극대화하려다가 우선 행복이 보편적으로 말살되고, 다음으로는 생존이 보편적으로 말살될 것이다. {재분배가 시행될 것을 예상한 부자들 사이에서} 경계심이 만연하고 위험이 커져 행복이 말살되는 2차 효과는, 노동의 결실을 향유하지 못할 것이 확실해지고 그 때문에 노동의 동기가 사라짐으로써 생존이 말살되는 3차 효과로 이어진다."[37] 『경제적 인간의 심리』에서 벤담은 이 문제를 더 분명하게 표현한다.

> 종류를 막론하고 정부의 권력으로 {절대적 평등을} 확립하려는 계획이 시작되기라도 한다면, 모든 사람이 일반적 욕망의 대상―특히 생계의 수단과 부유함의 요소― 전체에 대해 동등한 몫을 가지는 것이 아니라 누구도 어떠한 몫도 가지지 못하는 결과가 초래될 것이다. 부를 조금이라도 분할할 수 있기 전에 모든 부가 파괴될 것이고, 그와 더불어 분할하려는 자와 분할받을 자도 파멸할 것이다.[38]

이에 따라 벤담은 '실질적 평등'을 추구해야 한다고 주장한다. 이는 "우선적으로 필요한" 생계, 부유함, 안전을 침해하지 않는 선에서 "절대적 평등을 위해 취할 수 있는 모든 접근법"을 뜻하는 것으로 이해된다.[39] 벤담이 '실질적 평등'을 위해 실제로 무엇이 필요하다고 생각했는지는 분명하지 않다. 벤담의 글을 보면 (노예제를 폐지하는 것 말고도[40]) 부자들이 재분배를 수용할 것인가 거부할 것인가를 판가름하는 역치가 있는 것처럼 표현되어 있다. 이것은 아파르트헤이트 시절 남아프리카공화국에서 들어보았음직한 견해로, 소수의 부유한 백인 농민들은 다수 흑인의 지배에 굴복하게 되느니 그전에 농작물을 불태우겠다고 말하고 다녔다. 이 예가 의미심장한 이유는 막상 흑인 정권이 들어서자 사실상 모든 백인이 그런 극단적 반응을 전혀 보이지 않고 다수결을 받아들였기 때문이다.[41] 비슷한 예로, 영국에서는 2차대전 뒤 노동당 정부하에서 부자들이 90퍼센트 넘는 한계 세율을 감내했으며 심지어 미국에서도 (특히 전쟁중에) 매우 높은 세율이 용인되었다.[42] 부자들이 조국을 버릴 정도의 세율 역치가 있다 하더라도, 그것이 얼마큼인지 알기란 여간 힘든 일이 아니다. 따라서 공리주의 계획가들이 재분배적 조세 정책에서 절대적 평등과 실질적 평등을 어떻게 구분할 수 있었을지도 미지수다.

현대 경제학자들은 이 문제를 (전부 아니면 전무 식인) 역치의 관점에서 다루기보다는 과세 대상자의 노동 성향 및 투자 성향과 세율의 상반관계를 기준으로 삼을 것이다(세율이 높아지면 노동하거나 투자하려는 성향이 한계적으로 감소한다). 벤담은 한계효용체감의 법칙을 이해했으니 이런 식으로 문제를 구성할 수단이 있었다. 그런데 이 접근법은 더 현실적이고 지적으로 만족스럽기는 하지만 논쟁적인 정치적 사안을 해결하는 데는 역부족이다. 재분배를 위한 최적의 세율을 찾아내려면 (세율과 생산 활동 사이의) 상반관계 기울기가 실제로 얼마인가를 계산할 수 있어야 하는데, 이는 이념적으로 치우치거나 논란거리가 될 수밖에 없는 문제다. 이념적으로 치우치는 이유는 상반관계 기울기가 가난한 사람들이나 이들의 대변자가 생각하는 것보다 더 가파르다고 주장하는 편이 부자들에게 유리하기 때문이고, 논란거리인 이유는 세율의 효과를 경제 실적에 영향을 미치는 나머지 요인들과 분리하기 힘들기 때문이다. 1980년대 초에 미국과 영국에서 레이건 행정부와 대처 행정부가 '공급 중시supply side' 경제학을 도입했는데, 이를 둘러싼 논쟁을 들여다보면 세율을 정하기가 얼마나 어려운지 알 수 있다. 공급 중시 경제학 이론은 조세를 감면하면 투자가 늘고 경제가 성장하여 정부 수입이 실제로 증가한다는 논리다. 하지만 현실에서는 경제 실적에 영향을 미치는 상호 연관된 변수가 많아서 공급 중시 가설을 결정적으로 검증할 데이터를 찾기가 불가능하며, 이 때문에 수십 년이 지난 지금도 경제학자들과 정치학자들이 양편에서 공방을 벌이고 있다.

유의할 점은 이런 종류의 논쟁에서 성패를 좌우하는 요소가 공리주의 논리와는 무관하다는 것이다. 그 대신, 조세 정책이 시간이 흐름에 따라 파이 크기에 어떤 동적 영향을 미치는가에 대한 논쟁에서는 벤담이 말하는 2차 및 3차 효과가 논점으로 떠오르면서, 거시경제학에서 논란이 되는 경험적 문제들이 대두된다. 이런 논란에서는 주장과 반박이 난무하고, 모두의 이해관계가 얽히며, 증거가 최종 결론으로 이어지지 못하기도 한다. 재분배를 위한 추정은 여전히 벤담 이론의 핵심이지만, 벤담식 공리주의를 표방하는 사람들이 모든 상황에서 그 추정을 따라야겠다고 느낄지는 미지수다.

한계효용체감의 법칙에서 어떤 특정한 재분배 정책을 추론해낼 수 없다는 사실에도 유의해야 한다. 흔히 저지르는 실수는 한계효용체감의 법칙을 '부유할수록 돈을 덜 중요하게 여긴다'라는 뜻으로 이해하는 것이다. 이런 오해에 사로잡힌 사람은 부자들이 재분배에 저항할 가능성이 벤담의 우려보다 낮다는 근거를 여기에서 찾는다. 사실 한계효용체감의 법칙에는 그런 함의가 전혀 없다. 실제 의미는 부유할수록 추가적 금전에서 얻을 수 있는 새로운 공리(효용)가 작아진다는 것이다. 이 말은 돈이 많을수록 공리를 증가시키는 데 (한계적으로) 필요한 금전 증가분이 커진다는 뜻이다. 헤로인 중독자에 비유하면 이해하기 쉽다. 헤로인 중독자가 매번 똑같은 효과를 보려면 투약량을 점차 늘려야 한다. 더 가질수록 더 원하는 법이다. 일정한 양의 돈을 손에 넣었을 때, 가난한 사람은 부유한 사람보다 더 많은 공리를 산출하지만 이것은 부유한 사람이 돈을 덜 원한다는 뜻이 아니다. 오히려 그 반대다.

한계 세율을 높이면 부자들이 일하거나 투자할 가능성이 줄어들 것이라는 공급 중시 경제학의 가정을 이 논리가 뒷받침하리라는 결론도 헛다리 짚기는 마찬가지다. 한계효용체감의 법칙을 가지고는 선호의 강도에 대해서 또는 공리가 감소하는 기울기에 대해서 아무것도 알 수 없다. 게다가, 방금 설명했듯 화폐는 "더 가질수록 더 원하는 법"이기 때문에 부자들은 실제로 더 열심히 일하거나 더 많이 투자할 것이다.[43] 할 수만 있다면 누진세를 대체하거나 폐지하려고 쿠데타나 혁명을 모의할 수도 있겠지만, 그럴 여건이 안 되면 높은 한계 세율이 없었을 때보다 더 열심히 일하고 더 많이 투자할 것이다. 실제로 한계효용체감의 법칙이 '공리를 새로 늘리기 위해서는 화폐에 대한 한계 욕구가 커져야 한다'라는 뜻이라면, 한계 세율을 높이는 것은 쳇바퀴 속도를 높이는 것과 비슷할 것이고, 그만큼 쥐는 더 빨리 달릴 것이다. 그러다 쥐가 쳇바퀴에서 떨어지거나 기진맥진하거나 딴 일을 하기로 마음먹는 순간이 찾아온다. 경제학자라면 이 순간에 일과 여가 사이에 상반관계가 작동했다고 말할 것이다. 하지만 공리주의 이론이나 한계효용 체감의 법칙을 아무리 들여다보아도 그 시점이 언제인지, 사람들이 최대한 일하고 투자하게 하는 최적 세율이 얼마인지 알 도리가 없다.

한마디로, 절대적 평등을 옹호하는 최초의 가정은 벤담 체계의 논리에서 스르르 떨어져나간다. 신중하게 고려한 끝에 지나치게 단순한 처음의 가정에서 벗어나면, 이제는 거시경제 정책이 인간 행동에 한계적으로 미치는 영향을 다뤄야 하는 복잡한 경험적 세계에 들어서게 된다. 여기서 직관에 의지했다가는 이 문제들에 대해 저마다 상충하는 견해를 갖게 되거나, 특정한 방향을 선택함으로써 얻게 되는 이익에 이끌릴 우려가 있다. 벤담은 이 문제가 해결하기 힘들고 이해관계 충돌로 오염되기 쉽다는 사실을 과소평가했다. 그 주된 이유는 과학에 대한 믿음 때문이었다. 이번에는 이 주제를 들여다보자.

2.4 과학적 중립성과 인간 자유

공리주의적 해법을 주장하다보면 반드시 제기되는 문제가 있다. 누가 공리계를 사용할 것인가? 어떤 동기에서 공리계를 사용할 것인가? 바로 여기에 과학에 대한 벤담의 지대한 확신이 끼어든다. 벤담은 공리 극대화를 제대로 시행하면 오로지 전 국민의 행복을 대폭 증진하는 결과만 도출될 것이라고 확신했다. 정부가 정답을 안다면 공리를 올바로 극대화하려는 동기를 가질 수 있다는 점도 의심하지 않았다. 하지만 이 확신에는 문제가 있었다.

벤담은 계몽된 귀족 계급의 가능성에 대한 믿음을 잃었지만, 정치에서 자기 이익에 기반한 동기의 문제점은 그것 말고도 많다. 알레뷔에 따르면 벤담은 "입법 결정이 채택되기만 하면 반드시 일반 이익이 형성되고 통치자의 이익과 피통치자의 이익이 조화를 이룬다는 조건하에서" 대의적 정권을 조직하는 것이 가능하다고 믿었기에 "자연적 정체성의 원칙이 아니라 이익이라는 인위적 정체성의 원칙"을 정치 문제에 적용했다.[44] 후기의 벤담은 귀족 계급을 이기적 집합체로 보았는데, 이때의 귀족 계급은 장자크 루소와 제임스 매디슨이 말한 (사회의 일반 이익을 훼손하는) '당파'와 비슷했다.[45] 오늘날에는 이들을 '특수 이익집단special interests'이라고 부른다. 7.2.1절에서 이 주제를 살펴보겠지만, 일반 이익이 과연 존재하는지 또는 (일반 이익이 존재한다면) 민주적 절차가 여기에 수렴할 것인지 밝히는 일은 벤담과 그밖의 논자들이 생각한 것보다 훨씬 힘들다. 여기서는 그 문제를 논의하지 않기 때문에, 벤담 자신의 전제에 회의론의 씨앗이 들어 있다고만 말해둔다. 귀족 계급이 특수 이익집단이라면, 보통선거라는 조건하에서 다른 특수 이익집단들이 형성되지 않을 이유가 있는가? 민주주의 체제에서 재분배적 정치는 화폐와 재화를 다수결 원칙에 따라 나누는 것이다. 이런 조건에서는 나머지 구성원에게 손해를 끼치며 자기 배를 불리는 연합이 언제든 형성될 수 있음을 부인할 수 없다. 이 연합은, 일부 구성원이 현재 배제된 자들과 새 연합을 형성하려는 유혹을 늘 느끼리라는 점에서―그러면 연합은 현재 누리는 혜택을 일부 잃는다―불안정할 것이다.[46] 하지만 자기 이익에 기초하여 공리 극대화를 추구하는 개인이―벤담은 우리가 모두 이런 존재라고 주장한다―일반 이익을 위해 사적 이익을 포기하리라고 가정할 이유는 전혀 없다. 따라서 벤담이 그토록 경멸한 귀족 이익집단이 그들보다 자기 이익 성향이 결코 덜하지 않은 이익집단으로 대체될 것이라고 예상할 수밖에 없다.

이것은 정치인의 매수 가능성과 전혀 무관하다. 벤담은 우리 모두가 이기적 충동의 손아귀에 사로잡혀 벗어날 수 없다면서도 권력자는 이기적 충동을 초월할 수 있다고 가정하는 듯하다. 하지만 정치인들이 노골적으로 부패하지는 않았다 해도 대가가 충분히 크다면 대중에게 신뢰받는 지위와 사익을 맞바꿈으로써 예외 없이 특수 이익집단을 만족시키려 들 것이라고 가정하는 편이 더 일관성이 있을 것이다. 벤담은, 특수 이익을 추구하는 자를 민주주의 체제에서 배제하겠다는 위협으로 이 충동을 어느 정도 다스릴 수 있다고 생각했지만, 문제는 사회 곳곳에서 공리주의적 계산을 맡은 행정관, 관료, 교도소장 등이 똑같은 유혹에 빠질 수 있다는 것이다. 이들은 언제라도 부패하여 (벤담의 유토피아를 건설하는 게 아니라) 그들만의 둥지를 지을 우려가 있다. 사실 벤담은 공공 봉사 정신이 정부 공무원에게 책임감을 부여할 것이라 믿었지만, 로젠블럼 말마따나 누가 봉사할 것이며 이들이 어째서 자기 이익 충동을 초월하고 공공 봉사 정신에 속박될 것인지에 대해서는 일언반구도 없었다.[47]

벤담이 논증을 전개하면서 이 긴장을 인식하지 못한 이유는 (1.1.2절에서 설명한) 초기 계몽주의의 과학 개념에 사로잡혀 있었기 때문일 가능성이 가장 크다. 벤담은 자신의 제안에 데카르트적 확실성이 담겨 있기에, 사유 능력이 있는 피조물은 결코 자신의 제안을 거부할 수 없을 것이라고 생각한 듯하다. 이 생각이 옳다면 민주주의 체제의 유권자와, 정부에서 이들을 대리하고 관료 사회에서 이들을 위해 행동하는 사람들은 공공 정책을 입안하고 집행할 때 자기 이익을 초월하고 공리주의 과학의 강력한 규칙을 따를 것이다. 베이컨에게 지식이 힘이 었듯, 벤담은 우리가 지식을 얻으면 쾌락/고통 계산에 대한 맹목적 집착에서 벗어나 (이 계산이 이루어지는) 집합적 규칙을 의식적으로 통제할 것이라고 생각했다. 과학은 우리에게 인간 본성을 초월할 능력을 선사하지는 않지만, 인간 본성을 합리적으로 구사할 능력은 부여한다.

이런 점에서 벤담이 자유의지 진영에 속하는지 결정론 진영에 속하는지 판정하려면 신과 자연법에 대한 로크의 딜레마를 세속화된 형태로서 이해해야 한다. 자신의 논증이 합리적 관점에서 거부될 수 없으리라는 벤담의 견해에 초점을 맞추면 그의 논증은 모든 합리적 피조물에 필연적으로 적용될 것이며 벤담은 결정론 진영에 속할 것이다. 반면 자신의 방법이 사회를 구성하는 (당시에 채택된 방법보다) 더 나은 방법이라고 반대파와 회의론자를 늘 설득하려고 노력한 그의 삶에서는 행위자성과 선택을 토대로 삼는 또다른 관점이 엿보인다. 이성에 의한 설득에는 반드시 목적 — 말하자면, 설득한다는 목적 — 이 있으며 이는 설득이 가능하다는 것뿐 아니라 설득이 실패할 수도 있다는 것, 성공하도록 노력하는 것이 중요함을 시사한다.

결론적으로, 벤담이 철저한 기계적 결정론자로 널리 알려진 것은 정당하지만 우리는 개인 권리와 인간 행위자성이 그의 이론에서 중요하게 작용하는 두 가지 지점에 주목해야 한다. 첫번째 지점은 공리를 얻는 수단이 사적으로 생산된다는 주장이다. 따라서 벤담은 정부의 주된 역할은 법의 지배를 통해 노동의 결실을 보호함으로써 우리가 '노동의 결실'을 향유할 수 있는 환경을 만드는 것이라고 주장한다. 벤담이 이러한 초기 자유지상주의에 사로잡혀 절대적 평등과 실질적 평등을 구분한 탓에, 급진적 재분배론으로 해석될 수 있었던 그의 이론이 무뎌졌으며 정부는 매우 불평등한 사회에서 오로지 규제만을 담당하는 기구로 전락했다. 알레뷔가 지적했듯 벤담 학파가 결국 '지적' 또는 '철학적' 급진파라는 오명을 입고, 유토피아적·혁명적 성격을 잃은 채 '부르주아 공론가'가 되어버린 데는 이런 까닭도 있다.[48] 인간 행위자성이 결부되는 또다른 지점은 더 근본적이다. 벤담은 과학을 토대로 삼으면 종교, 미신, 자연법, 맹목적 충동을 토대로 삼을 때보다 우리의 운명을 더 올바로 이해하고 만들어갈 수 있다는 생각을 받아들임으로써, 자유를 성취하려는 계몽주의적 열망을—비록 이를 철저히 결정론적인 과학에 담기는 했지만—옹호한다.

3장
권리와 공리의 종합

고전 공리주의에는 두 가지 심각한 문제가 있다. 하나는 고전 공리주의를 실현하는 데 필요한 정보의 양이 어마어마하다는 것이다. 벤담이 낙관론과 자신감을 보이긴 했지만, 그가 염두에 둔 종류의 공리계를 실제로 만들 수 있을지는 미지수다. 어떤 정부든 개인의 심리를 들여다보고 적절한 데이터를 취합하고 사람들 간에 데이터를 비교하겠다는 것은 (앞에서 설명한 것처럼) 공리계를 악용할 동기가 권력 집단에 있음을 간과한 헛된 바람이다. 두번째 어려움은 고전 공리주의 체계가 사람들 사이의 모든 도덕적 경계선에 무감각하다는 것이다[1][이를테면 최대 행복을 위해 개인을 희생시키는 것]. 물론 어떤 사람들은 이 점에서 벤담의 자유지상주의적 충동에 대해, 또 (이에 따라) 사람들이 스스로의 공리 수단을 생산할 수 있도록 국가의 역할을 규제에 한정하는 입장에 벤담이 찬성하는 것에 대해 안도할지도 모른다. 이런 견해의 장단점은 5.3절에서 논의한다. 여기서 강조할 요점은 벤담의 자유지상주의적 충동이 고전 공리주의 이론의 논리와는 무관했다는 것이다. 충동의 종류에 따라서는 공격적 재분배 정책으로부터, 사회적 약자와 만성 우울증 환자를 희생하는 무자비한 정책, 인력시, 심지어 집단 살해에 이르기까지 훨씬 개입주의적 방식으로 충동을 전개할 수도 있었기 때문이다.

만일 벤담의 공리주의가 공리주의의 가장 발전한 형태이고 이후에 성숙한 공리주의가 등장하지 않았다면, 이런 어려움에 비추어보건대 오늘날 공리주의는 정치적 정당성의 현실적 원칙을 찾는 일에 아무런 건설적 기여도 하지 못하는 역사적 유물에 지나지 않을 것이다. 하지만 공리주의는 두 가지 어려움에 대응하여 탈바꿈함으로써 우리 시대의 주요 정치 이념으로 복원되었다. 이 변화는 과학에서 확실성이 가능한지에 대한 가정이 달라지는 맥락에서 일어났으며, 19세기 중엽부터 20세기 초까지의 경제적·철학적 발전이 여기에 힘을 실었다. 이 과정이 어떻게 일어났는지, 정치적 정당성에 대한 사유에 어떤 의미가 있는지가 이 장의 주제다.

3.1 공리의 의미와 측정 방법이 달라지다

신고전파 가격 이론의 선구자인 윌리엄 제번스(1835~1882), 레옹 발라(1834~1910), 앨프리드 마셜(1848~1924), 프랜시스 에지워스(1845~1926), 크누트 빅셀(1851~1926), 빌프레도 파레토(1848~1923) 등의 주 관심사는 시장경제에서 가격이 어떻게 움직이는지 이해하는 것이었다. 이를테면 파레토는 『정치경제학 제요』 첫 문단에서 자신의 계획은 실용적 조언을 하거나 사회 발전을 목표로 한 특정 원칙을 옹호하는 것이 아니라 지식 자체를 발전시키는 것이라고 말했다.[2] 이 이론가들 중 일부는 사회 발전에 깊은 관심을 가졌으며 일부는 경제학 이론의 발전이 사회 발전으로 이어질 것이라고 생각했지만, 이들이 하는 일 자체는 진리—즉 경제체제, 특히 자본주의의 운동 법칙—를 이해하여 경제체제의 미래 행동을 예측하는 것이었다. 이들은 형이상학적 관념을 최소한으로 줄인 채 이론을 발전시키고 싶어했다. 특히 논란거리이자 불필요하다고 생각된 두 논쟁에 관여하지 않고서 논의를 진전시킬 방법을 찾고자 했다. 하나는 노동가치설 논쟁이었다. 노동가치설은 애덤 스미스(1723~1790), 데이비드 리카도(1772~1823), 카를 마르크스(1818~1883) 같은 고전 경제학자들의 주 관심사였으며 이 책 4.2절에서 설명한다. 다른 하나는 파레토가 '취향 이론'이라고 이름붙인 것에 대한 논쟁이었다. 파레토는 고전 공리주의가 맞닥뜨린 정보 문제를 뼈저리게 인식했기에, 새로운 정치경제학이 이 문제의 해결 여부에 최대한 무관하게 하고 싶었다.

  이 관점에서 제기되는 물음은 이렇다. 사람들의 공리에 대해 최소한의 정보만 가지고서 시장이 작동하는 방법을 우리는 얼마나 이해할 수 있는가? 가장 명백한 골칫거리는 공리의 개인 간 비교라는 개념이었다. 이에 파레토는 "한 사람이 다양한 상황에서" 무엇을 선택할 것인가를 결정하는 "감각"에 대한 연구와 "이 사람과 저 사람의 감각"을 비교하여 "우리가 어떤 목표를 달성하고자 할 때 서로에게 상대적으로 놓여야 하는 조건을 결정하"는 연구를 구분했으며, 후자의 연구가 "사회과학에서 가장 불만족스럽"다고 주장했다. 그 이유는 알맞은 비교를 위한 공리계가 없기 때문이다. 파레토는 늑대가 양을 잡아먹어서 얻는 행복이 양이 늑대에게 잡아먹히지 않아서 얻는 행복보다 큰지 작은지 알 수 없듯 사람에 대해서도 마찬가지라고 주장했다.[3]

로마인의 행복은 카르타고를 파괴하는 데 있었으며 카르타고인의 행복은 어떻게 해서든 도시를 구하는 데 있었다(어쩌면 로마를 파괴하는 데 있었을 수도 있지만). 어떻게 로마인의 행복과 카르타고인의 행복을 한꺼번에 실현할 수 있겠는가? ……로마인이 카르타고를 파괴하지 않고 카르타고인도 로마를 파괴하지 않을 때의 총 행복이 두 도시 중 하나가 파괴될 때의 총 행복보다 클 것이라고 답할 수 있겠지만, 그것은 어떤 증거로도 뒷받침되지 않는 억지 주장이다. 이들의 유쾌한 감각과 고통스러운 감각을 어떻게 비교하고 더할 수 있겠는가?[4]

파레토는 개인 간 비교를 이용하는 최대 행복 원칙이 (가령 노예가 잃는 행복보다 노예 소유주가 얻는 행복이 더 크다면) 노예제를 지지하거나, 절도를 부도덕한 행위로 금지하지 못하는 결과를 낳을 수 있다고 확신했으며, 이런 수사적 물음을 던졌다. "절도가 도덕적인지 아닌지 알려면 피해자의 고통스러운 감각과 절도범의 유쾌한 감각을 비교하여 어느 감각이 더 큰지 따져보아야 할까?"[5] 이런 딜레마에 직면한 파레토의 선택은 사회적 공리 극대화라는 목표를 폐기하는 것이 아니라 개인 간 공리 비교를 폐기하는 것이었다. 마셜, 에지워스, 빅셀 같은 선배 연구자들이 개인 간 비교 가능성에 대한 의존도를 낮추기는 했지만, 여기에서 완전히 벗어난 것은 파레토가 처음이었다.[6] 파레토는 개인 간 비교 가능성을 뒷받침하는 과학적 근거를 전혀 찾을 수 없었기에, 이를 활용하는 모든 이론은 "이론을 수립하는 사람의 감각, 대부분은 그가 살아가는 사회에서 빌린 감각이고 아주 일부분은 자기 자신의 감각이며, 추론으로 거의 변화시킬 수 없는 비논리적 산물인 감각"에서 비롯하는 윤리적 선택일 수밖에 없다고 판단했다.[7]

파레토는 개인 간 비교를 배제하는 것과 더불어, 개인의 심리에 대해 알려는 욕망을 억제해야 한다고 생각했다. 사람들이 무언가를 왜 원하는지, 심지어 사람들이 얻고자 하는 재화를 실제로 소비하는지조차 들여다보지 않기를 바랐다. 재화를 소비하면 행복해지는가와 같은 물음을 탐구하는 것은 전혀 불필요하다고 생각했다. "모르핀은 일상적 의미에서는 유용하지 않다. 중독자에게 해롭기 때문이다. 반면에 (건강에 해로움에도) 경제적으로는 유용하다. 욕구를 충족하기 때문이다."[8] 파레토는 심지어 순수한 경제적 공리의 개념을 나타내는 오펠리머티ophelimity라는 용어를 만들기까지 했다(하지만 이 용어는 정착되지 못했으며 이 책에서는 쓰지 않는다). 파레토의 요점은 욕구가 사람들의 경제 행위에 어떻게 영향을 미치고 이를 통해 경제체제의 총체적 작동에 어떻게 영향을 미치는지 이해하고자 할 때, 우리가 왜 욕구하는지, 욕구 대상이 좋은지 나쁜지, 욕구를 충족하거나 충족하지 못하면 어떤 정신 상태가 되는지는 전혀 알 필요가 없다는 것이다. 행복을 쾌락과 동일시하는 것이 옳은가에 대한 철학적 논쟁도 신경쓸 필요가 없다.[9] 파레토는 우리가 도덕적·심리적, 또는 그밖의 관점에서 사람들의 취향에 대해 의견을 전개하는 것에는 반대하지 않았지만, 이것은 과학적 정치경제학과 무관하다고 생각했다.

> 경제적 행위―즉 호모 오이코노미쿠스homo oeconomicus―를 연구하는 사람이 도덕적·종교적, 또는 그밖의 행위―즉 호모 에티쿠스homo ethicus, 호모 렐리기우스homo religious 등―를 간과하거나 심지어 경멸한다고 비난하는 것은 대단한 잘못이다. 이것은 기하학이 물질의 화학적 속성, 물리적 속성 등을 간과하고 경멸한다고 말하는 것과 같다. 정치경제학이 도덕을 고려하지 않는다고 비난하는 것도 같은 잘못을 저지르는 것이다. 그것은 체스 게임에서 요리법을 고려하지 않는다고 비난하는 것과 같다. ……정치경제 연구를 도덕 연구에서 분리하는 것은 전자가 후자보다 더 중요하다고 주장하기 위해서가 아니다. 체스 게임 설명서를 작성하면서 이걸 가지고 체스 게임이 요리법보다, 또는 어떤 과학이나 기예보다 뛰어나다고 주장하려는 사람은 아무도 없다.[10]

이 단서 조항은 다소 부정직하다. 앞에서 보았듯 파레토는 도덕적 판단에 과학적 근거가 있을 가능성에 대해 깊이 회의적이었기 때문이다. 위의 인용문에서 30쪽도 지나지 않아 파레토는 "윤리나 도덕은 누구나 자신이 완벽하게 이해한다고 믿는 주제이지만 아무도 이를 엄밀하게 정의하지 못했"으며 "순수한 객관적 관점에서 연구된 적은 거의 한번도 없"다고 주장했다.[11] 파레토가 보기에 객관적인 과학적 연구는 결단코 "언어에 대해 논증하"는 것이 아니다. 파레토는 사회과학을 발전시키고자 한다면 "그 방법을 버려야 한"다고 주장했다.[12]

방법론적 문제와 관련하여 파레토는 당시의 정치경제학이 인간관계 연구의 나아갈 바를 예증한다고 분명히 밝혔다. 정치경제학자들은 과학이 영구적으로 발전하기 때문에 모든 이론은 오류 가능성이 있다는 사실을 깨달았다. "진실에 더 가까운 것이 발견되면 오늘날 우리가 참으로 여기는 것은 내일 폐기되어야 할 것이다."[13] 파레토는 "모든 현상은 그 현상이 우리 안에서 일으키는 관념을 통해서만 알 수 있음이 명백하다"라고 말했다. 그렇다면 우리는 "오로지 진실의 불완전한 상만을" 얻을 뿐이다. 우리는 "주관적 현상인 이론을 객관적 현상인 경험적 사실과" 늘 비교해야 한다.[14] 대부분의 자연과학에서처럼 실험으로 검증할 수 있다면 최선이지만, 기상학·천문학·정치경제학처럼 그렇지 않은 경우에는 "관찰에 만족해"야 한다.[15] 파레토는 체계적으로 검증되지 않은 지식 주장에 경험이라는 잣대로 과학적 효력을 부여할 수 있다는 생각에 질색했으며, 이 때문에 윤리학과 도덕철학에 회의적이었다. 이런 생각은 이 분야를 논리학, 수학과 더불어 탁월한 과학으로 여기던 초기 계몽주의의 관점과 딴판이다. 사실 윤리학에 대한 파레토의 견해는 2.2절에서 논의한 스티븐슨의 학설과 공통점이 아주 많다.

파레토가 규범적 탐구를 전반적으로 얕보기는 했지만, 『정치경제학 제요』에서는 아예 이것을 불필요한 것으로 간주했다. 인간 행위의 도덕적 차원 및 그밖의 차원에 주의를 기울일 필요가 없는 것은 파레토의 체계가 이 문제에 대한 판단에 의존하지 않았기 때문이다. 심지어 개개인의 공리를 기수로 표현할 필요도 없었는데, 이는 파레토가 공리에 대해 산술 연산을 전혀 요구하지 않았기 때문이다. 이 또한 고전 공리주의 원칙과는 큰 차이가 있었다. 개인 간 비교의 어려움을 논외로 하더라도 공리를 기수 단위로 표현하는 것은 여간 힘든 일이 아니기 때문이다. 한 행동에서 얻는 공리가 다른 행동과 비교하여 얼마나 되는지 알아내는 것은 대체로, 또는 일반적으로 불가능했다. 파레토는 이 물음에 답하려고 애써봐야 헛수고라고 생각했다. 이것을 저것보다 더 좋아하거나 이것이든 저것이든 개의치 않는다는 식의 순서 개념만 있으면 충분했다. 이것을 저것보다 '얼마나' 좋아하는지에 대해서는 전혀 알 필요가 없었으며, 파레토는 한계효용체감의 법칙을 받아들이기는 했지만 특정 재화의 특정 개인에 대한 공리가 얼마나 가파르게 체감하는지에 대해서는 아무것도 가정할 필요가 없었다.[16]

파레토가 유일하게 가정해야 했던 것은 일반적으로 공리의 특징이라기보다는 합리성의 최소 조건으로 간주되는 이행성 transitivity 개념이었다. 이는 내가 a보다 b를 좋아하고 b보다 c를 좋아하면 나는 당연히 a보다 c를 좋아한다는 논리다.[17] 파레토는 사람들이 이기적인지 이타적인지 판단할 필요가 없었다. 정치경제학에서는 "사람은 자신에게 유리한 것, 자기 이익만을 고려해 선택의 지표로 삼는"다는 자기중심적 가정이 통설이지만 파레토는 이 가정이 불필요하다고 지적한다. 사람이 이타적이라는 가정을 엄밀하게 규정할 수 있거나 "사람이 자신의 감각을 비교할 때 준수하"는 다른 모든 일관된 규칙을 적용할 수 있다면, 얼마든지 사람이 이타적이라고 가정할 수 있다. 그럼에도 파레토의 체계는 전혀 손상되지 않는다. 심지어 "사람은 두 감각 중에서 하나를 선택할 때 가장 마음에 드는 것을 고른"다는 것이 이론으로 받아들여질 수 있는 필수적 특징인 것도 아니다. "사람은 자의적으로 정할 수 있는 규칙에 따라 다른 것을 선택할 수도 있"기 때문이다.[18] 파레토의 체계에서는, 비교 대상을 한 사람으로 제한하고 선호도에 이행적 순서를 매긴다는 합리성의 최소 조건만 충족하면 충분하다.

파레토는 개인 간 비교 가능성을 부정함으로써 공리주의의 핵심 논리에 개인 자율이라는 강력한 원칙을 도입한 셈이었다. 벤담의 자유지상주의적 충동은 최대 행복 원칙에 대한 분석과 (기껏해야) 우연히 연관되었을 뿐이지만, 파레토의 체계에서는 모든 사람이 자신의 선호도에 대해 절대적 권한을 가진다는 것이 아예 공리$_{axiom}$다. 개인은 이행성이 함축하는 극단적 최소 의미에서 합리적이어야 하지만, 그 이상으로 사람들이 무엇에 가치를 두는지, 또는 두어야 하는지에 대해서는 이 합리성을 넘어서는 어떤 제삼자적 판단도 내려지지 않는다. 이처럼 파레토의 체계는 개인 권리라는 계몽주의적 이상을 위한 분석적이고 도덕적인 공간을 창조한다.

파레토는 철저한 과학적 태도를 취한다는 점에서도 계몽주의의 피조물이었다. 하지만 그의 과학 관념은 벤담과 달리 "형이상학적 실체를 끌어들이"거나 "언어에 대해 논증하"지 않고 "경험에서 결과를 도출하"는 성숙한 계몽주의적 관념이었다.[19] 앞으로 살펴보겠지만, 파레토는 자율적 개인이 자신의 자율성을 훼손하지 않고서 참여하(리라 기대할 수 있)는 거래를 과학적으로 예측함으로써 두 계몽주의적 가치 사이의 긴장을 해소하려 했다. 그렇다면 벤담과 마찬가지로 파레토에게도 공리주의적 효율성은 여전히 자연법 결정론의 세속적 상속자이지만, 이제는 개인 권리를 존중하는 것이 공리주의의 구성 요소이므로 더 깊은 차원에서 실현된다. 파레토는 권리와 공리의 우연한 공존 대신에 종합을 제안한다.

3.2 공리계로서의 시장

파레토의 이론은 규범적이지 않지만, 그럼에도 규범적 함의가 있다. 이는 파레토가 시장 거래를 통해 구현되고 표현되는 자유로운 개인의 선택에 중추적 역할을 부여하기 때문이다. 이 함의를 이해하고, 파레토 체계에 종종 엉뚱하게 부여되는 (사실과 다른) 규범적 함의와 구별하려면 시장 행동이 개인적 공리와 사회적 공리에 대해 우리에게 무엇을 알려주고 무엇을 알려주지 않는지에 대한 그의 설명에 주목해야 한다.

여기서 핵심 개념은 무차별 곡선 indifference curve 이다. 무차별 곡선의 배경이 되는 직관은 앞에서 논의한 세 가지 개념을 종합한 것이다. 첫째, 사람들은 (파레토적 간결한 의미의) 공리를 극대화하고 싶어한다. 둘째, 사람들의 선택은 일반적으로 한계효용체감의 법칙을 따른다. 셋째, 욕구의 순서가 이행성에 위배되지 않는다는 점에서 사람들은 최소한으로 합리적이다. 빵과 포도주라는 두 재화를 놓고 생각해보면, 한계효용이 체감하므로 포도주가 하나도 없고 빵이 많은 사람은 비교적 많은 양의 빵을 주고 비교적 적은 양의 포도주를 얻는 거래에 기꺼이 참여할 테지만, 포도주 보유량이 증가하고 빵 보유량이 감소하면 포도주에 대해 지불할 빵의 '가격'이 낮아질 것이다(그 반대로 마찬가지다). '무차별'이란 바로 이런 뜻이다. 한 재화를 다른 재화와 교환할 때 공리가 증가하지도 감소하지도 않는다면 사람들은 두 재화 사이에 차등을 두지 않는다. 이 개념을 빵과 포도주의 수량에 적용하자면, 예를 들어 빵 40개와 포도주 6병, 빵 15개와 포도주 8병, 빵 5개와 포도주 9병 등 둘의 차이에 무관심한 수량의 조합이 얼마든지 있으리라고 사람들은 상상할 수 있다. 우리는 이 숫자가 무엇인지는 알 필요가 없고 모든 사람에게 숫자가 같으리라고 가정할 필요도 없다. 이 숫자가 한계효용체감의 법칙에서 예측하는 방향으로 증가하고 감소하며 이행성에 어긋나지 않으면 충분하다. 그림 3.1에서 보듯 무차별 곡선은 이 개념을 표현한 것이다.

무차별 곡선 I_1, I_2, I_3, I_4 등은 A라는 사람이 빵과 포도주의 수량에 대해 차이를 두지 않는 조합을 각각 나타낸다. 그의 공리는 높은 무차별 곡선으로 이동할 때만, 이를테면 I_1에서 I_2로, 또는 I_2에서 I_3으로 이동할 때에만 증가한다. A는 최대한 높은 무차별 곡선에 있고 싶어하는 것으로 가정된다. 따라서 원점에서 북동쪽을 향하는 점선 화살표 *pq*는 공리가 증가하는 방향을 나타낸다. 무차별 곡선은 언제나 기울기가 음이며 대체로 원점 쪽으로 볼록한데(즉 모든 점에서 접선 위쪽에 있다), 이것은 한계효용이 체감하기 때문이다. 무차별 곡선은 교차할 수 없다. 교차하면 이행성이 위반된다.[20]

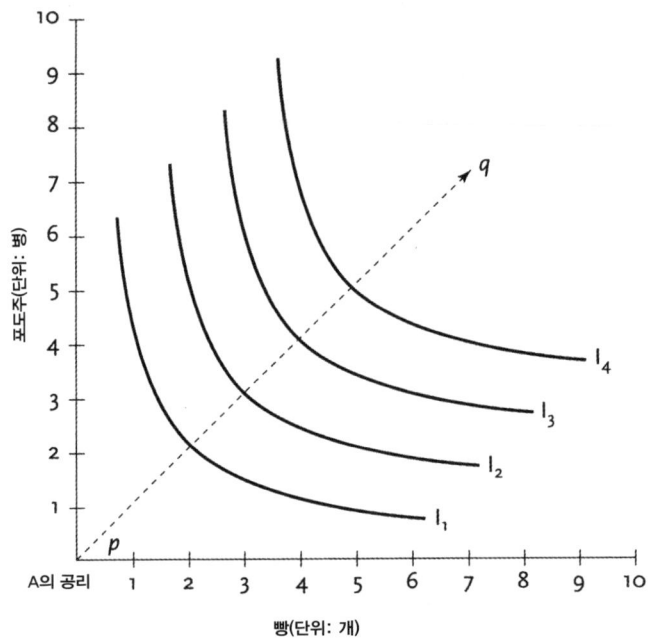

그림 3.1 사람 한 명과 재화 두 개에 대한 파레토 무차별 곡선

파레토의 천재성은 이 개념적 장치를 가지고서 (개인 간 공리를 전혀 비교하지 않고도) 사람들이 시장 환경에서 어떻게 상호작용하여 사회적 순 공리를 증가시킬지 예측할 수 있음을 간파한 데 있다. 시장에서는 공리계가 필요하지 않다. 사람들이 시장 행동을 통해 재화에 대한 선호도를 표현할 수 있기 때문이다. 그림 3.2는 이 현시선호 이론theory of revealed preference이 어떻게 작동하는지 나타낸 것이다.

여기에서는 세 가지를 가정한다. 첫째, A와 B라는 두 개인 사이에 재화가 일정하게 분배되어 있고(x로 나타낸다), 둘째, 두 재화의 공급

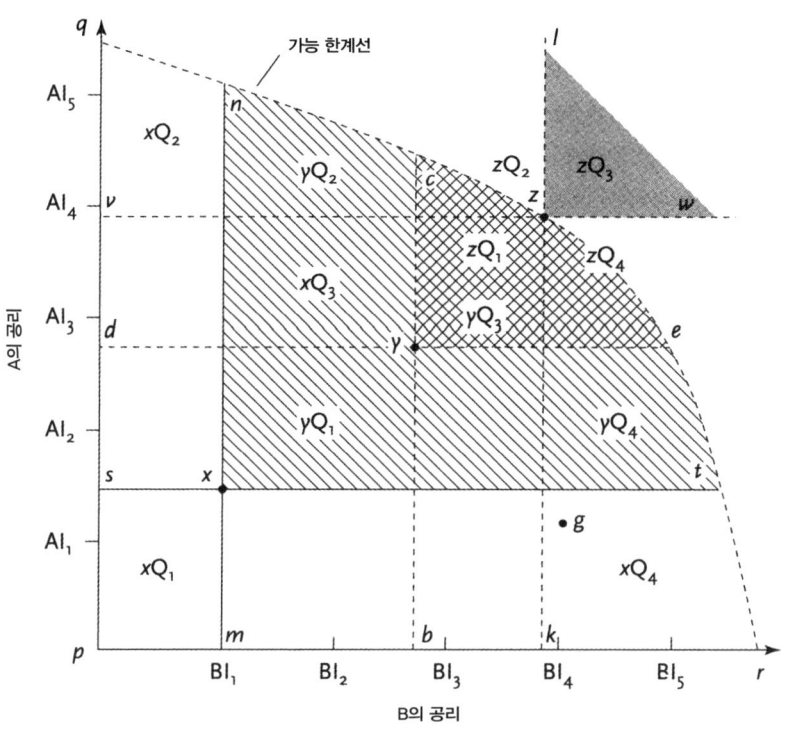

그림 3.2 고정된 상품 공간에서 두 사람에 대해 파레토 원칙을 나타낸 그림

가능량이 고정되어 있어서 가능 한계선possibility frontier인 qr 밖으로 나갈 수 없으며, 셋째, 각 개인은 그림 3.1에 묘사된 것처럼 최대한 높은 무차별 곡선으로 올라가고 싶어한다. 말하자면 A는 pq 방향의 화살표를 따라 이동하고 싶어하며 B는 pr 방향의 화살표를 따라 이동하고 싶어한다. A의 무차별 곡선은 AI_1, AI_2, AI_3 등의 점을 지나고 B의 무차별 곡선은 BI_1, BI_2, BI_3 등의 점을 지난다고 상상할 수 있다. 현 상태 x를 지나도록 수직선 mn과 수평선 st를 그으면 상품 공간이 네 사분면으로

3장 권리와 공리의 종합

71

나뉜다. xQ_1은 x의 남서쪽, xQ_2는 북서쪽, xQ_3은 북동쪽, xQ_4는 남동쪽에 있다.

각 사분면은 무엇을 나타낼까? xQ_1의 특징은 그 속에서 어떤 위치에 있든 A와 B 둘 다 현 상태보다 나쁘다고 판단하리라는 것이다. 이를테면 국가에서 두 사람에게 세금을 물리는데 둘 다 자기가 낸 세금만큼의 혜택을 얻지 못하는 경우를 상상할 수 있다. 정부가 이 자금을 A와 B 모두가 싫어하는 나라에 원조한다면, 두 사람의 입장에서 이것은 정부의 낭비적 지출government waste이다. 이런 변화가 일어난다면, 두 사람으로 이루어진 사회에서는 모두가 형편이 나빠진다. 따라서 시장체계에서는 이런 변화가 일어날 것으로 예상되지 않는다. 이 변화는 x에 대해 파레토-열등Pareto-inferior하다.

이에 반해 x에서 xQ_3으로 이동하면 두 사람 다 행복해진다. 이를테면 A가 포도주를 생산하고 B가 빵을 생산하여 서로 마음에 드는 교환 비율을 찾아 둘 다 더 높은 무차별 곡선으로 이동하는 경우를 상상할 수 있다. 자유 시장에서는 이 파레토-우월Pareto-superior한 변화가 일어날 것이다. A와 B 둘 다 교환에서 이익을 얻으므로 둘 다 자발적으로 교환에 참여할 것으로 기대된다. 따라서 일정량의 빵과 일정량의 포도주를 교환하여 x에서 새로운 현 상태 y로 이동하는 변화를 상상할 수 있다.[21] 나머지 어떤 사람의 형편도 나빠지게 하지 않으면서 적어도 한 사람의 형편을 좋아지게 하는 변화는 모두 이에 해당한다. x에서 n으로 이동하는 것도 여기에 포함된다. 이것은 A의 공리가 증가하지만 B가 이에 대해 개의치 않는 변화다.[22]

그렇다면 이번에는 새로운 현 상태 y를 지나는 수직선 bc와 수평선 de를 그려 새로운 사분면 yQ_1, yQ_2, yQ_3, yQ_4를 얻을 수 있다. 각 사분면의 속성은 x에서의 사분면과 같다. 아까와 마찬가지로 어느 쪽도 yQ_1으로 이동하고 싶어하지 않으며, yQ_3으로 이동하는 것은 둘 다에게 유리하다. A와 B는 가능 한계선 qr 위의 현 상태(이를테면 z)에 도달할 때까지 빵과 포도주를 계속 교환할 것이다. 여기에서도 다시 수직선 kl과 수평선 vw를 그려 새로운 사분면 zQ_1, zQ_2, zQ_3, zQ_4를 얻을 수 있다. 하지만 이제는 둘 다에게 유리한 교환 가능성이 소진되었다. zQ_3은 가능 한계선의 북동쪽으로 아예 벗어나버렸기 때문이다. 이 말은 A의 공리를 감소시키지 않으면서 B의 공리를 증가시키거나 B의 공리를 감소시키지 않으면서 A의 공리를 증가시킬 방법이 없다는 뜻이다. 즉 파레토-최적$_{\text{Pareto-optimal}}$ 점에 도달한 것이다. x가 현 상태였을 때는, 상대적 협상력, 협상 기술, 무차별 곡선의 기울기 등에 따라 가능 한계선 위에서 n과 t 사이의 모든 점에 도달할 여지가 있었다. 하지만 일단 가능 한계선 위의 점에 도달하면 어떤 추가적 교환도 자발적으로는 일어나지 않는다. 즉 A와 B는 평형에 도달했다.

그렇다면 북서쪽 사분면과 남동쪽 사분면인 xQ_2와 xQ_4, yQ_2와 yQ_4, zQ_2와 zQ_4 등은 어떻게 해석해야 할까? 이 사분면들은 한 사람이 이익을 얻고 다른 사람이 손해를 보는 변화를 나타낸다. 파레토-열등한 변화와 마찬가지로 자유 시장에서는 이 변화가 일어나지 않는다. 손해 보는 쪽에서 반대할 것이기 때문이다. 이러한 파레토-결정 불가능$_{\text{Pareto-undecidable}}$한 변화야말로 재분배 정치학의 핵심으로, 국가가 한 집단에 과세하여 이를 다른 집단에 재분배하는 경우가 이에 해당한다. 파레토가 '결정 불가능'이라고 말한 이유는 이 변화가 사회적 공리의 순 증가로 이어질지 여부를 파레토 자신의 전제에서는 판단할 수 없기 때문이다. 이를테면 현 상태 x에서 g의 분배 상태로 이동하면 B의 이익이 A의 손해보다 클 수도 있고 그렇지 않을 수도 있다. 여기에서는 서수적 공리를 다루고 개인 간 비교를 배제했으므로, 축에서의 거리를 가지고는 각 당사자가 얻거나 잃는 공리의 양을 전혀 추측할 수 없다. 우리가 말할 수 있는 것은 A가 손해를 보고 B가 이익을 얻는다는 것뿐, 얼마나 손해이고 얼마나 이익인지는 전혀 알 수 없다.

파레토 원칙에서는 파레토-우월한 변화가 파레토-결정 불가능한 변화보다 더 큰 사회적 순 공리를 낳는다는 결론이 도출되지 않음에 유의해야 한다. 분배 상태 g에서 A와 B의 총 공리가 분배 상태 y에서의 총 공리보다 얼마든지 클 수 있다. 이것은 입증할 방법이 없을 뿐 아니라 반증할 수도 없다. 파레토는 자신의 원칙이 파레토-우월한 변화(또는 시장 거래)가 파레토-결정 불가능한 비시장 거래보다 더 큰 순 증가로 이어지리라는 규범적 주장을 함축한다고 오해받을 수 있음을 알았지만, 자신의 주장에는 이런 함의가 없으며 재분배에 대해 규범적 주장을 제시할 생각이 전혀 없음을—이에 대한 과학적 근거를 전혀 발견할 수 없었기에—단호히 밝혔다.[23] 우리가 알 수 있는 것은 파레토-우월한 변화가 현 상태보다 분명히 좋으며 파레토-열등한 변화가 현 상태보다 명백히 나쁘다는 것일 뿐, 그 이상도 이하도 아니다.

그림 3.1과 3.2에 담긴 정보를 조합하여 하나의 그림으로 만들면 에

지워스 상자 도표로 알려진 그림 3.3이 된다. 이 그림에서는 A와 B가 등장하며, 편의를 위해 경제체제가 빵과 포도주 두 재화만으로 이루어졌다고 가정한다. 그림 3.1에서처럼 A는 가장 높은 무차별 곡선에 도달하기 위해 남서쪽에 있는 원점 p에서 북동쪽을 향해 이동하려 한다. B의 선호도는 A의 거울상으로 표현되므로, B의 무차별 곡선은 북동쪽에 있는 원점 p'에서 남서쪽으로 전진한다. 현 상태 x는 럭비공 모양인 파레토-우월 영역의 끝에 있으며, 이 영역의 곡선들은 x에서 교차하는 A의 무차별 곡선과 B의 무차별 곡선으로 이루어진다. x에서 y로 이동하면, 현 상태 y에서의 새로운 파레토-우월 영역을 나타내는 작은 럭비공이 새로 생긴다. 더 나아가 z까지 가면 가능 한계선에 도달한다. 이는 A의 무차별 곡선과 B의 무차별 곡선이 둘의 접점에서 z와 만나는 것으로 알 수 있다. 따라서 이것은 그림 3.2에서 z로 나타낸 것과 같은 종류의 평형이다. 이곳에 도달하면 더는 한쪽의 공리를 감소시키지 않고서 다른 쪽의 공리를 증가시킬 방법이 없다. A의 원점 p에서 B의 원점 p'까지 A의 무차별 곡선과 B의 무차별 곡선의 모든 접점을 지나는 가상의 선을 그으면 가능 한계선(그림 3.2의 선 qr)이 되는데 이를 계약 곡선contract curve이라고도 한다. A와 B가 어디에서 출발하든 두 사람은 계약 곡선을 향해 이동하도록 자발적 거래를 할 것이며, 계약 곡선에 도달하면 평형을 이룰 것이다(즉 더는 두 사람 사이에 교환이 일어나지 않는다). xx'로 정의된(즉 n과 t 사이) 럭비공 안의 계약 곡선에서 정확히 어디에 도달할지는 두 사람의 상대적 협상력, 협상 기술, 무차별 곡선의 기울기에 따라 달라진다.

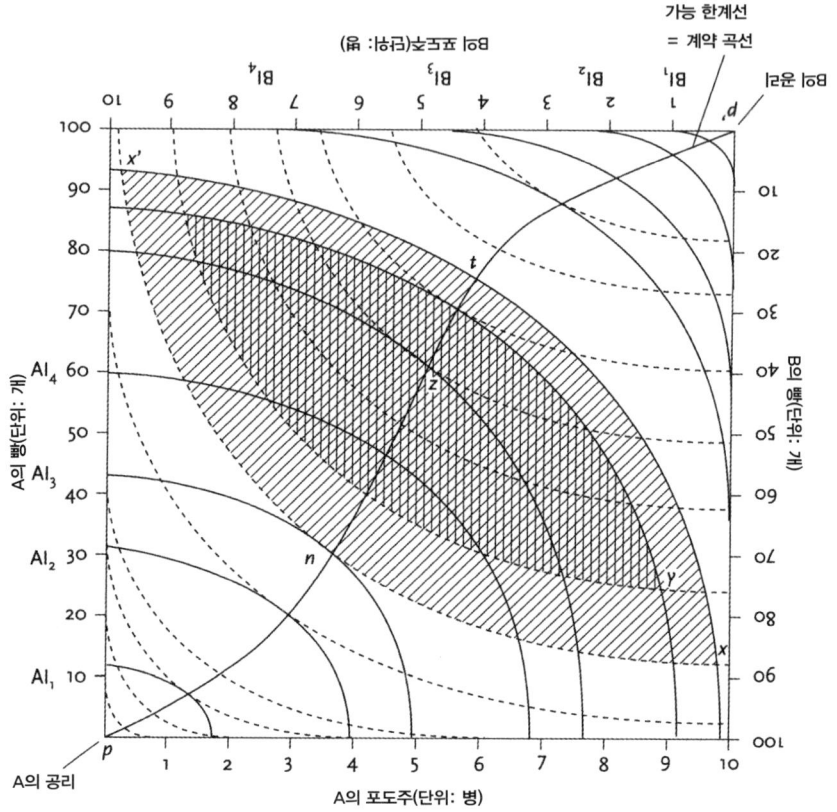

그림 3.3 두 사람이 고정된 재화 공간에 참여하는 에지워스 상자

우리의 관심사인 정치적 정당성의 토대라는 관점에서 파레토 원칙을 평가하기 전에, 그림 3.4에서 보듯 벤담의 최대 행복 원칙과 비교하는 게 좋겠다. 물론 이 비교는 부분적일 수밖에 없다. 최대 행복 원칙이 개인 간 비교가 가능한 기수적 공리에 적용되는 반면 파레토 원칙은 비교할 수 없는 서수적 공리에 적용되기 때문이다. 그럼에도 하나

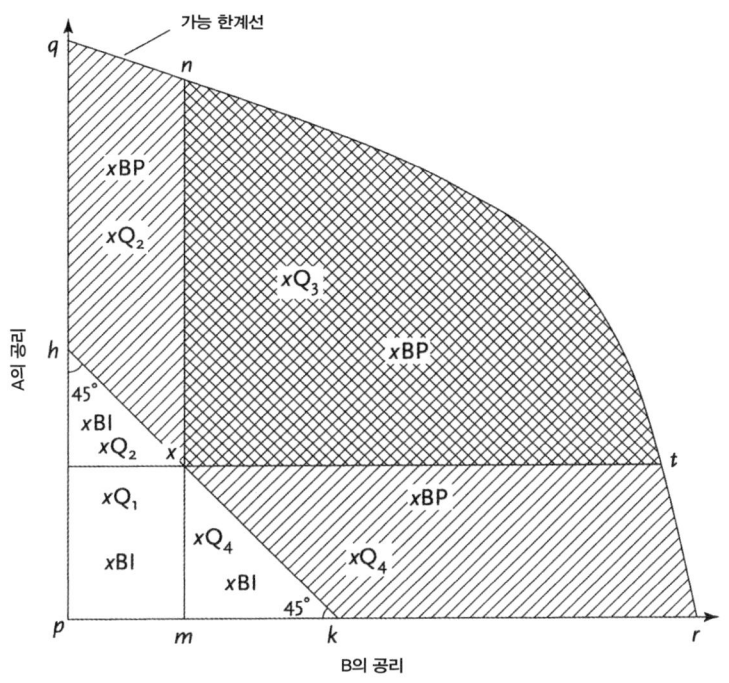

그림 3.4 고정된 재화 공간에서 파레토 원칙과 벤담의 최대 행복 원칙을 부분적으로 비교한 것

를 다른 하나 위에 겹쳐보면, 고전 공리주의에서 신고전 공리주의로의 변화에서 무엇이 중요한지 뚜렷이 알 수 있다. 이번에도 현 상태가 x라고 가정하고 pq 축에서 pr 축을 향해 45도 아래로 내려가는 선 hk를 그으면, 이 선과 가능 한계선 사이에 있는 것은 모두 x에 대해 벤담-우월하며 이 선과 원점 p 사이에 있는 것은 모두 x에 대해 벤담-열등하다. 이는 벤담의 원칙이 사회의 공리 총량에만 영향을 받는다는 사실에서 비롯한다. 따라서 x에 대해 파레토-우월한 것은 모두 벤담-우월하

지만, 그 역은 성립하지 않는다. 파레토-결정 불가능한 사분면 xQ_2와 xQ_4의 일부가 x에 대해 벤담-우월하기 때문이다. 최대 행복 원칙에서 결정적 차이를 만드는 선 hk는 xQ_2와 xQ_4 중에서 현 상태 x에 대해 벤담-우월한 부분을 표시한다. 파레토는 두 사분면을 과학적으로 구별하는 것이 불가능하다고 생각하지만, 벤담은 얼마든지 구별할 수 있다고 생각한다.

재분배 체계의 정치적 정당성과 관련하여 두 원칙 사이에서 생기는 문제 중 하나는 그림 3.5에서 묘사하는 극단적 사례에서 찾아볼 수 있다. 이 에지워스 상자는 그림 3.3에서 묘사하는 것과 같되, 현 상태 x가 남서쪽 구석의 p에 있다는 점이 다르다. 이는 B가 두 재화를 모두 소유하여 분배가 극단적으로 불평등한 상황을 나타낸다. 이에 따라 x가 가능 한계선에 놓여, 그림 3.2와 3.3에서 z와 같은 속성을 가진다는 점도 앞의 사례와 다르다. 따라서 이 현 상태는 A가 굶어 죽을지언정 파레토-최적인 평형이다. A는 B가 원하는 것을 아무것도 가지고 있지 않으므로 둘 사이에는 교환이 전혀 일어나지 않는다.

여기서 우리는 늑대가 양을 잡아먹어서 얻는 공리가 양이 늑대에게 잡아먹히지 않아서 얻는 공리보다 큰지 어떻게 알 수 있느냐는 파레토의 수사적 물음이 얼마나 무지막지한지 알 수 있다. 이에 비하면 벤담의 원칙이 좋아 보일 정도다. B에게서 재화를 조금만 이전해도 A에게 큰 이익이 된다는 것은 분명하며, A가 얻는 공리가 B가 잃는 공리보다 크지 않다는 생각을 진지하게 받아들이기는 힘들다. 하지만 우리는 가장 뚜렷한 사례에 얼마나 잘 들어맞는가로 원칙을 평가할 수는 없다.

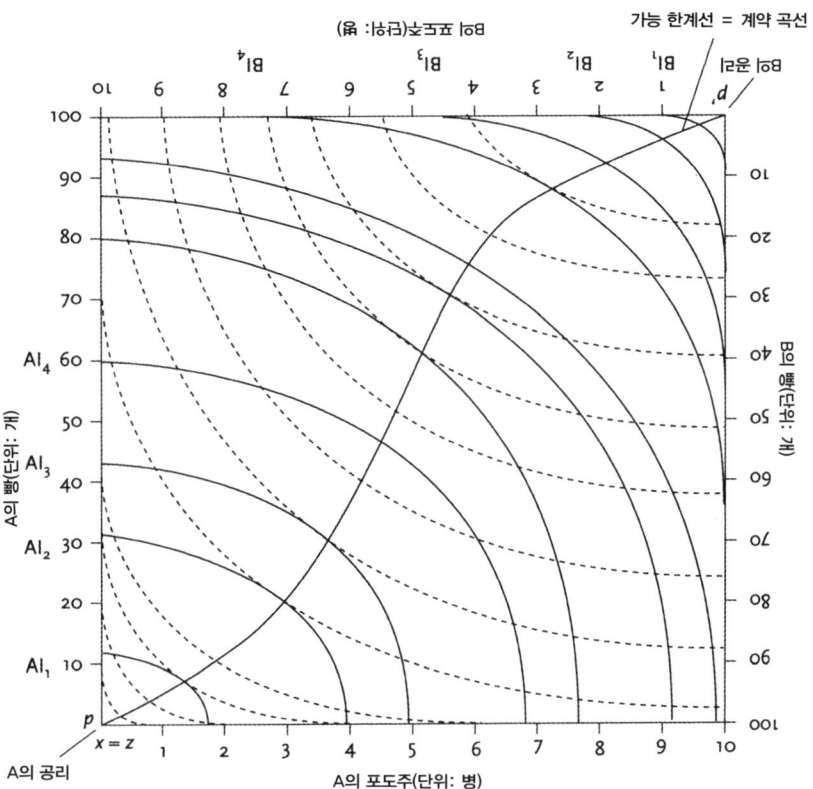

그림 3.5

두 원칙의 비교에서 드러나는 일반적 요점은 국가가 재분배 체계를 바꾸는 것이 어떤 조건하에서 정당한가를 사유하는 데는 두 원칙 다 미흡하다는 것이다. 벤담의 '객관적' 원칙은 너무 강력하다. 벤담이 개인 간 비교라는 골치아픈 문제에 대해 너무 순진하게 생각했다는 비판과, 이 비교를 토대로 정책을 입안하고 집행하는 임무를 맡은 정부와 관료의 행동을 감시하는 데 충분히 주목하지 않았다는 비판은 타당하다.

피터 싱어 같은 현대의 객관적 공리주의자가 유아 살해와 안락사를 옹호하면서 내놓는 주장에 대해서도 비슷한 비판을 할 수 있다.[24]

이에 반해 파레토의 '주관적' 원칙은 너무 약하다. 파레토-우월한 거래가 파레토-결정 불가능한 거래와 유의미하게 다르다는 말은 옳다. 하지만 파레토의 논증에 따라 국가가 분배를 시장에 맡김으로써 정당성을 얻는다고 주장하는 사람은 적어도 두 가지 면에서—하나는 파레토-우월한 영역에 대해서, 다른 하나는 파레토-결정 불가능한 영역에 대해서—도를 넘은 것이다. 첫번째 영역과 관련해서는 현실 세계의 재화가 빵과 포도주만이 아니라는 점에 착안하여 그림 3.5를 좀더 현실에 가깝게 다듬어야 한다. 남들에게 필요한 재화를 많이 소유한 사람은 상대방이 매춘부가 되거나, 기아 수준의 임금만 받고 일하거나, 고용살이 계약을 하거나, 어떤 경우에는 심지어 노예가 되는 것에 대해서도 '자발적' 동의를 이끌어낼 수 있다. 현 상태로부터 파레토-우월한 상태로 이동한다고 해도, 그 때문에 모욕이나 착취나 더 심한 꼴을 당해야 한다면 이는 정당성을 부여할 이유가 되지 못할 수도 있다. 한마디로 개인 권리라는 관념이 파레토 체계의 구성 요소이기는 하지만, 이를 자세히 들여다보면 약자나 빈곤층의 지지를 얻기 힘든 편협한, 심지어 인공적인 관념임을 알 수 있다.

파레토-결정 불가능한 사분면과 관련하여, 앞선 논의에서 우리는 이 영역이 지나치게 다양한 가능성에 걸쳐 있음을 확인했다. 이에 따르면 파레토-결정 불가능한 영역을 원칙에 따라 구별하려고 시도해야 한다는 벤담의 충동은 정당하다. 파레토-결정 불가능한 사분면을 어떻게 둘로 나눌 것인가에 대한 벤담의 설명이 미흡하다 하더라도, 이는 더 좋은 방법을 찾기 위해 노력해야 한다는 것을 강조할 뿐이다. 이에 대해 지난 한 세기 반 동안 가장 진지하고 영향력 있는 시도를 한 사람은 이어서 설명할 존 스튜어트 밀(1806~1873)이다.

3.3 위해 방지로 국가의 행위를 정당화하다

밀의 아버지 제임스(1773~1836)는 벤담의 동시대인이자 열성적 추종자로, 아들을 확고한 공리주의자로 키웠다. 젊은 시절의 밀은 공리주의 교육에 강하게 저항했지만, 이후 그의 정치철학 저술 대부분은 공리주의를 자유주의 정신에 알맞게 재정립하는 일에 바쳐져 있다.[25] 밀의 공리주의 사상이 가장 완전한 형태로 발전한 것은 『공리주의』(1863)이지만, 사회의 공리주의적 요구와, 개인 자유에 대한 계몽주의적 관심 사이의 긴장을 정면으로 맞닥뜨리는 것은 『자유론』(1859)에서다. 『자유론』에서 밀이 취하는 접근법은 언뜻 보기에는 순진할 정도로 단순해 보이며 개인 자유 쪽에 확고하게 서 있는 듯하다.

나는 이 책에서 자유에 관한 아주 간단명료한 단 하나의 원리를 천명하고자 한다. 이를 통해 사회가 개인에 대해 강제나 통제—법에 따른 물리적 제재 또는 여론의 힘을 통한 도덕적 강권—를 가할 수 있는 경우를 최대한 엄격하게 규정하는 것이 이 책의 목적이다. 그 원리는 다음과 같다. 인간 사회에서 누구든—개인이든 집단이든—다른 사람의 행동의 자유를 침해할 수 있는 경우는 오직 한 가지, 자기 보호를 위해 필요할 때뿐이다. 다른 사람에게 해$_{harm}$를 끼치는 것을 막기 위한 목적이라면, 당사자의 의지에 반해 권력이 사용되는 것도 정당하다고 할 수 있다. 이 유일한 경우를 제외하고는, 문명 사회에서 구성원의 자유를 침해하는 그 어떤 권력의 행사도 정당화될 수 없다. 본인 자신의 물리적 또는 도덕적 이익$_{good}$을 위한다는 명목 아래 간섭하는 것도 일절 허용되지 않는다. 당사자에게 더 좋은 결과를 가져다주거나 더 행복하게 만든다고, 또는 다른 사람이 볼 때 그렇게 하는 것이 현명하거나 옳은 일이라는 이유에서, 본인의 의사와 관계없이 무슨 일을 시키거나 금지시켜서는 안 된다. 이런 선한 목적에서라면 그 사람에게 충고하고, 논리적으로 따지며, 설득하면 된다. 그것도 아니면 간청할 수도 있다. 그러나 말을 듣지 않는다고 강제하거나 위협을 가해서는 안 된다. 그런 행동을 억지로라도 막지 않으면 다른 사람에게 나쁜 일을 하고 말 것이라는 분명한 근거가 없는 한, 결코 개인의 자유를 침해해서는 안 되는 것이다. 다른 사람에게 영향$_{concern}$을 주는 행위에 한해서만 사회가 간섭할 수 있다. 이에 반해 당사자에게만 영향을 미치는 행위에 대해서는 개인이 당연히 절대적인 자유를 누려야 한다. 자기 자신, 즉 자신의 몸이나 정신에 대해서는 각자가 주권자인 것이다.[26]

밀이 이러한 위해 원칙$_{harm\ principle}$을 정의한 동기는 앞에서 설명한 계몽주의의 두 핵심 가치로 거슬러올라갈 수 있지만, 밀은 우리가 지금까지 본 것과 전혀 다른 방식으로 둘의 관계를 설명한다. 위해 원칙에 명시적으로 구현되었듯 밀이 개인 권리를 중시하는 것은 개인 자유가 인간 존재의 고유한 주요 특징이라는 개념에 부분적으로 기대고 있다. 밀은 당대의 "보통 사람들이 각 개인의 자발성이 얼마나 중요한 가치를 지니는지, 또는 그것이 왜 소중한지 그다지 생각하지 않는"다고 우려했다.[27] 그러면서 독일의 낭만주의적 인문주의자 빌헬름 폰 훔볼트(1767~1837)를 인용하여 "인간은 각자의 능력$_{powers}$을 완전하고 전체적으로 일관되도록 최대한, 그리고 가장 조화롭게 발전시켜"야 한다고 말했다. 독창성을 발전시키려면 "자유 및 상황의 변화"에서 생기는 "개별적 활력과 고도의 다양성"이 필요하다.[28] 밀이 보기에, "적당히 나이가 들어 경험을 자신의 방식대로 이용하고 해석하는 것은 인간의 특권이자 인간다운 삶을 살기 위한 조건이다."[29] 밀은 민주주의에서 개인의 자율에 충분한 가치가 부여되지 않는다고 생각했지만(여기에 대해서는 뒤에서 자세히 설명한다), 개인 자율의 본질적 가치에 대해서는 전혀 의심하지 않았다. 그런 탓에 밀은 "천재성의 중요성"을 강조하고 "천재성이 생각과 행동 모든 면에서 자유롭게 발휘되도록 해야 한"[30]다고 역설했으며 대학 졸업자에게 투표권을 하나 더 주는 등의 방안을 지지하기도 했다.[31]

또한 밀은 위해 원칙에 함의된 개인 권리 체제가 (파레토가 공리를 권리 보유자 간의 자발적 교환에서 발생하는 것으로 정의하도록 한 약정적 방식에서가 아니라 과학을 매개로 하여) 공리를 증진하는 데 도구적 가치가 있다고 생각했다. 밀은 공리를 "모든 윤리적 문제의 궁극적 기준"으로 여겼으나, "이 공리는 진보하는 존재인 인간의 항구적 이익

permanent interests에 기반을 둔, 가장 넓은 의미의 개념이어야 한다"라고 말했다.[32] 밀은 공리를 윤리의 기준으로 삼으려면 위해 원칙을 존중해야 한다고 생각했다. 발전하는 존재로서의 인간에게 이로운 것은 과학을 통해 발견되어야 하며 이를 위해서는 자유가 필수적이기 때문이다. 개인 자유의 증진은 지식을 확장하는 가장 확실한 길이고, 지식의 확장은 공리주의적 발전에 필수적이다.

사상과 토론의 자유를 길게 다루는 『자유론』 2장은 (파레토와 공통점이 많은) 지식의 가류주의적 관념을 내세워 개인의 자유 증진과 지식 확장의 관계를 확립하려 한다. 밀은 의견이 참이거나, 거짓이거나, (으레 그렇듯) 부분적으로 참이고 부분적으로 거짓이라고 생각했다. 의견을 거짓이라는 이유로 억압하면, 잘못 판단할 가능성은 늘 있을 수밖에 없다. 설령 우리가 잘못 판단하지 않고 묵살당한 의견이 틀린 것이라 하더라도, "그것이 일정 부분 진실을 담고 있을지도 모른다. 실제로 그런 경우는 아주 흔하다. 어떤 문제에 관한 것이든 통설이나 다수의 의견이 전적으로 옳은 경우는 드물거나 아예 없다. 따라서 대립하는 의견들을 서로 부딪치게 하는 것만이 나머지 진리를 찾을 수 있는 유일한 방법"이다. 게다가 어떤 주제에 대해 통용되는 의견이 완전한 진실이더라도, "엄밀하고 진지하게 시험을 받"지 않으면 "그것을 받아들이는 사람들 대부분은" 신뢰할 만한 과학적 근거를 갖지 못한 채 "그저 하나의 편견 같은 것으로만 간직하게 될" 것이다. 그렇게 되면, 문제가 된 진실이 "실종되거나 퇴색되"면서 "선을 위해 아무런 영향도 미치지 못하는 하나의 헛된 독단적 구호로 전락할" 우려가 있다.[33]

따라서 언론 자유는 과학을 추구하는 데 필수적이다. 하지만 밀은 언론 자유가 단순한 소극적 권리를 넘어선다고 생각하는 것이 분명하다. 개인성individuality, 비판적 사고, 권위를 업은 주장에 대한 수용 거부 등을 탄탄한 개인 권리 체제를 통해 적극적으로 증진하지 않으면 노예적 굴종의 위험이 커진다. 그러면 과학적 태도가 훼손될 것이며 이와 더불어 장기적 공리에 필수적인 지식의 성장도 타격을 입을 것이다. 밀에게는 개인성을 증진하고 유지할 방법을 찾는 것이 무엇보다 중요했다. 지식의 증진과 보통 교육의 평등주의적 효과가 순응으로 이어지리라 예견했기 때문이다. 과학의 발전이 정부의 건전한 공리주의적 의사결정에 중요하기는 하지만, 교육은 "사람들을 비슷한 영향권 아래에 들게 하고, 나아가 비슷한 사실과 감정을 접하기 더 쉽게 만들기 때문에" 전반적 사회 평준화로 인해 "대중도 나름대로 의지를 가져야 한다는 적극적인 생각이 확산되면서 정치 일선에 있는 사람들의 머릿속에는 대중의 의지에 맞선다는 생각이 점점 더 사라지"고 "통념을 뛰어넘으려는 시도에 대해서는 그 어떤 사회적 후원도 보이지 않"게 된다.[34] 설령 타당한 지식을 바탕으로 한 신념이더라도, '기성 신념'으로 변할 위험이 있는 셈이다.

세월이 흘러 그것이 몇 세대 묵은 기성 신념으로 자리잡으면서 사람들이 소극적으로 받아들이게 되면, 그래서 그 신념이 주장하는 바에 대해 문제의식을 가지고 예민하게 반응하는 때가 지나고 나면, 사람들은 점점 상투적인 것을 제외한 나머지 모든 것을 잊어버린다. 아니면 그저 덤덤하고 미적지근하게 수용하게 된다. 마치 일단 믿게 되면 그것을 각자 마음속에서 철저하게 깨닫거나 개인적인 경험을 통해 검증할 필요성이 없어지는 것처럼 말이나. 그러나가 마침내는 인간의 내면적인 삶과 그 신념을 연설시키는 일조차 중단하는 때가 오게 된다.[35]

따라서 지식은 오용될 수 있으며 과학의 발전은 바람직하지 않은 형태의 순응을 낳을 수 있지만, 결국 밀은 자신의 가류주의적 태도 때문에 진리 추구의 손을 들어주게 된다. 개인성을 보전하는 다른 방법이 있을지도 모르지만, 진리 추구 이외의 것에 도박을 걸기에는 위험성이 너무 크기 때문이다.

진리와 공리의 연관성에 대한 밀의 관념을 이해하려면 위해 원칙이 현실에서 어떻게 작동하기를 밀이 의도했는지 더 자세히 들여다보아야 한다. 언뜻 보기에는 언급된 바의 위해 원칙과 위해 원칙의 적용에 대한 밀의 설명(『자유론』 5장) 사이에는 긴장이 있는 듯하다. 이를테면 밀은 "사람이 너무 많이 몰리는 직종이나 경쟁시험에서 성공을 거두는 사람, 그리고 서로 원하는 대상을 놓고 다툰 결과 선택을 받는 사람은 모두 상대방의 패배를 통해, 그리고 상대방의 소득 없는 노력과 실망에 반해서 과실을 따게 되는 것"이라고 말했다. 하지만 그럼에도 불구하고 밀은 경쟁에 바탕을 둔 능력주의를 옹호했는데, 그 이유는 "모두 인정하듯이, 결과가 어떻든 각자가 이런 방식으로 자기가 원하는 목표를 방해받지 않고 추구하는 것이 인류 전체에 이익이 된"다는 것이었다.[36] 마찬가지로 밀은 자유 거래가 어떤 사람에게는 해롭다면서도,

"비록 오랜 투쟁의 산물이기는 하지만…… 가장 싼값에 가장 높은 품질의 물건을 살 수 있"다며 자유 거래를 옹호한다.[37] 같은 맥락에서 위생 규제, 작업장 안전 수칙, 사기 방지 등은 사람들을 강압하고 자유를 침해하지만, 목적의 정당성을 "부인할 수 없"기에 이런 정책이 용인될 수 있다.[38]

여기서 이런 의문이 든다. 밀은 위해 원칙을 옹호하면서 통념을 거세게 비난해놓고 어떻게 이런 사례에서는 통념을 잣대로 자유에 대한 개입을 정당화할 수 있을까? 밀이 위해 원칙을 ('물리력'으로 인한 것이든 '여론의 도덕적 강압'으로 인한 것이든) 강요 및 통제와 맞세움으로써, 어떤 정책이 널리 받아들여진다는 사실이 그 정책을 추구해야 하는 근거가 되지 못하도록 한 것을 떠올려보라. 사실 밀은 "온 사회가 경계하지 않으면 안 될 큰 해악 가운데 하나"로 다수의 횡포를 꼽은 알렉시 드 토크빌(1805~1859)의 주장을 지지한 것으로 가장 잘 알려졌을 것이다. 토크빌과 마찬가지로 밀은 통념에 의한 억압이야말로 다수의 횡포가 취할 수 있는 더 은밀한 형태 중 하나라고 주장했다.[39] 벤담과 달리 밀은 정부의 억압을 떠받치는 지지대 역할을 하는 민주주의에 대해 확신을 가질 이유를 좀처럼 찾지 못했다. "집권자가 인민, 더 정확하게 말하면 인민 가운데 가장 강력한 집단에 대해 정기적으로 책임을 지게 되더라도, 정부가 개인들에게 행사하는 권력에 일정한 제한을 가하는 것은 여전히 중요하다."[40] 제도화되었든, 지배적 의견의 형태이든 다수는 경계의 대상이어야 한다. 따라서 『자유론』의 '현실 적용' 장(5장)에서 밀이 자유에 대한 개입을 정당화하기 위해 통념적 지혜에 호소하는 것은 여우에게 닭을 맡기는 꼴이다.

밀이 이 명백한 모순을 어떻게 해결하는지 이해하려면 위해 원칙이 두 단계로 작동한다고 생각해야 한다. 특정한 행위나 정책을 평가하는 첫번째 단계는 그 행위가 남들에게 위해를 가하거나 가할 가능성이 있는지 판단하는 것이다. 대답이 '아니오'이면 그 행위는 자율의 영역에 속하며 정부의 개입은 정당화되지 않는다. 오히려 이 경우에 정부는 남들의 개입에 맞서 개인의 행위 자유를 보호할 의무가 있다. 하지만 처음 물음의 대답이 '예'이면 고려해야 할 게 또 있다. 우리는 좋든 싫든 위해가 저질러지는 세계에서 살고 있으므로 이렇게 물어야 한다. 정부는 이 문제에 대해—만일 해야 할 일이 있다면—무엇을 해야 하는가? 이 점에서 위해 원칙을 앞에서 인용한 유명한 명제보다 더 정확하게 요약한 문장을 『자유론』 4장에서 찾아볼 수 있다. "어느 누구의 어떤 행동이든 다른 사람의 이익을 부당하게 침해하면, 바로 그 순간부터 사회가 그에 대해 사법적 권한을 가진다. 사회가 그런 문제에 간섭하는 것이 과연 모두의 복리에 긍정적으로 작용할 것인지는 논의의 대상이 될 수 있을 것이다. 그러나 개인의 행동이 다른 사람과는 아무 관계가 없고 단지 본인의 이익에만 영향을 미친다면…… 그런 질문은 할 필요도 없어진다."[41]

위해의 문턱을 넘으면 그때부터 공리주의적 판단이 개입된다는 것이다. 하지만 그 목표가 반드시 특정한 위해를 예방하기 위해서여야 하는 것은 아니다. 현재 우리는 타인 관련 other-regarding 문제를 논의하고 있으므로, 사회 전체에 대해 무엇이 최선의 정책인지 판단하는 것을 목표로 삼아야 한다. 이 점에서 밀은 행위 공리주의자라기보다는 규칙 공리주의자였다. 각 행위나 개별 정책이 아니라 여러 종류의 행위와 정책들 전체의 순 효과를 판단해야 한다고 생각했기 때문이다.[42] 밀은 우리가 이런 판단을 내릴 때 『자유론』 '현실 적용' 장에서 언급한 것 같은 최신 지식을 동원해야 한다고 생각했다. 단, 이런 지식의 적용에 오류 가능성이 있음을 늘 염두에 두어야 한다고 덧붙였다. 과학과 통념적 지혜가 발전하면서 판단은 개정될 수 있으며, 아마도 개정되어야 할 것이다.[43]

이 관점에서 보면 5장에서의 긴장이 해소되지만, 밀이 곤경에서 벗어나려면 아직 갈 길이 멀다. 무엇이 위해에 해당하는지 판단해야 하는 문제가 불거지기 때문이다. 벤담의 문제가 공리계를 어떻게 만들고 운용할 것인가였다면, 밀의 문제는 위해계tortometer라고 이름붙일 만한 장치를 어떻게 만들고 운용할 것인가다.[44]

위해의 정의에서 출발하자면, 적어도 『자유론』의 밀은 자기 관련self-regarding 행위의 영역을 꽤 넓게 잡은 것이 분명해 보인다.[45] 일반적으로 종교, 특히 기독교를 낮게 평가하기는 했지만, 폭넓은 종교적 관용과 (앞에서 설명한) 신앙의 자유에 찬성했기 때문이다. 또한 밀은 (명백하게 폭동을 선동하는 경우를 제외하면) 언론 자유를 열성적으로 옹호했다. 이를테면, "곡물 중개상들이 가난한 사람들의 배를 곯린다거나 사유재산은 강도짓이나 다름없다는 의견을 어떤 사람이 신문지상에 발표한다면, 이런 행동을 방해해서는 안 된다. 그러나 곡물 중개상의 집 앞에 모여든 흥분 상태의 폭도들을 상대로 그런 의견을 개진하

3장 권리와 공리의 종합

거나 그들이 보는 데서 그 같은 내용의 벽보를 붙인다면 그런 행동을 처벌하는 것은 불가피하다."⁴⁶

하지만 이것은 예를 든 것에 불과하다. 어떤 행위가 위해 문턱을 넘고 어떤 행위가 넘지 않는지를 판단하는 일반 원칙은 무엇일까? 밀의 대답은 행위가 "다른 사람에게 해악을 끼칠 것으로 계산"된다면 타인 관련 영역에 해당한다는 것이다.⁴⁷ 중독이나 나쁜 취미를 이유로 벌해서는 안 되지만, 남에게 해를 끼쳤을 때는 벌할 수 있다. 술에 취했다고 해서 벌해야 하는 것은 아니지만 "군인이나 경찰이 근무중에 술에 취하면, 이런 행위는 처벌의 대상이 된"다.⁴⁸ 내가 무엇을 하든 그것은 내 소관이지만 남에게 영향을 미치면 사회의 소관이다.

하지만 이렇게 간단한 문제가 아니다. 밀이 든 사례들은 논란의 여지가 없어 보일 수도 있지만, 계산된다calculated라는 용어로 압축되는 밀의 위해 정의가 매우 애매하다는 사실을 간과해서는 안 된다. '계산'은 "그는 계산적인 사람이다"와 같이 의도적인 행위를 일컬을 수도 있고 "우리 계산으로는, 그의 행위는 남들에게 해를 끼친다"라는 말처럼 결과주의적으로 해석할 수도 있다. 철저히 의도주의적으로 해석하면 (현대 자유민주주의에서 허용하는 많은 형태의 개입으로부터 개인을 보호하는) 매우 강력한 위해 원칙을 도출할 수 있다. 이에 반해 결과주의적 해석은 정부의 개입으로부터 개인을 확실하게 보호할 수 있을지 불분명하다. 사실상 모든 행위는 어딘가의 누군가에게 해로운 결과를 끼친다. 이는 부작위를 행위로 간주할 것인가, 라는 난해한 철학 세계에 굳이 발을 들여놓지 않아도 알 수 있다. 우리의 행위는 아서 피구

(1877~1959)가 말하는 외부효과─의도와 상관없이 제삼자에게 해로울 수도 있는 결과─를 낳는다.[49]

밀은 『자유론』에서 두 해석을 따로 전개했다. 이를테면 모르몬교의 일부다처제를 옹호하는 부분에서는, 일부다처제가 여성에게 위해를 끼친다고 완전히 확신하면서도 사회가 모르몬교인의 욕구를 존중해야 한다고 생각했다. 사람들이 일부다처제를 자발적으로 선택한다면 사회가 개입할 이유는 전혀 없다.[50] 밀은 (그가 책을 쓸 당시에 미국에서 유행하던) 안식일 엄수에 관한 법을 정당화할 근거를 전혀 찾지 못했다. 이 또한, 일요일에 장사해도 남에게 전혀 해를 끼치지 않는다는 이유에서였다. 마찬가지로 중독과 나쁜 취미 자체를 근절하려는 도덕적 입법에는 정당한 근거가 없다고 주장했다.[51] 금지를 논하면서는 음주가 술을 마시지 않는 사람에게 해로운 영향을 미친다는 주장에 코웃음치며, 이 주장이 허울만 그럴듯한 '사회적 권리' 선언이라며 일축한다.[52]

하지만 대체로 밀은 '계산'의 결과주의적 의미를 분명히 받아들인다. "어떤 행동이 다른 개인이나 공공에게 명백하게 해를 끼치거나 아니면 해를 가할 위험성이 분명할 때, 그 행동은 자유의 영역에서 벗어나 도덕이나 법률의 적용 대상이 된"다고 말하기 때문이다.[53] 앞에서 언급한 능력주의적 경쟁, 자유 거래, 산업 규제 등의 사례는 모두 이런 식으로 해석할 수 있다. 그러니 위해 원칙을 어떻게 해석할 것인가는 공리의 객관적 정의와 주관적 정의 중에서 하나를 선택해야 하는 토머스 홉슨의 딜레마와 맞먹는 딜레마다. 위해 원칙의 결과주의적 해석은 벤담의 객관적 관념과 마찬가지로 사회적 공리라는 이름으로 개인 자유를 희생시킬 백지 위임장을 국가에 부여한다. 이에 반해 의도주의적 해석은 파레토의 주관적 설명과 마찬가지로 자유지상주의적 입장으로 귀결되며 이때 국가는 많은 극단적 형태의 착취에 대해 무력하다. 이 해석을 도덕적으로 만족스럽게 풀어내기란 여간 힘든 일이 아니다. 각 사안의 양측이 자기네가 찬성하는 해석의 단점은 눈감으면서 자기네가 반대하는 해석의 단점만 거론하며 논증을 펴는 것은 이 때문일 것이다.

3.4 맥락에 따른 위해 정의의 변화

위해 원칙에 대한 하나의 설득력 있는 해석을 찾기란 불가능한 일일 것이다. 차라리 각 상황에 해당하는 위해의 정의가 달라서 정확한 하나의 해석을 내릴 수 없을 가능성을 받아들이는 편이 더 현명할 것이다. 미국 법에서 위해를 얼마다 다양하게 정의하는지 살펴보면 이러한 다원주의적 입장이 타당하게 여겨질 것이다. 검찰이 멘스 레아 mens rea, 즉 범의犯意 유무를 합리적 의심의 차원을 넘어 입증해야 한다는 점에서 형법은 의도주의적 기준을 중심에 놓는다. 이에 반해 민법은 위해의 결과주의적 기준을 중심으로 삼는다. 극단적인 예로는 불법행위자가 잘못을 저질렀는지, 위해를 의도했는지 따지지 않고 책임을 묻는 무과실 책임(결과 책임)이 있다['불법행위 tort'는 '범죄의 의도 없이 고의나 과실에 의하여 타인의 권리를 침해하여 손해를 발생시키는 행위']. 이러한 차이가 생기는 이유는 형법과 불법행위법의 제정 목적이 다르기 때문이다. 형법의 취지는 (살인, 강간, 폭행, 절도 같은) 그르다고 판단되며 도덕적 제재가 적절하다고 간주되는 행위를 억제하는 것이다. 이런 행위를 저지른 자에게 유죄를 선고하여 자유의 상실과 사회적 비난으로 대가를 치르게 하려면 우선 그에 해당하는 악의의 존재를 확인하는 것이 순서다.[54]

불법행위법에도 (구타나 무단출입 같은) 비난할 만한 의도적 행위를 억제하려는 의도가 부분적으로 있기는 하다. 하지만 불법행위법의 주 관심사는 재화와 용역을 생산하거나, 의약품을 생산하거나, 의료 행위를 하는 등 그 자체로는 나쁘지 않은 행위의 나쁜 외부효과를 분산하는 것이다. 행위를 억누르는 것 자체가 법 집행의 목적이 아니기 때문에, 당사자가 문제의 행위를 하려고 의도했는지 여부를 알아내야 하는 법의 기준을 요구하는 것은 의미가 없다. 불법행위법의 관심사는 그보다는 정당한 행위의 해로운 효과로부터 우리를 보호하여 (귀도 칼라브레시의 유명한 명제를 인용하자면) 사고 비용과 그 회피 비용의 합을 최소화하는 것이다.[55] 이를 위한 최선의 방법은 무과실 책임을 묻거나, 불법행위자가 적절한 주의 요건을 준수하지 못했음을 입증해야 하는 과실 책임주의를 채택하거나, 또는 다른 기준을 마련하는 것이다. 적절한 기준은 행위마다 다를 수 있으며—제조물 책임, 의료 과실, 환경 훼손 등에서 각각 별개의 법률 문제가 제기된다—행동에 영향을 미치는 최선의 방법이 나중에 새로 발견되면 기준이 바뀔 수도 있다.[56] 밀은 위해 원칙이 적용되기 시작하면 과학의 발전을 토대로 이러한 공리주의적 계산을 수행해야 한다고 생각했다.

  법률의 분야마다 그에 해당하는 위해 개념이 다르다는 사실을 인식하는 일은 일반적 원칙에서 어떤 결과를 얻을지에 대한 예상을 재조정하기 위한 중요한 단계다. 하지만 이것은 만병통치약이 아니다. '누가 위해계를 판독해야 하는가?' 또는 (좀더 다원주의적인 관점에서) '어떤 맥락에서 어떤 위해계를 판독해야 하는지를 누가 결정하는가?'라는 질문에 대답하지 않기 때문이다. 하지만 각각의 영역에 속하는 행동이 무엇인지 합의하지 않고서도 다음의 명제에 대해서는 꽤 많은 합의를 이끌어낼 수 있다. 그것은 형법과 민법에서 위해를 다르게 생각해야 하며 민법 안에서도 계약, 불법행위, 제조물 책임, 의료 과실 등에 알맞은 개념이 각각 다를 수 있다는 것이다. 이를테면 낙태, 매춘, 마약, 종교적 이유로 아동에 대한 의학적 치료를 거부하는 것 등을 범죄로 규정해야 하는가의 문제는 해결되기 힘들 것이다. 물론 많은 문제에 대해 논란의 여지가 없는 것은 사실이다. 갈취, 공갈, 폭행, 구타, 강간 등은 대부분의 형법 개념에서 범죄에 속하겠지만, 그밖의 상당수는 미확정 상태로 남을 것이다.

  형법의 영역 바깥에 있는 사회적 불의에 정부가 어떻게 대응할 것인가에 대해서는 논란의 여지가 많은 것이 사실이다. 여기서 무엇이 중요한지 파악하는 한 가지 방법은 위해에 해당하는 것을 판단하는 기준이 기술적 이유에서뿐 아니라—과실 책임과 무과실 책임 중에서 어떤 것이 불법행위법의 효율을 극대화하는가를 놓고 칼라브레시와 리처드 포스너가 이견을 보인 것처럼[57]—규범적 이유에서도 논란거리가 될 수 있음에 주목하는 것이다. 이는 얼 워런이 연방 대법원장을 지낸 1950~60년대 이후로 미국 대법원이 이념적 변화를 보인 것에서 확인할 수 있다. 그 뒤로, 워런 버거와 윌리엄 렌퀴스트가 연방 대법원장으로 재직하던 시절에는 어떤 불의에 대해 대법원의 구제적 개입이 정당화되는지 판단하는 기준이 결과주의적인 사실상de facto 기준에서 의도주의적인 법리상 de jure 기준으로 후퇴하는 현상이 공법의 여러 영역에서 벌어졌다.[58]

이를테면 학내 인종 격리 폐지와 관련하여, 그린 대 공립학교 교육위원회 재판(1968)과 스완 대 샬럿 메클렌버그 교육위원회 재판(1971)에서는 학구學區에서 법리상 인종 분리가 과거에 입증된 적이 있다면 그 결과로 지속적 형태의 차별이 있어왔다고 사실상 가정할 수 있다고 판결했다. 학교의 인종 구성이 (결과적으로) 명백하게 한쪽으로 치우쳤다면 구제가 명령되었다.[59] 하지만 프리먼 대 피츠 재판(1992)과 미주리 대 젠킨스 2세 재판(1990) 같은 사건에서는 이 기준이 실질적으로 훼손되었다. 현재 대법원은 명백한 차별의 사례가 공무원의 차별 의도에서 비롯했음을 입증할 책임을 예외 없이 원고(구제를 위해 법원에 제소한 사람)에게 부여한다.[60] 고용 차별과 관련하여, 그리그스 대 듀크 파워 재판(1971)에서는 '불이익한 결과disparate impact'를 주장한 원고가 손해배상을 받을 수 있도록 허용했지만, 그뒤로 대법원은 결과로부터 차별을 역추론하지 않는 방향으로 선회했다.[61] 선거권과 관련하여, 로저스 대 로지 재판(1982)에서는 차별적 결과가 구제의 충분조건이라는 모빌 대 볼든 재판(1980)과 로마 대 미국 재판(1980)의 앞선 판결을 번복하고 차별의 의도를 입증하라고 요구했다. 하지만

1982년에 의회에서 선거권법 개정 법률안을 통과시키면서 로저스 대 로지 재판은 사실상 뒤집혔다. '결과'를 근거로 권리 침해를 입증할 수 있도록 허용하는 기준이 재확인된 것이다.[62]

이 사건들에 결부된 문제는 단순한 기술적 의견 차이가 아니다. 그보다는 불의에 대한 두 가지 견해가 대립하는 상황인 셈이다. 한 견해는 개인적 보상이 필요한 특수한 악의적 행동에 뿌리를 두고 있으며 다른 견해는 정부가 지속적으로 행동을 취해야만 효과적으로 대응할 수 있는 구조적 불이익의 패턴에 뿌리를 두고 있다. 어느 쪽이 더 그럴 듯한 견해인지는 뒤의 장들에서 살펴볼 테지만, 여기서의 요점은 밀의 위해 원칙이 둘 중 하나를 선택하는 데 아무 도움도 되지 않는다는 것이다. 위해를 방지하는 것이 국가 행위의 정당성을 판단하는 데 중요한 기준이라는 밀의 말은 옳을지도 모르지만, 밀의 위해 원칙에서는 어떤 위해에 어떤 종류의 국가 행위가 적용되는지, 이런 문제에 대한 의견 차이를 어떻게 해소해야 하는지, 국가의 구제 행위가 어느 한도까지 적용되어야 하는지 알 수 없다. 위해 원칙은 정부의 정당성을 다루는 이론의 완전체라기보다는 뼈대의 일부라고 보는 게 낫다.

밀에 대한 논의를 끝내기 전에, 밀의 위해 원칙을 (두 가지 해석 중에서) 어떤 식으로 해석하든 위해 원칙에 관성적으로 따라붙는 보수적 편견에 대해 짚고 넘어가야 한다. 의도주의적 해석에 따르면 밀의 원칙은 상호 동의만이 변화를 정당화한다는 점에서 파레토 원칙과 비슷하다. 우리는 충고하고, 논리적으로 따지며, 설득하거나, 그것도 아니면 간청할 수 있지만, 이런 접근법이 효과가 없더라도 (적어도 위해를 끼치는 사람이 특별한 의도로 그러지 않는 한) 결코 강제해서는 안 된다. 곡물 중개상들이 가난한 사람들의 배를 곯린다거나 사유재산은 강도짓이나 다름없다고 신문지상에서 주장할 수는 있지만, 곡물 중개상이나 재산 소유자가 우리의 논리에 승복하지 않더라도 하이드 파크 연설대[이곳에서는 누구나 자유롭게 발언할 수 있다] 밖으로 나가면 안 된다. 만장일치 규칙을 비판하는 사람들이 오래전부터 지적했듯, 모든 당사자가 합의해야 현 상태를 바꿀 수 있도록 규정하면 필연적으로 현 상태는 특권을 부여받게 된다.[63] 하지만 현 상태에 불의가 만연할 가능성도 있으며, 이렇게 되면 (3.2절에서 권리와 공리의 종합 문제를 살펴봤듯이) 자발적 거래를 권리와 동일시하는, 현실과 동떨어진 해석에 빠지기 쉽다.

위해 원칙을 결과주의적으로 해석하는 것은 더욱 급진적으로 보이긴 하지만, 통념을 결과주의적 계산의 바탕으로 삼으라는 요건이 현실에서는 발목을 잡는다. 밀이 자신의 삶에서 절감했듯, 통념은 교조적이고 극도로 억압적일 수 있다.[64] 밀은 지식 발전과 교육 확대로 미신과 비합리가 점차 사라지고 과학적 태도가 이를 대신하여 여론의—이와 더불어 타인과 관련된 영역에서는 정책 입안자들이 수행하는 공리주의적 계산의—토대를 이룰 것이라고 믿었다. 이 점에서 밀 또한 정치를 관리로 대체하려 한 셈이었다. 다른 점에서는 이 변화에 대한 밀의 입장이 애매하게 보일 수도 있지만, 관리가 정치를 대체하리라 예상했다는 점에서 밀의 태도는 존 듀이(1859~1952) 같은 미국 진보주의자들과 닮기도 했다. 하지만 현실에서 이는 추측에 불과하며, 21세기의 관점에서 보아도 특별히 좋은 태도 같지는 않다. 2001년 9월 11일 세계무역센터와 미국 국방부 건물이 공격당한 사건은 이를 극적으로 보여준다. 과학적 태도가 정치에서 교조주의와 비합리를 길들이리라는 믿음은 파시즘과 공산주의적 전체주의에서 교훈을 얻지 못한 순진한 생각이다. 오늘날 많은 나라에서 정치를 장악하겠다고 위협하는—이미 장악한 경우도 있지만—여러 종교 근본주의와 부족주의는 말할 것도 없다. 심지어 영국과 미국 같은 자유민주주의 국가의 경우에도, 밀은 자신이 『자유론』을 쓴 지 한 세기 반 가까이 지났음에도 정치에서 반反과학적 태도가 위세를 떨치고 이념적 불화가 여전히 팽배한 것에 놀랄 것이다.

이는 위해 원칙에 대한 결과주의적 해석에서 도출되는, 계몽주의적 과학관과 계몽주의적 권리관의 긴장에 대한 해결책이 의도주의적 해석에서 도출되는 해결책 못지않게 문제가 있음을 시사한다(이유는 다르겠지만). 앞에서 보았듯 의도주의적 해석은 개인의 선택을 둘러싼 억압적 조건을 간과하는—그럼으로써 이 조건을 존속시키는—선택 개념을 받아들인다. 따라서 의도주의적 해석은 위해 원칙을 개인 권리의 보전 수단으로 왜곡할 우려가 있다. 결과주의적 해석은 이 문제를 피할 수 있지만, 여기에는 원칙이 언제 위반되었는가와 어떻게 개입해야 하는가에 대한 정부의 공리주의적 판단에서 과학적 이해가 차지하는 몫이 점차 커지리라는 근거 없는 믿음을 받아들여야 하는 대가가 따른다.

여기에는 이중의 어려움이 있다. 첫째, 이미 암시했듯 과학적 태도는 대중의 마음에서—또한 에오 입소 eo ipso, 즉 그 사실에 의하여 통념적 지혜를 동원하여 위해계를 판독할 임무를 띤 공무원의 행위에서—편견과 교조주의를 대체하지 못할 수 있다. 둘째, 어떤 행위가 위해의 문턱을 넘어 정부의 정당한 개입이 촉발되었을 때 좋은 과학이 권리 보호 정책으로 이어질지는 미지수다. 주지하다시피 밀은 위해가 발생했을 때 정부가 이를 최소화할 정책을 시행해야 한다거나 가장 취약한 사람들을 보호해야 한다고 말하지 않는다. 오히려 정부가 "인류 전체에 이익이 되"도록 행동해야 한다고 말한다. 과학적으로 인정된 당대의 지혜는 인종 간 결혼 금지법, 우생학 정책, 또는 더 나쁜 정책이 인류의 일반 이익에 가장 부합한다고 간주할 수도 있다. 위해계를 판독하는 사람들이 위해의 판단 자격까지 가지는 한, 이에 대응하여 억압적 정책을 막아 세울 방법이 밀의 『자유론』에는 없다.[65]

4장
마르크스주의

그런데 곡물 중개상이 정말로 가난한 사람들의 배를 곯린다면, 사유재산이 정말 강도짓이라면 어떨까? 이때 등장한 카를 마르크스는 두 명제 다 지극히 진지하게 다루어야 한다고 생각한다. 마르크스는 파레토 원칙과 밀의 위해 원칙이 정치적 질서를 정당화하기는커녕 정당성의 결여를 은폐하는 이데올로기적 연막을 친다는 견해를 내놓을 것이다. 이렇게 연막을 치는 이유는 파레토와 밀이 수호하는 현 상태가 근본적으로 불의하기 때문이다. 마르크스는 두 사람과 견해가 정반대이므로, 이들 사이에는 공통점이 전혀 없다고 생각될지도 모르겠다. 이런 관점에서 혹자는 마르크스와 밀의 패러다임, 즉 세계관이 근본적으로 대립한다고 주장한다.[1] 여기서 나는 정반대 주장을 펴고자 한다. 지금까지 살펴본 모든 사람과 마찬가지로 마르크스 또한 계몽주의의 피조물이었으며 인간의 사회체제에 대한 과학적 견해를 개인 권리라는 탄탄한 관념과 결합하려는, 긴장으로 가득한 임무에 깊이 몸담았다고 말이다. 두 개념에 대한 마르크스의 이해와 자유주의적 이해에는 차이가 있었지만, 이들의 차이는 필요 이상으로 과장되었고 공통점은 간과되었다.

이렇게 합리적으로 물을 수 있을 것이다. 21세기의 관점에서 굳이 마르크스주의에 주목해야 할 이유가 무엇일까? 마르크스가 한 예언은 사실상 모조리 틀린 것으로 판명되지 않았던가? 마르크스는 공산주의 혁명이 선진 자본주의 국가에서 일어날 것이라고 생각했다. 급진화되고 점차 세계주의화되는 도시 프롤레타리아가 힘을 합쳐, (자신이 생각하기에) 19세기 중엽 붕괴의 기로에 서 있던 자본주의 체제를 무너뜨릴 줄 알았다. 마르크스는 공산당이 프롤레타리아의 전위로서 혁명을 이끌어 부르주아 지배 계급을 대체함으로써 "민주주의의 쟁취"를 이뤄낼 것이라고 믿었다. 마르크스에 따르면 이 전위는 만국의 노동자 계급을 "일으켜세우고" 목표를 달성하기 위해 "전체 프롤레타리아 계급 공동의 이익을 내세우고 주장할" 터였다. 이들의 목표는 "프롤레타리아 계급의 형성, 부르주아 계급 지배의 전복, 프롤레타리아 계급에 의한 정치권력 획득"이다.[2] V. I. 레닌(1870~1924)은 『국가와 혁명』에서 이 사상을 재천명했다. "노동자당을 교육함으로써 마르크스주의는 프롤레타리아의 전위대, 즉 권력을 장악하고 인민 전체를 사회주의로 인도하며 새로운 질서를 지도·조직하고, 모든 노동자들과 피착취자들이 부르주아 없이 부르주아에 반하여 사회생활을 형성해나가는 과정에서 그들의 교사, 지도자, 인도자가 될 수 있는 전위대를 길러낸다."[3]

그러나 실제로 공산주의 혁명이 일어난 곳에서 프롤레타리아 독재는 프롤레타리아에 대한 전위당의 독재가 되었다. 이는 '포이어바흐에 대한 세번째 테제'에서 "교육자 자신이 교육을 받아야 한"다는 마르크스의 우려가 옳았음을 시사한다.⁴ 게다가 선진 자본주의의 노동자 계급은 끝끝내 민족주의적이었으며 단호하게 비혁명적이었다. 심지어 마르크스보다 한 세기 뒤에 '후기' 자본주의를 논한 마르크스주의 학자들도 사실 진술보다는 희망 진술에 몰두했다.⁵ 마르크스 사상의 추종자가 주도한 혁명들은 러시아와 중국 같은 농업 사회에서 일어났거나 (2차대전 이후 동유럽의 대다수 국가에서 보듯) 무력이나 무력 위협을 통해 외부에서 강요된 것이었다. 현재 이 정권들은 모조리 몰락했거나—쿠바와 북한 같은 전초 기지가 그나마 남아 있기는 하지만—중국의 사례에서 보듯 개종 뒤에 더욱 열렬히 자본주의를 받아들이고 있다. 틀림없이 마르크스는 자신의 원칙이 현실에서 이토록 다양하게 적용된 것에 놀랐을 테지만, 진짜 혁명을 기다리는 사람들은 점차 기약 없이 고도를 기다리는 신세가 되어가는 듯하다.

'굳이 왜?'라는 질문을 던지는 또다른 이유는 오늘날 마르크스의 이론 체계가 그의 정치적 예언보다 별로 나아 보이지 않기 때문이다. 그의 이론은 어마어마한 비판의 파도를 겪었는데, 평등주의 성향을 가지고 있으며 자본주의에 호의적이지 않은 학자들이 가장 신랄한 비판을 제기했다. 유물론적 역사 이론의 알맹이인 경제 결정론, 착취 분석의 토대가 되는 노동가치설, 이윤율 저하와 자본주의 위기의 필연성 이론, 사회주의와 공산주의가 어떻게 작동하는가에 대한 설명 중에서 어느 것에 초점을 맞추든 마르크스의 주장은 세월의 시험을 견디지 못했다. 이렇듯 정치적 실패와 이론적 실패가 맞물린 탓에, 설명적 체계로 서든 규범적 체계로서든 마르크스주의를 구하려는 시도는 모두 실패할 운명이다.

이 실패의 목록은 인상적이지만, 이 책에서 다루는 근대 서구의 여타 주요 이론 체계들도 그 점에서는 별반 다르지 않다. 미래를 예측하는 이론은, 선거나 일상 정치를 예측하는 분야에서든, (마르크스와 그 계승자들이 특히 매달린) 정치체제의 유형을 예측하는 분야에서든, 정치학의 전 분야를 망라하여 성적이 형편없었다. 마르크스의 이론 전반이 실패한 것으로 말하자면, 앞에서 설명한 공리주의의 여러 형태와 앞으로 살펴볼 여러 이론도 그 점에서는 마찬가지다. 관건은 마르크스가 수많은 사안에 대해 틀렸는지의 여부가 아니라 특정 사안에 대해 무릎을 칠 만큼 옳았는지의 여부다.

마르크스주의가 온갖 약점에도 불구하고 초기 계몽주의 이후로 진보적·보수적 정치사상에 대한 대안으로 가장 끈질기게 명맥을 유지하고 있다는 사실도 간과할 수 없다. 마르크스주의는 끝없이 변주되었다. 러시아에서는 레닌과 레온 트로츠키(1879~1940)가, 독일에서는 로자 룩셈부르크(1871~1919)와 카를 카우츠키(1854~1938)가, 중국에서는 마오쩌둥(1893~1976)이 마르크스주의를 받아들였으며, 체 게바라(1928~1967)의 라틴아메리카식 변종도 빼놓을 수 없다. 마르크스주의는 프랑크푸르트 학파[6]의 비판 이론, 많은 현대 여성주의 이론, 비판적 법학의 여러 분파, 미국 로스쿨의 여러 반反제도권 이론 등을 낳았다. 이른바 구조주의, 탈구조주의, 해체주의 등의 지적 운동도 마르크스주의의 직계 혈통이며, 막스 베버(1864~1920) 같은 거장, 가에타노 모스카(1858~1941), 로베르트 미헬스(1876~1936), C. 라이트 밀스(1916~1962) 같은 대단한 이론가들은 마르크스주의와 맞서면서도 자신의 이론에 마르크스주의의 지울 수 없는 흔적을 남겼다. 마르크스주의자와 마르크스주의 사상이 근대 사회민주주의의 출현과 진화에 미친 결정적 영향은 말할 필요도 없다.[7] 한마디로 마르크스주의는 서구의 지의식에 끈질기게 남아 있다. 한 가지 이유는 대안이 부족하기 때문이고, 또 한 가지 이유는 마르크스주의가 그 모든 실패에도 불구하고 현재에 대한 비판과 미래에 대한 열망―이 분야에서 한번도 완전히 포기된 적 없는―을 분명히 표현하기 때문이다.

4.1 역사적 유물론과 개인 행위자성

사회과학에 대한 마르크스의 역사적 관점은 (1.1절에서 설명한 의미에서) 철저히 데카르트적이었다. 마르크스는 내적인 이론적 근거로 타당성을 입증하는 연역적 관점을 취했으며, 자기 주장의 오류 가능성이나 경험적 검증에 대해서는 전혀 관심이 없었다. 오히려 '겉모습'이나 경험적 데이터에 의존하면 현상계를 심각하게 오해할 수 있다고 그는 생각했다.[8] 벤담과 마찬가지로 마르크스는 인간 사회를 지배하는 법칙들이 널리 이해되지 않고 있으며 자신의 이론 체계를 총체적으로 파악해야만 이 법칙들을 이해할 수 있다고 생각했다. 그것들을 이해하면 현상계가 이해되어 인류 역사상 처음으로 사람들이 스스로를 이해하고 사회의 진화 속에서 자신의 위치를 이해할 수 있을 터였다. 이렇게 되면 결정론적 과학과 (자유의지를 구현하는) 개인 권리 개념 사이의 긴장이 마침내 사라질 것이다. 인간이 자의식적으로 스스로의 역사를 만들 수 있는 위치에 설 것이기 때문이다.

또한 마르크스는 벤담과 마찬가지로 인체의 근원적 이해관계에 대한 설명을 이론의 토대로 삼았다. 이 점에서는 마르크스와 벤담 둘 다 위로는 흄과 아리스토텔레스에 이르고, 아래로는 다윈과 스티븐슨, 정서주의자emotivists에 이르는 자연주의 전통에 속한다. 자연주의 이론은 행위의 명령을 인간 본성 또는 인간 심리의 이론에서 끌어내는, 이를테면 인간과 그의 필요에 내생적인 이론이라고 말할 수 있다. 이 이론은 외생적인 것을 먼저 고려하는 반反자연주의 이론―가령 플라톤의 형상 이론, 신의 의지, 영구적으로 주어진 자연법, 그밖에 인간이 어느 정도 반드시 준수해야 하는 외적 기준들―과 전반적으로 대조된다. 여느 자연주의자와 마찬가지로 마르크스는 인간이라는 동물의 고유한 특징을 설명의 토대로 삼았다. 마르크스가 보기에 인간의 특징은 공리주의에서 말하는 쾌락 추구도, 홉스의 권력 추구도, 다윈이 염두에 두었을 종의 번식 욕구도, (마르크스가 가장 직접적이고 즉각적으로 반응한) G. W. F. 헤겔(1730~1831)과 독일 관념론자에게 동기를 부여했을 인식 능력도 아니었다. 오히려 마르크스는 인간이 "의식, 종교, 또는 그가 무언가를 의욕한다는 점에 의해 동물과 구별될 수 있"지만 스스로를 동물과 구별짓기 시작한 것은 "생존 수단을 '생산하면서'부터였"다고 주장했다.⁹

4.1.1 변증법적 결정론

마르크스는 인간 상호작용 법칙들의 바탕이 되는 포괄적 체계를 구축했다는 점에서는 벤담을 연상시키지만, 벤담과 달리 역동적 요소를 하나 덧붙였다. 젊은 마르크스의 세계관을 형성하게 한 주된 적수는 헤겔이었는데, 헤겔 또한 역동적 요소가 담긴 포괄적 체계를 구축했다. 헤겔 이론의 핵심은 인류 역사 내내 한 사상 체계가 다른 사상 체계로 대체되는 변증법적 과정이다. 변증법적 과정이란 사상의 결점이 반작용을 낳고, 이것이 원래 사상의 요소와 반작용의 대안을 결합하는 새 사상으로 대체되는 것이다. 이로써 헤겔의 변증법 논리에는 '정립, 반정립, 종합'이라는 유명한 이름표가 붙었다.[10] 정립은 반정립으로 대체되며 둘을 포함한 새로운 종합이 탄생한다. 그런 다음에는 종합이 다시 정립이 되어 변증법적 과정이 새로 시작된다. 인간이 불완전한 사상의 세계에서 살아가는 한 이 과정에는 끝이 있을 수 없지만, 헤겔은 자기 생전에 당대의 프로이센 공국이 완전한 정치 연합의 형태로 인정받음으로써 변증법적 과정이 끝날 수 있고 또 끝날 것이라고, 그리하여 말 그대로 역사의 종언을 가져올 것이라고 믿었다.

마르크스는 역사 변화에 대한 헤겔의 사유 구조를 받아들였으나, 사유의 내용물은 버렸다. 마르크스의 변증법 이론은 인간이 생산을 조직화하는 방식을 핵심으로 한 유물론적 이론이었다. 헤겔과 마찬가지로 마르크스는 기존의 모든 생산양식에 내적 긴장, 즉 '모순'이 있으며 이로부터 필연적으로 반작용이 일어나 내적 모순을 가진 또다른 체제로 대체되고 또 대체되어 결국 안정적 체제에 도달한다는 의미에서 단기적 불평형과 장기적 평형의 관점을 취했다. 마르크스가 보기에 안정적 평형은 19세기 유럽의 프로이센 공국이 아니라 자본주의가 무너지고 등장한 사회주의 국가가 건설할 공산주의 유토피아일 것이다. 그 시점에 이르기까지 역사는 생산관계와 생산력의 모순으로 나타나는, 해소할 수 없는 긴장에 대한 불만족스러운 반작용의 연속일 것이다. 마르크스의 말뜻은 생산과정이 사람들을 계급으로 ─ 일반적으로는 생산수단을 소유하거나 통제하는 사람들과, 이들을 위해서 사람들이 소비하는 잉여를 생산하고자 일하는 사람들로 ─ 구분한다는 것이다. 마르크스와 엥겔스가 『공산당 선언』의 첫머리에서 선언한 "지금까지의 모든 사회의 역사는 계급 투쟁의 역사이다"[11]라는 말의 의미는 역사를 통틀어 어떤 생산양식에서든 생산수단을 소유하거나 통제하는 계급이 그 생산수단을 가지고 노동하는 계급의 결실을 전유함으로써 이들을 착취한다는 것이다. 『독일 이데올로기』에서 더 자세하게 설명했듯이, 따라서 역사는 "개개 세대의 연속에 불과하며 각 세대는 앞선 모든 세대로부터 물려받은 갖가지 재료, 자본 및 생산력을 이용한다. 따라서 각 세대는 한편으로는 물려받은 활동을 완전히 달라진 환경 밑에서 계속 수행해나가고, 다른 한편으로는 완전히 달라진 새로운 활동에 맞춰 기존의 환경을 변화시킨"다.[12]

　이것은 마르크스의 설명에 따르면 대체로 무의식적인 과정이었다. 가령 농노는 다른 영주의 군대에 의한 공격으로부터 보호받고 가족을 위해 생계 농업에 종사할 권리를 부여받는 대가로 해마다 일정 기간 동안 영주의 땅에서 농사를 지어주면서 이것이 자신에게 유리한 교환이라고 생각할 것이다. 평생 가난에서 벗어날 가망이 없음에도 말이다. 이따금 분노를 표출하거나 어쩌다 집단적으로 봉기하는 경우도 있겠지만, 농노도 영주도 봉건적 생산양식의 역학을 온전히 이해하지 못하고, 봉건제를 한 계급이 다른 계급을 착취하지 않는 체제로 대체하려면 어떻게 해야 하는지 알지 못한다. 오히려 봉건제는 다른 역학을 통해 대체된다.

마르크스가 보기에 모든 생산양식에는 자멸의 씨앗이 담겨 있다. 봉건제는 가족이 소비할 물품을 모든 가족 구성원이 생산하는 것이 아니라, 생산에 종사하는 농민 계급과 생산에 종사하지 않는 지주 계급이 따로 있어서 이들의 이해관계가 점차 갈라진다는 점에서 원시적 생계 농업과 다르다. 한편 자본주의 체제에서는 "부르주아 민주주의자들의 지배가 애초부터 파멸의 씨앗을 품고 있"다. 마르크스와 엥겔스는 『공산당 선언』에서 이를 좀더 자세하게 설명했다. "그러므로 대공업의 발전과 함께, 부르주아 계급이 생산하며 생산물을 취득하는 기초 자체가 부르주아 계급의 발밑에서 빠져나간다. 부르주아 계급은 무엇보다도 자기 자신의 무덤을 파는 사람들을 만들어낸다. 부르주아 계급의 몰락과 프롤레타리아 계급의 승리는 똑같이 불가피하다."[13]

마르크스가 보기에 생산양식의 발전에서 가장 중요한 원동력은 노동 분업이다.[14] 여기에서 핵심은 노동 분업의 두 가지 측면에 있다. 첫째, 애덤 스미스(1723~1790)가 『국부론』에서 핀 제작을 분석하며 지적했듯 노동 분업이 이루어지면 생산성이 대폭 증가한다.

첫번째 사람은 철사를 잡아 늘이고, 두번째 사람은 철사를 곧게 펴며, 세번째 사람은 철사를 끊고, 네번째 사람은 끝을 뾰족하게 하며, 다섯번째 사람은 대가리를 붙이기 위해 끝을 문지른다. 대가리를 만드는 데도 두세 가지의 다른 조작이 필요하다. 대가리를 붙이는 것, 핀을 희게 하는 것, 핀을 종이로 싸는 것 모두가 하나의 전문 직업들이다. 이처럼, 핀을 만드는 중요한 작업은 약 18개의 독립된 조작으로 분할된다.

이러한 노동 분업의 결과로 노동자 열 명이 "하루에 48,000개 이상의 핀"을 제작할 수 있게 되었지만 "그들이 각각 독립적으로 완성품을 만든다면, 그리고 그들 중 누구도 이 특수 업종의 교육을 받은 적이 없었다면, 그들 각자는 분명히 하루에 20개도 만들 수 없을 것이며, 어쩌면 하루에 1개도 만들 수 없을지 모른다. 다시 말해, 상이한 조작들의 적당한 분할과 결합이 없다면, 그들 각자가 지금 생산할 수 있는 것의 240분의 1은 물론 아마 4,800분의 1도 만들 수 없을 것"이다.[15]

노동 분업의 또다른 중요한 특징은—이번에도 스미스의 사례에서 찾아볼 수 있는데—일단 시작되면 멈추게 할 방법이 없다는 것이다. 하지만 작업을 잘게 나눠 효율이 증가한다면 이것은 영주와 농민으로 나뉘는 단일 노동 분업을 채택한 생산 질서와 어울리지 않을 것이 분명하다. 그 결과 봉건제는 위축되어, 노동 분업에 담긴 어마어마한 잠재력을 이해하고 이를 활용하는 법을 발견한 새로운 계급으로 점차, 하지만 필연적으로 대체된다. 이 부르주아, 즉 자본가 계급은 지주 귀족을 대체하며, 임금노동을 제공함으로써—임금노동은 공장 생산이 이루어지는 새로운 도시 중심부로 농민을 끌어들이는 자석이다—근대 노동자 계급, 즉 프롤레타리아를 창조한다.

봉건제하의 지주 귀족과 농민은 객관적인 의미에서 주요 적대자였지만 자신들을 그렇게 여기지 않았으며, 봉건 질서의 소멸은 둘 사이의 투쟁 때문이 아니다. 이전까지 모든 생산양식에서의 적대자와 마찬가지로 이들은 (마르크스의 표현을 빌리자면) "대자적 계급"이 아니라 "즉자적 계급"을 이룬다.[16] 이들은 역사적 관계를 맺고 있으며 정해진 대본에 따라 연기하되 대본을 이해하지 못하므로 여기에 영향을 미칠 힘이 없다.[17] 자본주의는 그렇지 않다는 점에서 이전의 모든 생산양식과 다르다. 역사상 처음으로 피착취 계급이 역사의 변증법적 과정과 그 속에서 자신이 차지하는 위치를 이해하게 된다. 따라서 프롤레타리아는 '즉자적 계급'일 뿐 아니라 '대자적 계급'이기도 한 것이다.

마르크스의 설명에 따르면, 자본주의가 급진적으로 혁신적인 생산 단계에서 문제점 가득한 성숙 단계로 발전함에 따라 노동자 계급의 의식이 성장하며 이는 (4.2절에서 설명하는) 모순의 표면화라는 특징을 갖는다. 이로 인해 프롤레타리아 진영에서의 순수히 자의식적인 혁명이 가능해진다. 이는 프롤레타리아 구성원들이 자본주의의 역학과 문제를 이해하기 때문이다. 이러한 자의식적 혁명이 불가피해지는 이유는 프롤레타리아가 옹호하는 사회주의야말로 자본주의의 문제점에 대해 유일하게 현실적인 해결책을 제시하기 때문이다. "프롤레타리아 운동은 거대한 다수의 이해관계에 따른 거대한 다수의 자의식적이며 자립적 운동이다."[18] 이는 사회주의 세계로 이어지는데, 이곳에서의 분배 원칙은 "각자는 능력에 따라, 각자에게는 일한 만큼에 따라"이다.[19] 하지만 사회주의 세계에도 모순은 있다. 그 세계에는 여전히 누군가 남들보다 나을 수 있는 권리가 존재하기 때문이다. 이를테면 부양할 자녀가 있는 노동자와 자녀가 없는—하지만 그밖의 조건은 비슷한—노동자가 둘 다 노동을 기준으로 임금을 받는다면 전자는 후자보다 형편이 열악해진다. 마르크스는 이를 더 일반적으로 표현했다.

> 그 권리의 요체는 본성상, 오직 동일한 척도의 적용에만 있을 수 있다. 그러나 불평등한 개인들이(만일 불평등하지 않다면 그들은 서로 다른 개인이 아닐 것이다) 동일한 척도로 측정될 수 있는 것은 오로지 그들이 동일한 관점 아래 놓이는 한에서, 즉 어떤 특정한 측면에서만 파악되는 한에서이며, 예컨대 이 경우에 그들은 노동자로서만 간주되고 그들에게서 그 이상의 것은 보지 않으며 다른 모든 것은 도외시된다. 나아가 어떤 노동자는 결혼하였는데 다른 노동자는 결혼하지 않았다, 어떤 노동자는 다른 노동자보다 자식이 많다 등등. 그러므로 동일한 노동을 실행하고 따라서 사회적 소비 기금에 대해 동일한 몫을 가지고 있는 경우에도 어떤 사람은 실제로 다른 사람보다 더 많이 받으며, 어떤 사람은 다른 사람보다 더 부유하게 된다 등등. 이러한 모든 폐단을 피하기 위해서는, 권리는 평등하지 않고 오히려 불평등해야 한다.[20]

마르크스는 새로운 질서가 (그 질서가 탄생하는) 사회 속에서 나타나기에 이 불평등을 불가피한 것으로 치부한다. "권리는 사회의 경제적 형태와 이 형태가 제약하는 문화 발전보다 결코 더 높은 수준일 수 없"기 때문이다. 사회주의가 자본주의로부터 개선된 체제인 이유는 "개별 생산자는 자신이 사회에 주는 것을—{공공재 공급과 미래 투자를 위해} 공제한 후에—정확히 돌려받"기 때문이다. 그럼에도 "우리가 여기서 관계하고 있는 것은 자기 자신의 기초 위에서 발전한 공산주의 사회가 아니라 거꾸로 바로 자본주의 사회에서 생겨난 공산주의 사회이며, 그러므로 그 모태인 낡은 사회의 모반이 모든 면에서, 즉 경제적·윤리적·정신적으로 아직도 들러붙어 있는 공산주의 사회"다.[21] 나중에 가서야—온전히 밝혀지지 않은 과정에 의해—사회주의 국가가 사멸하고, 자본주의가 생산한 넘치는 부 덕분에 공산주의 유토피아가 등장한다. 그곳에서의 분배 원칙은 "각자는 능력에 따라, 각자에게는 필요에 따라"이다.[22] 이것이야말로 헤겔이 말하는 역사의 종말에 대한 마르크스의 응답이다.

4.1.2 행위자성과 개인 자율

역사 변화를 바라보는 이 철저한 결정론적 관점에서 개인 행위자성의 자리는 어디일까? 이것을 인과적 물음으로 해석하면 정답은 어떤 마르크스를 읽느냐에 따라 달라진다. 유물론적 역사관의 일부 학설에서는 사회의 물질적 '토대'에서 일어나는 것, 즉 생산력과 생산관계의 역동적 모순이 정치, 이데올로기, 문화, 그밖의 모든 자의식적 인간 행동으로 이루어진 '상부구조'에서 일어나는 것을 결정한다는, 철저히 기계적인 결정론을 받아들인다. 이 학설에 따라 마르크스는 "인간은 그들 존재의 사회적 생산에서 그들의 물적 생산력의 발전 수준에 조응하는 일정한, 필연적인, 그들의 의사와는 무관한 분명한 관계, 즉 생산관계를 맺는다"라고 주장한다. 이 관계는 "사회의 경제적 구조, 현실적 토대를 이루며, 이 위에 법적이고 정치적인 상부구조가 세워지고 일정한 사회적 의식 형태들이 그 토대에 조응한"다. 경제적 토대는 "사회적·정치적·정신적 생활 과정 일체를 조건지우"기에 "인간의 의식이 그들의 존재를 규정하는 것이 아니라, 반대로 그들의 사회적 존재가 그들의 의식을 규정한"다.

역사적 유물론의 과학은 물질적 토대에 관심을 둔다. 물질적 토대의 변혁을 연구할 때는 "항상 물적인, 자연과학적으로 엄정하게 확인될 수 있는 경제적 생산 제조건의 변혁과, 인간들이 그 안에서 갈등을 의식하게 되고 싸움으로 해결하게 되는 법률적·정치적·종교적·예술적 또는 철학적, 간단히 말해 이데올로기적 제형태의 변혁을 구분해야 한"다.[23] 거대한 역사의 서사에서 개인은 계급적으로 결정된 역할을 부지불식간에 수행하도록 예정되어 있다. 심지어 '즉자적 계급'이 '대자적 계급'이 되는 프롤레타리아 혁명에서도 행위자성이나 선택의 여지는 그다지 크지 않다. 프롤레타리아 혁명은 틀림없이 역사의 종말로 이어지기 때문에, 자신의 진정한 이익을 위해 행동하는 혁명적 프롤레타리아조차도 다르게 행동할 자유는 없는 듯하다.

하지만 마르크스의 또다른 저작들에서는 인간 행위자성의 여지를 충분히 찾아볼 수도 있다. 『루이 보나파르트의 브뤼메르 18일』에서 마르크스는 "인간은 자신의 역사를 만들어가지만, 그들이 바라는 꼭 그대로 역사를 형성해가는 것은 아니다"라고 말한다.[24] 마르크스가 이 논쟁적 저작에서 지식인들을 향해 노동자 계급의 의식을 고양하라고 긴급하게 촉구하는 것만 봐도, 정치에는 해야 할 선택이 있으며 나쁜 선택이 나쁜 결과로 이어질 수 있다는 것이 그의 확고한 견해임에는 틀림없다. 마르크스의 시대 이후, 경제 영역이 "최종 층위에서" 결정적 역할을 하지만 정치와 이데올로기 영역에 "상대적 자율성"이 있다는, 엄밀한 의미로 유물론적 관념을 이해하려는 시도가 여러 번 있었다.[25] 현대 사회과학의 기준에서 보자면, 마르크스의 직관에 대한 이런 해석을 가장 훌륭하게 정리한 것은, 물질적 이익과 갈등이 저마다 다른 사회적·정치적 결과를 가져오는 변화의 대부분을 설명하지만 전부 설명하지는 못하며, 자유로운 인간 행위자성도 유의미한 독립 변수라는 주장이다. 그렇다면 여러 변수의 상대적 가중치를 일반적 용어로 명시할 수 있는가는 탁상공론이 아닌 경험적 연구로 밝혀낼 과제가 된다.

혹자는 자유로운 선택이 사회적 결과를 설명하는 인과적 요인으로 일단 인정받으면 이것이 곧 마르크스의 이론을 비롯한 모든 결정론적 사회과학의 열망에 찬물을 끼얹으리라고 주장한다.[26] 하지만 이 주장은 설득력이 없다. 한 가지 이유는, 앞에서 언급했듯 자유로운 선택이 사회생활에서 일어나는 일 중에서 일부를 설명하더라도 이것이 모든 현상을 설명한다는 의미는 아니기 때문이다. 하지만 비판이 먹히지 않는 이유는 또 있다(이에 대해서는 6.4절에서 자세히 설명할 것이다). 자유로운 선택이 인과적으로 유의미하다고 하더라도, 사회과학자들은 사람들이 특정한 유형의 환경에서 일반적으로 무엇을 선택하는지에 대해 확률적 예측을 하고 싶어할 수 있기 때문이다.[27] 어떤 경우이든 마르크스의 인과적 이론은, 지금까지의 예측 실패에 비추어 온당하게 평가되려면 다변수적 설명의 일부가 될 필요가 있다. 하지만 모든 사회적·정치적 현상을 설명하는 단일한 인과적 이론이 이런 다변수적 모형의 일부로나마 유지될 수 있는가는 미지수다.[28]

마르크스의 설명에서 인간 행위자성의 자리가 어디인가의 문제는 규범적 질문으로 해석할 수도 있다. 사람들이 실제와 다르게 행동할 능력이 있더라도, 이들이 내릴 수 있는 올바른 선택은 하나뿐이라고 이론에서 규정한다면 행위자성이 실제로 인정된다는 것은 과연 어떤 의미에서일까? 이 관점에서 보면 공산주의가 유일하게 수용 가능한 선택이라는 마르크스의 주장은 인류를 "자유로워지도록 강요해"야 한다는 루소의 유명한—또한 마르크스 못지않게 애매모호한—선언을 연상시킨다.[29] 사실 이것은 앞에서 설명한 공리주의적 주장은 물론 5장에서 설명할 사회계약론 전통의 주장과 논리적 구조가 비슷하다(사회계약론에서는 자유로운 선택권을 가진 사람들이 자신의 이익에 대해 명확하게 생각하여 어떤 사회 제도를 선택할 것이므로 그 제도는 정당하다고 간주한다). 어떤 차원에서 보면, 이 주장들의 의미는 모두 "인간에게 최선인 사회적·정치적 제도는 무엇인가?"라는 질문에 정답이 있다는 것, 그리고 이것이 정답인 한 가지 이유는 강압받지 않는 사람들이 자신의 이익에 대해 명확하게 생각하여 선택을 내린다는 (추정된) 사실 때문이라는 것이다. 이러한 학설은 모두 1.1.1절에서 로크가 신의 전능함과 영원불변한 자연법 사이의 긴장과 씨름할 때 처음 맞닥뜨린 긴장을 세속적 형태로 구현한 것이다. 마르크스의 경우, 나머지 모든 생산양식은 착취와 결부되어 있기에 오로지 공산주의 질서에서만 자유를 실현할 수 있다고 자유에 대한 또다른 주장을 펼친 셈이다.

이 마지막 주장에서 어떤 의미를—만일 있다면—이끌어낼 수 있는가는 마르크스의 착취 개념을 설명하는 과정에서 언급할 것이다. 우선은 이따금 마르크스주의가 참된 인간 행위자성에 적대적이라고 비판받는 이유를 살펴보아야 한다. 자유롭게 행동하는 혁명적 프롤레타리아가 자본주의를 거부하고 공산주의를 받아들인다는 이유에서 (마르크스가 보기에) 공산주의가 정당하고 자본주의가 부당하다면 이것은 개인의 권리나 자유의 여지를 거의 남기지 않는 계급적 원칙이라고 비판할 수 있을 것이다. 하지만 이 비판은 두 가지 이유에서 과녁을 빗나갔다. 한 가지 이유는 마르크스의 논리가 궁극적으로 개인주의적이라는 것이다. 이것은 개인이 생산수단과 맺는 관계를 기준으로 계급이 정의되기 때문이기도 하고, 개인 자유의 실현을 방해하는 걸림돌이 노동 분업에 내재하는 의존 상태에서 비롯된다고 마르크스가 믿었기 때문이기도 하다.[30] 공산주의는 노동 분업의 철폐를 가능케 한다는 점에서 매우 개인주의적인 유토피아다. 이곳에서는 사람들이 "아침에는 사냥하고, 오후에는 낚시하고, 저녁 때는 소를 몰며, 저녁 식사 후에는 비평을 하면서, 그러면서도 사냥꾼으로도, 어부로도, 목동으로도, 비평가로도 되지 않는 일이 가능하게 되"[31]며 "각자의 자유로운 발전이 모든 이의 자유로운 발전을 위한 조건이 된"다.[32] 한마디로 개인 자유에 대한 걸림돌들이 집단적으로 유지되는 한 집단적 행위는 필요하다. 그러나

마르크스주의의 규범적 이상은 집단적 행위가 아니라 개인 자유에 있다. 4.2.3절에서 상술하겠지만, 이런 점에서 마르크스는 (권리 논의를 부르주아의 장광설로 치부함에도 불구하고) 개인 권리를 적극적으로 구상한 이론가인 셈이다.

그렇다고 해서 마르크스가 이해하는 자유가 자유주의자의 자유와 같다는 말은 아니다. 이사야 벌린은 마르크스의 자유 개념이 자유의 '적극적' 관념이라고 주장했다. 개인이 자유를 행사할 수 있는 활동 영역에 초점을 맞추는 '소극적' 관념과 달리, 무언가를 하고 성취하고 또 무언가가 되는 자유에 초점을 맞춘다는 이유에서다.[33] 하지만 두 관점의 차이는 과장일 수 있다. 자유에 대한 논의는 모두 제약 조건과 행위를 (아무리 암묵적이더라도) 언급하기 때문이다.[34] 그럼에도 마르크스와 그에게 영향을 받은 사람들은 단순히 어떤 일을 당하지 않을 자유가 아니라 어떤 일을 할 수 있을 자유에 주목할 가능성이 크다. 같은 맥락에서 아나톨 프랑스는, 당시의 프랑스 법이 "가난한 자나 부자나 다리 밑에서 잠자고 길에서 구걸하고 빵을 훔치는 것을 금한"다는 냉소적 재담을 남겼다.[35]

계급 분석이 개인 권리에 적대적이라는 이유로 이에 반대하는 것 또한 핵심을 벗어난 비판이다. 마르크스에 따르면, 프롤레타리아의 관점은 어떤 차별도 일어나지 않는다고 정의되는 보편적 관점이기 때문이다. 니콜로 마키아벨리(1469~1527)는 『리비우스의 로마사 논고』에서 평민이 자유의 수호자가 되어야 한다는 로마의 공화주의 찬성론을 지지했다. 귀족은 지배하려는 갈망이 있는 데 반해 평민은 지배당하지 않으려는 갈망이 있다는 이유에서였다.³⁶ 마르크스가 프롤레타리아의 이익이 인류 보편의 이익이라고 생각한 것도 비슷한 맥락에서다. 이런 이익을 주장하는 행위는 박탈하는 자의 재산을 박탈할 뿐 아니라 박탈 자체를 끝장내기에 이를 것이다. 마르크스가 프롤레타리아의 이익을 인류 보편의 이익과 동일시한 것처럼 존 롤스는 정의의 관점을 전형적인 최소 수혜자로서의 개인이 취하는 관점과 동일시했다(이에 대해서는 5.3.1절에서 설명한다). 마르크스의 주장이 얼마나 타당한가는 착취와 (착취의) 근절 가능성에 대한 그의 설명이 얼마나 설득력 있는지에 달려 있다. 이제 이 문제를 들여다보자.

4.2 노동가치설, 제작자, 착취

파레토 원칙과 마찬가지로, 마르크스의 노동가치설은 경쟁적 시장경제에서 가격의 움직임을 설명하기 위해 고안된 기술적技術的 이론이었다. 적어도 홉스와 윌리엄 페티 경(1623~1687)의 시대 이후로 영국의 사상가들은 거래(영국의 선배 사상가들이 이렇게 생각했다)나 토지(프랑스 중농주의자들이 나중에 이렇게 생각하게 된다)가 아니라 인간 노동이 (시장경제에서 교환 가능한 재화에 대해 지불되는) 가격을 결정한다고 생각했다.³⁷ 마르크스가 1867년에 자신의 최고 걸작 『자본론』의 1권을 쓰기 시작했을 무렵, 노동 이론은 애덤 스미스의 『국부론』에서 체계화되어 데이비드 리카도(1772~1823)의 『정치경제학과 과세의 원리에 대하여』(1821)에서 다듬어진 상태였다. 이들을 비롯한 고전파 경제학자들은 모두 시장경제의 운동 법칙을 찾으려 했다. 이것은 곧 임금, 가격, 지대, 이윤의 이론을 찾으려는 것이었다. 이들은, 자신의 뒤를 이은 신고전파 경제학자들과 마찬가지로 경쟁 시장에서 이 요소들이 변화하는 방식을 설명하고 싶어했다. 하지만 후배 학자들과 달리 이들의 목표는 시장의 임금, 가격, 지대, 이윤이 변동하는 기준이 되는 자연적 임금, 가격, 지대, 이윤을 설명하는 이론을 발전시키는 것이었다.[38]

마르크스는 자연가치와 시장가치 그리고 두 가치의 관계를 설명할 수 있는 노동 이론을 발전시켰다는 점에서 정확히 고전파 전통에 속했다. 또한 마르크스는 자신의 이론이 자본주의의 역동적이고 혁신적인 성격과 (체제에 내재한 모순이 드러남에 따른) 필연적 쇠락을 설명할 수 있다고 생각했다. 자본가의 착취에 대한 규범적 비판은 이 기술적 분석의 부산물로서 제시되었다. 이것은 부분적으로는 옳지만, 마르크스는 자신의 규범적 비판을 순전히 기술적인 논증으로 제시함으로써 자신이 권리에 대한 놀랍도록 개인주의적인 가정에 찬성한다는 사실을 고의로 숨겼다. 그 이유를 알려면 우선 가치와 착취의 이론을 살펴보아야 한다.

4.2.1 가치, 잉여가치, 착취의 분석

『자본론』에서 마르크스의 분석 목표는 상품—교환을 위해 생산되는 재화(여기에 용역을 추가해도 논증의 효력에는 변함이 없다)—의 가치를 설명하는 것이었다. 상품은 (설명이 필요한) 두 가지 가치를 나타내는 것으로 가정되었는데, 그중에서 '사용가치'는 공리 또는 효용이라고 볼 수 있으며 '교환가치'(또는 대문자 'V'를 쓰는 '가치$_{Value}$')는 마르크스가 의미하는 바로는 가격이다. 마르크스의 사용가치는 신고전파 경제학에서와 마찬가지로 수요·공급을 기준으로 삼았다. 수요가 없으면 상품이 될 수 없으며, 수요의 존재는 해당 재화나 용역의 공급을 불러일으킨다. 하지만 신고전파 경제학자들이 수요·공급이라는 똑같은 도구를 이용하여 가격 변동을 설명하려 한 반면에 마르크스를 비롯한 고전파 경제학자들은 수요와 함께 상승하고 공급과 함께 하락하는 것 이상의 무언가가 틀림없이 가격 안에 들어 있을 것이라 생각했다. 이들은 주어진 상품의 가격이 변동하는 기준점이 반드시 있을 것이라 추측했으며, 자연가격 이론으로 그 기준점을 설명할 수 있다고 생각했다.

 마르크스는 수요·공급의 변동이 단기적 가격과 장기적 산출을 결정한다고 생각하여 이를 개념화했다. 고전파 용어에서는 이런 변동을 결정하는 원인에 대한 이론을 모두 시장가격 이론이라 한다. 이에 반해 노동가치설은 자연가격 이론이었다. 현대 용어로 번역하자면 장기적 균형가격 이론이라고 부를 수 있다. 수요와 공급이 균형을 이룰 때 상품 가격이 왜 특정하게 결정되는가를 설명하려 한다는 점에서 그렇다. 노동가치설은 수요와 공급이 가격에 영향을 미치는 현실을 설명하지 못하기에 무의미하다고 비판하는 사람들은 고전파 정치경제학의 목표와 이에 대한 마르크스의 정통적 해석을 잘못 파악한 것이다.[39]

 고전파 경제학자들은 자연가격 이론을 만들어내기 위한 공통분모를 찾고자 이렇게 물었다. 모든 상품을 생산하는 데 필요한 것은 무엇일까? 이들이 찾아낸 답은 노동, 또는 마르크스가 선배 경제학자들보다 더 정확하게 표현했듯 사회적 필요 노동시간이었다. "어떤 물건의 가치량을 결정하는 것은 오직 사회적으로 필요한 노동량, 즉 그것의 생산에 사회적으로 걸리는 노동시간이다. ……상품의 가치는 그 상품에 체현되어 있는 노동량에 정비례하고 노동생산성에 반비례한다."[40]

마르크스가 사회적 필요 노동시간에 초점을 맞춘 이유는 경쟁 자본주의의 핵심인 효율성 요구를 반영하고 포함하기 위해서였다. 우리의 경제체제에서 면사綿絲 제조업자가 여러분과 나 둘뿐이라고 가정하자. 여러분이 제니 방적기[방추紡錘가 여러 개로, 한꺼번에 많은 양의 면사를 생산할 수 있어서 방직업에 혁신을 가져온 기계]를 발명했는데, 이 기계는 예전에 생산하던 것과 같은 양을 생산하는 데 걸리는 시간이 10분의 1에 불과하다. 마르크스의 노동가치설에서는 내 면사가 여러분의 면사보다 10배의 가격에 교환될 것이라고 말하지 않는다. 상품의 가치를 설명할 때 실제로 투입된 노동의 양에 의존해온 노동 이론에는 그렇게 말할 수 있는 오류가 틀림없이 존재한다. 제니 방적기의 등장이 실제로 뜻하는 것은 내가 투입하는 노동의 90퍼센트가 사회적으로 불필요해졌다는 것이다. 그러니 내가 한 여분의 일은 가치에 반영되지 않는다. 면사의 단위 가격은 신기술을 이용하여 면사를 생산할 때 투입되는 노동시간의 양에 따라 낮아질 것이다.

또한 고전파 경제학자들은 올바른 가치 이론이 시장경제에서 이윤의 존재를 설명할 수 있어야 한다고 생각했다. 마르크스는 자신의 이론이 이유를 설명할 수 있으며 그와 동시에 임금의 결정 요인을 설명하고 착취의 성격을 밝혀낼 수 있다고 믿었다. 여기서 마르크스의 첫번째 혁신은 상품을 매우 일반적으로, 말 그대로 교환을 위해 생산되는 모든 것으로 가정했다는 것이다. 따라서 화폐도 마르크스가 보기에는 여느 상품과 마찬가지로 상품이다. 화폐의 사용가치는 교환 수단으로서의 역할이고 그 교환가치는 화폐를 생산하는 데 사회적으로 필요한 노동시간에 따라 결정된다. (마르크스 당시에 화폐의 본위로 쓰이던) 금에는 특별한 점이 전혀 없다. 내구성이 좋고 분할 가능한 상품은 무엇이든 교환 수단으로 쓰일 수 있다. 이 상품은 여러 상품에 구현된, 사회적 필요 노동시간의 양을 상대적으로 표현하는 간편한 수단이 된다.

마르크스에게 가장 중요한 점은 노동력 또한 시장경제에서 일종의 상품이라는 것이다. 노동력의 사용가치는 새로운 교환가치를 창출하는 데 이용할 수 있다는 것이며 교환가치는 여느 상품과 마찬가지로 노동력을 생산하는 데 사회적으로 필요한 노동력에 따라 결정된다. 단기 임금은 수요와 공급에 따라 변동할 수밖에 없지만, 장기 임금은 노동자를 생산하는 비용을 반영한다. 장기 임금에 격차가 있는 경우, 이 격차가 반영하는 것은 각 노동자가 생산하는 것의 가치가 아니라 각 노동자를 생산하는 비용이다. 숙련된 기술자를 생산하는 데는 육체 노동자를 생산하는 것보다 더 많은 사회적 필요 노동시간이 투입되기 때문에, 이것이 임금 격차에 반영된다. 극단적 격차도 이런 식으로 설명할 수 있다. 고액 연봉을 받는 야구 선수의 가치를 계산하려면 그를 길러내는 데 드는 모든 비용을—마이너리그 시스템을 유지하고, 성공하지 못하는 선수들에게 들어가는 투자를 모두 감안하는 등—합산해야 한다. 따라서 마르크스가 보기에 노동자는 여느 상품과 마찬가지로 하나의 상품이다. 노동자의 가치는 생산 비용에 따라 결정된다.

하지만 노동력에는 고유한 특징이 있는데, 이것이 마르크스의 설명에 따르면 이윤의 원천이다. 마르크스는 이것을 잉여가치 노동 이론으로 설명했다. 고전파 경제학자들이 맞닥뜨렸던 수수께끼는 다음과 같다. 등가물이 늘 등가물과 교환된다면 시장경제에서 어떻게 이윤이 생길 수 있을까? 마르크스의 대답은 등가물이 실제로 (사회적 필요 노동시간으로 측정한) 등가물과 교환되지만 노동력은 사용가치로서 소비하면 새로운 교환가치가 창출된다는 점에서 유일무이한 상품이라는 것이다. 달리 말하자면, 노동력의 소비는 생산적인 반면에 그밖의 상품은 그렇지 않다. 직관적으로 생각해보자. 내가 책을 구입하여 읽어서 소비하고 음식을 구입하여 먹어서 소비하면, 이 소비 행위에서는 아무 가치도 창출되지 않는다. 하지만 하루에 열 시간 동안 일할 수 있는 여러분의 능력을 사서 나의 제니 방적기를 작동시킴으로써 내가 산 것을 소비하면, 내가 산 노동력이 소비되는 순간 나는 여러분이 생산한 새로운 무언가를 얻는다. 바로, 팔 수 있는 면사다. 그리고 잉여가치에서 임금과 기타 비용—원재료, 지대, 기계, 마케팅 비용 등—을 제하고 남는 것은 나의 이윤이다. 이 점에서 자본가는 독특하다. 남들은 시장 체계에서 상품을 생산하여 이를 화폐로 교환한 뒤에 이 화폐를 가지고 순전히 소비하기 위한 상품을 구입하는 반면에 자본가의 관심사는 딴 데 있다. 자본가는 화폐에서 출발하는데, 특정한 노동력 상품을 사서 이를 소비한 뒤에 생산물을 팔아 처음보다 더 많은 화폐를 얻는다. 이로써 이윤이 창출되고 자본 축적의 가능성이 생긴다.

노동자는 다른 사람에게 노동력을 팔아야만 먹고살 수 있다는 점에서 독특하다. 이런 상황에 처한 사람은 자신이 알든 모르든 마르크스가 말하는 '즉자적' 의미의 노동자 계급이다. 여러분이 생산수단을 살 수 없어서 남이 소유한 생산수단을 가지고 일해야 한다면, 여러분의 객관적 이해관계는 비슷한 상황에 처한 다른 사람들과 일치한다. 현대에는 수많은 노동자가 뮤추얼펀드의 주식을 소유하고 있는데, 마르크스는 이에 대해서 뭐라고 말할까? 마르크스는 이런 사례에 대해 눈 하나 깜박하지 않는다. 핵심은 소유가 아니라 필요다. 남을 위해 일하지 않고도 배당금만으로 먹고살 수 있을 만큼 주식이 많다면 그는 (임금노동에 종사하더라도) 노동자 계급에 속하지 않는다. 그 단계에 이르지 못한 사람은 노동자 계급에 속한다. 노동자는 먹고살려면 남에게 노동력을 팔아야 하는 사람이고 자본가는 그럴 필요가 없는 사람이다. 마르크스는 자본주의하에서 사람들이 점차 이 집단이나 저 집단에 속할 것이며 절대다수는 노동자 계급이 될 것이라고 주장했다.

마르크스는 가변자본과 불변자본을 구별했다. 전자는 임금을 나타내고 후자는 생산과정에서 투입되는 그밖의 모든 것—원재료, 지대, 기계, 마케팅 비용 등—을 나타낸다. 마르크스는 필요 노동시간과 잉여 노동시간도 구별했다. 필요 노동시간은 임금비용에 해당하는 재화를 생산하는 데 드는 시간의 양이고, 잉여 노동시간은 자본가의 불변자본 비용을 제하고도 이윤이 남을 만큼의 재화를 생산하는 데 들어간 나머지 시간의 양이다. 마르크스는 노동이 영구적 공급과잉 상태에 있다고 가정했다. 이 영구적 프롤레타리아 예비군이 있기 때문에 임금은 늘 생계 수준을 향해 낮아진다.[41] 피고용자 중에는 최저생계비를 받고서는 일하지 않으려는 사람이 있지만, 비고용자는 언제나 생계 수준의 임금만 받고서라도 일하려 들 것이다.

여기에서 문제는 생계$_{subsistence}$가 무슨 뜻이냐다. 생계가 단순한 신체적 생존이 아니라 "역사적 및 정신적 요소"[42]를 포함한다는 마르크스의 정의는 부정확하기로 유명했다. 마르크스는 통용되는 규범과 기술적 조건이 달라짐에 따라 생계에 해당하는 것이 달라질 수 있다는 관념을 포착하고자 했다. 따라서 마르크스는, 현대 미국처럼 교외화된 경제에서는 자동차 소유를 위한 자원을 가지는 것이 생계에 대한 정의의 한 부분으로 받아들여지는 것에 전혀 놀라지 않을지도 모른다. 잠시 뒤에 보겠지만, 일부 자본주의적 역학이 생계의 통상적 정의에 상승 압력을 가할 것이라고 가정해야 한다는 마르크스의 주장에는 일리가 있다.

이 가정과 정의를 받아들이면, 착취는 잉여 노동시간 대 필요 노동시간의 비율, 또는 잉여가치 대 유동자본의 비율로 정의된다. 그림 4.1에서 보듯 이 수치는 이론상 정확히 계산할 수 있다. 조건 A에서는 노동일이 10시간이고 첫 4시간이 필요 노동시간이라고 가정한다. 이때의 착취도는 6/4, 즉 1.5다. 조건 B에서는 노동일이 11시간으로 증가하여 착취도가 7/4, 즉 1.75로 증가한다. 조건 C에서는 기술혁신이 도입되어 노동생산성이 증가한 덕에 3시간의 필요 노동시간으로 임금비

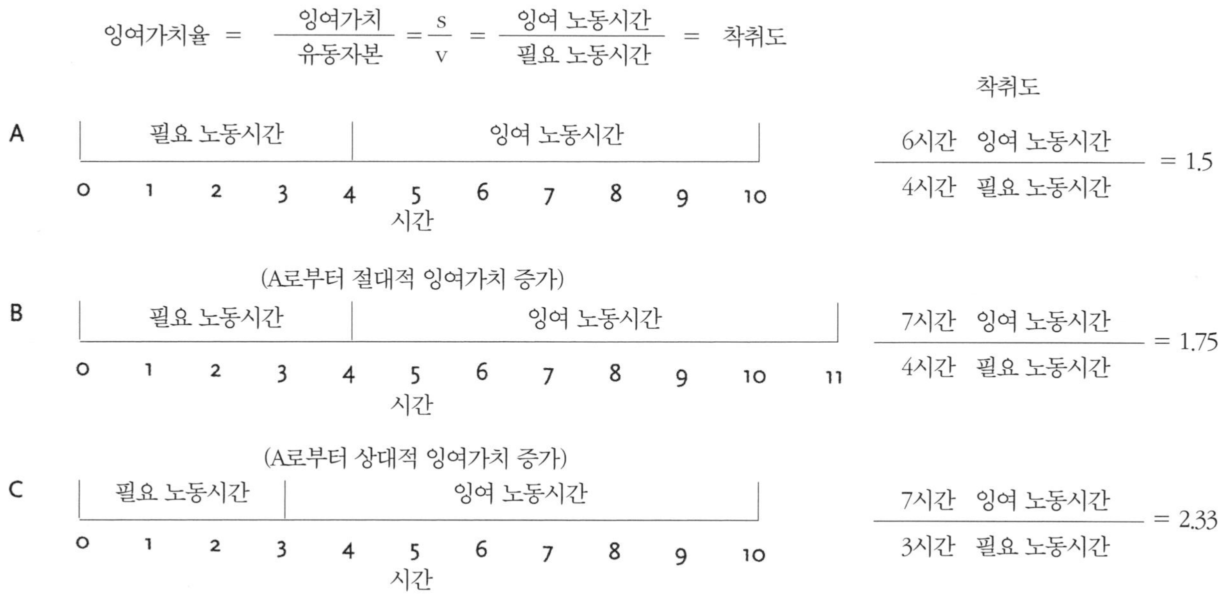

잉여가치율 = $\dfrac{\text{잉여가치}}{\text{유동자본}}$ = $\dfrac{s}{v}$ = $\dfrac{\text{잉여 노동시간}}{\text{필요 노동시간}}$ = 착취도

A

필요 노동시간					잉여 노동시간				
0	1	2	3	4	5	6	7	8	9	10

시간

착취도 = $\dfrac{6시간 \text{ 잉여 노동시간}}{4시간 \text{ 필요 노동시간}}$ = 1.5

(A로부터 절대적 잉여가치 증가)

B

필요 노동시간				잉여 노동시간						
0	1	2	3	4	5	6	7	8	9	10	11

시간

착취도 = $\dfrac{7시간 \text{ 잉여 노동시간}}{4시간 \text{ 필요 노동시간}}$ = 1.75

(A로부터 상대적 잉여가치 증가)

C

필요 노동시간			잉여 노동시간						
0	1	2	3	4	5	6	7	8	9	10

시간

착취도 = $\dfrac{7시간 \text{ 잉여 노동시간}}{3시간 \text{ 필요 노동시간}}$ = 2.33

그림 4.1 상대적 잉여가치 및 절대적 잉여가치와 착취도

4장 마르크스주의

용을 충당할 수 있다고 가정한다. 이때 노동일이 10시간이면 착취도는 7/3, 즉 2.33으로 증가한다. 마르크스는 A에서 B로의 변화를 '절대적' 잉여가치의 증가라 부르고 A에서 C로의 변화를 '상대적' 잉여가치의 증가라 불렀다. 어느 경우든 우리는 자본가가 노동력의 온전한 가치에 해당하는 대가를 지불한다고 할 때 노동자를 착취하는 비율을 계산할 수 있다.

4.2.2 자본주의의 이해와 관련한 함의

마르크스는 노동가치설과 잉여가치설을 나름의 형태로 발전시키면서 자신이 자연가치와 시장가치, 그리고 둘의 관계에 대해 일관된 이론을 정립했다고 믿었다. 또한 자본주의가 혁신의 시기에는 이제껏 고안된 것 중에서 가장 역동적이고 생산적인 체제이지만 성숙하면서 점차 쇠퇴할 수밖에 없음을 입증할 토대를 자신이 확립했다고 생각했다. 여기서 마르크스의 거시경제 예측은 우리의 주 관심사가 아니지만, 그의 착취 이론에 담긴 규범적 성격을 설명하기 전에 맛보기로 잠깐 살펴보면 유익할 것이다.

고전파 정치경제학자들이 설명의 필요가 있다고 믿은 한 가지 분명한 현상은 이윤율의 장기적 저하 추세였다. 마르크스의 이론에서는 살아 있는 인간의 노동력만이 새로운 잉여가치를 창출하며 노동력의 대가를 지불하는 가변자본이 총 자본 지출에서 차지하는 비율이 낮아질 것이라고 가정함으로써 이 결과를 예측한다. 왜 그럴까? 그 대답은 경쟁의 역학과 관계가 있다. 자본가 개개인은 경쟁 상대보다 싸게 팔기 위해 비용을 최소화한다고 가정된다. 임금이 이미 최저생계비 수준이라면, 비용을 최소화하는 유일한 방법은 (가정에 따라) 노동자에게 더 오랫동안 일을 시키거나(절대적 잉여가치 증가) 더 생산적으로 일을 시키는 것이다(상대적 잉여가치 증가). 노동시간을 강제로 늘리는 데는 뚜렷한 생리적 한계가 있다. 노동조합이 결성되거나 노동자들이 정치적으로 조직화되기 시작했을 때의 정치적 한계는 말할 것도 없다. 사실 이 관점에서 보면 10시간 노동 법안(노동일을 10시간으로 제한하는 법) 같은 조치를 요구하는 시위가 초기 자본주의의 특징임은 놀랄 일이 아니다.[43]

마르크스가 말하는 초기 축적의 시기에 이러한 한계가 있었기 때문에, 장기간에 걸친 자본주의적 경쟁에서 실제로 벌어지는 행위는 노동생산성을 증가시키기 위한, 즉 상대적 잉여가치를 증가시키기 위한 기술혁신일 것이다. 여러분이 노동자들을 제니 방적기에서 일하게 하면 노동생산성이 증가한다. 이렇게 하면 가격을 낮추고 이윤을 늘려 면사 제조업에서 경쟁 우위를 차지할 수 있다. 단기적으로 볼 때 여러분이 그렇게 할 동기는 충분하다. 그러나 곧 나 또한 제니 방적기를 도입하고 가격을 내려야 한다. 그러지 않으면 경쟁에서 밀려나기 때문이다. 이게 문제다. 일단 제니 방적기가 면사 업계에 보급되면 이윤율이 전보다 낮아질 것이다. 이제는 모든 자본가가 고정 자본─제니 방적기─에 상대적으로 더 많이 지출하는데 오직 가변자본만이 새로운 잉여가치, 즉 이윤의 원천이기 때문이다. 마르크스는 기계가 보급되면서 생산물로 이전되는 '응고된' 노동을 기계가 담게 된다고 생각했다. 그러니까 기계는 새로운 가치의 원천이 아닌 것이다. 각 부문에서 불변자본 대 가변자본의 비율이 증가하고 생산이 더욱 자본 집약적으로 바뀜에 따라—마르크스의 표현에 따르면 '자본의 유기적 구성'이 증가함에 따라—이윤율은 낮아진다.

21세기의 관점에서 보면 이윤율이 낮아지는 장기적 경향이 있다는 주장은 경험적으로 의문스럽다. 마르크스주의자들은 이윤율 저하 추세가 자본주의가 결국 쇠락하는 중요한 이유라고 생각하여 마르크스, 스미스, 레닌 등과 마찬가지로 제국주의 같은 상쇄적 역逆추세가 일정 기간 동안 이윤율 저하 추세를 막을까봐 우려했다.[44] 하지만 마르크스의 논리에 따르더라도 이윤율이 반드시 낮아질 것인가는 미지수다. 심지어 한 산업에서도, 기술혁신으로 인한 생산성 증가 속도가 생산과정에서 불변자본이 가변자본을 대체하는 속도를 앞지른다면 이윤율은 유지될 수도 오히려 증가할 수도 있다. 게다가 우리는 단일 산업에 대해서는 마르크스의 주장을 인정하면서도 경제 전체의 이윤율이 낮아지리라는 것에는 회의적일 수 있다. 한 산업의 이윤율이 투하 자본량에 비해 낮아지면 자본이 새로운 이윤을 찾아 새로운 생산 분야에 흘러들 수 있기 때문이다. 이를테면 철도, 자동차, 비행기, 우주선, 컴퓨터, 유전자 은행, 생수, 커피 전문점 등이 있다. 이 목록에 끝이 있을 수 있을까? 마르크스는 생산의 종류에 한계가 있다고 생각했기 때문에 이 가능성을 미처 생각지 못했을 것이다.

자본주의의 위기가 필연적으로 악화되리라는 주장의 또다른 근거도 취약하기는 마찬가지다. 마르크스는 화폐에 의존하면 자본이 '퇴장'하여 유동성 위기의 가능성이 생긴다고 생각했다.[45] 그렇긴 하지만, 결정적 순간에 정부는 유동성을 개선하는 조치를 취해 위기를 방지할 수 있다. 이를테면 1995년에 클린턴 정부는 멕시코에 200억 달러를 지원하여 페소화 위기를 막았다. 마르크스는 노동자들이 자신의 생산물을 살 여력이 없다는 점에서(노동자들의 임금을 모두 합쳐도 자신이 생산한 재화를 모두 살 수는 없다) 자본주의 경제에는 유효 수요 부족이라는 고질적 문제가 있고, "부르주아적 관계는 스스로 만들어 낸 부를 포용하기에는 너무 좁은 것이 되어버렸"다고 생각했다.[46] 자본주의가 고질적 수요 부족에 시달릴 수도 있지만, 앞에서 보았듯 마르크스는 생계의 정의에 상승 탄력성이 있음을 인정했으며 새로운 시장을 찾는 것이 제국주의 배후에 있는 추동력의 또다른 원천이라는 스미스의 주장에 동의했다. 어느 쪽이든 마르크스는 존 메이너드 케인스(1883~1946)와 달리 정부가 불황기에 적자 지출을 집행하거나 조세 정책을 통해 비소비 계층에서 소비 계층으로 직접적 재분배를 시행하는 등 수요 부족에 대처할 수 있음을 간과하지 못했다.

또한 마르크스는 자본주의적 경쟁이 점차 약화될 것이라고 생각했다. 경쟁은 경쟁자를 줄이는 경향이 있는데, 이는 특히 생산의 성격이 점차 자본 집중적으로 바뀜에 따라 새 경쟁자의 진입 비용이 커질 수밖에 없기 때문이다.[47] 여기서도 마르크스는 정부가 할 수 있는—이 경우는 독점 금지 입법을 통해—일을 간과했다. 1980년대에 애플이 컴퓨터 업계를 뒤바꾸고 1990년대에 소매 유통이 닷컴 기반으로 탈바꿈한 것에서 극명히 드러나듯 일부 업종에서는 규모가 작은 기업이 놀라운 성과를 거둘 수 있다는 사실도 마르크스는 예상하지 못했다.

경제 과정에 대해 놀라울 정도로 시대 구속적이고 기계적인 관점은 자본주의 위기의 근원에 대한 마르크스의 경제 분석에 영향을 미쳤고, 제도에 대한 순진한 이해도 여기에 한몫을 했다. 민주주의 체제의 특징인 정치적 권리가 자본주의하에서 노동자의 이익을 증진하는 데 거의 도움이 되지 않는 이유를 논하면서, 마르크스는 자본주의하의 민주 정부를 "부르주아 계급 전체의 공동 업무를 처리하는 위원회일 뿐"이라고 치부했다.[48] 또한 마르크스는 이런 역할을 수행하는 정부가 위기를 모면하고 관리하며, 내적 긴장을 해결할 수 있는 형태로 자본주의를 탈바꿈시키기 위해 (현대 이론가들이 말하는) "사회적 축적 구조"를 구축하고 유지하는 일에 얼마나 효과적일 수 있는지를 과소평가했다.[49] 한마디로 마르크스는 토대와 상부구조라는 비유에 스스로 속아 넘어가 제도 같은 상부구조의 요소가 경제 위기를 막는 데 중요한 역할을 한다는 사실을 간과했다.[50]

그렇다고 해서 마르크스가 자본주의 위기를 논의하면서 정치를 완전히 간과한 것은 아니다. 마르크스는 사회주의로의 전환을 이루려면 반드시 혁명적 노동자 계급의 의식이 성장해야 한다고 생각했다. 위기의 여러 원인에 정확히 순서를 매기거나 상대적 중요도를 부여하지는 않았지만, 마르크스는 경제 문제가 악화되어 서로 악영향을 미치다 결국 독점 체제가 혁신의 동력을 잃고 제 기능을 못하면 혁명적 노동자 계급이 체제를 장악할 시기가 무르익을 것이라고 예측했다. 하지만 노동자 계급의 의식에 대한 마르크스의 논증을 꼼꼼히 들여다보면 위기의 경제적 원인에 대한 주장 못지않은 취약점을 찾을 수 있다. 마르크스는 자본주의적 경쟁으로 인해 프롤레타리아가 점차 빈곤화되면 결국 이들은 "족쇄 말고 잃을 것이 아무것도 없"음을 알게 되리라고 상상했다.[51] 문제는 이 일이 실제로 일어나야 하는 이유를 착취 이론은 전혀 설명하지 못한다는 것이다.

절대적 빈곤이 증가하면 사람들이 족쇄 말고는 잃을 것이 아무것도 없다고 설득되리라는 예상은 합리적이지만, 마르크스는 이를 자신의 이론에서 도출되는 상대적 빈곤의 증가 논의와 뭉뚱그린다. 그림 4.1로 돌아가서, 우리가 A를 현 상태로 가정하고 노동자에게 B(노동일 11시간, 착취율 1.75)와 C(노동일 10시간, 착취율 2.33) 중에서 하나를 선택하라고 했을 때 노동자가 B를 선택하리라고는 결코 장담할 수 없다. 이 예에서 잘 알 수 있듯 인간의 가치 부여에 대한 마르크스의 이론은 타인 준거other-referential 이론이다. 이 이론에 따르면 사람들은 타인이 가진 것에 비하여 자신이 얼마나 가졌는가를 준거로 삼아 자신의 행복을 평가하는데, 노동자의 경우에 타인은 자본가 고용주다. 하지만 사람들은 가치를 부여할 때 자기 준거self-referential적 태도를 취할 수도 있다. 파레토 원칙에서 가정하듯, 자신이 가진 재화의 양에 변함이 없으면 남이 얼마를 가지든 상관하지 않는 것이다. "4년 전보다 형편이 나아졌습니까?"라는 로널드 레이건의 1984년 재선 구호 뒤에는 이 가정이 놓여 있었다. 노동자 계급은 자신의 형편이 조금이나마 개선되었다면 이 물음에 '예'라고—레이건을 재선시킬 만큼 확고하게—대답할 수 있다. 부자들의 형편은 (아마도 전반적 감세 정책 덕분에) 그들보다 훨씬 더 좋아졌지만 말이다. 착취에 대한 마르크스의 분석에 따르면, 착취율이 높아짐에도 임금이 그대로이거나 심지어 오르는 것도 얼마든지 가능하다. 앞서 생계를 정의하면서 다룬 "역사적 및 도덕적" 요소에 대한 상승 압력을 생각하면 이해할 수 있다. 사람들이 자기 준거적인 한 (마르크스가 말하는) 착취 증가에는 신경쓰지 않는다. 오히려 이들은 '족쇄'를 벗지 않으려 들 것이다.

타인 준거적 비교가 사람들에게 큰 동기 부여가 되는 것은 사실이지만, 비교의 대상이 마르크스가 염두에 둔 것과 다르다는 증거가 있다. 사람들은 자신의 처지를 평가할 때 계급, 지위, 물리적 근접성 등의 측면에서 비교적 국지적인 비교에 머무른다. 사회학과 사회심리학 연구에 따르면 노동자들은 자신의 처지를 평가할 때 고용주와 비교하지 않는다. 이들은 자신을 부유층과도 비교하지 않으며 오히려 비슷한 처지의 노동자들과 비교한다. 지위가 높건 낮건 마찬가지다. 교수는 길 건너편의 심장병 전문의가 자기보다 20만 달러 많이 버는 것보다는 복도 건너편의 동료 교수가 자기보다 1만 달러 많이 버는 것이 훨씬 괴로울 것이다.[52]

그 이유를 놓고 격론이 벌어지고 있지만, 여기에 둘 이상의 역학 관계가 작용하고 있음은 의심할 여지가 없다. 인지적 제약, 동료에게 인정받으려는 욕구, 트버스키와 카너먼이 제시한 '가용성 휴리스틱 availability heuristics'(불평등과 분배에 대한 정보를 해석하는 기준틀), 물리적 근접성 등이 모두 상대적 행복의 지각에 관여한다.[53] 방식에는 차이가 있지만, 이 모든 요소는 전 세계 경제에서 자신이 차지하는 위치가 아니라 비교적 가까운 사람들로 이루어진 주요 집단에 대한 상대적 박탈감이야말로 사람들의 수요에 더 큰 영향을 미친다는 W. G. 런시먼의 견해에 신빙성을 더한다. 런시먼의 상대적 박탈감 명제는 정치적 변화를 위한 집단적 동원을 예측하는 데 성공하기도 하고 실패하기도 했지만, 객관적 계급의 높낮이 논의보다는 성적이 낫다. 실패한 경우에도, 명제 자체에 문제가 있어서라기보다는 조직화된 자원이 없거나 공간적 근접성의 요건을 갖추지 못해서인 경우가 많다.[54] 런시먼의 명제는 사람들이 자신과 남을 어떻게 비교하는가에 대한 설명으로 꽤 쓸 만하며[55] 현대 서구 나라들에서 절대다수가 자신을 중산층으로 여기는 현상을 설명하는 데도 유익할 것이다. 사람들은 세상을 (비교적 동질적인) 국지적 준거 집단의 확장된 형태로 생각하고, 자신과 사뭇 다른 집단은 배경으로 밀어내는 경향이 있다.[56]

4.2.3 착취의 규범적 분석

그렇다면 사람들이 자기 준거적이든 타인 준거적이든, 마르크스의 착취 이론은 현실에서 노동자 계급의 투쟁을 예측하는 수단으로서 미흡하다. 하지만 규범적 주장—사람들이 자본주의와 그 이전의 생산양식에서 무엇을 (정당한 자격을 갖췄음에도) 박탈당했는가를 설명하는 이론—으로서의 타당성까지 훼손되는 것은 아니다. 이 주장이 (이 책에서) 중요한 이유는 사람들의 정당한 자격을 부당하게 전유하는 정치체제는 도무지 정당하다고 판단할 수 없기 때문이다. 설령 노동자 계급이 자본주의를 무너뜨릴 가능성이 없다 해도, 자본주의를 고집하는 정치 질서가 노동자 계급의 충성을 받을 자격이 있을까?

마르크스는 명시적인 규범적 주장을 회피하고, 자신의 '과학적' 이론에서 규범적 명령이 자연스럽게 흘러나오는 쪽을 선호했다. 실제로 착취 이론은 본질적으로 규범적이다. 살아 있는 인간의 노동력이 (나머지 모든 상품의 생산에 직간접적으로 관여하는 유일한 요소라는 점에서) 가치의 기본 단위로 선택된다는 마르크스의 주장 때문에 이 측면이 잘 드러나지 않을 뿐이다. 이 주장에는 두 가지 난점이 있다. 하나는 4.2.1절에서 논의했듯 노동력의 생산적 소비가 나머지 상품의 비생산적 소비와 구별된다는 측면과 관계가 있으며, 다른 하나는 노동력이 모든 상품의 공통분모일지는 모르지만 유일한 공통분모는 아니라는 사실에서 비롯한다.

첫번째 난점과 관련하여 책과 음식의 소비가 노동력의 소비와 달리 생산적이지 않다는 앞의 예는 얼마나 설득력이 있을까? 물론 내가 구매한 노동력이 나의 제니 방적기에서 소비된다면, 소비 행위의 결과로 나는 귀한 면사를 소유하게 된다. 하지만 내가 음식을 먹으면, 내가 소비한 열량이 에너지를 보충하여 (음식을 먹지 않았으면 못 했을) 새로운 일을 할 수 있게 된다. 따라서 음식의 소비는 노동력의 소비와 마찬가지로 생산적이다. 책의 소비는 논란의 여지가 있지만, 독서에 시간을 보내는 것은 업무 능력을 향상시키는 일종의 휴식이라고 볼 수 있다. 하지만 음식의 예는 노동력의 소비만이 생산적이라는 마르크스의 주장을 논박하기에 충분하다.

이로부터 피에로 스라파 등이 언급한 두번째 난점이 제기된다. 즉 노동력은 상품 생산의 유일한 공통분모가 아니다.[57] 이해를 돕기 위해 옥수수, 책, 노동력 세 가지만 생산하는 경제를 상상해보자. 이 경제에서 노동력과 책을 생산하려면 옥수수가 필요하고, 옥수수와 책을 생산하려면 노동력이 필요하지만, 옥수수나 노동력을 생산하는 데는 책이 필요하지 않다고 규정할 수 있다. 여러 논평가가 지적했듯, 이런 가정 하에서는 체제 내에서 옥수수와 노동력 사이에 아무런 분석상의 차이가 없다. 그렇다면 마르크스의 노동가치설처럼 옥수수 가치설을 정립하고 노동자에 대한 착취율처럼 옥수수에 대한 착취율을 계산할 수 있다.[58]

따라서 노동자의 착취가 도덕적으로 승인될 수 없다고 말하려면 옥수수가 생산과정에서 창출한 잉여에 대한 자격을 얻지 못하는 것과 달리 사람들은 노동의 결실에 대한 자격이 있음을 입증하는 또다른 논증을 제시해야 한다. 이렇게 되면 마르크스가 내다버리려 한 것과 같은 종류의 권리 주장이 제기된다. 착취 이론에 어떤 규범적 흡인력이 있다면 그것은 1.2절에서 논의한 로크의 제작자적 이상의 세속적 형태를 암묵적으로 받아들인 결과임을 부인할 수 없는 듯하다. 사람들은 자신이 만드는 것에 대한 권리가 있으며, 그 권리를 부인당하는 만큼 착취당한다. 논지를 명확히 하기 위해 노동자와 옥수수의 중간에 있는 사례를 생각해보자. 탄광 갱도에 있는 말은 하루에 10시간씩 일하면서 채굴된 석탄을 갱도 아래쪽까지 운반하는데, 이 말을 먹이고 돌보는 데 들어가는 비용은 하루의 한 시간 노동에 해당한다. 이 말은 착취당하는 걸까? 이 물음에 대한 대답은 직관에 따라 두 가지로 나뉠 것이다. 여러분이 동물권 개념을 진지하게 받아들이는 사람이라면 착취 주장에 동조할 가능성이 크다. 이 예를 곰곰이 생각해보면 최소의 공통분모라는 개념은 규범적으로 설득력 있는 착취 관념을 확립하는 데 충분하기는커녕 필요하지조차 않을지도 모른다.

마르크스가 노동자의 권리에 대해 이야기하지 않으려 했던 한 가지 이유는 부르주아 담론의 영역에 발을 디디는 것에 반감을 느꼈기 때문이지만, 권리 영역이 필연적으로 '정당화된 불평등의 영역'이기 때문이기도 하다. 『고타 강령 비판』에서 마르크스가 사회주의에서의 권리를 어떻게 논하는지 떠올려보라. 자신이 생산하는 것에 대해 권리가 있다는 관념은 옛 질서의 과도기적 흔적으로 간주된다. 이것이 불만족스러운 이유는 이런 권리가 저마다 다른 노동자의 저마다 다른 필요(나에겐 부양할 자녀가 몇 명이 있다는 식으로)라는 관점에서 불평등을 낳기 때문이다. 마르크스에 따르면 공산주의가 사회주의보다 뛰어난 것은 바로 자본주의하에서 생산력의 발전이 낳은 부의 초풍요 덕에 권리 대신 필요를 바탕으로 분배 체계를 확립할 수 있기 때문이다. 이로써 마르크스는 공산주의가 건설되면 인간에 대한 지배가 사물에 대한 관리로 대체되어 마침내 권리와 과학 사이의 계몽주의적 긴장이 해소될 것이라고 확신한다.[59]

하지만 이 주장은 얼마나 타당할까? 초풍요 개념은 마르크스가 정의한 것이 아니다. 이것이 더는 권리가 필요하지 않음을 뜻하려면 희소성을 극복했다는 뜻이어야 한다. 희소성을 극복하려면 인간의 욕구가 유한하다고 전제해야 한다. 그러지 않으면 아무리 풍요로워도 정의상 희소성이 생긴다. 정당한 욕구의 범위에 대해 제약을 두지 않으려는 경향은 공리의 개인 간 판단을 회피하는 신고전파의 태도에서 비롯한다고 설명되기도 한다. 논란의 여지가 있지만, 신고전파 경제학자들이 욕구와 필요를 뭉뚱그려 선호나 욕망이라는 일반 범주에 넣는 것은 잘못이다. 욕구는 무한할 수 있지만 필요는 무한하지 않기 때문이다. 또 만약 불필요한 재화의 수요를 창출하는 거시경제적 동기가 없다면, 풍요의 일정한 문턱을 넘은 뒤에는 인간에게 필요한 기본적 조건이 이론상 모든 사람에게 충족된다.

어떤 기획이든, 개인 간 측정이라는 난점을 해결하지 않고서는 실패할 수밖에 없다. 인간에게 필요한 것을 생명 유지에 필요한 것으로 협소하게 정의하더라도, 필요는 언제나 가용 자원을 초과한다. 투석기, 인공 심장, 에이즈, 암 연구의 사례를 생각해보거나 그 가능성 자체를 가정하기만 해도, 사람의 생명을 유지하기 위해 동원할 수 있는 자원이 늘 희소함을 알 수 있다. 따라서 자원을 여기가 아니라 저기에 동원하는 데는 늘 기회비용이 발생한다. 따라서 풍요의 수준이 어떻든 희소성은 인간 사회에 본질적이다. 이 말은 경합하는 주장들을 놓고 판결을 내리는 것이 불가피하다는 뜻이고, 권리 체제의 경우 또한 마찬가지다. 요약하자면, 마르크스는 기술이 발전하면 인간의 필요로 창출되는 수요를 뛰어넘을 수 있다고 가정한 듯하지만, 현실이 그러할 것이라고 가정할 이유는 전혀 없는 셈이다.

희소성을, 따라서 권리 영역을 넘어설 수 있다는 마르크스의 믿음을 옹호 불가능하다고 여겨 거부하면 그의 공산주의 관념 또한 일관성이 없다고 여겨 거부할 수밖에 없다. 그렇다면 이런 물음이 제기된다. 마르크스의 자본주의 비판과 사회주의의 우월성 주장에서 남는 것은 과연 무엇일까? 20세기 중앙계획경제의 경험으로 보건대, 마르크스가 상상한 사회주의처럼 국가가 모든 투자와 분배를 지시하는 중앙계획경제에 심각한 현실적 걸림돌이 있다는 것은 의심할 여지가 없다. 정보 문제만으로도 대규모 비효율이 발생할 수 있기 때문에, 존 로머 같은 현대 신마르크스주의자들은 시장 체계가 필수적이라고 결론내렸다.[60]

하지만 시장 체계가 착취적이라는 주장은 어떨까? 이 문제를 제기하는 것은 노동가치설의 기술적 성격을 뛰어넘어, 착취 이론에 규범적 성격을 부여하는 제작자적 이상에 발을 디디는 것이다. 1.2절에서 논의했듯 로크는 인간의 생산 능력을 신이 주었다고 생각했으므로, 자신의 생산 능력을 이용하여 얻게 된 결실에 대해 어째서 소유권을 주장할 수 있는가의 문제는 결코 제기되지 않았다. 로크는 신이 부모를 도구로 이용하여 자녀를 만든다는 주장에 기대어, 사람들이 서로를 소유할 수 있다는 주장을 단호히 거부했다. 생명을 주는 것은 "살아 있는 피조물을 빚어 만들고, 각 부위를 제작하고, 용도에 맞게 빚고, 비례를 맞추어, 그 속에 살아 있는 영혼을 넣는 것"이다. 부모는 자녀가 존재하기 위한 "계기에 불과"하다. 부모가 "자식을 설계하고 낳기를 바라는 것은 우화에서 데우칼리온과 아내가 인류를 만들려고 돌멩이를 머리 뒤로 던진 것과 다를 바 없"다.[61] 인간은 신의 작품이지 인간의 작품이 아닌 것이다. 이것은 로크가 노예제와 필머의 가부장적 권위를 공격한 핵심적 근거였다. 이 점에서 사람들은 서로의 권리를 존중해야 한다. 신이 사람들에게 그러라고 요구하기 때문이다.

여기서 한 발짝만 내디디면 인간이 자신의 소유self-owning라는 명제로 넘어간다. 사실, 자연법의 의미를 놓고 사람들 사이에 의견 차이가 있을 때 어떤 세속적 권위도 이를 해결할 권한이 없다는 로크의 주장은 사실상 이 명제를 표현한 것이다. 로크는 우리가 결코 상대방을 소유하려 해서는 안 된다고 생각했다. 상대방이 신의 소유물이라는 이유에서였다. 하지만 모든 현실적 목적을 고려해서 상대방이 그 자신의 소유물이기 때문이라고 해도 결과는 마찬가지다. 자연법—사실상 신의 의지—이 무엇을 명령하는지 해석할 때 각 개인은 마음에 들지 않는 해석에 대해 자유롭게 거부권을 행사할 권한이 나머지 모든 사람에게 있음을 인정해야 하기 때문이다. 심지어 우리가 자연법의 요소를 포함시키기 전에도 이것은 사실이다. 이것이 자기 소유권의 관념을 강화하는 것은 틀림없다. 나중에 다시 언급하겠지만, 자연법은 각 개인에게 먼저 스스로를 보존하고 그다음에 인류를 보존하라고 명령한다.[62]

인간은 서로서로 자신을 소유함으로써 신의 축소판이 되어 자신의 피조물에 대해 지배권을 행사한다. 이것이야말로 로크가 확립한 강력한 개인 권리 관념의 알맹이다. 로크의 관념은 일관성을 꾀하기 위해 신학에 의존했다. 그래서 신학을 떼어내면 얼마든지 이런 과격한 물음을 던질 수 있다. 대체 왜 자기 소유권을 받아들여야 할까? 이 물음의 함의에 대해서는 5.5절에서 논의할 예정이다. 여기서 살펴볼 요점은 마르크스의 착취 개념이 제작자적 이상과 더불어 자기 소유권 개념을 당연하게 받아들인다는 것이다. 마르크스의 비판에 도덕적 힘을 부여하는 것은 (제작자 개념에 뿌리를 두고 있으며 자본주의하에서 침해되는) 개인 권리에 대한 로크의 관념이다. 임금과 노동의 관계는 노동력의 산물을 자본가가 부당하게 전유하도록 부추기는 것으로 표현되고, 이 관계로 인해 노동자는 자신이 생산한 노동의 산물에 대한 권리를 침해당한다. 노동자의 '상품화'나 노동의 생산물로부터의 '소외' 같은 용어에서 확인할 수 있듯 마르크스는 분명히 제작자적 이상에 의존한다.[63] 그러나 마르크스의 의존은 용어의 의미를 넘어 이론의 구조 자체에 있다. 사람들은 노동 생산물의 소유자로서의 지위가 침해받는 만큼 착취당한다.

안타깝게도 (우리가 제작자적 이상을 당연한 것으로 받아들이더라도) 노동가치설은 착취계$_{exploitometer}$로서는 미흡하다. 자본가가 행하는 노동을 전혀 고려하지 않는다는 통상적 반박을 제쳐두더라도 또다른 문제가 있다. 첫째, 마르크스는 현재의 노동자가 사용하는 기계에 '응고'된 노동력 속에 이전 고용주의 이전 피고용자에 대한 착취가 포함되어 있음을 간과한다. 그렇다면 현재의 노동자에 대한 착취율은 이전 노동자를 고려하지 않았으므로 사실상 과장되고, 착취를 측정할 때의 계산 문제도 과소평가된 셈이다. 기계에 포함된 과거의 착취량을 알려면 그림 4.1에서 묘사한 것보다 훨씬 복잡한 계산을 해야 한다.[64]

둘째, 사람들이 무언가를 생산하기 위해서는 남들이 그를 위해 일을 해주어야 한다. 최근 수십 년간 미국 법원에서는 이혼 소송을 중재하며 이것이 얼마나 복잡한 문제인지 절감하고 있다. 전문 자격증 취득을 준비하는 배우자를 뒷바라지하는 가사 노동은 자격증으로 인한 소득 창출 능력의 확대에 온당하게 기여한 것으로 볼 수 있다. 이 때문에 이런 노동을 한 뒤에 이혼하는 배우자는 상대방이 (자격증 덕분에) 새로 벌어들일 수 있는 미래 소득 중 일부에 대해 재산권을 가진다고 생각할 수 있다.[65] 여성주의 이론가들은 이런 사례와 관련된 직관을 일반화하여, 마르크스가 착취율을 측정하면서 노동자가 생산하는 잉여와 노동자에게 지급되는 임금 사이의 관계만을 기준으로 삼은 것은 자의적임을 밝혀냈다. 이 같은 계산은 노동자의 배우자가 기여한 부분을 무시하게 되므로 노동자의 생산물이 그의 '소유물'이라는 마르크스의 판단은 자의적이라는 것이다. 이런 관점에서 마르크스의 주장을 노동자와 배우자와의 관계에 대입하면 특정 상황에서는 이 관계 또한 착취적임이 드러난다.[66]

이것은 빙산의 일각에 불과하다. 마르크스에 대한 여성주의적 비판은 더욱 일반화할 수 있기 때문이다. 남편이 전문 자격증을 취득하는 데 투여한 전업주부의 생산 능력에 타인―부모, (아마도) 자녀, 노동 윤리와 가족의 가치를 아내에게 심은 교회학교 교사 등―의 노동이 포함된다는 데는 의심의 여지가 없다. 생산적 노동이 자격의 규범적 기초가 된다는 관념을 극한까지 밀어붙이면, 이 관념은 과잉 결정된 자격들의 얽히고설켜 해독할 수 없는 거미줄이 되고 말 것이다. 착취를 측정하는 문제에 관한 한, 임금노동 이외의 것을 고려하지 않은 마르크스의 판단은 자의적이다.

4.3 살아남은 통찰

노동가치설이 권리를 이론화하는 데는 미흡하지만, 사람들이 맺는 계약을 기준으로 보상하는 시장 체계가 더 나을 리 없다는—설령 파레토-우월한 교환을 중심으로 돌아가더라도—마르크스의 생각은 옳았다. 물론 자본가들이 종종 창의적 기술을 생산과정에 도입하는 것은 사실이지만, 시장 체계가 이들에게 온당한 몫을 준다고 가정할 이유가—이 몫을 계산할 수 있다고 가정할 경우—어디 있는가? 이 몫을 계산하는 것은 만만한 일이 아니다. 노동자와 관련하여 우리가 고려한 물음을 생산물의 가치에 대한 자본가의 기여—부모, 자녀, 배우자의 (위아래로의) 기여는 물론이고—에 대해서도 분명히 물을 수 있기 때문이다. 한마디로 제작자성과 관련하여 노동자가 온당한 몫을 받는지 판단할 때의 어려움은 자본가에 대한 판단에서도 비슷하게 불거진다.

시장 거래에서 누가 무엇을 얻는가에는 무엇보다 행위자들의 상대적 권력이 반영되어 있다. G. A. 코언 같은 신마르크스주의자들은 이 현실을 포착하기 위해 마르크스의 착취 이론을 생산수단의 계급 독점에 대한 이론으로 탈바꿈시켰다. 코언은 노동가치설을 폐기하고, 노동자들이 생존하려고 자본가를 위해 일해야 하는 위치에 내몰리는 것은 "프롤레타리아적 부자유의 구조" 때문이라고 주장한다. 이것은 생산물의 가치에서 일정한 몫에 대한 권리를 달라고 주장하는 것이 아니라, 자유를 달라고 주장하는 것이다. 이 주장을 읽으면, 착취당하는 것보다 더 나쁜 한 가지는 착취당하지 않는 것이라는 케임브리지 경제학자

조앤 로빈슨의 반어적 표현이 연상된다.⁶⁷ 시장 체계에서 자원이 상대적으로 부족하여 남을 위해 일할 수밖에 없는 사람들은 노동력과 임금의 파레토-개선적 Pareto-improving 교환에 참여할 수 있는 이른바 거래적 자유를 누리지만, 이런 강제적 상황에 처하지 않은 사람들이 누리는 구조적 자유는 결핍되기 마련이다.

마르크스의 자본주의 비판은 이런 식의 재개념화를 통해 노동력과 가치에 대한 주장에서 권력과 자유에 대한 주장으로 변모한다. 그렇다면 마르크스의 개념과 예측이 모두 실패했음에도, 자본주의하에서 어떤 사람들은 남들이 (자신이 희생한 대가로) 누리는 기본적 자유를 누리지 못한다는 그의 직관은 여전히 주목할 가치가 있다. 이는 파레토 체계에서 구현된 것과 같은 거래적 자유 관념에 한계가 있음을 잘 보여주기 때문이다. 이런 깨달음을 통해 일부 후대 이론가들은 자유를 사람들이 행동하고 선택하는 조건을 형성하는 능력으로—행동과 선택에 배타적으로 초점을 맞추기보다는—정의했다.⁶⁸ 『루이 보나파르트의 브뤼메르 18일』 등의 저작에서 인간이 자신의 역사를 만들어가지만 바라는 꼭 그대로 역사를 형성해가는 것은 아니라고 선언한 것을 보면 마르크스 자신도 이러한 자유 관념을 암시한 셈이다.⁶⁹ 요는 사람들이 자신의 행동을 제약하는 환경을 변화시킬 수 있을 때만 진정으로 자유롭다는 것이다. 사실 마르크스는 프롤레타리아 혁명이 이전의 모든 혁명과 다른 이유가 바로 이 같은 의미에서 변혁적이기 때문이라고 생각했다.

이 책의 관점에서 보자면 이상의 논의는, 국가의 정당성이 자유를 보전하거나 침해하는 정도와 관계가 있다면 우리가 거래적 자유뿐 아니라 구조적 자유도 분석에 포함해야 함을 시사한다. 그렇다고 해서 구조적 자유를 어떻게 고려해야 하는지까지 알려주지는 않는다. 희소성과 분배적 갈등을 넘어설 수 있다는 마르크스의 비현실적 가정이 무의미해진 세계에서 실행 가능한 대안들에 비해 시장 체계가 반드시 미흡하다고 판단되리라는 뜻도 아니다. 하지만 이 장 첫머리에서 언급한 물음에 대한 설득력 있는 답은 아직 나오지 않았다. 마르크스의 착취 개념이 가진 난점을 통해 확인했듯 사적 소유가 도둑질이라는 어떤 주장도 입증되지 않았지만, 그렇다고 해서 생산수단의 사적 소유가 정당화될 수 있는 것은 결코 아니다. 곡물 중개상이 정말로 가난한 사람들의 배를 곯린다면, 이것은 (코언이 말한바) 가난한 사람들이 구조적으로 부자유한 한 가지 원인이 되고, 그 결과 이런 상태를 지속하는 정권의 정당성에 대해 의문이 제기된다. 마르크스가 남긴 가장 중요한 유산은 우리에게 이 물음의 여전한 중요성을 상기시키고 왜 통념적 대답들이 미흡한지 보여주는 것이다.

5장
사회계약론

거래적 자유 관념에 대한 구조적 비판은 이 관념이 근시안적이라는 비판으로 달리 표현할 수 있다. 즉 노동력과 임금의 교환 같은 거래가 일어나는 맥락을 고려하지 않은 절차적 관념이라는 것이다. 최근 수십 년간 사회계약론 전통에 대한 관심이 되살아난 이유 중 하나는 이 점에서 더 만족스러운 대답을 제시하는 듯하기 때문이다. 이 전통의 영향력 있는 이론가 로버트 노직의 말마따나 정의正義에 대한 온전히 타당한 이론은 반드시 취득에서의 정의에 대한 이론, 이전移轉에서의 정의에 대한 이론, 과거 불의의 교정에 대한 이론을 포함해야 한다.[1] 존 롤스는 자신의 정의 이론을 발전시키면서 사회계약론은 사회의 '기본 구조'를 이루는 주요 제도에 초점을 맞추어야 한다고 주장한다. 롤스는 기본 구조를 폭넓게 정의하여 정치적·종교적·개인적 자유에 대한 헌법의 기본적인 보호, 경제적 조직과 (생산수단의 소유를 비롯한) 재산 소유권의 체계, 가족을 비롯한 주요 사회 제도 등을 포괄한다. 롤스가 기본 구조를 정의의 일차적 주제로 삼는 이유는 "그 영향력이 심대하고 또 처음부터 나타나기 때문"이다.[2] 다른 단점이 있을지는 몰라도, 이렇게 폭넓은 관념에 대해서는 근시안적이라는 비판을 할 수 없다.

사회계약론 전통은 지금까지 살펴본 어떤 전통보다 오래되었다. 17세기 중엽 영국의 정치사상에서 정립되었다는 것이 통설이지만, 그 논증의 요소들은 훨씬 전으로 거슬러올라간다.[3] 여기서 우리의 초점은 로크의 사회계약론 전통과 1960년대부터 이를 되살려온 롤스와 그의 추종자 및 많은 비판자의 논의이다. 사회계약론이 부활한 것은 공리주의가 기대에 못 미쳤기 때문이기도 하다. 1960년대가 되자 많은 사람들은 공리주의가 객관적 공리주의와 주관적 공리주의의 끝나지 않은 싸움에서 헤어나오지 못한다고 생각했다. 3.1절에서 살펴본 신고전파 전통에서 발전한 주관적 공리주의는 개인 간 판단의 가능성을 부정한 탓에 당대의 중대한 도덕적 사안(나치즘과 파시즘의 지독한 공포와 베트남 전쟁을 둘러싼 논란)에 대해 침묵했다. 그런가 하면 개인 간 판단을 허용하는 고전 공리주의는 반대 방향에서 오류를 저질렀다. 다른 사람들의 공리주의적 이익을 위해 일부 사람들에 대한 착취—또는 더 심한 짓—를 허용한 것이다. 이 때문에 롤스는 사람들 사이의 차이를 진지하게 고려하지 못하는 공리주의를 거부해야 한다고 주장했다.[4] 객관적 공리주의와 주관적 공리주의 사이의 중간 지대를 찾으려는 시도는 수포로 돌아갔다. 가장 탄탄하고 끈질긴 전통은 밀의 위해 원칙이었으나, 3.3절과 3.4절에서 보았듯 위해를 이해하고 측정하는 데는 공리를 이해하고 측정하는 것과 비슷한 어려움이 따른다. 사회계약으로서의 정치라는 개념에 대한 관심이 되살아난 것은 당대의 긴급한 도덕적 요구에 대한 답변이자, 이를 해결하려던 논쟁들의 지지부진한 실패에 대한 대응이었다.

5.1 고전 사회계약론과 현대 사회계약론

계약이 있으려면 계약자가 있어야 한다. 따라서 사회계약으로서의 정치에 대한 모든 이론이 던져야 할 첫번째 물음은 이것이다. 당사자가 누구인가? 이에 대해 17세기 이론가들과 20세기 이론가들은 사뭇 다른 대답을 내놓았다. 홉스와 로크는 둘 다 계약이 실제로 이루어진다고 생각했다. 홉스는 영국이 내전 기간에 자연 상태로 전락했다고 믿었으며, 자신이 『리바이어던』에서 펼친 논증은 향후에 같은 결과를 피하기 위한 처방이라고 생각했다.[5] 로크는 당시의 세계 대부분이 자연 상태이며, 정치적 압제하에서 살아가느니 자연 상태로 돌아가는 것이 나을 때도 있다고 생각했다.[6] 이에 반해 20세기 후반 이론가들이 논지를 펴던 시기에 인류학자들은 '정치 이전의 인간'이라는 개념에 맞서 몇십 년째 전쟁을 벌이고 있었다. 이들의 주장은 인간이 천성적으로 정치적 동물이라는 아리스토텔레스의 주장이 옳다는 것이었다.[7] 이에 따르면 사회계약 같은 것은 존재하지 않으며, 자연적 인간 또는 정치 이전의 인간이 정치제도를 확립했다고 주장하는 사람들은 루소가 비판한 홉스의 오류—당대의 인습적인 행동과 제도가 가진 측면들을 '자연

적' 인간의 특징으로 여김으로써 이를 구체화했다는 것 — 와 같은 실책을 저지를 수밖에 없다.[8]

규범적 관점에서 보자면, 정치가 사회계약에 뿌리를 둔다는 개념은 많은 사람들이 보기에 모래성 같았다. 역사적으로 볼 때 이런 계약에 가장 가까운 예는 미국 건국일 것이다. 노직은 논증을 전개하면서 이 사례를 완곡하게 언급한다.[9] 하지만 잘 알려진바 이 계약의 당사자에는 여성, 흑인, 아메리카 원주민이 배제되었으며 이로 인해 노예제가 존속되었다. 따라서 미국 건국을 근거로 계약을 정치적 정당성의 기초로 삼기는 힘들다. 게다가 미국 헌법의 승인은 연방의 절차를 위반했으며, 내전에서 패한 수백만 명의 미국인이 강제로 헌법을 받아들여야 했다. 여기서 또다른 문제가 제기된다. 계약이 처음 체결되었을 때는 모든 당사자에게 정당하고 구속력이 있었을지라도 최초의 계약에 전혀 관여하지 않은 후세대들이 왜 이 계약에 구속되어야 한다는 말인가? 재산 및 신탁법에서는 유언의 효력에 중대한 제약을 두는데 정치에서 그러지 말아야 할 이유는 무엇인가? 사람들이 공동체에 남는다는 것은 확립된 계약에 대한 암묵적 동의의 표시라는 로크식의 대답은 실망스럽다.[10] 현실에서는 이탈 비용이 너무 커서 극소수만이 이탈을 감행할 수 있으며, 어쨌든 마음에 드는 정치체제를 건설하고 싶어도 갈 곳이 없기 때문이다.

20세기 사회계약론 이론가들은 이런 어려움을 염두에 두었기에 가설적 계약이라는 개념을 도입했다. 이들의 관심사는 어떤 역사적 시점에 무엇에 합의하거나 합의하지 않았느냐가 아니라 사람들에게 선택권을 준다면 어떻게 합의할 것인가다. 이 이론에 규범적 성격을 부여하는 것은 사실로서의 계약이 아니라 합의될 내용의 합리성이다. 『국민 합의의 분석』에서 제임스 뷰캐넌과 고든 털럭은 결정 규칙을 정할 때 합의가 아니라 계산을 토대로 삼아야 한다고 주장한다.[11] 한편, 노직의 목표는 사람들이 '무국가적 상황'에서 합리적으로 행동할 경우 (자신이 옹호하는) 최소 국가가 등장할 것임을 독자에게 설득하는 것이다. 이것은 명시적 합의가 전혀 필요없다는 점에서 로크의 사회계약론보다는 오히려 그의 암묵적 동의 개념에 더 가깝다.[12] 롤스의 반성적 평형 개념은 합리적인 사람들이 구체적 선택 상황에서 롤스 자신의 정의 원칙을 받아들일 것임을 독자에게 확신시켜 이 원칙이 바람직함을 설득하기 위한 것이다.[13]

   이 논자들이 모두 사회계약론의 용어를 많이 구사하기는 하지만, 결국 이들의 주장이 의존하는 것은 사람들이 실제로 무엇을 받아들이는가가 아니라 사람들이 무엇을 받아들이는 것이 타당한가다. 따라서 현대의 사회계약론은 실은 벤담의 공리주의 기획과 마찬가지로 합리주의적인 과학적 기획이다. 사람들은 최초 상황 또는 헌법 제정 상황에서 집단적으로 행동할 것으로 생각되지만, 그들이 내리는 결정이나 그들 사이의 상호작용으로부터 정치적 정당성의 궁극적 보고寶庫라는 그들의 역할이 도출되지는 않는다. 이것은 내가 민주주의 전통에서 토의를 강조하는 이론가들의 기획과 대조적인 롤스의 기획을 유아론적이라고 규정하는 한 가지 이유다. 롤스의 계약자는 홀로 숙고한다.[14]

   앞선 논의에 대한 일부 예외로는 위르겐 하버마스와 브루스 애커

면이 있다. 하버마스가 "이상적 담화 상황"에서 무엇이 선택될 것인가에 중점을 둔다면 애커먼은 상상의 행성 주민들이 주고받는 체계적인 '대화 형식의' 교환에서 도출되는 원칙에 중점을 둔다.[15] 하지만 자세히 들여다보면, 더욱 토의적으로 보이는 이 이론들에서도 강력한 합리주의적 특징이 발견된다. 하버마스는 자신의 이상적 담화 상황이 유지되려면 일정한 정치제도가 필요하다고 생각하며, 애커먼은 자신의 대화 형식의 교환에서 선택될 (것이라 생각하는) 정치제도에 대하여 확고한 결론에 도달한다. 그 결과, 이들이 선호하는 정치체제 중 하나가 내일 당장 제도화된다면 이상적 담화나 토의로 성취해야 할 것은 아무것도 남지 않을 것이다. 이것은 (방금 언급한 나머지 이론가와 마찬가지로) 선택된 제도의 정치적 정당성에 대한 주장이 (사람들이 이 제도에 동의하도록 하는 수단인) 토의가 아니라 제도의 합리적 타당성에 의존함을 시사한다. 이것을 명심하지 않으면, 애커먼의 대화 형식, 롤스의 '원초적 입장', 노직의 최소 국가의 전개에 대한 진화적 구상 등과 같은 단순한 설명 수단을, 이 사상가들이 자기가 선호하는 정치체제를 뒷받침하려고 제시하는 논증과 혼동할 우려가 있다.

따라서 "누가 동의하는가?"라는 물음에는 분명하게 사고하는 합리적 인간이 동의한다고 답할 수 있다. 그렇다고 해서 17세기 이론가들에게도 합리주의적 성향이 있음을 부정하는 것은 아니다. 홉스의 경우, 『리바이어던』의 토대에 놓인 합의는 사람들이 죽음에 대한 가공할 두려움에 사로잡히거나 (자신의 이익에 반해 행동하게 이끄는) 다양한 이데올로기의 지지자들에게 속지 않을 때 내리게 될 합의다.[16] 로크의 경우에도, (1.3절에서 보았듯) 자연 상태를 벗어나자는 합의는 자연법의 인도를 받는 합리적 합의로 간주되었다. 로크의 주장에는 홉스와 현대의 사회계약론 이론가들의 주장에 없는 급진적인 포퓰리즘 요소가 있는 것이 사실이다. 로크는 자연법이 현실에서 무엇을 요구하는가를 판단하는 주권을 살아 있는 개인에게 부여하기 때문이다. 이처럼 주권자에게 맞설 로크의 저항권은 남들이 이것을 그저 비합리적이라고 판단했더라도 유효하지만, 그럼에도 이것이 다소 제한된 권리인 것은 많은 사람들의 유사한 판단과 일치해야만 현실적 효력을 발휘할 수 있기 때문이다. 외로운 저항자에게는 저항권이라는 빼앗길 수 없는 권리가 있지만, 이에 대한 보상은 다음 생에서 찾아야 한다.[17] 어떤 경우든 로크는 이곳에서 국외자다. 홉스에서 롤스에 이르는 사회계약론 전통에서 일반적인 관점은 선택의 합리성이 실제 선택보다 우위에 있다는 것이다. 실제로 노직의 경우에, '자립인들independents'은 최소 국가에 참여하기를 거부하지만 강제로 참여당한다. 이들은 사회가 이들의 고통을 (실제로는 보상하지 않더라도) 보상할 수 있고 심지어 더 나아질 수 있다는 이유에서 이 결과를 합리적인 것으로 받아들일 것으로 기대된다.[18]

사회계약론 논증에서 자주 오해되는 측면 중 하나는 계약 행위자와 국가의 관계에 대한 것이다. 학설에 따라 다르긴 하지만, 근본적 합의는 대체로 통치자와 국민 사이에 맺어지지 않는 법이다. 오히려 이것은 다른 모든 사람이 자신의 권리를 보호하는 일방적 행위를 포기한다는 조건하에 자신도 그러한 행위를 포기한다는, 국민들 사이에 맺어지는 상호 합의다. 근본적 합의가 통치자와 국민 사이에 맺어지지 않는다는 사실은 홉스의 학설에서 가장 뚜렷이 드러난다. 홉스의 설명에 따르면 합리적 개인은 스스로를 위해 절대 주권에 복종하기로 상호 합의할 것이다. 그렇지 않으면 "끊임없는 공포와 생사의 갈림길" 속에서 반복되는 내전을 겪으며 "고독하고, 가난하고, 험악하고, 잔인하고, 그리고 짧"은 삶을 살아야 하기 때문이다.[19] 다른 학설에서는 국민과―이들이 개인적으로 행동하든 집단적으로 행동하든―국가 사이에 대리 관계가 존재하지만, 이것은 자연 상태에서의 자립적 삶을 포기한다는 근본적 상호 합의에 종속된다. 로크가 보기에 혁명이 반드시 자연 상태로의 복귀를 의미하지 않는 것은 이 때문이다.[20] 사회계약론 전통의 논자들이 저마다 다른 제도적 구성을 지지하는 것 또한 이 때문이다. 사실 홉스, 로크, 루소는 모두 인구 규모와 역사적 사건에 따라 최적의 정부 구성이 달라질 수 있다고 생각했다.[21] 하지만 이러한 제도적 형태의 문제들은 사람들끼리 맺는 근본적 사회계약에 종속되는 것으로 간주되었다. 바로 이 근본적 사회계약으로부터 제도의 궁극적 정당성이 도출되는 것이다.

현대 사회계약론의 가설적 사고실험에서 얻을 수 있는 것은 무엇일까? 그 답은 바로 우리가 이 책에서 찾고 있는 것, 즉 실제 정치체제의 정당성을 평가하는 잣대다. "합리적인 사람들에게 기회를 준다면 어떤 정치제도에 동의할 것인가?"라는 물음에 대한 정답이 있다면 우리는 기존 체제의 정당성을 평가할 기준과 체제를 개혁할 방안을 얻게 될 것이다. 이런 합의의 결과로 생겨난 정치체제가 하나도 없더라도 이는 참일 수 있다. 합의되었을 정치체제와 가장 비슷한 체제는 이상적 체제와 덜 비슷한 체제보다 뛰어나다고 판단할 수 있으며, 체제를 그 기준 쪽으로 변화시키는 개혁은 체제를 합의된 이상의 반대쪽으로 변화시키는 개혁보다 바람직하다고 판단할 수 있다. 그렇다면 가설적 사회계약 논증이 관념적 이론 수준의 실험일지라도, 이를 옹호하는 사람들은 자신들이 현실 정치에 대한 논증을 통해 실질적 결실을 내놓을 수 있으리라 기대한다.

5.2 롤스의 근본적 견해

롤스는 우리 세대 중에서 가장 결과주의적인 사회계약론 이론가였다. 롤스는 (자신의 원칙에 비추어) 현재의 대안들보다 뛰어나다고 입증할 수 있(다고 자신이 주장하)는 정치체제와 일단의 제도적·분배적 체제의 정의를 평가하는 원칙의 틀을 발전시켰다. 롤스의 논증을 설명하는 대부분의 글은ㅡ롤스 자신의 글을 비롯하여ㅡ무지의 베일이라는 사고실험으로 시작한다. 이 사고실험은 사람들이 자신의 인종, 성별, 지능, 장애 또는 비장애, 인생 계획과 성향 등의 구체적 사실은 물론이고 희망과 상황에 대한 다른 모든 구체적 사실을 모른 채 어떤 통치 원칙을 선택할지 상상할 것을 우리에게 요구한다. 이 원초적 입장에서 사람들에게 허용되는 지식은 사회에 대한 '일반적 사실'ㅡ이를테면 적당한 결핍이 존재하는 상태ㅡ과 널리 인정된 심리학 및 경제학 법칙에 한정된다. 하지만 이 사고실험이 시사하는 바는 일부 논평가들이 말하는 것처럼 사람들이 나름의 특징 및 이해관계와 무관하게 존재할 수 있다고 우리가 가정해야 한다는 것이 아니다. 그보다는 게임의 규칙들이 나에게 유리하게 작용할지 여부를 알기 전에 규칙에 동의할 것을 요청받는 것과 비슷하다. 또는 국회의원이 군사기지 폐쇄 위원회가 자신의 지역구에 있는 기지를 폐쇄하라고 권고할 것인지 알기 전에 위원회의 결정을 받아들이겠다고 선언하는 것과 비슷하다. 롤스의 발상은 사람들이 자신에게 유리하도록 결과를 편향시키지 못하게 "감추어진 특정한 설명"을 배제함으로써 사회 전체에 바람직한 것이 무엇인가에 토의의 초점을 맞추도록 하는 것이다.[22]

이 장치에 대해, 또한 롤스가 옹호하는 원칙이 실제로 이로부터 도출되는지에 대해 의문이 제기될 수 있다. 하지만 섣불리 여기에 초점을 맞추다가는 설명 수단이나 정의 원칙과는 별개인 롤스의 가장 혁신적인 견해를 간과할 우려가 있다. 롤스는 뿌리깊은 도덕적 견해차로 인한 정치적 결과와 관련하여, 사람들의 차이는 도덕적으로 자의적이며 (따라서) 사회에서의 혜택과 부담의 분배와 무관해야 한다고 주장한다.

5.2.1 영속적 다원주의

도덕적 견해차가 인간의 사회체제에 내재함을 깨달은 것은 그 자체로는 전혀 혁신적이지 않다. 2.2절에서 스티븐슨이 바로 이 가능성을 들어 흄을 비판한 바 있다. 실은 홉스도, 한 사람에게 좋은 것이 다음 사람에게 좋지 않을 수 있음을 간과하지 못했다며 아리스토텔레스를 비판했다.²³ 한편 끈질긴 도덕적 견해차가 근대 세속주의의 산물이라는 주장도 있다. 이 진단에 따르면, 우리는 자연법 전통에서 신학적 태도를 버림으로써 도덕 상대주의로 향하는 나락에 빠져들었다. 이런 사고방식은 신이 죽었다면 모든 것이 허용된다는 이반 카라마조프의 격언으로 곧잘 요약된다.²⁴ 이런 종류의 논증을 펴는 것은 자연법 전통에서도 근본적 견해차가 늘 있었음을 알지 못하기 때문이다. 이를테면 1.1.1절에서 논의한, 로크와 그의 동시대인 사이의 신학적 견해차는 제임스 털리가 훌륭하게 묘사한바 정치와 좋은 삶에 대한 상상 가능한 거의 모든 물음을 포괄하는 방대한 견해차 중 일부였다.²⁵ 털리의 책이나 리처드 턱, 퀜틴 스키너, J. G. A. 포칵 등의 중세 자연법 이론에 대한 최근 연구를 읽으면—오토 폰 기르케 같은 이전 학자의 저작은 말할 것도 없고—당시에 팽배한 도덕적 견해차가 얼마나 뿌리깊은지, 이 견해차가 어떤 정치적 의미로 받아들여졌는지에 대해 놀라지 않을 수 없다.²⁶ 자연법은 무정부주의에서 절대주의에 이르는, 또한 그 사이의 온갖 정치 이념에 동원되었다. 세대를 막론하고 기본 가치에 대한 합의가 있었던 옛 호시절을 들먹이며 그뒤로 부도덕이 만연하여 가치가 훼손되었다고 불평하는 사람들은 늘 있다. 자연법이 쇠락한다는 탄식은 이 현상의 한 예에 불과하다. 역사적 검증을 통과하지 못한 추측일 뿐이다.

그렇다면 롤스의 독창성은 끈질긴 도덕적 견해차를 간과한 데 있지 않고 도덕적 견해차의 정치적 함의에 대해 생각하는 법을 설명해낸 데 있다. 특히 롤스는 사람들이 무엇에 대해 합의할 것인지에 대한 합리적 기대와 관련하여 우리가 이전 이론가들보다 덜 깐깐해야 한다고 결론내렸다. 이를테면 홉스는 좋은 삶의 관념이 사람마다 다르다는 것을 인정하면서도, 합리적인 사람이라면 누구나 인간은 죽음에 대한 공포에 지배받는다는 자신의 설명을 받아들여야 한다고 생각했다.[27] 홉스는 절대 권력에 대한 복종을 정당화하기 위해 이 가공할 두려움의 존재를 내세웠다(절대 권력의 임무는 신민들 사이에 '모두스 비벤디modus vivendi', 즉 협정을 강제함으로써 억누를 수 없는 공격 충동을 막는 것이다). 상당한 논쟁을 초래할 수밖에 없는 이러한 정치심리학은 선뜻 받아들이기 어렵다. 이에 맞서 로크는 사람들이 본성적으로 선한 피조물이며 약속을 지키리라고 대체로 믿을 수 있다고 가정했다. 따라서 로크는 정부가 필요한 이유는 오로지 불편을 줄이고 효율을 증진하기 위해서라고 설명한다.[28] 그런 탓에 로크는 정치적 압제를 견디기보다는 자연 상태로 돌아가는 것이 나을 수도 있다고 생각했다(노직은 이 주장을 수정하여, 효율이라는 정부의 혜택을 누릴 수 있으면서도 최대한 "무국가적 상황"을 닮은 최소 국가가 최선이라고 주장한다).[29] 로크의 주장 역시 홉스의 경우처럼 그 아래 깔린 정치심리학을 수긍할 때에만 타당해 보일 것이다.

롤스는 사람들이 그렇게 부담스러운 정치심리학을 인정하리라 기대하는 것은 정치체제에 대해 동의를 얻어내기 위한 전제 조건으로서 지나치다는 사실을 간파했다. 따라서 초기 저작, 특히 『정의론』에서 롤스는 좋은 삶에 대한 (경합하는) 개인적 관념에 대해서뿐 아니라 포괄적 세계관과 형이상학 체계에 대해서도 중립적 원칙을 만들어내는 것을 목표로 삼았다. 이 시도는 많은 비판을 받았는데, 좋음에 대한 특정 관념을 우대하지 않고 나머지 다른 관념들의 특권을 제거하는 사회 구성의 원칙은 아마도 없을 것이다.[30] 롤스가 이후의 저작에서 "형이상학적이지 않은 정치적인" 정의관으로 입장을 바꾼 데는 이런 탓도 있다. 롤스는 "수세대에 걸쳐 지속될 가능성이 있고, 정의의 기준이 정치관 그 자체인 어느 정도 정당한 입헌 정체에서 상당한 추종자를 얻을 가능성이 있"는 원칙들에 대한 "중첩적 합의overlapping consensus"에 호소한다.[31]

롤스의 "형이상학적이지 않은 정치적인" 직관은 사람들이 동의에 필요한 논리에 동의하지 않고서도 원칙들에 동의할 수 있다는 것이다. 사람들을 일반적 원칙에 동의하도록 하는 것은 가장 쉬운 일이고 악마는 세부 사항에 있다는 생각을 뒤로하고, 롤스는 사람들이 일반적 원칙이나 포괄적 교리나 형이상학적 체계에 동의하도록 하는 것이 대체로 불가능하고 (더 중요하게는) 정치적으로 불필요하다는 관념에서 출발한다. 대학의 인사위원회, 국회의원, 법관 등이 (일상적으로) 동의에 필요한 논리에는 결코 동의하지 않으면서 결과에 동의하는 것과 마찬가지로, 우리도 시민이 특정한 정치체제를 받아들이기 위한 전제 조건으로 근본적 원칙에 동의하리라 기대해서는 안 된다. 오히려 정치적 정당성의 기초를 제공하는 것은 중첩적 합의이다.[32] 정치적 정당성의 기획에 대한 이 같은 간결한 관념은 "형이상학적이지 않은 정치적인" 접근법을 특징짓는다. 이를 위해서는 정치를 과학의 토대 위에 놓으려는 계몽주의적 열망을 꽤 누그러뜨려야 한다. 중첩적 합의에 포함되는 견해들이 미신에 바탕을 둘 수도 있고, 과학적으로 정당한 견해들이 배제될 수도 있기 때문이다. 롤스는 이 어려움을 줄이기 위해 '합리적' 견해만이 중첩적 합의에 포함되게 하려고 했다.[33] 하지만 중첩적 합의 개념이 실제로 작동하기 시작하면 롤스는 방금 예로 든 난처한 가능성을 인정해야 할 것이다. 롤스가 이를 피하고 싶었다면 합리성 검증을 통과(했다고 자신이 이미 판단)한 원칙을 기준으로 중첩적 합의를 정의했을 것이다.

그럼에도 롤스는 정치에 대한 올바른 답, 즉 이런저런 신학이나 논쟁적 형이상학이 아니라 인간의 조건에 대한 공정한 평가에 기반한 답을 내놓으려는 계몽주의적 열망을 완전히 포기하지는 않는다. 이 맥락에서, 롤스가 정의에 대한 추론의 추상적 성격 때문에 이따금 비판받기는 해도—아래에서 살펴보겠지만 이 비판의 한 가지 형태는 설득력이 있다—그의 기본 방법이 연역적이지 않고 비교적인 방법임에 유의해야 한다. 물론 롤스는 자신의 원칙을 정언명령의 절차적 표현으로 서술한다.[34] 이러한 정식화에서 보듯 롤스의 원칙은 칸트적 의미에서—보편적으로 적용할 수 있으며 경험에서 비롯하지 않는다는 뜻—도덕법의 지위를 누리는 셈이다. 사실 롤스는 자신의 원칙이 적용되는 조건에 제한을 두고—이를테면 적당한 결핍이 존재하는 정치체제—자신이 제안한 원칙을 현재의 대안—이를테면 공리주의와 절대주의—과 비교하며 논지를 전개한다. 롤스는 사람들이 무지의 베일 뒤에서 어떤 기준을 채택하는 것을 합리적이라고 생각하며, 이 기준에 따라 평가했을 때 자신의 원칙이 다른 대안들보다 낫다고 주장한다. 하지만 누군가 롤스가 틀렸음을 입증하거나 더 나은 원칙을 내놓으면 롤스는 자신의 판단을 바꿔야만 할 것이다. 이런 이유로, 롤스가 이따금 칸트적 표현을 구사하기는 하지만 그의 진짜 '모두스 오페란디 modus operandi', 즉 수법은 성숙한 계몽주의의 가류주의적 정신과 통한다.

따라서 우리는 롤스가 "형이상학적이지 않은 정치적인" 접근법을 적용하는 구체적 사례에는 동의하지 않더라도 접근법 자체는 수긍할 수 있다. 이 접근법을 택하는 것의 함의는 뒤에서 살펴본다. 일단은 "형이상학적이지 않은 정치적인" 접근법이 두 가지 의미에서 민주적이라는 데 주목하자. 첫째, 롤스의 주장은 정당한 입헌적 정치체제에서 발전하여 지속될 법한 견해들 중에서 중첩적 합의로 도출되는 원칙이 정당하다는 것이다. 이는 사회에서 옹호되는 견해들과 양립하는지의 여부가 인생 계획이나 일단의 가치가 정치적으로 합리적인지 판단하는 데 중요한 요소임을 시사한다. 둘째, 앞의 언급에서 암묵적으로 드러난 바 인생 계획이나 일단의 가치를 지지하는 사람이 그것을 남들에게 설득력 있게 정당화할 수 있거나 정당화하리라고는 전혀 기대할 수 없다. 민주주의에서는 비밀 투표 덕에 사람들이 자신의 선택을 남들에게 정당화할 필요가 없듯, 롤스의 "형이상학적이지 않은 정치적인" 장치는 사람들이 스스로의 견해를 뒷받침하는 논리가 무엇이든 동료 시민과 정부가 이 논리에 접근하지 못하도록 한다. 민주주의는 대표와 공직자가 공적 책임을 질 것을 요구하지만, 이들을 선출하는 유권자에게는 공적 책임을 요구하지 않는다. 시민이 자신의 정치적 선택에 대하여 남들이 받아들이게끔 논리를 제시할 필요가 없듯 롤스는 그의 "형이상학적이지 않은 정치적인" 양식에서 이와 비슷한 입장을 취한다.

5.2.2 도덕적 자의성

롤스의 논증이 취하는 양식에서 논증의 내용으로 넘어가자면, 그의 가장 근본적인 혁신은 사람들의 차이를 다루는 방식에 대한 것이다. 로크에서 마르크스에 이르기까지 우리가 살펴본 자기 소유권 체제는 한 가지 의미에서 매우 평등주의적이다. 즉 모든 사람은 도덕적 자율과 창조적 행위의 동등한 중심이다. 로크의 정식화에서는 그 이유를 신이 우리를 그렇게 만들었기 때문이라고 말하고, 마르크스나 밀의 경우처럼 이를 세속적으로 번역해 가정하기도 한다. 로크가 『통치론』(제1론)에서 이 가정을 무엇과 대비했는지 생각해보면ㅡ말하자면 신이 아담과 그의 상속자들에게 세상을 주었다는 필머의 견해ㅡ이 가정의 평등주의적 측면을 뚜렷이 알 수 있다. 필머의 견해는 가부장적 장자 상속제에 기반한 불평등 구조를 승인한다. 이에 반해 신이 인류 전체에게 세상을 주었고 신의 축소판으로서 이 세상을 이용할 평등한 권리를ㅡ세상을 낭비하거나 남을 배제하지 않는 한ㅡ주었다는 로크의 주장은 불평등 구조를 결코 승인하지 않는다.

하지만 또다른 의미에서 보면 자기 소유권 주장은 평등주의적이지 않다. 로크는 낭비하지 말고 남을 공유재로부터 배제하지 말라는 조건을 어기지 않는 한 인간 노동에서 비롯하는 불평등에 대해 전혀 반대하지 않았으며, 4.2.3절에서 『고타 강령 비판』의 노동 기반 분배 원칙에 수반되는 불평등의 불가피성을 논의했듯 마르크스는 자기 소유권에 기반한 정치체제가 불평등을 낳을 수도 있음을 인지한 것이 분명하다. 하지만 사회주의하에서의 분배를 논할 때 마르크스의 초점은 상황의 불평등이었다(이를테면 한 노동자는 자녀가 있는데 다른 노동자는 없는 경우). 마르크스는 노동자 간의, 또는 노동자와 관리자 간의 능력 차이에서 비롯하는 불평등은 거론하지 않았다. 이 같은 원인들이 야기한 불평등이 로크에게는 문제가 되지 않았을 것이다. 로크의 주장에 따르면, 신이 우리를 창조했기 때문에 우리의 능력과 장애가 불평등한 것은 신의 계획에 들어 있었음이 틀림없기 때문이다. 하지만 세속적 정식화에서는 이 물음을 정면으로 다룬다. 어떤 사람들이 남들보다 능력이 더 뛰어나다면 어찌되는가?

20세기의 상당 기간 동안, 이 물음에 대한 논의는 본성 대 양육 논쟁이라는 형태로 전개되었다. 평등주의자들은 소득과 성취의 차이를 환경적 요인으로 설명하려 했고 불평등주의자들은 차이를 타고난 것으로 설명하려 했다. 이 논쟁이 정치적으로 얼마나 논란거리인지 보여주는 좋은 사례가 있다. 1990년대 후반에 리처드 헌스타인과 찰스 머리가 『종형 곡선』에서 지능에는 유전적 토대가 있으며 이것이 미국의 인종·민족 집단 간 성취도 차이를 부분적으로 설명한다고 주장했는데, 이를 놓고 격론이 벌어졌다.[35]

하지만 롤스는 정의의 관점에서 이 논쟁들이 논점을 벗어났다고 역설한다. 본성의 결과든 양육의 결과든, 능력 차이는 도덕적으로 자의적이다. 어떤 유전자를 타고나는가도 운에 달렸고, 어떤 환경에서 태어나는가도 운에 달렸기 때문이다.

최초의 자산 분배는 일정 기간 동안 자연적·사회적 우연성에 의하여 강력한 영향을 받게 된다. 다시 말하면 현존하는 소득과 부의 분배는 천부적 자산—즉 천부적 재능과 능력—의 선행적 분배가, 사회적 여건과 액운 혹은 행운 등 우연적 변수들에 의해 계발되거나 실현되지 못함으로써, 또한 일정 기간 동안 그것이 유리하게 혹은 불리하게 사용됨으로써 누적된 결과인 것이다. 직감적으로 생각할 때 자연적 자유 체제가 갖는 가장 뚜렷한 부정의는 도덕적 관점에서 볼 때 지극히 임의적인 이러한 요인들로 인해 배분의 몫이 부당하게 좌우되는 것을 그것이 허용하고 있다는 점에 있다.[36]

사람들 간의 차이가 유전자나 양육에서 비롯하든, 둘의 조합에서 비롯하든—이럴 가능성이 크다—롤스의 설명에 따르면 이 차이는 분배 결과의 타당한 근거가 되지 못한다. 어쩌면 차이에서 비롯하는 이익과 손해를 (맥락이 다르긴 하지만 러니드 핸드 판사의 명언을 인용하자면) "금수저를 물고 태어나"는 능력으로 정당화할 수도 있을 것이다.[37] 하지만 롤스의 요점은, 유전자나 문화적 환경의 도덕적 운 때문에 얻게 된 것에 대해 사람들이 자격을 가진다고 일단 가정하고 그뒤에 분배의 정당화에 대해서만 신경써서는 안 된다는 것이다. 우선 우리는 애초에 타고난 것의 정의를 따져야만 한다. 자기 소유권의 불평등주의적 함의를 변호할 수 있을지도 모르지만, 여기서 롤스의 요점은 설명이 만족스러우려면 반드시 논변이 제시되어야 한다는 것이다. 가령 우리가 자기 자신과 능력을 소유하는 것이 "순전한 자연적 사실"의 문제라는 존 하사니의 주장은 논증이 아니라 단언이다.[38]

5.3 정의와 미래에 대한 불확실성

이제 우리는 롤스가 왜 선택의 조건을 원초적 입장으로 구조화했는지 알 수 있게 되었다. 영속적 다원주의에 대한 롤스의 가정은 근본적으로 좋음에 대한 다른 관념을 가진 사람들에게도 정의 원칙이 수용 가능해야 함을 암시한다. 사실 이들은 특정 관념의 선택적 옹호를 정당화할 수 있다는 것 자체에 동의하지 못할 수도 있다. 근본적 확신의 뿌리가 종교적 신앙에 있는 사람들이 다른 종교를 믿거나 종교가 없는 사람과 자신 사이에서 건널 수 없는 간극을 맞닥뜨리듯 말이다. 롤스는 영속적 다원주의를 가정한 탓에, 정의에 대한 사유에서 의무론적 접근법이 목적론적 접근법보다 우위에 있다고 단언하기에 이른다. 롤스에 따르면 목적론적 접근법에서는 좋음이 옳음과 상관없이 규정되며 좋음이 극대화되도록 옳음이 분배된다. 이에 반해 의무론적 접근법에서는 옳음이 어떠한 좋음 관념과도 무관하게 분배된다.[39] 롤스의 해결책은 좋음에 대한 우리 자신의 특정한 관념이 무엇인지 모르는 상태에서 강제로 선택해야 할 경우 무엇을 선택할지 생각해보라는 것이다. 이를테면 우리 자신이 어떤 종교의 신자일지 불가지론자일지 무신론자일지 알지 못하고, 일밖에 모르는 일중독자일지 게으름뱅이일지 알지 못하고, 예술을 중시할지 스포츠를 중시할지 야생 보호를 중시할지 알지 못한다고 가정할 수 있다. 이런 정보를 모른다고 가정했을 때 우리가 타당하게 받아들일 만한 정의 관념이 있다면, 롤스는 이 관념에 도덕적 호소력이 있다고 생각한다.

5.3.1 논쟁적 가정을 최소화하고 포괄성을 극대화하다

이제 의무론적 관념은 좋음에 대해 모종의 가정을 해야 한다. 나는 중첩적 합의 논증이 "어느 정도 정당한 입헌 정체에서" 생겨나 "상당한 추종자를 얻을" 만한 관념의 손을 들어준다는 사실을 지적한 바 있다. 앞에서 언급했듯 롤스는 자신의 관념이 중립적이라고 강력하게 주장하지만 정의에 대한 어떤 설명이 특정한 관념의 손을 들어주는 것은 분명해 보인다. 이 점에서 덜 포괄적이기보다는 더 포괄적인 태도를 취하는 것이 합리적이라는 롤스의 주장은 두 가지 측면에서 설득력이 있다. 하나는 좋음에 대한 '좁은$_{thin}$' 관념이라는 롤스의 개념과 관계가 있다.[40] 여기서 롤스의 생각은 좋음에 대해 많은 가정을 하는 관념보다 적은 가정을 하는 관념이 선호된다는 것이다. 목표는 좋음에 대하여 매우 다양한 관념을 가진 사람들에게 호소하는 것이기 때문에, 최대한 좁은 관념으로 작업하는 것은 이치에 맞는다.

포괄성의 또다른 측면은 확장성과 관계가 있다. 단 하나의 공식 종교가 있어야 하는지, 아니면 정부가 종교를 만들거나 자유로운 종교 활동을 방해하지 못하도록 규정한 미국 수정헌법 제1조처럼 관용적 체제를 채택해야 하는지의 문제를 생각해보자. 근본주의자들은 미국의 체제가 자신들의 견해를 홀대하고 비종교인과, 오직 사적인 삶에서만 종교를 추구하는 것이 옳다고 믿는 종교인의 견해를 우대한다고 종종 주장한다(옳은 주장이다). 이런 이유로 (다른 조건이 없다면) 미국의 체제는 결코 중립적이지 않다. 하지만 롤스주의자는 미국 수정헌법 제1조의 종교 창시와 자유로운 종교 활동 조항이 적용되는 체제에서 근본주의자가 될지, 아니면 신정국가에서 공식 종교에 반대하는 자가 될지를 고려하여 자신의 선택을 평가해보라고 할 것이다. 신정국가를 거부하고 미국의 접근법을 채택해야 한다는 근거는 이렇게 해야 종교적으로 소외된 사람이나 집단에 비교적 더 큰 종교의 자유를 부여할 수 있다는 것이다. 만약 다른 원칙이 종교적으로 소외된 사람들에게 더 낫다고 증명될 수 있다면 그 원칙은 미국의 체제나 롤스주의적 설명보다 뛰어날 것이다.

이런 사유 방식은 롤스의 비교적 접근법을 전형적으로 보여준다. 롤스는 분배적 정의의 '일반론'을 처음으로 정식화할 때는 사회적 가치가 늘 모든 사람에게 유리하도록 분배되어야 한다고 주장했지만, 『정의론』 초반에서는 이를 발전시키고 다듬어 사회의 최소 수혜자에게 최대 이득이 되도록 재화를 분배해야 한다고 정식화하기에 이른다.[41] 롤스가 정의의 입장을 최소 수혜자의 입장과 동일시하는 방향으로 돌아선 것은 보편화할 수 있는 원칙을 찾으려는 칸트적 충동의 결과다. 여기서 직관적으로 알 수 있듯 당신이 어떤 원칙으로 인해 가장 불리한 영향을 받는 사람이면서 그 원칙에 동의한다면, 다른 어떤 상황에서도 그 원칙에 동의하리라고 가정하는 것은 합리적이다.

최소 수혜자의 입장이 일종의 암묵적 위임을 통해 상상 가능한 나머지 모든 입장을 포괄한다는 개념에 논란의 여지가 없지는 않다. 특히 (소득 같은) 분할 가능한 재산과 다양한 사회적 계층을 고려하면 더욱 그렇다. 여러 논평가가 지적했듯 롤스의 개념은 최하층의 미미한 소득 증가를 위해 중산층이 소득의 상당량을 기꺼이 포기하는 것이 합리적임을 암시한다.[42] 하지만 롤스가 생각한 '일반적 사실' 중 하나는 경제 발전의 수준과 소득 및 부의 분배 사이에 아무런 필연적 관계가 없다는 원초적 입장을 우리가 고려해야 한다는 것이다. 사회가 적당한 결핍이 존재하는 수준으로까지 발전했더라도 최하위 빈곤층의 여건은 얼마든지 비참할 수 있기 때문이다. 따라서 최소 수혜자가 되는 것에는—설령 최소 수혜자의 입장이 될 확률이 낮더라도—'심각한 위험'이 따른다고 가정하는 것이 타당하다. 롤스가 정의의 관점을 최소 수혜자의 관점과 동일시하면서도 위험 회피를 고려한 것은 이 때문이다.[43]

5.3.2 역사적 정의관 대 정형화된 정의관

도덕적 자의성에 대한 롤스의 논증에 따르면 사회적 가치의 공정한 최초 분배에 관한 한 모든 원칙이 무효다. 특정한 분배에 '엑스 안테$_{ex\ ante}$', 즉 미리 특권을 부여할 이유가 전혀 없기 때문이다. 이 점에서 롤스의 논증이 얼마나 포괄적인지 알려면 노직이 같은 주제를 어떻게 다루는지 살펴보는 것이 좋겠다. 노직도 최초의 분배적 입장에 대해 정당화가 필요함을 인식하는 데서 출발했지만, 여기에 담긴 함의가 시장 기반의 분배를 비판하는 전통적 좌파가 가정하는 함의와 같다는 데는 동의하지 않았다. 좌파의 비판은 4.3절에서 논의한 거래적 자유 관념에 대한 공격의 한 형태다. 이 비판을 옹호하는 사람들은 순전히 절차적인 분배 원칙이 모종의 출발점을 당연한 것으로 받아들일 수밖에 없으며 그 결과로 현 상태에 내재한 불의를 구체화하고 복제할 것이라고 주장한다.

노직은 좌파의 공격을 받아칠 기발한 예를 제시한다. 윌트 체임벌린 같은 유명 농구 선수가 어떤 팀과 계약하면서 팀으로부터 받는 급여 이외에 관중들에게도 홈경기 때마다 25센트를 물려 자신에게 직접 지급하도록 하는 조건에 합의한다고 가정하자.[44] 시간이 흐르면 이 추가 요금으로 인해 농구 팬들로부터 체임벌린에게 수십만, 심지어 수백만 달러가 이전된다. 여기서 노직의 요점은 "자유가 정형을 뒤집어놓"는다는 것이다. 소득과 부의 최초 분배가 어떻든, 사람들이 시장에서 자유롭게 거래하도록 하면 분배가 달라지기 마련이다. 불공정한 최초 분배가 이후의 모든 시장 거래를 오염시킨다는 좌파의 비판에 대한 노직의 대답은 이것이다. 나름의 최초 분배를 선택하라. 당신이 정당하다고 생각하는 것이면 무엇이든. 당신이 엄격한 평등주의자라면, 좋다, 엄격한 평등에서 출발하라. 하지만 그다음에 당신이 자발적 거래를 허용한다면 그로 인한 불평등을 받아들여야 할 것이다. 우리는 1989년 이후에 폴란드와 체코 같은 옛 공산주의 나라에서 이런 사태가 전개되는 것을 목격한 바 있다. 이들 나라에서는 국영 기업을 민영화하면서 증서를 평등주의적 기준으로 공급했는데, 그러자 은행과 기업인이 지분을 (종종 헐값에) 사들였고 그중 일부는 엄청난 부자가 되었다.[45]

따라서 정의에 대한 노직의 삼단논법은 이렇다. 최초의 조건이 공정하고, 이후의 거래가 자발적이면, 그 결과를 정당한 것으로 받아들여야 한다. 노직이 좌파의 비판을 받아친 것은 좌파가 반대하는 핵심이 불공정한 최초 조건에 대한 것이 아니라 시장이 빚어낸 불평등에 대한 것임을 똑똑히 보여주었다는 점에서다. 이렇게 되었을 때 (노직의 표현에 따르면) 좌파가 수세에 몰리는 이유는 자유에 반대하는 꼴이 되기 때문이다. 정형화된 정의관을—엄격한 평등주의이건 다른 무언이건—유지하는 유일한 방법은 세법을 통한 정부의 끊임없는 재분배이니 말이다. 하지만 노직이 보기에, 최초 조건에 대한 정의가 확립된 뒤의 과세는 '강제 노동'인 셈이다. 노직의 '역사적' 정의관에 따르면 특정한 분배의 정형이나 '최종 상태'를 달성하기 위한 재분배는 결코 정당화될 수 없다. 국가가 피터의 것을 취하여 폴에게 주는 것이 정당한 유일한 경우는 과거의 불의를 교정하기 위해 보상할 때뿐이다.[46]

노직의 논의에서는 정부가 자산 재할당에 관여하는 기준으로서 재분배보다는 보상이 덜 부담스럽다고 가정한다. 보상 개념은 불법행위에서 비롯하는 형평의 개념이다. 내가 여러분의 소유를 훼손했다면, 나는 여러분을 온전한 상태로 되돌려 무차별 곡선에서의 여러분의 위치를 나의 위해 행위가 없었을 때와 같도록 하기 위해 보상해야 한다. 보상이 회고적—또는 노직 말마따나 '역사적'—기준인 것은 이 때문이다. 권리 침해를 어떻게 판단하고 측정할 것인가의 문제가 있을 수도 있지만, 밀의 위해 원칙과 마찬가지로 보상적 정의 모형은 개인 관련 individual-regarding 기준만 필요하다는 장점이 있다. 보상을 시행하는 데는 사회의 소득이나 부에 대한 특정한 분배를 정당화할 필요가 없다. 노직이 자신의 권리를 타인의 행동에 대한 '부수적 제약$_{\text{side-constraint}}$'으로 표현하는 것은 이 때문이다.[47]

하지만 겉모습에 속아서는 안 된다. 1989년의 혁명들 이후 우리가 목격해왔듯이 회고적 보상 기반의 정의 모형은 엄청난 부담이 될 수 있고 정치적 폭발력 또한 상당하다. 1917년에 빼앗긴 토지를 돌려달라는 러시아 차르 후손들의 요구, 19세기에 영국에 (처음으로) 빼앗긴 조상의 토지를 돌려달라는 줄루족 왕 즈웰린티니의 요구 등만 생각해보아도 얼마나 부담스러운지 알 수 있다. 아파르트헤이트하에서 강제 이주당한 수백만 명의 요구, 오스트레일리아 원주민들에게서 불거져 나오는 배상 요구, 지금도 계속되고 있는 아메리카 원주민들의 요구 같은 최근의 사례들은 또 어떤가. 지난 수십 년간 옛 유고슬라비아, 북아일랜드, 이스라엘과 팔레스타인, 짐바브웨 등에서는 부당하게 몰수한 재산을 반환하라는 요구들이 충돌하면서 내전이나 준準내전으로 치닫기도 했다.

이를 비롯한 수십 건의 사례에서 보듯 회고의 범위를 넓히면 추방이나 몰수에 대해 정당한 불만을 가진 집단을 사실상 모든 시기에서 찾아낼 수 있다. 이것은 (수세대에 걸쳐 자산의 분할과 재분할에 막대한 영향을 미친) 전쟁, 내전, 혁명의 결과로 세계가 국민국가로 분할된 현실의 부산물이다. '공정한 최초 조건을 직접 선택하라'는 노직의 삼단논법적 도발을 수사학적 함정으로 여겨 거부해야 하는 데는 이런 까닭도 있다. 노직의 회고적 보상 개념을 진지하게 받아들이더라도, 이것이 공정한 출발점에 이르기까지 일관되게 적용될 수 있을지는 미지수다. 하지만 출발점에 이르기까지 적용하지 않을 거라면 대체 왜 적용한단 말인가? 적용을 그만두는 시점이 언제이든, 충분히 뒤로 돌아가지 않았다고 정당하게 주장할 집단이 있을 테니 말이다.

　더 근본적인 측면에서 보자면, 4.2.3절에서는 마르크스가 제시한 역사적 자격 관념의 약점을 논의했는데, 이 논의에 기대어 노직의 설명에서도 결함을 찾아낼 수 있다. 월트 체임벌린의 예를 수정하여 체임벌린의 팀이 회사가 하나만 있는 도시에 연고를 두고 있으며 체임벌린이 입장료 추가 수입을 모아 공장을 매입한다고 가정해보자(체임벌린의 팬들은 모두 이 공장에서 일한다). 그러다 체임벌린이 노동자들에게 대규모 임금 삭감을 받아들이고 회사 건강보험과 퇴직연금을 포기하는 데 동의하지 않으면 공장을 폐쇄하고 생산 시설을 태국으로 옮기겠다고 협박한다. 아무도 부당하다고 생각하지 않은 최초 조건에서 출발했지만 체임벌린의 팬들은, 완전히 자발적인 파레토-우월한 거래에 참여한 대가로 형편이 나빠진다. 이 수정된 예에서 극적으로 달라진 것은 체임벌린과 팬들 사이에 작용하는 권력의 맥락이다. 이전에는 체임벌린이 팬들의 삶에 어떠한 권력도 행사하지 않았지만 이제는 체임벌린에게 이들의 밥줄을 끊을 힘이 있다. 체임벌린은 이 힘을 이용하여 팬들의 구조적 자유를 제한하고 노직이 찬미하는 거래적 자유를 활용한다.

　노직과 마르크스는 이념 스펙트럼의 극과 극에 위치하지만, '역사적' 자격 개념과 관련하여 비슷한 어려움에 처한다. 둘 다 로크의 제작자적 이상에 대한 세속적 형태를 받아들여 자기 소유권을 신성불가침으로 취급한다. 마르크스가 맞닥뜨린 어려움은 자기 소유권을 포함하는 착취 이론이 그가 착취에 대해 말하고 싶은 것과 그럴듯하게 맞아떨어지지 않는다는 것이다. 노직은 마르크스주의의 자기 소유권 개념을 수사학적으로 받아들이지만, 윌트 체임벌린의 수정된 예에서 보듯 거래적 자유 개념을 받아들이는 것의 어려움은 불공정한 출발점을 무력화하는 것에 머물지 않는다는 데 있다.[48] 롤스는 정의의 입장을 최소 수혜자의 입장과 동일시함으로써 거래적 자유가 최하층 사람들의 조건에 미치는 영향에 주의를 집중시키며, 그의 도덕적 자의성 논증을 통해 '체임벌린이 자신의 비상한 재능에서 이익을 얻는 것이 애초에 정당한가'라는 의문을 던진다. 말하자면 롤스는 우리가 지금까지 살펴본 사상가 중에서 제작자적 이상의 정당성에 처음으로 진지하게 의문을 제기한 사람이다.

5.3.3 자원주의와 기본 가치

롤스는 기술과 능력의 차이라는 문제를 사회적 가치의 분배라는 더 폭넓은 논의 속에서 바라본다. 여기서 롤스의 기여를 평가하는 한 가지 방법은 객관적 공리주의자와 주관적 공리주의자의—둘의 관심사는 복지의 측정이다—논쟁에서 교착 상태를 벗어날 방법을 제시하는지 살펴보는 것이다.[49] 롤스는 어떤 공리계가 복지를 올바로 측정할 것인지 논쟁하기보다는 좋음에 대한 특정 관념과 무관하게 사람들에게 중요한 몇 가지 기본적 자원에 초점을 맞추는 것이 더 타당하다고 주장한다. 복지의 분배를 측정하고 조정하는 임무를 정부에 부여하는 데는 만만찮은 기술적·규범적 어려움이 있다는 사실과 더불어 정부가 권한을 남용하기로 악명 높다는 사실도 명심해야 한다. 그렇다면 좋음에 대한 특정 관념과 무관하게 사람들에게 가치 있는 몇 가지 기본적 자원에 초점을 맞추어야 하는 한 가지 이유는 정부가 자원의 분배에 영향을 미친다고 상상하는 것이 현실적이기 때문이다. 롤스가 염두에 둔 것은 기본적인 정치적 자유와 시민적 자유, 사회에서 출세할 기회를 제공하는 법적 구조, 소득과 부 같은 가치와 그밖에 "자존감의 사회적 기반"에 영향을 미치는 가치다.[50] 마지막은 논외로 할 수 있겠지만—롤스의 저작에서 온전하게 탐구되지 않았기에—이 가치들은 모두 정부가 일상적으로 영향을 미친다고 볼 수 있는 것들이다. 여기에다 롤스가 복지 측정에 대한 골치 아픈 철학적 논쟁을 회피한다는 사실을 감안하면 기본 가치에 대한 롤스의 설명에 심드렁한 수많은 이론가들이 왜 나름의 자원주의적 이론을 발전시켰는지 알 수 있다.[51]

　하지만 롤스가 기본 가치에 집중하는 주된 이유는 현실적이기보다 규범적이다. 롤스는 좋은 삶에 대한 특정 관념을 필요 이상으로 옹호하려다 가치 분배에 편향이 일어나는 것을 바라지 않기에, 방금 언급한 범용의 도구적 가치에 초점을 맞추게 된 것이다. 롤스의 논리에 따르면, 좋은 삶에 대한 각자의 관념이 어떻든 우리는 정치적·시민적 자유, 기회, 소득, 부, 자존감의 사회적 기반 등을 보다 더 가지고 싶어할 것이다. 이 말을 꺼내기가 무섭게 좋음에 대한 특정 관념을 옹호하는 반대 목소리가 들려오기 마련이다. 이를테면 금욕주의자는 소득과 부를 '덜'이 아니라 '더' 가지는 것은 선이 아니라 악이라고 주장할 것이다. 롤스주의자는 5.3.1절에서 종교의 자유와 관련하여 논의한 것과 같은 맥락에서 이러한 반박을 상대할 것이다.

롤스주의자는 금욕주의자의 주장을 반박하지 않고 이렇게 물을 것이다. 필요 이상의 소득과 부를 거부하는 것이 지배적 원칙인 세상에서 비금욕주의자로 살 것인가, 사람들이 일반적으로 소득과 부를 '덜'이 아니라 '더' 원한다고 가정되는 세상에서 금욕주의자로 살 것인가? 후자의 체제가 선호되는 이유는 소득과 부에 우호적인 체제에서는 금욕주의자가 자신의 자산을 마음대로 처분할 수 있지만 금욕주의 체제의 비금욕주의자에게는 그에 해당하는 자유가 없기 때문이다. 이 예에서도 알 수 있듯, 자신의 견해가 좋은 삶의 합리적 관념들에 대해 중립적이라는 롤스의 초기 주장은 틀렸다. 관념이 효력을 발휘하려면, 무지의 조건에서 가장 불리한 사람의 입장에서 보았을 때 가장 매력적인 관념이어야 한다. 따라서 롤스의 의무론적 정의관이 (기초적이기는 하지만) 좋음의 관념에 의존한다는 사실의 필연적 결과는 복지에 대한 일부 가정들을 따라 그의 자원주의가 (조금이나마) 제자리로 돌아간다는 것이다.[52] 하지만 이것을 인정한다고 해서, 상상할 수 있는 모든 체제에서 불우한 사람들에게 최대한 우호적이기를 바라는 롤스의 뚜렷한 열망이 약화되는 것은 결코 아니다.

『정의론』에서 롤스는 여러 기본 가치의 분배를 위한 적절한 원칙의 의미를 발전시키고 탐구하는 데 중점을 둔다. 따라서 자유는 다음의 원칙에 따라 분배된다. "각자는 모든 사람의 유사한 자유 체계와 양립할 수 있는 평등한 자유의 가장 광범위한 전체 체계에 대해 평등한 권리를 가져야 한다."[53] 이 원칙은 앞에서 논의한 종교 자유의 배경이 되는 사고방식을 (미국 수정헌법의 첫 10개 조항을 구성하는) 권리장전으로 보호받는 그밖의 대다수 자유에 적용한 것이다. 일반적으로 이 자유들은 모든 사람의 비슷한 자유와 양립할 수 있는 범위 안에서 가장 폭넓게 분배되어야 한다.

기회는 롤스의 체계에서 다른 식으로 생각된다. 무지의 베일 뒤에서는 종교, 인종, 민족, 성별, 사회적 지위를 알 수 없으므로 사람들은 모든 카스트 제도, 아파르트헤이트, 성차별 체제, 종교를 공직의 자격으로 삼는 체제 등에 저항하기 마련이다. 자신이 언제든 평등한 출세의 기회를 박탈당하여 불리한 처지에 놓인 집단이 될 수 있다고 가정하기에, 사람들은 기회 균등의 원칙을 받아들일 것이다. 롤스는 이렇게 말한다. "사회적·경제적 불평등은 다음 두 가지, 즉 (a) 그것이…… 최소 수혜자에게 최대 이득이 되고, (b) 공정한 기회 균등의 조건 아래 모든 사람들에게 개방된 직책과 직위에 연결되게끔 조정되어야 한다."[54] 이것은 동일노동 동일임금을 뒷받침하고 (현재 미국에서 목격되는) 조직적 성 불평등 같은 문제들을 일축하기에 충분히 탄탄한 원칙일 것이다.[55]

소득과 부의 분배와 관련된 롤스의 원칙 중에서 가장 많이 논의된 것은 '차등 원칙'이라 불리는데, 이것은 복지경제학의 오래된 원칙인 '최소 극대화$_{maximin}$'('최소$_{minimum}$의 몫을 극대화하다$_{maximize}$'의 약자)에 새로 이름을 붙인 것이다. 분배적 정의의 일반적 관념과 마찬가지로, 이 원칙이 최소 수혜자에게 유리하게 작용하려면 불평등이 필요하

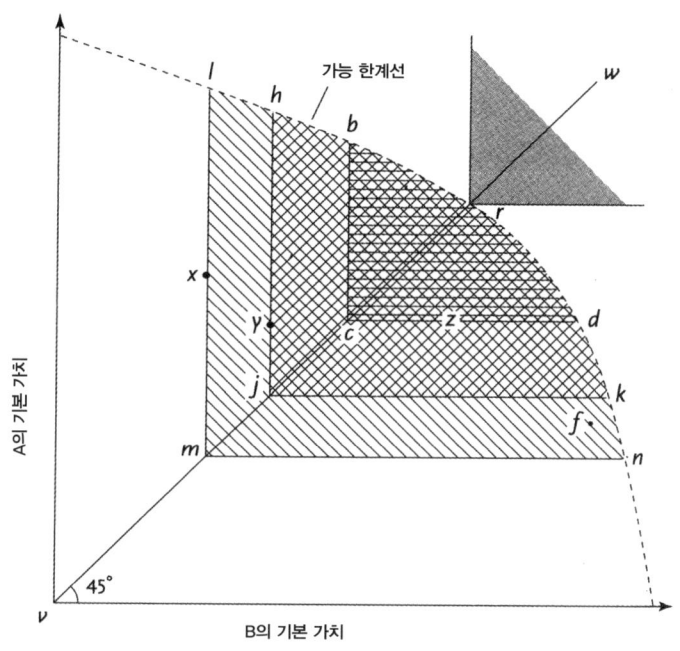

그림 5.1 고정된 상품 공간에서 두 사람에 대해 차등(최소 극대화) 원칙을 나타낸 그림

다. 이것을 시각적으로 나타내면 그림 5.1의 'L' 모양 무차별 곡선과 같다. 현 상태 x에서 북쪽으로는 가능 한계선 위의 l을 향해 뻗고 남쪽으로는 m을 향해 뻗었다가 동쪽으로 가능 한계선 위의 n을 향해 뻗은 선을 상상해보자. m은 원점과 45도로 교차하는 완전한 기회 균등을 나타내는 선 vw 위에 놓인다. vw의 모든 점에서 A와 B의 기본 가치 몫은 똑같다. lmn 위쪽의 짙은 색 영역은 차등 원칙에 따라 전부 현 상태 x보다 우월하다. 따라서 y로의 이동은 x에 대한 개선이며, 이때 새로운 롤스 무차별 곡선 hjk가 생긴다. z로의 이동은 y에 대한 개선이며, 이

5장 사회계약론

때 새로운 롤스 무차별 곡선 bcd가 생긴다. r로의 이동은 z에 대한 개선이며, 여기서 더는 개선될 수 없다. 'L' 모양 무차별 곡선의 모서리는 항상 완전한 기회 균등을 나타내는 선 vw 위에 있는데, 이는 차등 원칙의 목표가 최하층에 있는 사람의 몫을—그가 누구인지와 무관하게—늘리는 것이라는 사실을 반영한다. 따라서 x에서 f로의 이동은, x 상태일 때는 A가 B보다 형편이 더 나았고 f에서는 B가 기본 가치를 A보다 더 많이 가진다는 사실과 무관하게 롤스-선호될 것이다. 이는 무지의 베일 뒤에서 자신이 A가 될지 B가 될지 모르므로 x와 f 중에서 f를 선호하여, 누가 최소 수혜자가 되든 기본 가치의 몫을 늘리는 것이 논리적 선택임을 나타낸다.

차등 원칙은 대규모 재분배를 허용할 수 있지만, 반드시 평등주의적일 필요는 없다. x에서 f로의 이동처럼 불평등이 커지는 변화도, 가장 열악한 처지에 있는 사람에게 유리하다면 정당화될 수 있다. 게다가 m, j, c 등으로 나타나는 완전한 균등의 세계에서는 차등 원칙이 파레토 원칙과 똑같아져, 불평등 증가로 이어지는 (아마도 월트 체임벌린과 같은 종류의) 시장 거래를 허용한다. 다른 유형의 역진적 재분배—이를테면 중산층에게 상대적 손해를 끼치고 최하층의 소득을 명목상 증가시키면서 최고 소득자들에게 수백만 달러의 세금을 감면하는 것—도 차등 원칙과 부합한다. 중산층이 최하층보다 실제로 열악해지지 않는 한 차등 원칙은 만족된다. 엄밀히 말해서 차등 원칙을 이런 식으로 평가하는 것은 공정하지 않다. 롤스가 차등 원칙을 제기한 것은 세금 감면 같은 특정한 정책을 평가하기 위해서가 아니라 기본 구조에 대해 생각해보

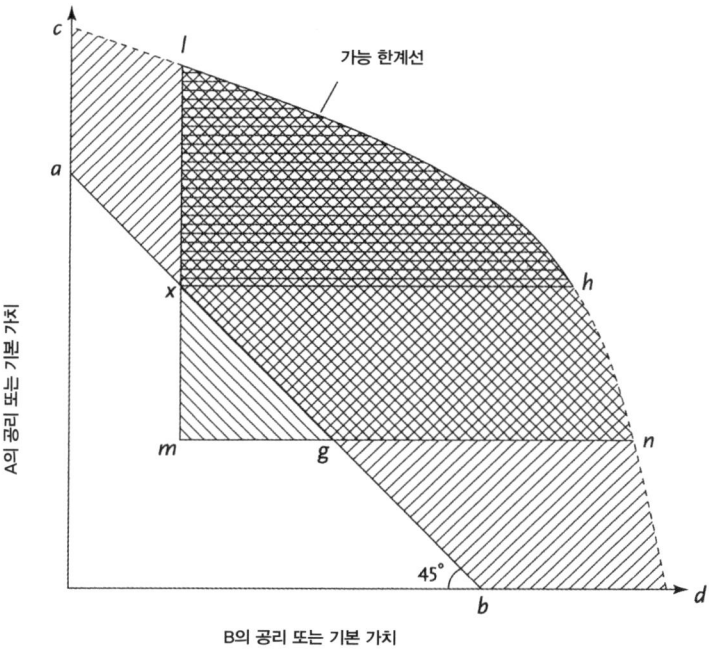

그림 5.2 고정된 상품 공간에서 두 사람에 대해 차등(최소 극대화) 원칙과 파레토 원칙 및 벤담의 최대 행복 원칙을 부분적으로 비교

기 위해서이기 때문이다. 하지만 위의 예들은 차등 원칙이 다양한 분배 가능성과 양립하는 미확정underdetermined 원칙임을 시사한다.

그림 5.2에서 보듯 차등 원칙을 파레토 원칙 및 벤담의 최대 행복 원칙과 부분적으로 비교하면 이것을 더 일반적인 관점에서 살펴볼 수 있다. 이 비교가 부분적인 이유는 기본적 측정 기준이 다른 원칙들과 겹치기 때문이다. 이를테면 기본 가치와 벤담의 기수적 공리는 개인 간 비교를 허용하는 반면에 파레토의 서수적 공리는 이를 허용하지 않

는다. 이 비교가 차등 원칙의 구조에 대해 무언가를 드러내기는 하지만, 그림만 보고서 이것이 정확히 비교라고 착각하면 안 된다.

그렇긴 하지만 차등 원칙이 매우 다양한 분배 가능성을 허용하는 것은 분명하다. 그림 5.2에서 x가 현 상태라고 가정하면, 모든 파레토-우월한 변화(lxh 영역으로 이동하는 것)가 롤스-선호됨을 알 수 있다. 하지만 롤스-선호되는 영역 중에서 상당수는 파레토-결정 불가능한 재분배여서 벤담은 그중 일부는 승인할 것이고(이를테면 $xgnh$ 영역) 일부는 승인하지 않을 것이다(xmg 영역). 다른 한편으로, 벤담의 방식에서는 최대 행복에 기여하지만($caxl$ 영역과 $gbdn$ 영역) 최소 수혜자의 여건을 개선하지 않기에 차등 원칙에 의해 포기되는 재분배도 있다.

롤스는 이따금 이런 미확정 원칙—이를테면 고도로 개입주의적인 국가나 순수한 시장경제, 일종의 혼합경제 등과 양립할 수 있는 원칙—을 옹호한다는 비판을 받았다. 나 또한 일전에 롤스가 『정의론』에서 자본주의와 사회주의에 대해 불가지론을 공언한 것을 비판한 바 있다.[56] 하지만 롤스의 답변은 두 가지로 해석해볼 수 있다. 첫째, 롤스의 관심사는 사회의 경제정책 입안을 좌우하는 근본 원칙들이다(이것을 견고한 입헌적 통제라고 생각해도 좋다). 이 원칙들은 분배 체제가 최하층에 유리하도록 작용해야 한다는 것을 기본 요건으로 주장함으로써 정책에 외부적 제약을 설정한다. 그밖에도 분배적 선택의 여지가 많은 것은 분명하지만, 무지의 베일 뒤에서 이 선택들에 이런 종류의 입헌적 지위가 부여될 것인지는 확실치 않다.

둘째, 타당하게도 롤스는 시장 제도와 비시장 제도의 여러 조합 중에서 하나를 선택하는 것이 정치철학의 문제가 아니라 정치경제의 문제라고 대답할 것이다. 자유방임주의가 실제로 (지지자들이 주장하듯) 빈곤층에게 어떤 실행 가능한 체계보다 더 많은 낙숫물 효과를 가져다준다면 롤스는 우리가 이를 받아들여야 한다고 말할 것이다. 반면에 계획경제나 혼합경제가 더 뛰어난 효과를 발휘한다면 이쪽을 지지해야 할 것이다. 앞에서 보았듯 이 문제들은 언제나 논쟁적이다. 철학이 이 문제를 해결하리라 기대할 수 없다는 롤스의 말은 타당하다. 이 문제들은 공론장에서 논쟁해야 한다. 어쩌면 여러 가능성을 시도해보고 결과를 확인해야 할 수도 있다. 1989년의 경험으로 보건대 계획경제 체제는 1930년대의 전망보다 기대할 게 없어 보이지만, 정보혁명의 결과로 더 효과적인 형태의 계획경제가 가능해질 수도 있고 지구온난화 같은 문제를 해결하기 위해 계획경제가 불가피해질 수도 있다. 차등 원칙이 여러 가능성을 둘러싼 논쟁과 실험에 적용해야 하는 기본적인 규범적 기준을 표현하지만 이 문제들을 해결할 것으로 기대할 수는 없다는 게 롤스의 요점일 것이다. 어느 정도는 그럴듯한 설명이지만, 가장 기본적인 분배 문제에만 국한된 이 설명에 만족하지 못하는 사람도 있을 것이다.

5.3.4 다원주의와 우선순위

다양한 원칙을 승인하는 정치체제는 원칙의 명령들이 서로 상충할 경우 내적 긴장을 겪을 수 있다. 이 문제를 해결하기 위해서는 갈등이 벌어졌을 때 무엇을 우위에 둘지 결정해야 한다. 이를테면 모든 사람이 공유지를 이용할 권리가 있다는 규칙에 대해서 로크는 누구나 이용할 수 있도록 공유지가 "충분히, 또 잘" 남아 있어야 한다는 두번째 조건을 덧붙였다.[57] 우리는 다른 사람의 사용권 행사 능력을 훼손하는 방식으로 우리 자신의 사용권을 행사할 수 없다. 하지만 로크는 효율성을 근거로 토지 사유화에도 찬성했다. 대체로 두번째 조건을 무시할 수 있을 정도로 생산성이 대폭 증가할 것이라 생각했기 때문이다. 생산량이 부쩍 늘면 모든 사람의 형편이 (공유지에 기대어 살 때보다) 나아질 것이다.[58] 하지만 생산성 논증이 참이 아닌 것으로 드러나거나 이익이 일부 개인들에게 돌아가지 않는다면 로크의 체계에서는 앞의 조건이 적용될 것이 틀림없다. 그 개인은 사유화되지 않은 공유지를 경작하여 얻었을 만큼의 이익을 얻을 자격이 있기 때문이다. 두번째 조건은 효율성 조건에 대해 사전편찬적lexicographical(또는 롤스의 간결한 표현에 따르면 사전적lexical) 우선순위를 가진다. 로크는 두 조건을 다 옹호하지만, 충돌이 일어날 경우에는 두번째 조건이 우선한다.

    분배 체제가 최소 수혜자에게 유리하게 작용해야 한다는 롤스의 요건은 로크의 조건과 비슷하게 사전적 우선순위를 가진다. 만사를 시장에 내버려두면 효율성 증가는 의심할 여지가 없으며 롤스는 사회가 이 이익을 실현하는 것에 반대하지 않지만, 체제가 최하층에게 유리하게 작용해야 한다는 제약을 위반하는 것은 허용하지 않는다. 롤스는 여러 기본 가치를 지배하는 원칙들에 대해서도 명시적인 사전적 우선순위를 제시한다. 자유를 분배하는 첫번째 원칙은 두번째 원칙에 사전적으로 우선하며, 두번째 원칙 안에서는 공정한 기회 균등의 원칙이 차등 원칙에 사전적으로 우선한다.

이해를 돕기 위해, (미국처럼 성별과 인종에 따른 기회 불평등이 만연한 나라에서) 공정한 기회 균등을 달성하기 위해 소수자 우대 정책이 필요하다고 인정된다면, 이것은 차등 원칙을 위반할 경우에는 용납되지만 첫번째 원칙에서 보호하는 자유를 위반할 경우에는 용납되지 않을 것이다. 그렇다면 롤스의 원칙이 헌법으로 채택된 세상에서는 성별과 인종에 기반한 소수자 우대 정책을 지지하는 사람들은 가장 불리한 사람들(이를테면 남성과 가난한 백인) 중 일부가 손해를 보는 것을 인정하더라도 오로지 경제적 비용만 발생한다고 주장할 것이다. 이에 반해 소수자 우대 정책에 반대하는 사람들은 정책이 첫번째 원칙에서 보호하는 자유(이를테면 결사의 자유)를 침해한다고 주장할 것이다. 법원은 이런 종류의 사건에서 누가 입증 책임을 지며 책임을 얼마나 중하게 물어야 하는지 판단하기 위해 (미국 사법제도에서 발전한) 심급제도와 비슷한 규정을 마련해야 할 것이다. 심급이 올라갈수록, 법원은 ('기본적' 자유가 문제시된다고 판단될 때 미국 법원에서 하는 것처럼) 권리와 자유를 보호하는 데 훨씬 치중할 것이다.[59]

5.4 가설적 계약의 한계

롤스가 자신의 원칙에 순서를 매기고 적용하는 것에서 보듯 그는 자신의 주장에 담긴 더욱 급진적 함의를 거북스러워한다. 이를테면 사람들이 원초적 입장에서 공리주의를 거부하고 차등 원칙을 받아들일 정도로 '심각한 위험'의 가정이 강력하다면 최하층의 경제적 보호에 (롤스가 부여하는 것보다) 더 높은 사전적 순위를 부여하는 것도 충분히 정당화된다. 굶어 죽게 생긴 사람에게 언론 자유의 보호가 무슨 소용이겠는가?[60]

가장 불리한 사람들을 위한 경제적 보장이 롤스의 체계 전체에서 더 보호받을 수 있도록 사전적 순위를 조정하면 이 어려움에 대처할 수 있지만, 이에 대해 문제를 제기하면 더 일반적인 의문이 불거진다. 롤스의 논증이 정말로 설득하려는 대상은 누구인가? 그의 대답은 '반성적 평형'이 독자가 자신의 도덕적 직관과 롤스가 원초적 입장에서 묘사하는 선택 문제 사이를 왔다 갔다 하는 과정으로 의도되었다는 것이다.

> 이쪽저쪽을 맞추면서 때로는 계약적 상황의 조건들을 변경하기도 하고, 때로는 우리의 판단을 철회하거나 그것을 원칙들에 따라 조정하기도 하면서, 결국 우리는 합당한 조건들을 표현해주면서도 정리되고 조정된 우리의 숙고된 판단에도 부합하는 최초의 상황에 대한 설명을 발견하게 된다. 이러한 상태를 나는 반성적 평형 reflective equilibrium이라 부르기로 한다. 그것을 평형이라고 하는 것은 최종적으로 우리의 원칙과 판단이 서로 들어맞기 때문이며, 그것을 반성적이라고 하는 것은 우리의 판단이 따를 원칙이 무엇이며 판단이 도출될 전제 조건이 무엇인가를 우리가 알고 있기 때문이다.[61]

누군가 이런 과정을 거쳐 자신의 최초 도덕적 직관을 (적어도 일부) 개정하는 것도 상상 불가능한 일은 아니다. 그러니 롤스의 실체적 판결이 성가대에게 설교하는 데 불과하다는 것은 너무 가혹한 비판일 것이다. 하지만 반성적 평형에 호소한다고 해서 5.1절에서 언급한 루소의 홉스 비판과 같은 식의 비판에서 완전히 면제되지는 않는다. 반성적 평형의 목표는 우리로 하여금 도덕적 직관과 이에 기초한 의견을 다시 생각하도록 하는 것이다. 이것은 원초적 입장의 서술과, 인간 심리 및 그 속에 포함된 세계의 인과적 작용에 대한 가정으로 확장되지 않는다. 롤스가 규정하기도 했듯 '심리학과 경제학의 법칙'과 '일반적 사실'—적당한 결핍, 심각한 위험 등—은 반성적 평형 과정을 통해 개정될 대상으로 의도되지 않았다. 오히려 롤스는 이들에 대한 가정을 전개하여 사람들이 자신의 도덕적 직관을 다시 생각해보도록 한다. 그 결과, 존 하사니가 사람들이 롤스가 생각한 것보다 더 위험을 감수한다고 믿는다면, 반성적 평형 과정에서는—아무리 진심으로 접근하더라도—하사니를 다르게 설득할 도리가 없다.[62]

모든 정치 이론은 인간 심리에 대한 가정과 세상이 어떻게 인과적으로 작동하는가에 대한 가정에 기대며 이 가정들은 가설적 사회계약 논증에서 (논란의 여지에도 불구하고) 중요한 역할을 하는 것이 분명하다. 최초 상황에서 선택하는 사람이 개인 자율의 보전을 매우 중시한다고 가정하는 신칸트주의 전통으로 논의를 한정하더라도, 최초 상황에 도입되는 이 문제들에 대한 가정에 따라 수많은 이론이 난무한다. 로버트 폴 울프가 사람들이 무정부 상태를 선택할 것이라 결론내렸다면, 노직은 최소 국가, 하사니는 공리주의, 뷰캐넌과 털럭은 사안의 중요성에 따라 부담의 정도가 다른 결정 규칙의 위계, 로널드 드워킨은 건강보험과 사회보험, 그리고 롤스의 결론은 앞에서 보았듯 최하층 사람들의 여건에 맞춘 체제다. 이렇게 차이가 나는 이유는 계약 방법이 개인 자율에 대한 찬반 때문이 아니라—여기에 대해서는 다들 의견이 일치한다—인간 심리에 대한 가정과 사회적 세계가 어떻게 인과적으로 작동하는가에 대한 가정이 다르기 때문이다.[63] 이 점에서 루소의 홉스 비판은 현대의 계약론에도 얼마든지 적용된다. 무에서 무언가를 도출할 수는 없다. 이 진영의 이론가들이 대체로 수긍하는 수준과 비교하자면 추상적 주장은 훨씬 덜 유효하고, 논쟁적인 경험적 주장은 훨씬 더 유효한 법이다.

5.5 도덕적 자의성을 재론하다

나는 5.2절에서 롤스의 가장 탁월한 기여는 영속적 다원주의를 다루는 법과 사람들의 차이에 대한 도덕적 자의성을 논의하는 부분이며 이것은 원초적 입장 논증이나 정의론과는 무관하다고 말했다. 영속적 다원주의와 이 논의에 담긴 그의 유산은 7장에서 더 자세히 살펴볼 것이다. 여기서는 도덕적 자의성 논의에 담긴 함의를 꼼꼼히 들여다보는 것으로 마무리하겠다. 도덕적 자의성 논증은 반박하기가 (불가능하지는 않을지라도) 극도로 어렵지만, 매우 급진적인 함의를 담고 있어서 롤스뿐 아니라 나머지 사람들 중에서도 반기는 사람이 거의 없는 이례적인 논증이다.

롤스는 인간의 능력이 그밖의 자원과 마찬가지로 일정한 목적을 위한 사회적 가치로 간주되어야 함을 인정한다. 우리는 이것을 (고전 마르크스주의에서 말하는 능력의 사회화에 대한 거울상으로 여겨) 능력의 사회화 전략으로 묘사할 수 있다. 마르크스가 보기에 비인간 자원은 독자적인 도덕적 이해관계가 전혀 없으며 이 자원이 창조되거나 자연에서 분리될 때 필연적으로 지출되는 능력으로 환원될 수 있다. 마찬가지로 능력의 사회화적 관점에서는 인간의 능력이 독자적인 도덕적 이해관계를 가지지 않고 여느 사회적 자원과 똑같이 취급된다. 이것은 롤스의 도덕적 자의성 논증에서 자연스럽게 도출되며, 그 자체로 모든 형태의 제작자적 이상에 대해 전복적이다.

도덕적 자의성 논증이 수용되면 인간의 능력이 분배적 정의의 대상으로서 누구에게나 허용될 수 있음을 부정하는 사람에게 정당화 책임이 부여된다는 사실을 알아차린 것은 롤스만이 아니다. 비슷한 맥락에서 로널드 드워킨은 인간의 능력과 외부의 물질적 자원을 도덕적 등가물로 취급한다. 드워킨은, 신체적·정신적 자원의 재분배에—이러한 재분배가 기술적으로 실현 가능하다면—저항하는 데 그럴 만한 이유가 있을 수도 있지만 신체적·정신적 자원이 열등한 사람들에게 상대적 무능력을 보상해주어야 한다는 논리가 가능할 수도 있다고 주장한다.[64] 사람들이 스스로의 행위나 잘못과 무관하게 저마다 다른 능력을 타고났다면, 왜 우연히 불리한 처지에 놓인 사람이 손해를 감수해야 하는가?

하지만 두 이론가 모두 이런 식의 사유에 담긴 온전한 함의에 대해서는 (우리 대부분이 그렇듯) 거북해할 것이 분명하다. 내가 보기에 우리가 느끼는 거부감은 제작자적 이상의 심리적 측면, 즉 무언가를 만들어 이것을 자신의 소유라고 부를 수 있다는 개념에 수반되는 주관적 만족감과 관계가 있는 듯하다. 누구나 그 느낌을 안다. 우리가 그 느낌을 버릴 수 있다거나, 모든 사람이 특정한 시공간에서 만드는 (것처럼 보이는) 모든 것을 나와 모든 사람이 더불어 소유하는 것이 합당하다는 (일반화된) 관념에 이 느낌을 적용할 수 있다고 주장하기는 쉽지 않다. 우리처럼 노동이 생존에 필수적인 종에게는 자신이 소유할 수 있는 무언가를 생산하는 행위에서 비롯하는 정신적 고양감이라는 강력한 자극의 정당성을 부정하는 것은 비뚤어진 태도로 보인다. "땅이 인간에게 속하는 것이 아니라 인간이 땅에 속한"다는 시애틀 추장의 금언이 역사적으로 그다지 반향을 얻지 못한 것은 이 때문일 것이다. 노직이 제작자성을 비판하며 던진 물음―"내가 소유한 것과 내가 소유하지 않은 것을 섞는 일이, 왜 내가 소유한 것의 상실이 아니라 내가 소유하지 않은 것의 취득인가?"―을 진지하게 받아들인 사람이 아무도 없는 것 또한 이 때문일 것이다.[65]

롤스와 드워킨이 도덕적 자의성 논증의 함의를 회피하는 이유도 제작자성에 대한 심리적 애착이 강하기 때문인지 모른다. 롤스는, 사람들에게 자원을 어떻게 분배해야 할지 결정할 때 '사람들이 얼마나 효과적으로 자원을 이용할 수 있는지 또는 이용하기로 선택하는지'를 고려하는 것은 적절하지 않다고 주장한다. 여기에는 두 가지 문제가 있는데, 둘 다 롤스주의적 설명에 내재하는 긴장을 불러일으킨다. 하나는, 저마다 능력이 사뭇 다른 사람들이 할 수 있는 일을 정말로 공정하게 분배하고 싶다면 롤스의 기본 가치를 이용할 수 없다는 아마티아 센의 지적에서 비롯한다. 저마다 다른 사람들이 어떻게 능력과 자원을 기본적으로 이용하는지에 대해 저마다 다른 기준이 필요하기 때문이다. 이를테면 식량 분배의 정의와 관련하여 센은 어떤 사람이 얼마나 많은 식량을 가지고 있는지, 그 식량을 먹어서 얼마나 많은 공리를 도출하는지가 아니라 그 사람의 영양 상태가 어떤지에 대해 우리가 관심을 가져야 한다고 말한다.[66] 둘째, G. A. 코언, 토머스 네이글, 리처드 아니슨 등이 지적하듯 사람마다 선호와 목표가 다르고 어떤 선호와 목표는 다른 선호에 비해 충족하기 힘들고 충족하는 비용도 많이 든다. 롤스는 이것이 골칫거리가 아니라 선택된 것이라고 주장함으로써 이 문제를 비껴가고자 했지만 결코 반론을 해소하지는 못했다. 토머스 스캔런 등이 지적했듯, 그렇지 않은 경우가 많기 때문이다.[67]

드워킨 또한 도덕적 자의성 논증은 받아들이면서도 그 함의는 외면하려 든다. 드워킨은 모든 당사자가 똑같은 개수의 제한된 협상 카드를 가지고 시작하는 가설적 경매를 통해 자원이 어떻게 이론적으로 균등해질 수 있는지 추론해보라고 주문한다.[68] 그런데 드워킨은 추론의 일환으로 인간의 능력을 자원으로 생각해야 한다고 가정하면서도, 그 가정의 온전한 함의는 두 가지 방식으로 회피한다. 우선 드워킨은 능력(그의 용어로는 "신체적·정신적 힘")이 자원이며 (따라서) 분배적 정의 이론의 정당한 대상이기는 하지만 "독립적인 물질적 자원"과는 다르게 취급되어야 한다고 주장한다. 신체적·정신적 힘을 공정하게(드워킨에 따르면 이는 '균등하게'를 뜻한다) 분배하려고 노력하는 게 목표가 되어서는 안 된다는 것이다. 오히려 문제는 "독립된 외부 자원의 소유권이 신체적·정신적 힘에 따른 차이에 어디까지 영향을 받아야 하는지, 또한 우리 이론이 어디까지 그 개념을 받아들여야 하는지" 밝혀내는 것으로 보인다.[69] 이런 이유로 드워킨은 신체적·정신적 힘이 특정한 약점이나 장애 또는 재능 부족에 대해 '엑스 안테', 즉 사전에 보장받을지, (보장받는다면) 어느 정도까지 보장받을지에 대한 우리의 추론이 도달한 기준에 따라 사람들에게 보상해야 한다고 주장한다(보험료율은 경쟁 시장에서 정해진다). 극도로 희귀한 기술을 보유하지 않을 가능성에 대해 보험을 제공하는 것은 (시력처럼) 누구나 가지고 있는 능력을 보유하지 않을 가능성에 대해 보험을 제공하는 것보다 훨씬 비용이 많이 들 것이다. 이런 식으로 드워킨은 복지에 대해 그 자체로는 암묵적 판단을 하지 않고 (능력 차이에 대한 보상을 허용하는 모든 이론이 맞닥뜨려야 하는) "재능의 노예" 문제를 회피하는 자원 균등의 이론을 제시하고자 한다.[70]

여기서 유의할 점은 신체적·정신적 힘을 물질적 자원과 다르게 취급해야 할 이유에 대해 드워킨이 이론적 논증을 전혀 제시하지 않았다는 것이다. 드워킨은 신체적·정신적 힘이 "(기술적으로는 가능하더라도) 조작되거나 이전될 수 없"다는 단언을 추가로 해명하거나 정당화하지 않지만, 이 힘들이 자원이라는 데 동의하므로 이에 대한 해명이 분명히 뒤따라야 한다.[71] 이 문제가 중요한 이유는, 보상을 아무리 많이 해도 힘—또는 능력—의 결핍(이를테면 맹인의 경우)을 균등화하는 데는 역부족이기 때문이다. 이런 상황에서는 가설적 보험 경매에서 정해진 기준에 따라 보상하는 것으로는 두 사람의 자원 불평등(한 사람은 맹인이고, 한 사람은 시력이 정상일 경우)을 해소한다고 말할 수 없다.[72] 게다가 (드워킨에게는 안된 일이지만) 시력의 불평등이 해소될 수 없다는 명제가 늘 참은 아니다.[73] 자원의 불평등을 해소하기 위해 시력이 멀쩡한 사람에게서 강제로 눈 하나를 떼어 맹인에게 이식할 수도 있고 (이 문제만 놓고 보자면) 시력이 멀쩡한 사람의 눈을 멀게 할 수도 있다. 덜 엽기적이고 더 흥미로운 방법으로는, 인공 눈 연구 개발에 수십억 달러를 투자하되 시력이 멀쩡한 사람들에게 세금을 물려 재원을 충당할 수도 있다. 드워킨이 이런 불쾌한 결과를 피하고 싶다면 (신체적·정신적 힘과 물질적 자원에 대한 그의 등식을 두고) 우리가 힘과 능력에 대해 가진 자격—또한 어떤 의미에서는 이를 가지거나 가지지 못한 것에 대한 책임—이 물질적 자원에 대한 자격과 다르다고 (또 우선한다고) 말할 수 있는 이유를 제시해야 할 것이다. 이런 논증이 없다면, 그가 이론상으로는 능력의 사회화 전략을 채택하면서도 실제로는 사람들이 능력과 무능력에 대해 자격과 책임이 있다고 단순히 단언한 것을 이해하기는 어렵다.

도덕적 자의성 논증을 받아들일 때의 함의를 드워킨이 회피하는 두 번째 방법은 어떤 사람에 대한 관념이 그의 환경에 대한 관념과 어떻게 구별되어야 하는지에 대해 드워킨이 논의한 내용과 관계가 있다. 드워킨은 우리에게 "야심에 민감한" 분배적 정의 관점이 필요하다고 주장한다. "자신의 선택이 다른 사람들에게 부과하는, 그리하여 이들이 공정하게 이용할 수 있을 전체 자원에 부과하는 실제 비용에 대한 정보를 배경으로 어떤 종류의 삶을 추구할 것인지 결정하"는 기준을 참조한 평등의 관점이 필요하다는 것이다. 이 관점을 분명히 하기 위해 드워킨은 사람에게는 "취향과 야심"을, 그의 '상황'에는 "신체적·정신적 힘"을 부여하며, 취향과 야심은 자원 배분의 결정을 위한 적절한 고려 사항이 아니라고 주장한다.[74] 이런 방법으로 드워킨은 개인의 권리와 책임이라는 개념을 능력의 사회화라는 틀 안에 넣어두고자 한다. 드워킨은 제작자적 이상에서 직관적 호소력이 있는 핵심, 즉 사람들이 생산 계획을 구상하고 실행할 때 이 행위로 인한 이익이 그들에게 돌아가야 한다는 개념을 구출하고 싶어한다. 그러면서도 드워킨은 신체적·정신적 힘의 분배가 도덕적으로 자의적이라는 롤스주의적 주장에서 비롯하는 중층 결정의 어려움에 사로잡히는 것은 바라지 않는다.[75]

드워킨의 전략은 수포로 돌아간다. 우리가 형성할 수 있는 의지와 이로부터 생기는 야심에는 우리의 힘과 능력이 크나큰 영향을 미친다(어쩌면, 심지어 결정한다). "크게 생각하"는 것, "전부를 걸 각오를 하"는 것, 힘든 일을 해내기 위해 자제력을 발휘하는 것, 이런 행위는 야심이나 능력에서 비롯할까? 우리가 누군가를 야심만만하다고 묘사할 때, 그의 심리와 기질에 대해 취향보다 더 기본적인 것을 묘사하는 것은 아닐까? 자신감 부족이 특정한 야심의 형성―단순히 달성이 아니라―을 가로막는 무능력이라고 말할 수 있는 상황이 있는 것은 사실이다. 사람마다 제각각 다른 야심을 형성하는 능력이 제각각 다르며, 이 제각각 다른 능력은 드워킨의 관점에서 여느 능력과 마찬가지로 도덕적으로 오염되어 있을 수밖에 없다. 도널드 트럼프가 아치 벙커[시트콤 주인공으로, 노동자의 전형적 인물]보다 훨씬 거창한 야심을 품을 수 있는 것은 (적어도 부분적으로) 유전자와 성장 환경에서의 행운 덕분이다.[76]

저마다 다른 종류의 취향을—드워킨이 의식하듯 값비싼 취향이든, 강박적 취향이든, 둘 다이든—형성하는(또는 형성하지 않으려 드는) 저마다 다른 능력에 대해서도 비슷한 주장을 펼 수 있다. 드워킨이 염두에 둔 사례는 원치 않는 강박 때문에 일상생활을 제대로 하지 못하는 사람이다. 드워킨은 약점으로 간주될 수 있는 이런 강박적 갈망을 자신의 가설적 보험 체계로 다스릴 수 있다고 주장한다.[77] 하지만 이것은 여기서 제기되는 논점—강박 자체 때문에, 드워킨의 가설적 보험 해결책의 작동 요건인 적절한 2차 욕구를 품지 못할 수 있다—을 회피하는 것이다. 고통이 너무 심해서 알코올중독자가 되지 않겠다는 욕구를 형성하지조차 못하는 알코올중독자에 대해 그의 알코올 선호가 '무능력'이 아니라 '취향'의 결과라고 말할 수 있을까? 나는 그렇게 생각하지 않는다.[78]

(값비싼 취향뿐 아니라) 모든 후천적 취향에 있어, 그 취향을 경험한다는 것은 정의상 이와 관련된 능력을 행사할 수 있음을 뜻한다. 좋은 (또는 아무) 맥주에 대한 취향, 특정한 종류의 (또는 아무) 음악에 대한 취향 등은 적절한 능력을 행사할 때만 발달시킬 수 있다. 귀먹은 사람에 대해 그가 특정한 종류의 음악에 대한 취향, 또는 (심지어) 아무 종류의 음악에 대한 취향을 가질 수 있다고 말하지는 않을 것이다(물론

귀먹은 사람이 그런 취향을 가질 수 있기를 바랄 것이라고 말하는 것은 가능하지만). 맥주의 경우도 그렇고, 맛봉오리나 후각이 제 역할을 못하는 사람의 경우도 마찬가지다. 자신의 힘과 능력을 모르면서 미래의 취향과 야심을 결정하도록 요구받는 사고실험을 통해 누구나 알 수 있듯, 우리가 자원 및 능력과 별개로 취향과 야심을 형성한다는 것은 어떤 면에서 지나치게 자율성에 치우친 생각이다. 여기서 드워킨의 직관을 이끄는 것은, 사람들이 살아가면서 내리는 선택에만 책임을 져야지 스스로 통제권이 없는 것에 대해서는 책임이 없다는 관념일 것이다. 하지만 자원 대 능력의 구분을 야심·취향 대 신체적·정신적 힘의 구분으로 대체하더라도, (자신의 권리와 책임이 정당하게 진술될 수 있는) '자율적으로 선택하는 행위자'라는 로크식 관념을 구원하지는 못한다.

혹자는 내가 전개한 논리가 순수한 결정론으로 성급하게 건너뛴다고 반박할지도 모르겠다. 그러나 우리는 반드시 인간 행동의 일부 측면이 자율적 선택에 종속될 가능성을 열어두어야 하며 그 범주에 속하는 측면들에 대해 사람들이 책임을 지는 것은 틀림없이 합리적이다. "우리는 사람의 통제 범위 바깥에 있는 불이익을 보상해야 한다"라는 G. A. 코언의 주장은 이를 암시한다.[79] 자율적 선택의 범주가 비어 있지 않더라도—적어도 일부 사람들에게는—이것이 어떻게 분배적 정의를 현실적으로 설명하는 토대가 될 수 있는지 납득하기 힘들다. 사람들의 결정에서 어느 부분이 (결정된 것이 아니라) 순수하게 자의에 의한 것인지를 국가가 어떻게 결정하겠는가? 또 자의적 행동 능력의 개인 간 차이를 어떻게 측정하겠는가? 공리계, 위해계, 착취계를 만드는 어려움은 정확한 '의지계$_{voluntometer}$'를 만드는 어려움에 비하면 아무 것도 아니다. 이뿐 아니라 자유의지에 중점을 두는 것은 (손에 넣을 수 있는 최상의 맥주에 탐닉하는 것 같은) 유별난 강박이 (사람들이 자발적 행위를 통해 확보할 수 있을지는 모르지만 상당한 비용을 치러야 하는) 꼭 필요한 식량과 보금자리보다 우선해야 함을 시사한다. 코언의 원칙을 따라 지배하는 정치체제에서 반드시 일어나리라 예상할 수밖에 없는 극심한 도덕적 해이는 말할 것도 없다. 이를테면 부모는 자녀에게 개인적 책임 능력과 자발적 선택 능력을 길러주기를 회피하여 자녀가 얻을 수도 있었을 보상을 빼앗기지 않게 할 것이다.[80]

요약하자면, 롤스와 마찬가지로 드워킨은 도덕적 자의성 논증에서 비롯하는, 능력의 사회화 전략의 함의를 감당하지 못한다. 적어도 한 가지 이유는 이 전략에서 논리적 결론을 이끌어냈을 때 제작자적 이상의 호소력이 반감되기 때문이다. 이것은 개인 권리의 계몽주의적 관념에서 핵심에 놓여 있는 주권적 행위자 개념이다. 하지만 롤스와 드워킨 둘 다 제작자적 이상을 특징짓는 도덕적 행위자 개념에 대한 직관적 옹호를 포기하고 싶어하지 않으면서도, 이것이 (자신들이 승인해야만 할 것 같은) 도덕적 자의성 논증과 어떻게 부합할 수 있는지에 대해서는 설명을 내놓지 않았다. 이것은 제작자적 이상 자체의 세속적 형태에 들어 있는 뿌리깊은 긴장을 반영한다. 이 세속적 형태는 일종의 도덕적 결정론을 가차없이 추구하는데, 그 자체의 논리에 따르면 우리는 이를 부정할 수 있어야 한다.

롤스의 "형이상학적이지 않은 정치적인" 논증이 이 긴장에서 벗어날 가능성을 열어준다고 생각하는 사람이 있을지도 모른다. 개인이 특정한 유형의 선택에 대해서는 책임져야 하되 다른 선택에 대해서는 책임질 필요까지 없는 수준으로 제작자적 이상을 승인해야 한다는 중첩적 합의가 있다면, 우리는 사람들이 왜 이 믿음을 간직하는지, 또는 이 믿음을 간직하는 이유가 타당한지에 대해 의문을 던질 필요가 없다. 하지만 이 문제를 제기하다보면, 우리는 중첩적 합의에 대한 롤스의 간략한 언급이 도달한 것보다 더 깊숙히 민주주의 이론으로 파고들게 될 것이다. 일례로 개인의 책임 중에서 이익과 손해가 팔자 소관인 어떤 영역이 있어야 한다는 원칙에 대해 폭넓은 합의가 가능할지는 몰라도, 현실에서 이 원칙이 무엇을 수반하는가에 대해서는 똑같이 폭넓은 이견이 불가피해 보인다. 최소한 이 영역에 무엇을 포함하고 무엇을 배제해야 하는가에 대해 의견 차이를 해소해줄 메커니즘이 필요할 것이다. 전 국민 건강보험, 낙태 권리, 청소년이나 매 맞는 배우자나 지적 장애인에 대한 형사 책임의 범위 등 미국에서 벌어진 논쟁들에 대해 생각해보기만 해도 우리는 개인의 권리와 책임의 적절한 범위에 대한 중첩적 합의에 뚜렷한 한계가 있음을 알 수 있다.

게다가 "형이상학적이지 않은 정치적인" 근거에서 제작자적 이상의 한 형태를 수용한다면 이것이 다른 정의의 가치와 필연적으로 충돌할 것이라는 의문이 뒤따를 수밖에 없다. 인간 제작자의 권리에 자연적 지위나 특별하게 우선적인 도덕적 힘이 없다면, 희소 자원에 대한 (역사적 불이익의 결과를 바로잡는 것에서 노약자를 돌보는 것과 외국의 정당한 명분을 지지하는 것에 이르는) 다양한 요구에 대처해야 할 지배적 분배 체제에서 어느 부분이 제작자 권리와 맞아떨어질지에 대해 논란이 일 수밖에 없다. 이러한 모순에 대해 '중첩적 합의'가 이루어질 가능성은 개인의 권리와 책임의 영역에 무엇을 포함할지를 두고 '중첩적 합의'가 이루어질 가능성보다 훨씬 작아 보인다. 희소성이 만연한 세상에서, 논란의 여지가 없는 신학적 형식도, 정확한 분배 명령을 과학적으로 '읽어낼' 수 있는 기여의 계산법도 없음을 인정한다면, 우리는 분배적 정의에 대해서는 논증보다 정치가 우선임을 인정할 수밖에 없다. 이 주제는 7장에서 중점적으로 다룰 것이다. 우선, 과학과 개인의 권리라는 계몽주의의 쌍둥이 목표를 조화롭게 구현하려 노력하기보다는 아예 이 목표를 폐기해야 한다고 주장하는 논자들을 살펴보자.

6장
반계몽주의 정치학

    모든 해류 아래에는 역류가 있는 법이니, 계몽주의의 정치적 기획이 강력한 반대 세력을 낳지 않았다면 이상한 일일 것이다. 크리스토퍼 힐이 『물구나무선 세계』에서 묘사하는 온갖 구닥다리 운동에서부터 러다이트 기계 파괴자와 19세기 피에르조제프 프루동의 무정부주의적 노동조합주의 추종자들, 라인홀드 니부어(그의 이야기는 크리스토퍼 래시의 책에 가장 상세히 실려 있다) 같은 미국의 진보주의 논객들, 녹색당을 비롯한 우리 시대의 환경주의 단체에 이르기까지, 계몽주의의 정치적 기획을 깎아내리는 사람들은 언제나 있었다. 종교적 동기에서든 세속적 동기에서든, 이 험담꾼들은 과학에 기초한 진보가 인류를 발전시키고 개인의 자유를 가져오리라고 믿지 않는다. 이들이 보기에 과학적 진보에 대한 계몽주의의 믿음은 위험한 환각이다. 계몽주의에 맞선 이들은 기존의 한계를 인정하고 수세대, 심지어 수세기에 걸쳐 계승된 정치제도와 행동 양식을 받아들여야 한다고 주장해왔다.[1]

6.1 버크의 관점

반反계몽주의 철학의 거인은 뭐니 뭐니 해도 아일랜드의 에드먼드 버크(1729~1797)다. 버크는 개신교도로 양육되었지만 어머니는 가톨릭교도였으며 아버지도 그랬을 것이다.[2] 어쨌든 버크는 전통의 권위가 기독교적 실천의 심장부에 놓여 있다고 믿었다는 점에서 가톨릭적 감수성의 소유자였다. 이것은 각 개인이 신과 맺는 주관적 관계의 자주성을 강조하는 로크의 제작자적 이상과, 자연법의 제약을 어기지 않는 한 인간이 신의 축소판이라는 로크의 관념과 뚜렷한 대조를 이룬다. 버크는 모든 형태의 평등주의를 경멸한다는 점에서 로크와 근본적으로 달랐다. 버크는 평등주의가 자연과 역사의 모든 증거와 심각하게 어긋난다고 생각했다. 게다가 인간이 무에서 사회적 세계를 구상하고 창조할 수 있다는 관념은 위험한 교만이며, 그것이 자신의 일생에서 가장 충격적인 사건인 프랑스혁명에서 절정에 이르렀다고 여겼다. 1790년 이후 시작된 자코뱅파의 공포 정치에 훨씬 앞서 프랑스혁명이 끔찍한 결과를 낳을 것이라고 예언한 덕에 버크는 정치적 야인에서 벗어나 남은 일생 동안 정치 평론가로 이름을 떨쳤다.

버크가 보기에, 인간을 완전하게 하려는 기획은 (십중팔구 처참하게) 실패할 수밖에 없다. 버크는 원죄의 교리를 받아들였기에 세상이 불완전하다는 사실을 깨닫고 인정했다. 또한 계승된 제도에 악한 요소가 많기는 하지만 제도를 폐지한다고 해서 덜 악한 제도를 만들어 낼 수 있으리라고 생각할 이유가 없음을 깨달았다. 버크는 모든 형태의 체계적 사유에 적대적이었기에, 불완전하게 계승된 세계를 더 나쁜 불완전함으로부터 보전하는 것이야말로—버크는 인간에게 이런 능력이 있다고 생각했다—정치 지도자의 임무라고 믿었으며 이에 따라 전통의 보전을 강조했다. 버크는 뼛속까지 반反포퓰리스트였으며 "왕국의 헌법은 산수 문제"³라는 주장을 경멸했다. 버크는 '의원이 유권자에게 지는 책무는 유권자의 여론에 순응하여 자신의 판단을 희생하지 않는 것'이라는 신조로 유명하다(버크는 오랫동안 의원을 지냈다). 버크는 인간이 많은 것을 이해할 이성 능력이 있다는 데 심드렁했으며, 특정 세대의 특정한 의지에 따라 세상을 개조할 수 있다고는 더더욱 믿지 않았다. 버크는 인간의 조건이 본질적으로 불투명하다고 생각했으며, 세상을 명료하게 이해하려는 당대의 합리주의자와 신고전파 사상가들의 바람이 터무니없음을 조금도 의심하지 않았다.

버크의 관점은 곧잘 반동적이라고 평가되는데, 이것은 오해다. 버크가 프랑스혁명에 반대한 이유는 혁명 지도자들이 판을 갈고 처음부터 새로 시작하려 들었기 때문이다. 버크는 그런 기획이 실패할 수밖에 없다고 생각했으며 (이들이 정당화의 근거로 삼은) 인간의 권리라는 추상적 원칙을 철저히 배격했다. 하지만 계승된 권리와 자유가 침해되지 않도록 보호하는 것이 중요하다는 데는 동의했다. 버크는 이렇게 말했다.

당신은 이제 대헌장에서 권리장전까지로 이어지는 우리 헌법의 일관된 방침을 알 수 있을 것이다. 우리는 우리 자유를, 조상에게서 우리에게 전해졌으며 후손에게 전달해야 할 지정 상속entailed inheritance 유산으로 주장하고 선언했다. 이 재산은 이 왕국의 인민에게 특별히 귀속되는 것으로, 더 일반적이거나 선행하는 다른 권리와는 어떤 관련도 없다고 간주된 것이다. ……우리는 세습되는 국왕과 귀족제를 가지고 있다. 그리고 긴 계보를 이루는 조상들로부터 특권과 권리와 자유를 상속받는 하원과 인민을 두고 있다.⁴

버크는 계승된 권리와 자유가 위협받는다고 판단될 때는—이를테면 1688년 명예혁명 때—이 권리를 보호하기 위해 정치적 조치를, 심지어 혁명적인 정치적 조치를 취하는 것에 기꺼이 찬성했다. 버크는 미국 독립혁명에 찬성했으며, 가톨릭 해방을 비롯한 아일랜드의 정치 개혁을 지지했다. 아일랜드의 개신교 정치 지도자들이 가톨릭 다수파를 억압하고 가톨릭의 전통적 자유를 침해한다고 믿었기 때문이다. 정치가 사회계약에 뿌리를 둔다는 개념에도 반대하지 않았으나, 사회계약이 "살아 있는 자들 사이뿐 아니라 산 자와 죽은 자 그리고 태어날 자들 사이의 동업"이며 시기와 국가를 막론하고 계약은 "영원한 연합의 위대한 원초적 계약great primeval contract의 한 조항에 불과하"다는 명언을 남겼다.⁵

버크는 도덕의 근거가 기독교 신앙의 영원불변한 보편적 법칙에 있다고 믿었지만, 정치적 권리와 자유는 여러 세대에 걸쳐 형성된, 시민의 연약한 피조물이라고 생각했다. 정치적 권리와 자유가 여러 세력으로부터 끊임없는 위협에 시달린다고 여겼는데, 자신들이 사회 개선의 열쇠를 쥐었다고 확신하는 지식인들도 그런 세력 중 하나라고 생각했다. 마르크스주의에 대해서도 버크는 인간 해방의 기획을 추구하는 이념적 전위라고 여겨 특히 경계했을 것이다. 버크는 무엇보다 능력이 재산의 제약을 받지 않는 상황을 위협적으로 여겼으며, 유산 계급이 의회를 장악해야 한다고 주장했다. "능력은 활기 있고 행동적인 원리이며, 재산은 굼뜨고 타성적이며 소심한 원리이므로, 만일 발언권에서 재산의 비중을 비약적으로 증가시키지 않으면 능력이 재산보다 우위를 차지할 수밖에 없다."[6] 버크라면 레온 트로츠키(1879~1940) 이후의 여러 신마르크스주의자들이 주장한 것과 달리 스탈린의 전체주의가 마르크스주의 혁명의 왜곡이 아니라 오히려 마르크스주의 혁명의 (예측 가능한) 완성이라고 생각했을 것이다. 하지만 버크를 불편하게 했을 것은 혁명의 성향이 아니라, 계승된 사회적·정치적 체제를 무너뜨리고 더 나은 체제를 만들 수 있는 능력에 대한 이들의 신념이었을 것이다. 버크는 체제를 만드는 데 필요한 지식을 획득할 수 없다고 믿었기에, 이런 지식을 가졌다고 주장하는 사람은 사기꾼이거나 몽상가이거나 또는 둘 다일 거라고 생각했다.

6.2 계몽주의 과학에 반대하다

버크의 관점은 이론이 아니라 말 그대로 관점에 불과하다. 하지만 이 관점의 지지자들이 공유한 것은 버크의 정치학이 아니다. 아니, 그 어떤 특정한 정치학도 아니다. 자연법 및 계몽주의 사상가들과 마찬가지로 계몽주의 비판자들 또한 무정부주의자, 여성주의자, 실용주의자, 자유주의자, 사회민주주의자, 버크 같은 전통주의적 보수주의자에 이르는 정치적 스펙트럼의 전 영역에서 찾아볼 수 있다. 그중 일부는 할 수만 있다면 계몽주의 이전으로 돌아가려 했다는 점에서 버크 시대의 루소나 우리 시대의 앨러스데어 매킨타이어처럼 회고주의적이며,[7] 다른 일부는 프리드리히 빌헬름 니체, 리처드 로티, 장프랑수아 리오타르처럼 미래 지향적이다. 이들은 나름의 방식으로 우리에게 계몽주의의 관심사와 제약에서 벗어나라고 촉구한다. 반反근대주의든 탈근대주의든, 좌파든 우파든, 이 사상가들과 버크의 공통점은 계몽주의의 과학적 겉치레에 대한 깊은 반감이다.

이를 이해하기 위해서는 1.1.2절에서 논의한 초기 계몽주의와 성숙한 계몽주의의 차이를 상기하는 것이 좋겠다. 과학에 대한 반계몽주의의 공격은 대체로 성숙한 계몽주의보다는 초기 계몽주의에 대한 비판으로서 훨씬 유효하기 때문이다. 이를테면 『철학 그리고 자연의 거울』에서 계몽주의 기획을 상대로 한 로티의 멋진 공격은 의심의 여지 없는 확실성의 획득을 중심으로 전개되는 데카르트·칸트적 기획을 핵심 표적으로 삼는다. 로티의 설명에 따르면 지식이 '문제'를 나타내고 우리가 이 문제에 대해 '이론'을 가져야 한다는 생각은 근본적으로 잘못되었다. 로티는 데카르트가 정신을 '발명한 것', 즉 "믿음과 감각을 로크의 관념에 결합시킨" 것에서 근본적 물음에 대한 강박이 시작되었다고 주장한다. 이로써 고대인의 관심사보다 더 근본적인 탐구 분야가,

그러니까 "단순한 견해에 반대되는 것으로 확실성을 획득할 수 있"는 탐구 분야가 생겨난 것이다. (나중에 '인식론'이라는 이름을 얻은) 이 기획의 중심에는 철학을 과학의 탄탄한 길 위에 놓으려는 칸트의 목표가 자리잡고 있었다. 로티에 따르면 칸트는 한 발 더 나아가 철학이 과학의 여왕이어야 한다고 생각했다. 칸트가 앎의 토대에 대한 연구를 비경험적 기획, 즉 "생리학적 발견과는 무관하고, 필연적인 진리를 산출할 수 있는 안락의자식 사색"의 문제로 바꿔놓았기 때문이다. 이런 방식으로 칸트는 우리가 개념에 대해서만 확실성을 가질 수 있다는 데카르트의 주장과 우리가 그 영역 바깥의 여러 가지를 의심하지 않는 듯하다는 현실을 화해시키고자 했다.[8]

6.3 초기 계몽주의를 거부할 것인가, 성숙한 계몽주의를 거부할 것인가

로티를 비롯한 탈근대주의자들은 토대적 확실성에 대한 초기 계몽주의의 강박을 효과적으로 비판하는 것에 그치지 않고 과학이 의견이나 규약이나 미신이나 전통보다 더 믿을 만하게 진리를 추구할 수 있으며 그래야 한다는 개념을 너무 성급하게 완전히 폐기해버렸다. 루트비히 비트겐슈타인의 후기 저작에서 큰 영향을 받은 로티는 진리가 언어 놀이의 규칙, 즉 우리가 받아들이게 되는 규범과 규약을 따르는 것에 불과하다는 비트겐슈타인의 생각을 받아들인다.[9] 그리하여 로티는 진리를 사회적 합의와 '연대'라는 관점에서 정의하고, 합리성을 '시민성', 즉 대화적 합의의 결과로 정의한다. 로티는 우리가 철학을 해석학으로 대체해야 하며 "대화가 이어지도록 하"는 해석주의적 담론에 만족해야 한다고 생각한다.[10] 내생내로 상대주의라는 비난이 제기되었으나 로티는 이에 대해 진지하게 반론하지 않고 농담조로 회피한다. 로티가 넌지시 지적한 바는 이 대답이 저 대답보다 낫다고 말하는 기준을 내놓으라는 회의론자의 요구가 계몽주의 기획에 내재한 기대를 뛰어넘을 수 없음을 자인하는 꼴이라는 것이다. 그러나 로티는 (진리의 토대를 합의와 '연대'에 두라는 요청을 좌절시키는) 문화 내의 심각한 의견 충돌에 대한 물음에 대해서는 대충 얼버무리며, 전족에서 집단 살해에 이르는 추악한 외국의 관습에 대해 이것이 우리의 세계관과 충돌한다는 말 이외에 어떤 비판을 할 수 있느냐는 물음에 대해 아무런 대꾸도 하지 않는다.[11] 그 대신, 논쟁적 사안에 말려들지 않을 만한 높이에서 "규범성의 근거나 정의의 불가능성, 우리와 타인을 구별하는 무한한 거리"에 대해 걱정할 필요가 없다고 빈정거린다. "우리의 나라를 얻"으려면 "종교와 철학 둘 다에 통행증을 주고 듀이가 '인간의 문제'라 부른 것을 해결하는 일만 해내면 된"다는 것이다.[12]

우리의 논의와 관련해서는 로티가 토대적 확실성을 추구하려는 시도의 폐기를 과학적 관점 자체의 폐기로 뭉뚱그렸다고 언급하는 것으로 충분하다. 과학의 산물에 대해 의심의 여지 없는 확실성을 주장하는 것과 과학을 우리가 우연히 물려받은 (다른 것보다 좋지도 나쁘지도 않은) 단순한 규약적 이해의 집합으로 간주하는 것 사이에는 그 틈새를 메워줄 신뢰할 만한 가류주의적 과학관이 많이 있다. 앞에서 보았듯 가류주의를 받아들이는 것은 성숙한 계몽주의의 과학적 의식이 가진 특징이다. 그러려면 제시된 모든 지식 주장에 대해 본질적으로 비판적 태도를 취해야 한다. x라는 주장을 최선의 증거가 뒷받침하더라도 우리가 틀릴 가능성이 늘 있으며 앞으로의 연구에서 우리가 틀렸다는 사실이 입증되면 이는 세상이 우리가 지금 생각하는 것과 다르게 돌아가기 때문일 것임을 받아들여야 하는 것이다. 이 관점에 따르면 과학은 지식을 더 확실하게 함으로써 발전하는 것이 아니라 더 많은 지식을 산출함으로써 발전한다. 지식 주장에 늘 교정 가능성이 있음을 인식하는 것은 과학이 의견, 규약, 미신, 전통과 동등하지 않고 이들보다 우월하다는 표시다. 막스 베버(1864~1920)가 언급했듯 실제로 과학을 그밖의 지적 활동과 구별하는 요소 중 하나는 최고의 과학자라도 자신의 연구 결과가 언젠가 뒤집히리라고 예상한다는 데 있다.[13]

로티가 초기 계몽주의의 과학관과 성숙한 계몽주의의 과학관 사이에 있는 이 중간 지대를 알아차리지 못했다는 것은 듀이 같은 실용주의 사상가들을 탈근대주의 진영으로 포섭하려는 시도에서 잘 드러난다. 물론 듀이가 토대적 확실성을 추구하려는 시도를 경멸한 것은 사실이다. 인식론의 내향적 탁상공론이 (데카르트에서 칸트에 이르는 확실성 지지자들이 바란) 지식의 토대에 대한 이해를 가져다주지 않으리라는 로티의 견해에 듀이가 절대적으로 동의한 것도 사실이다. 하지만 듀이의 관점은 로티의 관점과 (서로 관련된) 두 가지 측면에서 다르다. 첫째, 듀이는 토대적 물음을 사유하는 것에 반대하지 않았다(단, 특정한 구체적 문제를 이해하려는 맥락에서만 토대적 물음을 사유해야 한다고 생각했다). "철학은 오류 가능성이 없는 종교적 완전무결함을 간직하기보다는 진행중인 투쟁과 당대의 사안에 적극적으로 참여하여 잘못을 저지르는 편이 낫다."[14] 그렇다고 해서 뒤따르는 2차적 물음들을 회피할 이유는 전혀 없다. 이를테면 어떤 사람이 특정한 상황에서 자신의 이해관계를 아는지 모르는지에 대한 논증에서 출발하여, 이해관계를 안다는 것이 무슨 뜻인지에 대한 논증으로, 또한 앎이 무엇인지에 대한 논증으로 발전할 수 있다. 로티와 마찬가지로 듀이는 이런 문제들을 다루기 전에 앎이 무엇인지에 대한 탄탄한 이론을 발전시키는 것이 낫다는 주장에는 전적으로 반대했다. 하지만 로티와 달리, 특정한 문제를 해결하는 데 필요하다면 가장 기본적인 신념까지도 기꺼이 비판적으로 재고해야 한다고 생각했다.

둘째, 듀이는 지식이 발전함에 따라 과학과 정치에서 진보가 가능하다고 생각했다. 인간 경험에 더 부합하는 견해가 발전함에 따라 덜 부합하는 견해가 폐기된다는 점에서 듀이의 견해는 진화적이다. 사실 돌이켜보면 과학적 진보의 가능성에 대한 듀이의 믿음은 순진했다고 말할 수밖에 없다. 1929년에 듀이는 범죄와 같은 사회문제에 대한 당시의 일반적 태도가, 질병에 도덕적 원인이 있다고 생각하던 시절에 "질병에 대해 생각하고 질병을 다루던 방식을 연상시킨"다며 탄식했다. 질병에 "유기체와 자연환경의 상호작용에 내재하는 원인"이 있음을 인식하면서 "효과적 치료"가 가능해졌듯, 이제 우리는 범죄의 원인에 대한 기술적 해결책을 찾아야 한다는 것이다.

우리는 이제야 범죄를 (질병과 마찬가지로) 개인과 사회 환경 사이의 상호작용에 대한 내재적 표현으로 여기기 시작했다. 범죄를 비롯한 많은 악에 대하여 우리는 여전히 전前과학적인 '도덕적' 관점에서 생각하고 행동하려고 한다. 이 전과학적 '악' 관념이야말로 진정한 개혁을 가로막는 가장 큰 걸림돌일 것이다.[15]

하지만 범죄와 처벌의 정치화에 대한 현대의 논쟁에서 보듯 듀이의 바람은 헛된 바람이었다. 갱생을 형벌 제도의 목표로 삼는 것에 대해 끊임없이 반대하고 도덕에 치우친 응보 개념을 선호하는 것, 교도소 산업이 팽창할수록 유리한 이익집단의 로비, 소수집단이 주로 쓰는 마약을 범죄화함으로써 마약을 악마화하고 통제하는 것, 정치인이 범죄에 대해 단호한 태도를 취함으로써 정치적 이익을 얻는 것 등을 고려할 때 질병에서처럼 범죄의 원인을 찾으려는 듀이의 바람은 무망해 보인다.[16] 사실 1980년대와 1990년대에 미국에서 벌어진 에이즈 논쟁에서 보듯 우리는 아직 질병에 도덕적 원인이 있다는 발상에서조차 벗어나지 못한 셈이다.

과학이 공공 정책에 미치는 영향에 대한 듀이의 견해가 지나치게 낙관적이기는 했지만, 듀이가—틀림없는 가류주의자였음에도—과학적 지식이 인간 상호작용의 바탕으로서 도덕주의와 맹목적 미신을 대체함으로써 인류의 문제를 개선할 수 있으며 개선할 것이라고 생각한 것은 분명하다. 이 점에서 듀이는 의심할 여지 없는 계몽주의 사상가이며, 그의 열망은 우연히 문화를 지배하게 된 규범을 수용함으로써 계몽주의 기획을 거부하는 탈근대주의적 태도보다는 정치를 "사물에 대한 관리"로 대체하려는 공리주의적·마르크스주의적 충동과 공통점이 더 많다. 밀의 경우와 마찬가지로 듀이는 과학적 사고방식이 사회 전반에 속속들이 확산되리라 기대했으나, 밀과는 다르게 과학적 사고방식의 부정적 영향에 대한 우려는 전혀 제기하지 않았다. 듀이는 사회 변화의 달성이 바다에서 배를 고치는 것과 비슷하다는 버크의 견해를 공유했지만, 버크와는 다르게 배가 가라앉지 않게 하는 것만이 고려할 가치가 있는 유일한 목표라고 생각하지는 않았다. 듀이는 기존의 배를 개선하고 새로운 목적지에 더 빠르고 편하게 갈 수 있도록 더 나은 배를 만들기를 우리가 바라야 한다고 생각했으며, 그러한 개선을 위해서는 과학이 꼭 필요하다고 여겼다.

그렇다면 토대론을 거부한 탈근대주의에 대한 올바른 최종 평결은 (그나마 강단 철학에 대한 영향력이 남아 있을지도 모르지만 한 세기 넘도록 과학 행위와는 별 관계가 없던) 초기 계몽주의의 지나친 오만에 대한 과잉 반응이라는 것이다. 맥락에 호소하는 것이 우리의 신념과 제도에 필요한 토대를 발전시키는 것의 대안이라는 주장에 대해서, 그 주장을 더 명료하게 옹호하는 사람 중 하나가 (자신의 주장에 담긴 모순을 알아차리지 못한 채) 반反토대론적 견해를 위한 "토대를 닦"고 싶다고 단언한다면 우리는 즉시 의심을 품어야 한다.[17] 건축가와 공학자는 크기, 목적, 재료, 지형에 관계없이 모든 형태의 건물을 지탱하는 한 가지 형태의 물리적 토대를 설계할 수 없다. 하지만 그렇다고 해서 토대 없이 건물을 지어야 하는 것은 아니다. 그랬다가는 건물이 전부 무너질 것이다. 건물에 따라 토대가 달라질 수는 있지만, 모든 토대는 지형과 의도된 목적을 감안하여 건물을 가장 효과적으로 지탱할 수 있는 구조적 특징이라는 공통점을 가진다.

6.4 사회과학의 가능성에 대한 그밖의 반론

탈근대주의를 받아들이지 않는 사람 중에서도 상당수는 과학이 정치에 대한 유의미한 지식을 제공하리라는 예상에 대해 회의적이다. 이러한 반대론에는 여러 종류가 있다. 혹자는 사회과학의 연구 대상이 자연과학과 달리 (적어도 실체적 측면에서는) 인간 언어로 이루어진 인공물이기 때문에 사회과학은 불가능하다고 주장한다.[18] 이를테면 20세기 중엽 옥스퍼드 대학의 철학자 J. L. 오스틴은 언어에 이른바 수행적 측면(가령 무언가를 말하는 행위가 실제로 사회적 현실을 창조하는 경우)이 있다고 지적했다. 예를 들어 지위에 걸맞은 권한을 가진 공무원이 적절한 상황에서 "이제 두 사람을 남편과 아내로 선언합니다"라고 말하는 것은 새로운 사회적 현실을 창조하는 것이다. 약속이나 학위 수여, 그밖에도 말이 곧 행동인 여러 행동도 마찬가지다.[19] 수행적 측면이 일부 언어에 있는지 모든 언어에 있는지에 대해서는 이견이 있을 수 있지만, 언어의 수행적 측면 자체는 인간 행동을 과학적으로 연구하는 데 걸림돌이 아니다. 문제는 사회적 세계가 부분적으로 언어 규약으로 이루어진 인공물인지의 여부가 아니라—분명히 인공물이다—

관례를 생산하고 재생산하는 인간의 실천이 이에 대한 일반화—이를테면 어떤 종류의 사람들이 다른 어떤 종류의 사람들과 결혼하는가, 무책 이혼 no-fault divorce [일종의 합의 이혼] 제도가 도입되면 이혼율이 증가하는가—를 추구할 수 있을 만큼 지속적인지의 여부다. 이러한 일반화를 어느 정도까지 성공적으로 전개할 수 있는가는 결혼이 언어 규약의 산물이라는 사실과 무관하다. 탁상공론의 주제도 아니다. 이런 물음에 대한 답은 경험적 탐구를 통해서만 찾을 수 있을 것이다.[20]

사회과학의 가능성에 대한 또다른 회의론은 '주의주의'일 것이다. 이것은 사회과학의 연구 대상에 자유의지를 가진 존재에 의존하는 행위와 제도가 포함된다는 사실에 주목한다. 이를테면 매킨타이어는 이 때문에 예측이 불가능하다고 주장한다. 우리에게 정말 자유의지가 있다면 우리의 행동은 예측 모형으로 설명할 수 없다는 것이다.[21] (이것은 1.1절에서 논의한, 의지 의존성이 지식의 신뢰성을 증가시킨다는 17세기의 견해를 뒤집은 것으로, 성숙한 계몽주의가 인문과학을 바라보는 관점이 내면 성찰적 관점에서 실험적 관점으로 바뀐 것을 반영한다.) 이제 예측은 가설을 과학적으로 검증하는 중요한 방법 중 하나로 간주되므로, 자유의지의 실재성은 사회과학의 가능성을 영구적으로 위협하는 셈이다. 하지만 매킨타이어의 설명은 사회과학의 연구 대상 대부분이 언어 규약으로 이루어진 인공물인 제도와 관습이기 때문에 사회적 세계를 과학적으로 연구할 수 없다는 주장만큼이나 설득력이 떨어진다. 인간에게 자유의지가 있는가는 결국 경험적 문제이지만, (논의의 편의를 위해 자유의지가 있다고 가정한다면) 그렇다고 해서 인간이 어떤 조건에서 이 방식이 아니라 저 방식으로 행동할 가능성이 더 큰가에 대한 확률적 일반화를 발전시키는 일이 불가능한 것은 아니다. 이러한 일반화는 사람들이 비슷한 상황에서 비슷하게 행동할 가능성이 크다고 가정하지만—이것은 참일 수도 있고 아닐 수도 있다—이 가정이 참일 가능성은 자유의지의 존재를 부정하는 것에 달려 있지 않다. '어떤 사람이 q라는 상황에서 아마도 x라는 선택을 할 것이다'라고 말한다고 해서, 그가 x 아닌 것을 선택하지 못한다거나, (실제로 x 아닌 것을 선택한다면) x를 선택했을 가능성이 '엑스 안테$_{ex\ ante}$', 즉 알고 보니 더 크지 않았다는 뜻은 아니다. 어떤 경우든 가장 성공적인 과학은 순간을 예측하면서 나아가는 것이 아니다. 가장 성공적인 과학은 결과의 패턴을 예측한다. 예외와 오류는 늘 있기 마련이다. 예외와 오류를 현재의 대안들에 비해 최소화하는 것이 최상의 이론이다.

그렇다면 우리는 어떤 상황에 놓이는가? 한편으로 탈근대주의적이거나 인습주의적이거나 주의주의적인 온갖 비판을 인문과학의 가능성에 대한 전면 공격으로 간주하는 것은 과장이다. 우리는 초기 계몽주의의 주요 인물들을 사로잡은 초월적 야심과 연역 논증의 기이한 혼합물뿐 아니라, 사회과학의 가능성에 대한 해석주의적이고 자유의지에 기반한 공격도 거부할 수 있다. 그러고서는 자연과학과 질적으로 다르지 않은 경험적이고 가류주의적인 견해를 사회과학에서도 마음껏 지지할 수 있다. 물론 경험주의자, 실증주의자, 실용주의자, 사실주의자 같은 성숙한 계몽주의 사상가들 사이에도 의견 차이가 많으며 이를 얼버무리거나 사소한 것으로 치부해서는 안 된다.[22] 하지만 이 다양한 학파의 지지자들은 과학이 실질적으로 경험적 기획이고, 과학은 성공하지 못한 이론을 배격함으로써 발전하며, 모든 지식 주장은 교정 가능성이 있고 이 때문에 잠정적이며, 인간 세계에 대한 신뢰할 만한 지식은 비非인간 세계에 대한 신뢰할 만한 지식 못지않게 과학으로 획득할 수 있다는 견해를 공유한다.

다른 한편 일반적으로 인문과학, 특히 정치학은 지난 두 세기 동안 별다른 성취를 이루지 못했다. 그 자체로 평가하든, 자연과학의 눈부신 발전에 비추어 평가하든 마찬가지다. 벤담, 마르크스, 듀이가 관점은 제각각이었지만 과학이 발전하면 정치적 논란이 종식되리라는 가능성에 대해 지나치게 낙관적이었음은 분명하다. 같은 맥락에서 밀은 자신의 관점에 따라 지식의 발전이 지나치게 많은 합의를 만들어 사람들이 논쟁을 통해 지력을 연마하지 않아서 양처럼 멍청해지고 세뇌당하기 쉬워질 것이라는 기우를 품었다. 종교와 이념은 앞의 이론가 중 누구의 상상보다도 더 강력하고 오래가는 현대 정치의 한 특징인 것으로 입증되었다. 근대화가 진전되면 세계의 모든 이념이 단일한 자유민주주의적 가치의 집합으로 수렴될 것이라거나, (1960년대에 급진적 학생운동이 벌어지고 1980년대와 1990년대에 보수주의가 부활하기 직전에) 우리가 마침내 "이데올로기의 종언"[23]을 고했다고 예언한 후대의 논평가들은 말할 것도 없다. 이념과 종교는 과학과 때로는 갈등하고 때로는 협력하며 정치에서 살아남았는데, 한 가지 이유는 이념과 종교가 민주주의에서의 권력 경쟁을 촉진하기 때문이다. 이 과정에 대한 이해는 아직 일천하지만, 오늘날의 사회과학자 중에서 이념과 종교가 정치 무대에서 조만간 퇴장할 것이라 확신하는—또는 (관점에 따라) 우려하는—사람은 거의 없다.

정치를 연구하는 학자들이 터무니없는 오류를 저지른다는 지적도 곧잘 제기되었다. 최근의 가장 극적인 실패 사례는 공산주의의 붕괴다. 정치학계는 나머지 세계와 마찬가지로 경악했을 뿐 아니라 사후에 이를 입증하는 어떤 이론도 내놓지 못했다. 하지만 이런 종류의 실패가 아무리 극적이거나 중대하더라도 이것을 가지고 과학의 수준을 판단할 수는 없다. 어떤 과학이든 예측하지 못하는 사건이 있고 설명하지 못하는 현상이 있기 때문이다. 사람과 마찬가지로 과학에서도, 무엇을 할 수 있느냐가 아니라 무엇을 할 수 없느냐에 주목하면 실망하지 않을 도리가 없다. 더 공정한 접근법은 정치학이 무엇을 틀렸는지가 아니라 무엇을 맞혔는지 묻는 것이다.

그렇긴 하지만 정치학자들이 내세울 만한 근사한 업적을 찾기란 쉬운 일이 아니다. 이를테면 공산주의가 무너지고 아프리카와 라틴아메리카에서 민주주의로의 이행이 잇따른 뒤에 많은 나라들이 헌법 개정에 착수했다. 하지만 최선의 민주주의적 헌법 체계에 대해, 심지어 여러 다른 제도적 구성을 포괄했을 때 예상되는 결과에 대해 확립된 지식이 전혀 없었다는 뼈아픈 사실이 이내 분명히 드러났다.[24] 정치학에서 기술적으로 가장 정교한 분야에서조차 지적 투자에 상응할 만한 결과를 얻지는 못했다. 이를테면 경제학의 합리적 행위자 모형을 정치 연구에 접목하려는 거창한 학문적 시도가 있었으나 정치에 대한 실질적 지식을 유의미하게 발전시키지는 못했다.[25] 마찬가지로, 미국의 국내 정치 연구에서는 선거 예측에 수십 년 동안 투자가 이루어졌으나 사후적 곡선 맞춤curve-fitting과, 예측 실패에 대한 설명에 비하면 성공률이 높지 않다.[26] 국제 관계 연구에서 전략적 선택 모형과, 전쟁의 상관관계에 대한 방대한 경험적 데이터를 기준으로 국제 분쟁의 발생을 설명하려는 시도도 비슷한 실패를 겪었다.[27] 실패 사례만 찾으려는 것은 아니지만, 대체 어디서 성공을 찾아야 할까?

하지만 여기에 담긴 비난은 너무 가혹하다. 정치학이 굉장한 예측 이론을 내놓지는 못했지만, 한편으로는 정치 세계에 대한 서술적 이해를 증진함으로써, 다른 한편으로는 고정 관념과 나쁜 이론을 파헤침으로써, 또다른 한편으로는 일반적 설명이 필요한 정치 현상이 무엇이고 필요하지 않은 정치 현상이 무엇인지 밝혀냄으로써 정치에 대한 지식을 여러모로 체계적으로 확장한 것이 사실이다. 이를테면 미국에 사회주의 전통이 없는 이유는 유럽과 달리 (반발한 만한) 뿌리박힌 위계질서가 없어서 미국의 형식적·사회적 평등주의가 더 급진적인 평등주의적 요구를 미연에 차단했기 때문이라고들 한다. 이 통설은 토크빌에서 비롯했으나 1955년에 루이스 하츠가 재천명하면서 상식이 되었다.[28] 하지만 로저스 스미스는 『시민적 이상』에서 이 상식이 잘못된 서술에 바탕을 두고 있음을 결정적으로 밝혀냈다. 미국 역사를 통틀어 인종, 민족, 성별에 토대한 위계질서는 명백히 존재했으며, 지금까지도 큰 영향을 미치고 있다는 것이다.[29] 이런 종류의 오해를 바로잡는 것은 그 자체로 정치 연구의 발전이다.

정보를 토대로 정치 현실을 더 정확히 이해하면서 정치학 분야의 뿌리깊은 그밖의 통설들도 뿌리가 뽑혔다. 또다른 예를 들자면, 민주주의 정치체제는 비효율적으로 경제에 개입하게 되어 경제적 비용이 발생한다는 통념이 있다. 여기에는 경제 성장에 친화적이지 않은 정부 정책을 유권자가 요구한다든지, 민주주의 입법기관의 선심성 정치 행위 때문에 비효율이 발생한다든지, 요직에 앉은 공무원이 사익을 추구한다든지, 민주 정부가 본질적으로 통화 팽창적 지출 압력을 받는다든지 하는 여러 요인이 제시되었다. 하지만 아담 프셰보르스키 등의 연구에서 분명히 알 수 있듯, 민주주의 체제의 경제는 민주주의 아닌 체제의 경제보다 느리게 성장하지 않으므로 민주주의의 경제적 비용에 대해서는 설명할 필요가 전혀 없다.[30] 권리장전들과 이를 해석할 헌법재판소의 중요성에 대한 오랜 통념에 대해서도 비슷한 결과가 나왔다. 많은 헌법 법률가와 새로운 민주주의 구성의 자문을 맡은 사람들은 반대로 믿고 있지만, 7.2.2절에서 보듯 최적의 증거에 따르면 이 제도적 장치들은 인권의 제도적 보호를 보장하는 측면에서 민주주의 전반의 효과를 높이는 데 전혀 영향을 미치지 못한다.

    이런 연구 결과들이 매력적이고 거대한 정치 이론으로 수렴되지는 않을지도 모르지만, 정치에 대한 우리의 지식을 크게 넓혀주는 것은 사실이다. 실제로 정치학의 실패조차 이런 식으로 기여할 수 있다. 이를테면 학자들은 민주주의를 가능하게 하는 조건에 대해 수세대에 걸쳐 이론화 작업을 했다. 토크빌은 민주주의가 평등주의적 관습의 산물이라고 생각했으며,[31] 시모어 마틴 립셋은 근대화의 부산물이라고 주장했다.[32] 배링턴 무어는 부르주아의 등장이 중요한 역할을 했다고 보았으며 이블린 휴버, 디트리히 루슈마이어, 존 스티븐스는 조직된 노동자 계급의 존재가 결정적이라고 생각했다.[33] 지금은 민주주의에 이르는 길이 하나만 있는 것이 아니며, 따라서 어떤 조건들이 민주주의로의 이행을 가져오는지 일반화할 수 없음이 분명해졌다. 민주주의는 수십 년에 걸친 점진적 발전의 결과일 수도 있고(영국과 미국), 모방(인도), 연쇄 효과(1989년 동유럽의 대다수 나라), 붕괴(1991년 이후 러시아), 위로부터의 도입(칠레), 혁명(포르투갈), 협상 타결(폴란드, 니카라과, 남아프리카공화국), 외부에서의 강요(일본과 서독) 등의 결과일 수도 있다.[34] 돌이켜보면 놀랄 일도 아니다. 누군가 토스터를 발명했다고 해서 남들도 똑같은 과정을 거쳐 토스터를 발명해야 한다고 생각할 이유는 없다. 토스터를 발명하는 사람이 또 있을 수도 있겠지만, 토스터를 똑같이 모방해 만드는 사람, 돈 주고 사는 사람, 선물로 받는 사람도 있을 것이다.

    일반적으로 설명하는 이론의 한계를 알면 설명하려는 기획에 (더 적절하게) 새로 초점을 맞출 수 있다. 따라서 이제 우리는 무엇이 민주주의를 낳는가에 대한 일반 이론이 없으리라는 사실을 알지만, 일단 확립된 민주주의가 어떤 조건에서 살아남을 것인지를 일반화하려는 시도는 여전히 합리적이다. 이를테면 정치학자들은 어떤 민주주의 제도가 다른 제도보다 더 안정적인지를 놓고 오랫동안 논쟁을 벌였다. 한 세대 전에 후안 린츠는 의회제가 대통령제보다 안정적이라고 주장했다.[35] 대통령제는 정치 문화적으로든 또한 대통령과 입법기관 사이에서든 양극단에 치우치는 경향이 있는데 이를 완화할 제도적 메커니즘이 없는 반면 의회제는 좀더 안정적이며 지도력 위기에 더 효과적으로 대처할 수 있다는 것이다. 이에 대해 매슈 슈거트 등은 대통령제마다 안정성이 다를 수 있음을 언급하면서 미국의 경우처럼 약한(또는 '반응적$_{reactive}$') 대통령제는 의회제만큼 안정적일 수 있음을 밝혀냄으로써 반론을 폈다.[36] 또다른 학자들은 의회 안에 여당이 실질적으로 존재하는가, 연합 정치에 우호적인 조건이 조성되었는가, 정부에 중앙집중화된 행정 당국이 있는가 등의 제도적 특징이 대통령제나 의회제냐보다 중요하다고 주장했다. 이를테면 라틴아메리카에서는 칠레와 우루과이 같은 나라들이 제도적으로 안정적이고 에콰도르, 페루, 지금의 베네수엘라 같은 나라들이 불안정한 이유를 이 요인들로 설명할 수 있다.[37]

그동안 경제 발전과 민주주의적 안정성의 관계를 이해하는 데 상당한 진전이 있었다. 이를테면 프셰보르스키 등은 경제 발전 수준으로 민주주의의 도입을 예측할 수는 없지만 1인당 국민소득과 민주 정권의 생존 사이에는 뚜렷한 관계가 있음을 밝혀냈다. 부유한 나라에서는 민주주의가 결코 무너지지 않는 것처럼 보이는 반면에, 가난한 나라의 민주주의는 취약하며 특히 1인당 연간 국민소득이 2000달러(1975년 달러화 기준) 아래로 내려가면 매우 위태로워진다. 1인당 연간 국민소득이 2000달러보다 낮아지면 1년 안에 민주주의가 무너지는 확률이 10분의 1이다. 2001달러에서 5000달러 사이이면 그 확률이 16분의 1로 낮아진다. 6055달러를 넘으면, 확립된 민주주의가 영구적으로 유지되는 듯하다. 그리고 또한 가난한 나라의 경우 정부가 경제를 발전시키고 경

제 위기를 피하는 데 성공하면 민주주의의 생존 가능성은 커진다.[38]

이러한 사례들에서 분명히 알 수 있듯 정치학이 실패하고 한계가 있다고 해서 정치에 대한 지식의 축적과 발전이 불가능하다고 말할 수는 없다. 여느 경험 과학에서와 마찬가지로 정치학자들의 발견은 늘 잠정적이고 교정 가능성이 있으며 미래의 연구에 따라 수정될 수 있다. 벤담, 마르크스, 듀이가 추구하고 밀과 토크빌이 우려한 종착점은 아직도 까마득한데, 실제로 우리가 그런 종착점에 도달하게 될지조차 미지수다. 그 이유로는 첫째, 상황 변화에 따라 정치에서는 새로운 문제가 끊임없이 제기된다. 우리 시대의 분명한 사례로는 세계화, 세계 인구 증가, 핵 확산, 지구온난화 등이 있지만, 세상사는 우리의 상상을 뛰어넘는 법이니 지금은 예상치 못한 정치적 문제를 21세기 언젠가 맞닥뜨릴지도 모를 일이다.

둘째, 정치 분야에서는 진실을 가리고 과학적 태도와 상충하는—노골적으로 적대적이지는 않더라도—이념을 내세워 이익을 얻으려는 사람들이 늘 있게 마련이다. 따라서 정치학자의 주된 임무가 학생들에게 "'불편한' 사실, 즉 자신의 당파적 의견에 불편한 사실을 인식하"도록 가르치는 것이라는 베버의 주장은 옳다.[39] 과학적 태도는 권위나 편의에서 비롯한 논증을 거부하고, (이에 따라) 입수 가능한 최적의 증거에 비추어 모든 주장을 비판적으로 평가하는 것이다. 또한 과학적 태도는 우리가 정답을 모른다는 사실을 인정하는 것이기도 하다. 정답을 안다고 주장하는 사람들의 거짓 주장을 폭로할 때에도 우리는 진리에 대해 겸손해야 한다. 이를 포기하는 것은 곧 과학적 태도를 포기하는 것이다.

로티, 리오타르, 윌리엄 코널리 같은 연구자들은 사람들이 탈계몽주의적 태도를 받아들이면 자연스럽게 자기네가 좋아하는 좌편향 사회민주주의 정치에 투신하리라 생각하는 듯하다. 하지만 그래야 하는 이유는 하나도 제시된 적이 없다. 리오타르는 계몽주의 '이야기'를 버린다고 해서 "야만적으로 된"다는 것은 아니라며 우리를 안심시키려 하면서도 왜 우리가 자신의 말을 믿어야 하는지는 결코 설명하지 않는다.[40] 사람들이 탈계몽주의적 태도를 선택하면 차이를 너그럽게 관용하게 될지도 모르지만, 파시즘을 받아들이는 것도 얼마든지 가능하다.[41] 니체는 이반 카라마조프의 우려를 세속적으로 번안하여 "아무것도 진리가 아니라면, 모든 것이 허용된다"라고 말했다.[42] 진리라고 말할 수 있는 것이 존재한다는 생각을 포기하면, 우리는 어떤 종류의 정치적 관습이나 정치체제가 다른 종류보다 뛰어난지 판단하는 기준을 어떻게 마련할 수 있을지 알기 힘들다. 그렇다고 해서 어느 정치체제가 성숙한 계몽주의적 관점에 가장 들어맞는지 단정하려는 것은 아니다. 어떻게 해야 지식의 발전을 인류 진보에 가장 효과적으로 활용할 수 있을지에 대해 언급하려는 것도 결코 아니다. 이 주제들은 7장에서 다룰 것이다. 내가 말하고 싶은 것은, 정치에 대한 참된 지식의 가능성을 어떤 형태로든 추구하지 않으면 정치적 정당성을 평가할 만족스러운 기준을 마련할 여지가 전혀 없다는 것이다.

6.5 권리를 공동체에 종속시키다

과학을 중시하는 계몽주의적 태도에 대한 저항은 정치의 기본 초점을 개인 권리에 두는 것에 대한 반감과 함께 나타나는 경우가 많다. 이 또한 신버크주의적 관점에서 비롯한 방식이다. 버크는 권리를 정치의 규범적 구성 요소로 여기는 것에 몸서리를 쳤다. 버크는 의무를 권리보다 우선시했다는 얘기를 이따금 듣는데[43] 실제로 그랬다. 이 점에서 버크는 로크가 주의주의 신학 편에 서면서 거부한, 영원불변하는 보편적 자연법이라는 견해의 한 형태를 받아들였다. 하지만 우리의 관점에서 주목해야 할 것은 버크가 권리와 의무 둘 다 정치 공동체에 생명을 불어넣는 계승된 전통에 뿌리를 둔다고 생각했다는 것이다. 개인의 권리와 의무보다 집단적 전통을 우위에 놓는 이 견해는 종종 '공동체주의'라는 세계관으로 분류되지만, 이 입장을 취하는 사람들 중에는 이 꼬리표를 거북스러워하는 이들도 있다.

여기에는 매킨타이어, 마이클 샌델, 찰스 테일러, 마이클 월저, 윌 킴리카처럼 사뭇 이질적인 이론가들이 포함된다. 이들은 계승된 소속 체계를, 사람들이 도덕적으로 정당하다고 여기는 것의 (배타적이지는 않을지라도) 중요한 원천으로—나름의 방식으로—인식한다.[44] 이 이론가들은 국가 성원의 체계, 종교적·민족적 동일시, 그밖의 계승된 소속 형태 중에서 무엇이 가장 중요한지에 대한 의견이 저마다 다르다. 또한 집단 소속 체계에 내포된 명령이 항상 그밖의 정치적 고려보다 우선적으로 적용되어야 하는지, 그밖의 명령을 따르라는 요구를 이따금 받아야 하는지—그렇다면 누가 어떤 원칙에 따라 요구하는지—에 대해서도 의견이 다르다. 이런 차이가 있기는 하지만, 이들은 모두 사람들이 날 때부터 속한 공동체야말로 (사람들이 받아들이는) 정치적 주장과 (정식화에 따라서는) 심지어 개인으로서의 정체성이 비롯하는 원천이라는 데 동의한다. 집단적 규범과 관습을 통해 개인은 집단의 일원으로 존재한다. 집단적 규범과 관습은 테일러의 표현을 빌리자면 '자아의 근원'이다. 이 말은 집단적 규범과 관습이 어떤 개인보다도 역사적으로 앞선다는 뜻일 뿐 아니라 삶에 의미와 가치를 부여한다는 뜻이기도 하다.

공동체주의적 관점은 지금까지 살펴본 여러 계몽주의 견해와 두 가지 점에서 다르다. 첫째, 방금 말한 것에 함축되어 있듯 공동체주의는 집단주의적 목적론이라 부를 법한 것을 추구하는 경향이 있다. 5.3절을 떠올려보자면, 목적론적 견해는 좋음이 옳음과 독립적으로 정의되며 옳음은 좋음을 극대화하는 것으로 정의된다는 견해다. 하지만 목적론적 견해가 전부 공동체주의는 아니며 반드시 계몽주의의 목표와 상충하는 것도 아니다. 플라톤(기원전 427년경~기원전 347년경)에서 벤담, 레오 스트라우스(1899~1973)에 이르기까지, 개인에게 좋은 것을 자연법, 인간 본성, 합리적 반성으로 알아차릴 수 있다고 믿은 목적론적 사상가는 늘 있었다. 공동체주의적 관점은 좋은 것이 집단적으로 주어져 (진화하는) 정치 공동체의 전통과 관습에 포함되었다고 생각한다는 점에서 독특하며 또 계몽주의와 상충한다. 로크는 자발적 연합으로서의 인간 집단이 정당하다고 생각했는데, 여기에는 인간의 조건에 대한 그의 의지 중심주의가 반영되어 있다. 이에 반해 공동체주의를 지향하는 논자들은 자발적 연합이라는 개념에 내포된 선택의 함의가 현실과 어긋난다고 주장한다. 사람이 자신의 성격을 선택할 수 없듯, 집단에 대한 의무감 또는 의무감의 결여를 선택할 수 없다는 것이다. 심지어 킴리카처럼 자유가 선택지들 중의 선택과 연관되었다는 데 동의하는 '자유주의적 문화주의자'조차도 "우리 사회의 고유문화는 이 선택지들을 제공할 뿐 아니라 그것들을 우리에게 의미 있게 해준"다는 사실을 강조해야 한다고 생각한다.[45]

이것은 공동체주의의 또다른 반계몽주의적 특징으로 이어진다. 공동체주의는 이성의 어떤 측면을 동일시와 헌신의 토대로 간주할 수 있는지와 별개로 동일시와 헌신의 (정서적 측면까지는 아니지만) 심리적 측면을 강조한다. 이 논리는 사람들이 권리와 의무를 실제로 어떻게 경험하는지 고려하지 않고서 권리와 의무를 이론화하는 것은 무의미하다는 것이다. 이 견해를 가장 명시적으로 표현한 것은 알제리 전쟁(1954~1962) 당시 여러 '좌파' 지식인들의 정치 비판에 대한 마이클 월저의 논의일 것이다. 월저는 모든 편협한 유대와 소속을 단절하는 '영원한 비판자'라는, 장폴 사르트르의 지식인 관념에 동감하지 않는다. 사르트르, 시몬 드 보부아르, 알베르 카뮈는 모두 알제리 '피에 누아르$_{pied\ noir}$' 공동체의 구성원들이 "역사적 잘못을 저질렀"다는 데 의견을 같이하며 그들을 비난했으나, 월저는 나머지 두 사람보다는 카뮈에게 훨씬 깊은 인상을 받았다. 카뮈는 자신을 프랑스에서 분리시킨 채 피에 누아르를 그들과 같은 방식으로 비인간화하기를 거부했다. 카뮈는 "나는 정의를 믿지만, 정의 앞에서 어머니를 지킬 것이다"라고 썼는데, 월저는 이 선언을 수정하여 사랑의 여지가 없는 어떤 정의 개념도 받아들일 수 없다고 거부했다. 월저는 "카뮈는, 인류를 사랑한다면서도 자신들과 더불어 사는 사람들을 경멸하는 철학자들을 싫어했다"라며 카뮈에게 찬성을 표했다. 카뮈와 마찬가지로 월저는 세계주의적 사상가의 특징인 철학적 초연함의 개념을 거부했다. "'진정한 지성인'에게도 부모, 친구, 친근한 장소, 따스한 기억이 있다. 존재론적 영웅주의 같은 완벽한 고독은 낭만적 발상이다."[46]

월저의 요점 중 하나는 비판 대상의 가치를 긍정하는 비판이 마음과 정신을 움직일 가능성이 더 크다는 것이다. 하지만 이보다 더 눈에 띄는 것은 (공동체주의 논자에게 특징적인) 인간 심리에 대한 헤겔적 견해가 그의 논평에 드러난다는 점이다. 이 견해는 가치 있는 타인의 인정이 인간의 행복과 동기 부여에 필수적이라는 생각에 호소한다. 이와 같이 헤겔은, 노예제가 사회 구성의 체제로서 불안정한 이유는 노예가 체제에 저항하기 때문일 뿐 아니라 주인이 스스로 동등하게 여기는 사람들에게서 인정을 추구하지만 실제로 주인과 노예 사이에서 생기는 인정은 "일방적이고 부등하"기 때문이라고 주장했다.[47]

이 견해는 공리주의적 견해와도 다르고—공리주의에 따르면 사람들은 자신의 선호를 극대화하며 타인의 선호에 대한 관심은 우연적인 것에 불과하다—4.2.2절에서 논의한 마르크스주의와 여타 사상의 특징인 타인 준거적 견해와도 다르다. 타인 준거적 견해에 따르면 타인이 무엇을 가지고 있는지 참조하는 것이 필수적이지만, 이는 자신의 상대적인 분배적 지위를 판단하기 위해서만 필요할 뿐이다. 이에 반해 이른바 헤겔식 설명에 따르면 사람들은 자신에게 중요한 타인들에게 가치를 인정받고 싶어하는 것으로 보인다. 이 때문에, 공유된 이상에 대한 사람들의 헌신은 자기 자신에 대한 감각과 (그들을 움직이는) 정치 논증에 대해 본질적이게 된다.

공동체주의적 견해에 따르면 권리와 의무는 집단적으로 주어진 좋음 관념에 종속되는데, 이는 권리와 의무가 꽤 많은 것에 종속된다는 뜻이다. 사람들은 날 때부터 집단적 규범과 관습으로 이루어진 현행 체제에 속하는 것으로 간주되며, 이 규범과 관습으로부터 의미와 가치를 이끌어낸다. 이 의미와 가치의 일부는 자신이 아끼는, 또한 자신을 아껴주었으면 하는 타인들이 이 규범과 관습을 받아들인다는 사실을 아는 데서 생긴다. 이들을 묶는 끈은 개인이 스스로를 집단과 동일시하는 것이며, 집단의 관계인들에게 인정받고자 하는 욕구가 지지대 역할을 한다. 앞에서 살펴본 여러 자유주의적 견해와 마르크스주의적 견해는 개인의 자유나 (공리주의의 경우) 행복이 체제의 도덕적 토대를 이룬다는 점에서 모두 개인주의적인 데 반해, 공동체주의적 견해는 우리의 목표와 기준이 (집단적으로 주어진) 좋음 관념으로 이루어진 인공물이며 이것이 개인으로서의 우리를 정의하고 우리가 무엇을 할 수 있고 타인에게 무엇을 기대할 수 있는지 예상하게 한다는 점에서 전체론적$_{holist}$이다. 월저 같은 논자들이 성원권$_{membership}$을 일차적인—또는 가장 기본적인—정치적 가치로 여기는 것은 이 때문이다.[48] "나는 속한다, 그러므로 나는 있다"라는 말은 데카르트의 '코기토'에 대한 공동체주의적 대안일 것이다.

프랑스혁명에 대한 버크의 태도에서 보듯 공동체주의적 관점은 계약 논증에 담긴 '백지' 비유에 적대적이다. 심지어 5장에서 논의한 가설적 사회계약 논증도 이 관점에서 보면 의무론적 성격 때문에 오해의 소지가 있다. (집단적으로 주어진) 좋음 관념을 모르는 채 사람들이 어떤 권리를 향유해야 하는지 유효하게 추측할 수 있다는 발상은 공동체주의자들에게는 생각도 못할 일이다. 그래서 샌델 같은 롤스 비판자들은 롤스가 '뿌리 뽑힌deracinated' 개인, 즉 터무니없게도 소속을 잃어버린 자아라는 개념을 구사한다고 투덜거린다.

> 의무론적 주체의 큰소리치는 독립성은 자유주의의 환상이다. 그런 의무론적 주체는 근본적으로 인간의 '사회적' 본성을 오해한 것이다. 즉 우리는 '처음부터 쭉' 조건지어진 존재라는 사실을 오해하고 있다. 사회 바깥이나 경험 바깥에 설 수 있는 면제 지점도, 그러한 초월적 주체도 없다. 우리는 매 순간 우리 자신이고자 했던 것, 즉 욕망과 경향성의 연쇄이며, 물자체 영역에 거주할 수 있게 남아 있는 것은 아무것도 없다.[49]

샌델이 보기에 의무론적 자유주의가 권리의 우선성을 중시하는 것은 권리를 인간의 조건에 둔감하게 하여 우리를 "우리 자신이기를 멈추는 상황 속으로 가라앉"게 하는 격이다.[50] 샌델이『민주주의의 불만』에서 설명하듯, 무속박적unencumbered 자아는 "도덕적 경험을 정확히 이해할 수 없다. 왜냐하면 우리가 일반적으로 인정하고, 더 나아가 찬양하기도 하는 도덕적·정치적 의무들을 설명할 수 없"기 때문이다. 대신 우리는 "자신을 이미 모종의 계획과 의무의 요구하에 있는 속박적 자아로 보"아야 한다.[51] 그렇다면 무속박적 자아가 부적절한 주된 이유는 권리에 의미와 목적을 부여하는 사회생활의 특징들을 정치적 권리에 대한 고려에서 도외시하기 때문이다.[52] 월저가 정서적 애착을 감안하는 정치를 옹호하는 것과 같은 취지에서 샌델은 가족과 훨씬 비슷한 모형을 통해 정치를 사유해야 한다고 생각한다. 우리가 문화적으로 애착을 느끼는 친밀한 것을 정치적 가치에 대한 명시적 이론으로 확장하고 이로부터 정치적 권리를 이끌어내야 한다는 것이다. 샌델은 이것이 의무론적 관점에서 전제하는 '이방인'들의 정치보다 훨씬 뛰어날 것이라고 생각한다.[53]

6.6 집단적으로 주어진 것의 문제

인간의 조건에 대한 공동체주의의 주장 중 상당수가 타당하지만, 정치적 권리 주장을 성원권에 따르는 요구와 기대에 종속시키는 정치를 받아들이는 데는 심각한 난점이 따른다. 앞에서 로티를 설명하면서 언급한 의견 차이 문제는 이 진영의 논자들에게도 일반적으로 적용된다.[54] (전부는 아닐지라도) 대부분의 공동체에는 계승되어 집단적으로 주어진 규범과 관습을 어떻게 해석해야 하는지, 이 규범과 관습이 현실에서 무엇을 필요로 하는지에 대해 상당한 의견 차이가 존재한다. 매킨타이어의 종교인 로마가톨릭 전통 내부에 얼마나 많은 정치적 편차가 있는지만 생각해보아도 정치적 사안이 한번도 내부에서 논쟁거리가 되지 않은 경우는 거의 없음을 알 수 있다. 어떤 종류의 정치적 편제가 최선이고 또 왜 그런지에 대해 가톨릭은 확실한 답을 결코 내놓지 못한다. 가톨릭 신자 개개인을 비롯하여 위로는 교황에 이르기까지 교회의 위계질서에 속하는 모든 사람은 교회 전통에 대한 믿음을 간직하면서도 이념적 스펙트럼 위에서 다양한 위치를 차지한다.[55]

아니면 샌델의 유사 가족 모형을 생각해보라. 샌델은 특수주의적 particularistic 애착을 정치의 바탕으로 삼으면 이방인들의 의무론적 세계에나 어울릴 권리와 정의에 초점을 맞추는 일을 피할 수 있다고 주장한다. 하지만 이런 애착 관계에서 정의 개념이 발동하지 않는다는 것은 전혀 사실이 아니다. 부모가 자기보다 형제자매를 편애한다는 사실을 아는 아이나 학대받는 아내는 불의가 저질러졌으며 권리가 침해되었다고 생각할 것이 틀림없다. 공동체주의자가 정치의 모형으로 삼고 싶어할 모든 특수주의적 공동체도 마찬가지다. 어디에든 나름의 갈등, 음모, 소란, 학대하는 자와 학대받는 자, 잘 적응한 자와 불평분자, 승자와 패자가 있게 마련이다.

게다가 계승된 전통과 수용된 관습을 어떻게 해석하느냐에 따라 누군가는 이익을 얻고 누군가는 손해를 본다. 따라서 경쟁하는 주장들 중에서 어느 것의 손을 들어주고 의견 차이를 어떻게 해결해야 할지 결정할 절차가 분명히 필요하다. 하지만 공동체주의 논자들은 이 문제에 대해 꿀 먹은 벙어리다. 가톨릭 교회에서는 이 문제에 권위주의적 방식으로 대처하는데, 이를 현대 세계에서 정치의 본보기로 내세울 공동체주의자는 거의 없을 것이다. 가족 안에서도 이 문제를 권위주의적으로나 비공식적으로 처리하는 경우가 많다. 비공식적으로 처리할 때 의견 차이가 늘 만족스럽게 해결되며 처리 과정에서 피해를 입는 사람이 없다는 것은 순진한 생각이다. 그렇다고 해서 가족이나 교회 같은 기관이 제삼자의 개입이라는 대가를 치르지 않기 위해 남용의 기준을 꽤 높여야 한다는 식의 개연성 있는 근거를 부정하는 것은 아니다.[56] 하지만 규모가 큰 정치체에서 어느 정도까지 이를 통치 모형으로 삼을 수 있을지에 대해서는 심각한 의문이 제기될 수밖에 없다.

요컨대 의견 차이와 이해 충돌을 해소하는 수단으로 교회나 가족 같은 정서적 공동체에 의존하는 것은 정당한 정치적 체제의 모형을 만들기에는 별로 유력한 전략이 아닌 듯하다. 사실 인간 상호작용의 형태가 대부분 로크의 (자의에 따라 결성되고 쓰임새가 없어지면 해산되는) 자발적 연합과 비슷하지 않다는 주장에 동의한다면─그래야 한다─의견 차이와 이해 충돌을 관리하는 적절한 메커니즘에 대해 더욱 관심을 가져야 한다. 경제학자 앨버트 허시먼이 주장했듯, 사람들이 집단적 연합에서 이탈하는 비용이 커지면 참여나 '목소리'를 통해 연합에 영향을 미치는 메커니즘을 보장하는 것의 중요성도 커진다.[57] 한마디로, 공동체주의자들은 롤스의 의무론적 접근법에 많은 추진력을 공급한 다원주의적 현실에 대해 설득력 있게 대응하지 않는다. 롤스가 제시한 해법에 반감이 든다고 해서 그가 파악한 현실에 대처할 필요성이 없어지는 것은 아니다. 정치적 연합을 이루어 함께 살아야만 하는

사람들 사이에 심각한 이해 충돌과, 가치에 대한 의견 차이가 있다는 그 현실 말이다.[58]

집단적으로 주어진 좋음 관념이 널리 받아들여졌더라도, 이 사람의 동의가 저 사람의 헤게모니라는 점에서 미흡한 관념이라고 판단하는 것이 합리적인지도 모른다. 정치의 토대를 가족생활의 확장된 모형에 두더라도—물론 불가능한 일이지만—많은 사람들이 정당하다고 여기는 세상에 가까워질 수 있을지는 미지수이기 때문이다. 지난 한 세기 반 동안 서구의 대다수 나라에서 여성의 지위가 어떻게 달라졌는지 생각해보라. 19세기 후반에 기혼 여성 재산법이 통과되기 전까지도 여성은 재산 소유권을 남편에게 넘겨야만 했다. 아내를 남편의 동산動産으로 여기는 관습법적 추정을 결혼의 토대로 삼던 시절에는 여성이 결혼하면 법적 정체성이 중지되었다. 여성은 20세기 들어서까지 대부분의 보통선거 민주주의하에서 투표권이 없었으며 이로 인해 지위와 행복의 추락을 겪었다. 미국에서는 1950년대까지도 아내가 남편에 대한 의무를 거부할 수 없다는 것이 통념이었다. 이는 배우자 강간의 가능성을 인정하지 않는 결정적인 법적 추정, 남편이 아내에게 가하는 폭행과 구타를 형사 범죄로 간주하지 않으려는 온갖 조항에 반영되어 있었다. 가정 폭력에 대해 민사적 조치조차 취할 수 없도록 한 배우자 간 과실 행위 면제는 말할 것도 없다.[59]

여성주의 운동 진영에서 조직적으로 정치적·법률적 행동을 벌인 덕에 오늘날에는 여성의 종속이 상당히 완화되었다. 이제는 결혼해도 재산을 빼앗기지 않는다. 여성에게도 남성과 똑같이 투표권이 있으며,

정치인들은 (설령 말뿐이더라도) 여성의 평등을 지지해야 한다. 여성의 경제적·사회적·정치적 참여를 가로막는 장벽들은 법원에서 엄격한 감시를 받는다. 배우자 강간을 인정하지 않는 추정은 대체로 철폐되었다. 배우자 강간은 이제 미국의 대다수 사법 체계에서 중죄로 간주되며, 그밖의 가정 폭력도 고발될 수 있고 또 점점 더 많이 고발되고 있다. 배우자 간 과실 행위 면제는 거의 사라졌으며 여성의 경제적 지위도 부쩍 높아졌다. 가정 폭력을 비롯하여 수많은 사회적·경제적 불이익이 여전히 남아 있지만, 상대적으로 보면 상황이 비약적으로 개선된 셈이다.[60]

'전통적 가족생활'을 탈정치적인 정치적 이상理想으로 받아들였다면 이런 변화는 하나도 일어나지 않았을 것이다. 가족을 정치생활의 모형으로 삼자는 주장이 19세기에 진지하게 실천되었다면, 로크가 두 세기 전에 『통치론』(제1론)에서 공격한 가부장적 공공 생활로 돌아갔을 것이다. 발전을 이루는 데 필요했던 것은 정반대의 변화, 즉 비지배non-domination와 권리의 원칙을 당시에 공적 영역에서 확립된 동등한 대우 원칙의 자리로 끌어올려 예전에는 비지배와 권리로부터 차단되었던 영역에 놓는 것이었다. 한마디로 전통적 가족생활을 정치의 모형으로 삼아 권리의 영역을 넘어서는 것이 바람직하리라는 주장은 설령 실현 가능성이 있더라도 매력적이지 않을 것이다.

위의 예는 권력관계가 인간의 상호작용에 속속들이 스며 있는 현실을 잘 보여준다. 4.2.3절에서는 이상적 미래에 희소성을 극복하여 정치를 넘어서겠다는 마르크스의 충동이 터무니없음을 살펴보았는데,

갈등 없는 이상적인 사적 영역을 먼 과거의 전통에서 찾을 수 없듯 이상적 미래에 이러한 영역이 존재한다고 가정할 이유 역시 없다. 그렇다면 사회생활의 각 분야에 대한 정치적 개입의 한계를 둘러싼 심각한 의문이 제기된다. 이 의문에 대처할 만한 방법 중에는 더 타당한 것도 있고 덜 타당한 것도 있지만, '이방인'에게나 걸맞은 권리 영역을 벗어나게 해준다는 이유로 사적 연합이라는 이상화된 관념을 정치의 모형으로 삼아야 한다는 주장은 타당성이 가장 적은 방법임에 틀림없다.[61]

공동체주의적 관점의 또다른 특징, 즉 소속감의 심리적·정서적 차원을 정치적 권리 개념보다 상위로 또는 그 속으로 승격시킨다는 것은 어떨까? 카뮈가 정의의 요구에도 어머니를 희생하지 않으려 한 것에 대해 월저가 공감한 것은 분명히 이해할 만하다. 하지만 이로 인해 현실에서는 어떤 일들이 벌어질까? 신문을 보면 가족이 끔찍한 범죄를 저질러도 부모나 배우자, 형제자매는 가족 편에 설 수밖에 없다고 느끼는 상황을 매일같이 접할 수 있다. 왜 이렇게 느끼는지 이해하기란 어렵지 않으나, 그렇다고 해서 형사 사법제도에 잘못이 있는 것은 아니다. 이런 상황이 종종 고통스럽기는 하지만, 가족에 대한 애정이 정의가 요구하는 바를 지지하는 것보다 더 큰 영향력을 발휘할 것이라 생각하는 데는 아무런 모순이 없다. 그렇게 생각하지 않는 사람에게 틀림없이 뭔가 문제가 있으리라고 생각하는 것에도 전혀 모순이 없다. 사실 사법제도는 배우자에 불리한 증언을 강요하지 못하도록 금지하는 등의 장치를 통해 꽤 많은 것을 양보한다. 우리는 잘못을 저지르는 사람을 사랑하면서도 그가 잘못을 저질렀음을 인정할 수 있다. 그가 규칙을 지키지 못했을 때 우리는 그의 편에 서면서도, 사람들이 일반적으로 규칙을 지켜야 한다는 사실과 그러지 못했을 때 대가를 치러야 한다는 사실을 부정하지 않을 수 있다. 우리는 사법제도를 피해자 가족의 분노에 넘겨주어 정의를 복수에 희생시키는 것을 원치 않지만, 피해자 가족이 복수를 원한다고 해서 그들을 비난하지 않으며 심지어 복수를 원하지 않으면 뭔가 잘못되었다고 생각할지도 모른다. 같은 맥락에서 우리는 정의의 요구가 일가친척의 사랑 앞에서 녹아버리는 것을 당연시해서는 안 된다. 그 사랑을 이해하고 높이 평가하더라도 말이다.

심리적·정서적 주장 중에는 월저보다 덜 개인에 치우친 것도 있다. 이를테면 사람들이 자신의 공동체에 느끼는 정서적 책임감이 정치적 편제에 포함되어야 한다는 테일러, 킴리카 등의 주장이 대표적이다. 사람들은 자신의 소속감이 정당하다고 느끼고 싶어하며, 자신이 속한 공동체가 애착의 원천을 예증하고 재현하기를 바란다. 이 전통에 속한 논자들이 다문화주의의 주장에 깊이 공감하는 것은 이 때문이다. 이들의 관점에서 보면 국민국가에는 신성불가침의 요소가 전혀 없다. 국가 내 민족 집단, 종교 또는 언어 공동체, 그밖에 의미와 가치의 집단적 원천 등이 국민의 일부 집합에 강한 영향력을 발휘하면, 정치체제가 이들의 집단적 열망을 수용해야 한다는—심지어 분리를 허용하는 수준까지—(적어도) '프리마 파시prima facie', 즉 일견 타당한 주장이 제기된다. 이라크, 터키, 이란에 흩어져 사는 쿠르드족 같은 초국적 민족 집단도 마찬가지다. 이 중 상당수는 자신이 속한 나라보다 민족 집단에 더 큰 소속감을 느낀다. 사람들에게 가장 중요한 의미의 공동체를 반영하고 구현하는 정치 공동체를 새로 건설하려는 열망을 꺾을 이유가 어디 있는가?

이렇게 써놓고 보니 위의 수사적 의문문이 꽤 타당하게 읽히지만, 이런 식으로 표현하면 공동체의 어두운 면이 가려진다. 포함의 결과는 배제이며, 자신이 아끼는 사람들과 연합하려는 욕구는 타인과 절연하려는 욕구의 핵심이다. 이 측면은 개인적 삶에서야 지극히 타당할 수 있지만, 정치에서는 곧잘 사람들에게서 자원을 빼앗고 2등 시민으로 전락시키는 등의 만행으로 이어진다. 정치사회학자 베네딕트 앤더슨은 꼭 그럴 필요는 없다고 말한다. 앤더슨은 애국주의와 국가주의를 구분하는데, 그 근거는 국가주의가 타인에 대한 외국인 혐오증적 증오를 자양분으로 삼는 데 반해 애국주의는 그렇지 않다는 것이다. 우리는 자신을 나라와 동일시하고 자기 나라가 가장 좋다고 생각한다는 점에서 애국자일 수 있으나, 그렇다고 해서 반드시 남들이 자기네 나라에 대해 똑같이 느낄 수 있다는 생각에 괴로워하지는 않는다.[62]

애국주의와 국가주의의 차이에 주목하면 가족을 비롯한 정서적 모형으로 정치 공동체를 사고하는 데 어떤 어려움이 있는지 잘 알 수 있다. 부모는 남의 자녀보다 자기 자녀를 더 소중히 여기면서도 딴 부모가 제 자녀에 대해 똑같이 느낄 것임을 지극히 당연하게 받아들일 수 있다. 하지만 정치 공동체를 이루는 집단은 구성원이 스스로를 집단과 동일시하도록 동원해야 하고 자기 집단과 경쟁하는 잠재적 동원 형태에 맞서 결속력을 유지해야 한다는 점에서 가족과 다르다. 프랑스계

캐나다인, 남아프리카공화국 내 줄루족, 바스크계 스페인인 등은 하나같이 분리 독립주의 지도자 아래에서 민족적 소속감을 고취하는 방향으로 이끌리는 데 반해, 국가 지도자가 바라는 것은 이들이 상위의 정치체와 동일시하는 것이다. 이런 투쟁이 벌어지는 상황에서, 모험적 정치인들은 외부인을 비인간화하는 것이야말로 집단 연대감을 동원하고 유지하는 최선의 방법임을 안다. V. O. 키의 『남부 정치』는 미국 남부에서 정치 연합을 구축할 때 반反흑인 인종주의가 얼마나 효과적으로 동원되었는지 논의하는 고전적 저작이다.[63] 그뒤로도 남아프리카공화국에서 아파르트헤이트를 확립하고 북아일랜드에서 수세대에 걸쳐 분쟁을 겪고 있는 현 상태를 유지하기 위해 외집단을 비인간화하는 수법 등이 연구되었다.[64] 이 현상은 역사가 유구하다고까지는 할 수 없지만, 적어도 비非그리스인을 야만인으로 묘사한 고대 그리스까지 거슬러올라간다.

정치적 편제에 집단의 열망이 반영되어야 한다고 주장하는 철학자들은 집단이 정치적 열망을 단지 '가지'고 있는 것이 아님을 간과하는 경우가 허다하다. 이 열망은 (적어도 부분적으로는) 기존의 집단 연대 체제를 유지하거나 이를 무너뜨려 다른 체제로 대체하는 것에서 이익을 얻으려는 모험적 정치인이 위에서 주입한 열망이다. 외집단에 대한 증오를 부추겨 이런 목적을 추구하려는 유혹을 지도자나 미래 지도자가 종종 거부하지 못하는 것은 바로 정치 연합이 가족이 아니기 때문이다. 정치 연합은 서로 겹치는 다수의 연합 및 잠재적 연합으로 이루어지는데, 이 경우 구성원들의 이익은 부분적으로 상보적이고 또 부분적으로 경합한다.

정치기구가 (구성원들이 강하게 느끼는) 문화적 애착을 구현해야 한다는 주장을 옹호하는 사람들이 6.4절에서 논의한 현실의 사회적 구성 명제에 전반적으로 동조하면서도 문화적 애착 체제가 실제 정치에서 창조되고 유지되고 파괴되는 방식에 대해서는 별 관심이 없다는 것은 아이러니다.[65] 여기에 더 주목한다면 민족적·문화적·종교적 애착을 정치화해야 한다는 주장에 훨씬 경계심을 품게 될 것이다. 어쨌든 17세기와 18세기의 종교전쟁 뒤에 교회의 확고한 지위가 무너진 이유는 종교적 소속감이 사람들에게 중요하지 않아서가 아니라, 아주 중요한 나머지 제로섬 방식으로 충돌할 가능성이 있어서였다. 정치가 집단의 강한 열망을 실현해야 한다는 주장에 동조하는 사람들은 현대 중동에서 이 주장이 얼마나 파괴적으로 나타나는지 생각해봐야 한다. 중동에서는 거의 모든 사람들이 유대인과 팔레스타인인의 (자신의 국민국가를 가지려는) 정치적 열망을 모두 인정해야 한다는 압박감을 느낀다. 어떤 정부도 종교 행위를 지지하거나 간섭할 수 없는 단일 세속국가를 이 지역 전체에 수립할 가능성이 있다면 이 갈등에 대처하기가 훨씬 수월해질 것이다. 하지만 (중동에서처럼) 종교적·민족적 관념에 기초한 국가를 바라는 정치적 열망이 진지하게 다루어지지 않는 곳에서 정치 지도자가 이 가능성을 지지하는 것은 정치적 자살행위일 것이다. 중동에서 종교적 민족성의 정치화는 (적어도 당분간은) 탈정치화가 가능한 단계를 넘어섰는지도 모르겠다. 하지만 그밖의 지역에서 강력한 집단 정체성이 사람들에게 중요하다는 이유로 이를 정치적으로 인정해야 한다고 생각하는 사람들은 중동의 사례를 심사숙고해야 할 것이다.

게다가 내적 지배의 가능성은 전혀 별개의 문제다. 앞서 가부장제의 역사를 논의하면서 암시했듯 공동체를 묶는 유대는 더 무해할 수도 있고 덜 무해할 수도 있다. "미국인은 믿습니다"라거나 "유대인은 뭉쳐야 합니다" 유의 주장은 외집단에 맞서 집단에 대한 지지를 동원하려는 시도일 수도 있지만, 내부의 반대를 억압하는 데 쓰일 수도 있다. 이러한 주장은, 누군가를 반미활동조사위원회에 세우거나 이들을 자기혐오적 유대인이라고 부르는 것보다 직접적 위협은 덜할지도 모르지만 그에 못지않게 교활할 수 있다. 모험적 정치인이 집단적 가치와 열망의 대변자를 자처하면 우리는 집단 내에서 이들의 요구 때문에 피해를 입는 사람이 누구인지 늘 물어야 한다. 이를테면 1994년 이후 남아프리카공화국 헌법에서 권력을 어떻게 분배할 것인가를 둘러싼 논쟁이 벌어질 때 전통적 부족 지도자들은 강력한 지역 자율을 주장했다. 여기에는 사법 관할구역 안에서 계엄령을 유지할 권한이 포함되었다. 무엇보다 이것은 부족 질서에서 여성을 종속화하는—적어도 유럽과 미국에서 20세기 이전의 가부장제가 여성을 종속화한 것만큼—결혼 관습과 경제적 관습, 그리고 일부다처제를 유지하겠다는 뜻이다.[66] 실제로, "전통적인 공동의 관습"은 기존 관습을 억지로 들이대지 않고서는 정당화하기 힘든 내적 억압 체제를 정당화하기에 이를지도 모른다.[67]

내적·외적 억압의 가능성이 명백하기에, 공동체주의적 관점에 동조하는 논자들은 전통적 관습을 존중하라는 주장을 끝까지 밀어붙였다가는 타당성을 잃고 말 것이다. 이를테면『정의와 다원적 평등』에서 마이클 월저는 다양한 사회생활 영역에서 다양한 사회적 가치를 어떻게 분배할 것인가에 대한 적합한 원칙을 도출하기 위해서는 우리 문화의 통상적 의미에 의존해야 한다고 주장한다. 그러고는 비지배의 메타 원칙을 끌어들여, 한 영역에 적합한 가치가 다른 영역에 적용되는 것은 정당하지 않다고 주장한다. 정치적 혜택을 대가로 돈을 받는 행위를 뇌물로 규정하는 것은 이러한 행위를 정당하지 않다고 판단하는 '분리의 기술art of separation'에 우리가 가치를 부여하게 되었음을 나타낸다.[68] 월저는 영역의 구분을 유지하는 비지배 개념이 우리 문화 내에서 널리 받아들여진다고 주장하는데, 이는 영역의 구분을 유지하는 원칙이 바람직하다는 주장을 대체한다. 하지만 우리가 그 주장을 진지하게 받아들일수록 월저의 정의론은 매력이 낮아진다. 이 개념이 월저 말마따나 근대 서구 자유주의의 우연한 역사적 인공물이었다면, 이는 봉건제하에서 일어난 지배가—오늘날 반反자유주의적 사회에서 일어나는 지배는 말할 것도 없다—정당하지 않았다고 주장할 수 없다는 뜻일까?

월저는 이런 반론에 대해 모든 문화는 내부의 지배적 관습을 비판할 이념적 자원을 포함한다고 주장한다.[69] 그럴지도 모르지만, 우리가 얻을 수 있는 이념적 자원은 우리 시대의 알베르 카뮈뿐 아니라 아돌프 히틀러와 티머시 맥베이[1995년 미국 연방정부청사 앞에서 폭탄 테러를 일으켜 168명의 희생자를 낸 사람] 같은 자들에게서 이끌어낼 수도 있다. 사회적 비판의 가능성에 의존하는 것은 그 자체로는 별 효과가 없다. 사회적 비판의 가능성이 설득력을 가지려면 문화 속에 이념적 자원을 가진 또다른 목표(아리아 민족을 창조하여 다른 민족을 지배하게 하거나 워싱턴의 부패한 정치인·기업인을 무너뜨린다는 식의 목표) 를 달성하기 위해서보다는 지배를 줄이기 위해서 비판해야 한다는 주장으로 이를 보완해야 한다.

　게다가 현대 미국에서도, 일부 지배 형태는 월저의 영역들이 가진 온전함을 훼손하지만 일부는 그렇지 않다. 가부장적 결혼에서 여성이 당하는 착취와 신체적 학대에 대한 앞의 논의는 이 문제가—규범의 위반이 아니라—널리 받아들여지는 규범일 수 있음을 시사한다. 월저가 이런 관습에 문제가 있음을 인정하지 않는다면 그의 이론은 부당한 현상태를 무너뜨리기보다는 떠받치는 데 이용될 수 있다. 여성이 가사노동에 대한 보상을 요구하거나 형법을 개정하여 배우자 강간을 불법화하라고 요구한다면, 보수적 월저주의자는 이들이 직장과 형법에 속하는 원칙을 가족생활에 적용함으로써 가족생활 영역의 온전함을 훼손하려 든다고 대꾸할 것이다. 한마디로 지배가 왜 나쁜지에 대해 별도의 논증이 제시되지 않으면 문화를 정치적 정당성의 기준을 마련하기 위한 원천으로 삼아야 한다는 월저의 주장은 금세 설득력을 잃을 것이다.

　킴리카의 자유주의적 문화주의에서도 국지적으로 받아들여진 가치를 정치적 정당성의 비판적 기준으로 삼는 타당한 견해를 도출하는 것이 어렵다는 사실을 알 수 있다. 킴리카는 (세계주의적 정신이라고 할 만한 것에 따라) 자율을 존중하는 원칙이 다문화적 수용의 조건이어야 한다고 주장한다. 그러려면 "소수집단 안에 자유가 있어야 하고 소수집단과 다수집단 사이에 평등이 있어야 한"다.[70] 킴리카도 알고 있듯, 자율성을 존중해야 한다는 요건을 어떻게 해석하는가에 따라 다르지만, 실제 세계에서 다문화적 수용을 추구하는 대다수 집단의 지도자들은 킴리카의 기본 원칙을 바탕으로 삼은 다문화적 수용을 상처뿐인 승리로 판단할 것이다. 킴리카의 자율성 기준을 집단 안에서 또한 집단 간에 적용하다보면, (적어도) 3.3절에서 밀의 위해 원칙을 해석하면서 맞닥뜨린 것 못지않게 많은 문제가 틀림없이 불거질 것이다. 개입이 정당화될 만큼 자율성이 위협받고 있는지 여부를 누가 어떤 기준에 따라 결정할 것이며, 어떤 형태로 개입해야 할까? 킴리카는 소수자 문화에서 생겨나는 인정 요구를 기꺼이 따라야 한다고 생각하지만 용인할 만한 관용의 한계를 넘었는지 결정하는 기준은 전혀 내놓지 않는다.

킴리카는 일관성의 요건에 따라 자유주의자가 비非자유주의적 타국에 관례적으로 적용하는 불간섭 정책을 비자유주의적인 국가 내 집단에도 적용해야 한다고 제안한다. 국가든 국가 내 집단이든 모두 "그들의 자치 정부를 요구하며, 독특한 정치적 공동체들을 형성한"다는 이유에서다. 따라서 킴리카는 인권 침해가 외국의 개입을 정당화할 만큼 "심각하고 구조적"이지 않으면 문화적 소수집단에 불간섭적 접근법을 취해야 한다고 주장한다.[71] 하지만 이것은 이중적으로 문제가 있다. 외국에 대한 개입을 꺼리는 태도는 원칙에 따른 것일 수도 있고 실용적 고려에 따른 것일 수도 있다. 후자의 경우에는 대체로 국제적 치안 행위가 어차피 실패할 것이라거나 (성공 여부와 무관하게) 비용이 너무 많이 들 것이라는 주장이 제기된다. 이런 종류의 판단은 사안별 특수성을 고려해야 하지만, (이 판단들이 대개 타당하다 하더라도) 초국적 치안의 논리가 국가 내 치안에도 적용되어야 할 이유는 전혀 없다. 내전이 일어났거나 오늘날 러시아와 콜롬비아처럼 국가가 극히 무력한 경우를 제외하면 정부는 일반적으로 국가 안에서 사실상 강제력을 독점한다. 어떤 경우든 킴리카의 정식화에 따르면 그가 자신의 견해에 대해 제시하는 이유는 단순히 실용적인 것이 아니라 (자치 요구를 인정해야 한다는 의무를 바탕으로 한) 원칙에 따른 것이다.

이제 자유주의자들은 (실제로 또한 일반적으로) 자국의 관행에 적용하는 원칙보다 덜 엄격한 원칙을 외국의 관행에 적용하지만, 여기에 대해 그럴듯한 이유를 내놓았다는 소식은 없다. 킴리카가 어떤 이유도 내놓지 않은 것은 분명하다. 롤스가 칸트에게서 이어받은 주장에 따르자면, 단일한 세계적 기준이 있으려면 이를 집행할 세계정부가 있어야 할 것이고 이는 (근절될 독재보다) 더 나쁜 형태의 독재를 낳을 수 있으므로 자유주의자의 태도를 옹호할 수 있을지도 모른다.[72] 이것이 참인지는 알기 힘들다. 논의의 편의를 위하자면, 세계정부는 심각한 부수적 해악을 가져온다 하더라도 관세, 제재, 금수 조치 등 기존의 국제적 체제 안에서 여러 조치를 악당 정부에 부과할 수 있다. 어떤 경우든 이 논증은 국가 정부가 국내의 정치적 책무를 포기해야 한다는 주장을 전혀 뒷받침하지 않는다. 세러 송이 지적하듯, "비자유주의적 국민국가를 상대할 때 알맞은 (자유주의적) 태도와 국내 소수집단을 상대할 때 알맞은 태도를 동일시하"는 킴리카의 유비는 "자유주의적 국가가 자국민을 보호해야 할 책임이 비非국가 집단의 권리를 보호해야 할 책임과 같지 않다는 명백한 이유 때문에 실패한"다.[73]

송은 이를 비판하면서 국민국가의 정당성을 당연하게 받아들이지만, 지금까지 어떤 정치 이론가도 국민국가에 대해 설득력 있는 정당화를 제시하지 못했음은 공공연한 비밀이다. 이 책에서 지금까지 살펴본 이론가 중에서 타국으로부터 주권을 인정받고 자신이 원하는 자들을 배제할 권리를 공유하면서도 인구, 자원, 자유, 기회, 소득, 부의 편차가 큰 국민국가들로 세계가 분할되어 있는 현재 상황을 설득력 있게 정당화한 사람은 아무도 없다. 고전 공리주의자들은 세계가 분할되어야 한다면 이는 행복을 극대화하기 위해서여야 한다고 주장할 것이고 신고전 공리주의자들은 파레토 효율을 극대화하기 위해서여야 한다고 주장할 것이다. 마르크스주의는 철저히 세계주의적이어서 국민국가를 결코 정당화하지 않는다. 무엇보다 자본주의의 국제적 성격이 점차 커져 국민국가가 사라질 것이라는 마르크스의 예측은 틀렸지만 말이다.[74] 실제로 일국 사회주의가 가능하다는 개념 자체가 마르크스의 자본주의 분석과 대립되는데, 레닌과 그의 계승자들은 일국 사회주의 개념으로 러시아혁명을 합리화할 수 있으리라 희망했다.

사회계약론도 별로 나을 것이 없다. 5.1절에서 보았듯 로크의 암묵적 동의 이론은 나라에 진입하고 나라에서 이탈하는 비용이 대다수 사람들에게 어마어마하다는 점에서 설득력이 낮다. 노직의 신로크주의적 설명에 따르면 국경에는 도덕적 의미가 전혀 없다. '국민국가가 존재하는 이유는 주어진 영역에서 강제력을 독점적으로 통제할 수 있기 때문이다'라고 말하는 것은 국민국가가 지배적 폭력 기술의 부산물이라고 말하는 셈이다. 롤스와 관련해서는, 사회생활의 특징 중에서 도덕적 자의성이라는 그의 기준을 충족하는 것이 있다면 그것은 세계 표면에서의 지리적 위치와 연관된 국적과 이익 및 부담의 분배임이 틀림없다. 따라서 롤스가 『정의론』에서 자신의 원칙이 '폐쇄된 국민국가'("폐쇄 체제")에만 적용된다고 (근거 없이) 가정하여 비난의 포화를 자초한 것은 놀랄 일이 아니다. 수많은 논자들이 주장했듯 롤스의 논증을 진지하게 받아들인다면 정의 원칙은 전 세계에 적용될 수밖에 없다.[75]

공동체주의적 사유의 바탕인 버크주의와 신버크주의는 어떨까? 여기에서도 그럴듯한 논증은 전혀 찾을 수 없다. 엄격한 버크주의자는 기존 국민국가가 계승된 자유와 의무를 위협하거나—(버크에 따르면) 영국이 아메리카 식민지의 자유와 의무를 위협했듯—계승된 체제가 타락하지 않도록 하기 위해 반대가 필요할 경우에만 기존 국민국가에 반대해야 한다고 주장할 것이다. 버크는 국민국가를 더 나은 것으로 대체한다는 발상에 질색했을 것이다. 하지만 여기에서의 난점은 세계를 국민국가로 분할하면 (아파르트헤이트와 별반 다르지 않은) 자유와 의무의 계승된 체제가 세계 규모에서 강화된다는 것이다. 부자 나라의 특권적 소수집단이 국민 자격, 국민 주권, 국민 자결 등의 용인된 원칙 뒤에서 스스로를 보호하리라는 것은 남아프리카공화국 국민당 정부가 아파르트헤이트 전성기 때 자신의 입장을 합리화하려고 '분리 발전'이라는 개념을 동원한 것만큼 명백하다.

하지만 국제적 차원에서는 이 현상이 더 적나라하게 나타나는데, 한 가지 이유는 변화의 압박을 만들어낼 유의미한 외부의 힘이 전혀 없기 때문이지만 또다른 이유는 국민 주권과 국민 자결 개념이 계승된 규범으로서 국제 질서에서 충분한 정당성을 확보했기 때문이기도 하다. 다문화주의와 국가 내 집단의 권리를 비판하는 사람들은 다문화주의와 집단 권리에 호소하다가는 분배적 불의에서 관심이 멀어질 수 있다고 지적한다.[76] 국제 무대에서도 마찬가지다. 국가를 인정하라는 요구는 현지 엘리트에게 유리하게 작용하는데, 이 요구가 성공하면 분배적 정의에서 관심이 멀어지고 이를 위한 수단이 제약된다. 부자 나라의 정부는 가난한 나라의 주권과 자결권을 인정함으로써 주권을 가진 가난한 나라 안에서의 분배적 정의를 실현해야 할 책임을 회피한다. 부자 나라에서 가난한 나라로 부를 재분배하는 것은 정의의 요구가 아니라 '원조'라는 자선의 범주에 속하게 되며, 이는 사람들이 이를 정당한 요구로 인식하는 데 제약을 가한다. 한마디로, 역사적으로 수용된 규범에 호소하는 것으로는 국민국가 체제의 정당성에 대한 만족스러운 논증을 내놓기에 역부족이다.

공동체주의는 국가 내에서의 정치적 정당성에 대한 규범을 제시하지 않는다. 따라서 사람들의 권리에 관심을 가지라는 명령도 철회되지 않는다. 개인 권리를 거부하는 버크주의적 관점을 지지하는 사람들은 집단성 자체에 도덕성이 있다는, 명백히 믿기 어려운 설명을 받아들여야 하거나 자신의 설명이 타당성을 얻도록 월저의 비지배나 킴리카의 자율 같은 개인 권리의 대용물을 찾아야 한다. 그러려면 계몽주의의 특징인 개인 권리에 대한 중시를 폐기하는 것이 과학에 대한 중시를 폐기하는 것보다 결코 쉽지 않음을 암묵적으로나마 인정해야 한다.

7장
민주주의

　민주주의를 규범적 이상으로 거론하지 않고서 여기까지 논의를 이끌어온 것에 놀랄 사람도 있을 것이다. 민주주의가 현대 세계에 널리 보급된 상황에서 정치의 도덕적 기초를 탐구하려면 정치체제를 정당화하는 데 민주주의가 어떤 역할을 하는지 반드시 살펴보아야 한다. 이념적 색채를 막론하고 세계 모든 지역의 정부가 스스로를 민주주의로 포장하려는 모습은 민주주의를 받아들이는 것이 정치적 정당성의 필수 요소임을 보여주는 (필요하다면 필요할) 또다른 증거다. 정치 지도자를 꿈꾸는 사람들은 자유주의자일 수도 있고 보수주의자일 수도 있고, 능력주의자일 수도 있고 평등주의자일 수도 있고, 국가주의자일 수도 있고 세계주의자일 수도 있고, 다문화주의자일 수도 있고 단일문화주의자일 수도 있지만, 민주주의에 공개적으로 반대하는 것은 어떤 관점을 채택하는 것보다 훨씬 힘들고 또 드문 일이다. 민주주의의 부패나 왜곡을 비난하거나 민주적 대의제가 불공정하다고 주장할 수는 있다. 민주주의가 무슨 뜻인지, 민주주의에 어떤 제도가 필요한지를 놓고 논쟁을 벌일 수도 있다. 심지어 자기 나라가 '아직' 민주주의를 할 준비가 되지 않았다고 주장하려 들 수도 있는데, 이는 결국 민주주의를 회피하면서도 그 정당성은 인정하는 것이다.

민주주의 개념의 승인은 현대 세계에서 타협의 여지가 없는 사안에 가깝다. 국제기구들은 개발 도상국에 원조를 제공하면서 공식 선거제도를 비롯한 민주주의적 개혁의 수용을 조건으로 내걸기도 한다. 해방운동을 벌이는 사람들은 자기네가 기존 정권보다 더 민주적이라고 주장한다. 물론 헌법 체계가 (특히 미국 같은 권력 분립 체제에서는) 민주주의의 범위를 제한하기도 한다. 하지만 헌법에는 대체로 민주주의 정부를 확고하게 보장하는 조항이 들어 있다. 게다가 제헌의회나 (대중에게 정당성을 승인받은) 개정 절차를 통해 헌법 자체가 개정되기도 한다. 심지어 브루스 애커먼 같은 자유주의적 입헌주의자도 헌법을 정초하고 개정하는 중대한 순간에는 대중민주주의적 승인을 받아야만 이후에 정당성을 인정받을 수 있다는 데 동의한다.[1]

공리주의, 마르크스주의, 사회계약론 등이 민주주의 문제를 거의 고려하지 않는다는 사실은, 내가 보기에 계몽주의 기획이 정치 분야에서 가지는 솔깃한 매력을 보여주는 증거다. 민주주의 이론에는 많은 형태가 있지만, 그것들의 중요한 공통점이라면 계몽주의 기획의 보다 야심찬 형태이기를 포기한다는 것이다(즉 민주주의 이론은 정치적 선택을 기술적技術的 선택으로 대체하려 하지 않으며, 개인 권리를 정치에 우선하는 것이자 정치로부터 보호받아야 하는 것으로 간주하지 않는다). 반계몽주의도, 이유는 다르지만―민주주의가 버크주의의 필수 요소인 계승된 규범과 구성적 실천을 위협한다고 생각하기에―민주주의에 통 관심이 없기는 마찬가지다. 학계의 민주주의 회의론의 다양한 이유를 뒷받침한 것은 민주주의가 시민의 의지를 측정하고 대표하는 장치라는 본연의 임무조차 수행하지 못한다고 주장하는 학자들이다.

따라서 타협을 불허하는 민주주의의 정치적 위상과 정치 이론가들에게 널리 퍼진 회의론 사이에는 긴장이 존재한다. 1979년에 존 던은 사람들 대부분은 스스로를 민주주의자로 여기지만 민주주의 이론은 "하나는 암울하리만치 이념적이고 다른 하나는 뻔뻔하리만치 유토피아적"인 두 변종 사이를 오락가락한다며 이 긴장을 탁월하게 표현했다.[2] 던이 말하는 첫번째 변종은 냉전의 수사였고 두번째 변종은 민주주의를 현실에 적용할 방법에 별 관심이 없는 참여 민주주의 논증이었다. 차차 살펴보겠지만 던 이후로 민주주의 이론에 대한 관심이 되살아나기는 했으나 민주주의는 정답을 보장하지 못하고, 개인 권리를 보호하지도, 문화와 전통을 존중하지도 않는 제한된 절차적 장치라는 것이 지금까지의 통념이다. 나는 이런 두려움이 오해의 결과라고 생각한다. 올바로 해석하고 제도화한다면, 정치 무대에서 결국 진리가 승리하고, 인권이 존중받고, 보전할 만한 가치가 있는 전통과 구성적 문화가 보전될 가능성이 가장 큰 것은 바로 민주주의를 통해서다. 말하자면 민주주의는 알맞게 다듬은 계몽주의 기획을 실현하는 한편 반계몽주의의 저류에 동조하는 사람들의 두려움을 해소할 가능성이 현재의 어떤 대안보다 크다. 따라서 정치적 정당성이 민주주의에 내재한다는 통념을 거부하기보다는 이를 받아들이는 쪽으로 사유를 전개하는 것이 타당하다. 적어도 내 생각은 그렇다. 하지만 이 문제를 논의하기 전에 민주주의 전통 자체를 살펴보자.

7.1 민주주의와 진리

민주주의 전통은 이 책에서 논의한 어떤 전통보다 오래되었으며, 그 뿌리는 고대 그리스의 도시국가(아테네가 가장 유명하다)로 거슬러 올라간다. 현대의 기준으로 보자면 아테네의 민주주의는 턱없이 불완전했다. 여성은 시민으로 인정받지 못했으며 노예제가 경제의 기반이었다. 따라서 우리는 고대 민주주의를 낭만화하려는 모든 충동에 저항해야 한다. 게다가 고대 폴리스는 규모가 작았기 때문에 현대 세계의 민주주의를 사유하는 모형으로는 실현 가능성에 분명한 한계가 있다. 이런 주의 사항을 염두에 두어야 하기는 하지만, 아테네의 민주주의는 고대의 주요한 대안들에 비하면 분명히 민주적이었다. 당시의 정치체제는 군주정 아니면 과두정이었으니 말이다.[3] 또한 아테네 민주주의의 몇몇 요소는 이후의 민주주의 이념들에 계속 보전되었다. 가장 중요한 요소는 정치권력이 왕이나 선택된 소수에게 세습되거나 전문가 집단에 위임되어야 한다는 주장이 처음부터 거부되었다는 것이다. 예나 지금이나 민주주의의 최고 원칙은 사람들의 집단적 삶과 이익에 영향을 미치는 문제에 대해 당사자가 그에 걸맞게 스스로를 통치해야 한다는 것이다.

7.1.1 플라톤의 비판

이러한 인민 주권의 원칙은 좋은 정치체제가 참된 원칙에 토대해야 한다거나 심지어 진리 추구를 목표로 삼아야 한다는 식의 개념과 충돌할 가능성이 다분하다. 인민이 진리를 알고 싶어할지도 모르지만, 언제나 그렇다는 보장은 전혀 없다. 인민은 얼마든지 미신이나 편견, 근시안에 사로잡힐 수 있고 심지어 진리를 노골적으로 혐오할 수도 있다. 당대의 진보적 평등주의자이던 밀마저도 이러한 가능성을 우려했다. 그가 대학 졸업자에게 투표권을 하나 더 주자고 주장한 것은 이 때문이기도 하다.[4] 하지만 민주주의 이론이 계몽주의보다 훨씬 오래되었듯 민주주의가 진리에 적대적이라는 우려도 역사가 깊다. 사실 민주주의 이론과 민주주의 비판 모두 고대 그리스에서 발전했다. 그 두 가지에 대한 논의 중에서 가장 오래된 것은 플라톤의 『국가』다. 플라톤이 『국가』를 쓴 계기는 진리가 (진리의) 지지자들에게 치명적으로 위험할 수 있음을 절감했기 때문이다. 기원전 399년에 플라톤의 친구이자 스승인 소크라테스가 처형당했다. 이 일로 플라톤은 부패한 아테네 정치판을 더욱 경멸하게 되었으며, 세상의 악을 치료하는 데 필요한 앎을 민주주의에서 구현하기는 불가능하다는 확신을 더욱 키웠다. 이 앎을 구현하는 유일한 길은 권력을 행사하기보다 진리를 추구하고자 하는 (왕이 되고 싶지 않은) 철인왕이 세상을 지배하도록 하는 것이었다. 그런데 플라톤은 이런 사회가 설령 만들어질 수 있더라도 불안정할 것이며 결국은 부패하고 말 것이라고 생각했다.[5]

민주주의와 진리 사이의 긴장을 가장 극적으로 논의한 부분은 『국가』 제6권이다. 플라톤은 민주주의를 "약간 귀가 멀고 눈도 근시인데다 항해와 관련된 다른 것들에 대해 아는 것도 그만한" 선장에 비유한다. 이 선장은 공적 권력의 수단을 관료적으로 행사하는 사람, 즉 시야가 좁고 타성에 젖었으며 변화하는 상황에 제대로 대처하지 못하는 사람을 나타낸다. 일반인을 나타내는 선원은 "키의 조종과 관련해서 서로 다투고 있"는데, 다들 "그 기술을 배운 적도 없"으면서 "자기가 키를 조종해야만 한다고 생각한"다. 이들 중 누구라도 항해술을 가르칠 수 있다는 말은 물론이요 항해술이라는 것이 있다는 말만 꺼내도 살해 협박을 당하는데, 소크라테스의 죽음을 계기로 플라톤이 민주주의에 대해 품은 우려의 핵심은 이것이다. 선원이 "참으로 배를 지휘하기에 적절한 사람이 되려면, 한 해年와 계절들, 하늘과 별들, 바람들, 그리고 그 기술에 합당한 온갖 것에 대해 마음을 쓰는 게 필연적"이라고는 전혀 생각지 않기에, 선원들은 항해술을 가진 사람을 자신들에게 아무 쓸모도 없는 "천체 관측자나 수다쟁이"로 여길 것이다.[6]

선장 비유의 목적은 민주주의라는 조건에서 일반적으로 사람들이 정치적 진리를 추구하지 않을 것이며 그 진리를 알더라도 입에 담지 않으리라는 플라톤의 견해를 납득시키는 것이다. 일반인은 "다중의 신념들dogmata과 다른 걸 가르치지는 않"는 소피스트에게 더욱 마음을 빼앗기기 쉽다. 사람들은 이것을 '과학'이라고 부르지만 플라톤은 이것을 여론 조사와 여론 조작의 고대적 형태라고 생각한다.

그건 마치 누군가가 자기가 키우고 있는 크고 힘센 짐승의 기분과 욕망을 숙지하게 되었을 경우와도 같다네. 이 짐승에게는 어떻게 접근해야 되며, 어떻게 그걸 붙잡아야 하는지, 어떤 때에 그리고 무엇 때문에 가장 다루기 힘들어지거나 온순해지는지, 소리는 어떤 조건에서 그때마다 내는지, 그리고 다른 것이 무슨 소리를 낼 때, 그게 온순해지기도 하며 사나워지기도 하는지, 이 모든 걸 그것과 함께 지내며 오랜 세월을 보냄으로써 숙지하게 된 다음에는, 이를 지혜라 일컬으며, 이를 '전문적 지식'으로 체계화해서 가르치려 드네. 이들 신념과 욕망 가운데 어느 것이 진실로 아름답거나 추한지, 또는 좋거나 나쁜지, 그리고 또한 올바르거나 올바르지 못한지를 전혀 모르면서도, 이 모든 걸 그 '큰 짐승'의 의견에 따라 이름짓는데, 그것이 기뻐하는 것들은 좋은 것들로 일컫는 반면에, 성가셔하는 것들은 나쁜 것들로 일컫네.[7]

단기적으로 볼 때 군중이 민주주의를 반기는 이유는 통치자가 소피스트의 '과학'을 익혀 군중의 변덕에 장단을 맞추기 때문일 뿐이다. 하지만 시간이 지나면 민주주의는 절제하지 못하고 제멋대로 구는 사람들을 낳는다. 이들은 자유에 대한 욕구가 지나쳐, 인기 영합적 정치인이나 '수벌'의 손에 놀아나게 된다. 수벌들은 부자에게 과도한 세금을 물리고는 챙길 수 있는 만큼 챙긴 뒤에 나머지를 군중에게 나눠준다. 정치인과 그 경쟁 상대인 부자 파벌이 옥신각신하며 부패와 상호 비방의 나락으로 떨어지면 인민 지도자가 권력을 잡을 길이 열린다. 하지만 인민 지도자는 곧 폭군이 된다. 그는 인민의 약점을 이용하여 권력을 강화하며, 인민을 노예로 만들어버린다.[8]

민주주의가 무너져 폭정으로 전락하는 과정에 대한 플라톤의 설명을 확대하면 모든 정치체제가 필연적으로 부패할 수밖에 없다는 더 일반적인 논의로 이어진다. 이에 대해서는 곧 자세히 설명할 텐데, 우선 민주주의와 진리의 긴장에 대한 플라톤의 논의를 살펴보자. 앞에서 살펴본 논자들과 마찬가지로 플라톤의 논증은 (적어도 이론적으로는) 정치 질서의 정당성이 진리 추구에 우호적인가의 여부에 달렸음을 시사한다. 플라톤에게 앎은 최고선이며, 진리에 토대하는 정치체제가 최선의 정치체제일 것이다. 하지만 민주주의는 진리 추구와 무관하다. 앞에서 보았듯 플라톤이 생각하기에 민주주의의 구성 원칙은, (일반적으로는) 진리를 알아보지 못하고 (진리가 자신의 편견과 충돌할 때) 진리에 적대적인 군중에게 영합한다.

민주주의적 대중이 한결같이 진리에 적대적이라는 가정이 합리적인가에 대해서는 뒤에 다시 논의하겠다. 현대 선거 정치에서 설문 조사, 표적 집단, 여론 조작 등을 널리 쓰는 것만 보아도 플라톤의 우려가 적어도 기우는 아님을 알 수 있다. 민주주의 정치인이 부자의 재산을 빼앗아 재선을 위해 재분배한다는 플라톤의 설명이 약간 거칠긴 해도, (지대 추구와 정치인의 선거 전략에 대한 정치학 논문을 읽지 않아도) 현대인은 이러한 점을 쉽게 알아볼 수 있다.[9] 민주주의 정치인에게는, 사람들이 듣고 싶어하는 것을 들려주고 대중의 욕구를 채워줄 동기가 있다. 그러나 민주주의 정치인이 진리를 추구할 것이라고 가정할 이유는 전혀 없다.

이런 경우가 많을지도 모르지만, 플라톤의 견해에 대해 당연히 던져야 할 질문이 있다. 무엇과 비교해서 그렇다는 말인가? 이 물음을 던지는 순간, 『국가』를 완벽하게 정의로운 사회의 청사진으로 읽어야 하는가, 아니면 그런 사회가 불가능하다는 논증으로 읽어야 하는가, 라는 오랜 논란이 다시 불거진다. 플라톤은 진리를 알고 진리에 따라 행동하는 일에 전념하는 철인왕이 이런 사회를 독재적으로 다스려야 한다고 주장했다. "모든 혼이 추구하는 바로 그것"인 좋음을 알고 사랑하는 것은 철학자뿐이기 때문이다.[10] 『국가』는 정의로운 사회를 건설하는 데 필요한 정연한 위계질서를 묘사하는 데 많은 지면을 할애한다. 그중 하나는 출산에서부터 양육, 경제 조직, (가장 중요하게는) 철인왕의 통치 능력을 갖춘 사람들을 발굴하고 길러내기 위한 엄격한 교육체계에 이르기까지 사회생활의 모든 측면을 중앙 집중적으로 통제하는 것이다(여기에는 플라톤이 스파르타를 동경한 것도 한몫했다). 이 교육과정을 살펴보면, 열여덟 살까지는 일반 교육을 하고 그후 2년 동안 고된 신체적·군사적 훈련을 실시한 뒤에 (충분한 능력을 갖춘 사람을 대상으로) 10년 동안 수학을 가르친다. 서른 살이 되면 (잠재적 위험성이 있는) 수사학을 배워도 될 만큼 믿음직한 사람들에게 5년 동안 수사학을 가르치며, 쉰 살이 될 때까지 하급 관리로 지내게 한다. 쉰 살까지 살아남은 사람들은 철인왕의 자격을 온전히 갖추어, 자신이 좋아하는 활동인 철학과 자신의 의무인 통치에 시간을 배분한다.[11]

혹자는 플라톤의 구상이 전체주의적 처방이라고 비난했는데, 『열린 사회와 그 적들』의 칼 포퍼가 대표적이다. 2차대전의 와중에 이 책을 집필한 포퍼는 인도주의적 지식인들이 플라톤의 견해를 진지하게 받아들이는 것에 경악했다. 포퍼는 플라톤이 제시한 종류의 권력을 국가에 부여하면 당시에 영국이 맞서 싸우던 히틀러 독일의 정치체제가—옛 소련의 공산주의적 전체주의는 말할 것도 없이—될 것이라고 생각했다.[12] 이에 반해, 플라톤의 목적이 완벽한 사회를 옹호하기는커녕 그런 사회가 불가능함을 입증하는 것이었다고 주장하는 사람들도 있었다. 이를테면 레오 스트라우스가 플라톤을 이런 식으로 독해했는데, 한 가지 이유는 철학자들이 강요 없이는 통치하지 않으리라는 것이었고 다른 이유는 플라톤이 설명하는 완벽하게 정의로운 사회를 만들려면 성평등과 절대적 공산주의가 필요한데 이 둘은 "본성에 반反한"다는 것이었다.[13] 마일스 버닛은 뛰어난 논증을 통해 스트라우스의 독해가 타당하지 않다고 주장하며 (논란의 여지가 있지만) 포퍼의 축자적 해석을 옹호했다.[14]

하지만 정의로운 사회가 불가능하다는 것이 『국가』의 취지라고 생각할 만한 (포퍼도 언급하지 않았고 버닛과 스트라우스의 해석 차이와도 무관한) 또다른 이유가 있다. 플라톤의 소크라테스가 『국가』에서 정의로운 사회가—설령 가능하더라도—'모든 정치체제는 부패한다'라는 일반 원칙의 예외가 아님을 명백히 밝히고 있음은 난해한 의미를 분석하는 현란한 논증에 파묻히지 않고도 알 수 있다. 올바로 구성된 정의로운 사회는 이례적으로 안정적일 것이나, "생성된 모든 것은 쇠퇴하기에, 이와 같은 사회질서도 영원토록 지속되지는 못하고, 언젠가는 해체될" 것이다.[15] 통치자가 다음 통치자 후보군을 길러내다가 실수를 저지를 것이고, 그 결과 미래 통치자들이 타락하여 내부 투쟁에 정력을 소모할 것이다. 그리하여 이상적 공화국의 토대인 공동 소유의 원칙이 폐기되고 사회는 쇠락할 것이다. 처음에는 정치체제가 금권정치나 무인武人 귀족정치로 대체될 것이며 그뒤에는 과두정치로, 다시 민주주의로, 결국은 폭정으로 전락할 것이다.[16] 폭정도 마찬가지로 불안정할 테지만, 무엇이 폭정을 대체할 것인가는 『국가』에서 다루지 않는다.[17] 그 대신 플라톤은 통치하고 싶어하지 않는 철학자의 삶이 왜 어느 누구보다 행복한지를 논의한다.[18]

플라톤의 설명은 그가 진리의 성찰적 이상을 추구했음을 보여주는데, 이것을 가장 잘 실현할 수 있는 곳은 정치 바깥의 영역이다. 플라톤은 진리의 발견을 햇빛을 쬐는 일에 비유했다. 플라톤은 (실재와 진리의 원천인) 좋음을 태양에 비유하고,[19] 또한 진리 추구를 땅 위의 간접광만 희미하게 비치는 지하 동굴에서 실재를 이해하려고 애쓰는 행위에 비유한다.[20] (사실상 불가능한 일이지만) 정의로운 사회를 만들 수 있다면, 진리에 접근할 수 있는 사람들이 마지못해 통치자가 될 것이고, 다른 정치체제에서는 앎을 추구할 여유가 전혀 없을 것이므로 자신들이 통치할 수밖에 없음을 받아들일 것이다. 하지만 정치체제가 불완전한 세상에서는, 진리 추구에 가치를 두는 사람들은 정치에서, 특히 민주정치에서 발을 빼는 것이 최선이다. 안 그랬다가는 소크라테스와 같은 운명을 맞을 테니 말이다. 그들이 무엇을 발견할지는 매우 불분명하다. 플라톤에 대한 여러 독법에 따르면 그것은 우리가 아무것도 모른다는, 정치적으로 달갑지 않은 사실이다. 철학자는 인간 조건의 이 끔찍한 현실을 마주하고 그 의미를 온전히 깨달을 용기가 있는 사람이다. 그러나 그것은 자기 혼자만 알고 있는 편이 나을 것이다.

어떻게 보면 진리와 민주주의가 양립할 수 없다는 플라톤의 주장을 뒷받침하는 진리관은 우리가 지금까지 살펴본 어떤 관점과도 다르다. 진리를 발견하려면 절제된 성찰을 해야 하지만 그럴 수 있는 사람은 선택된 소수에 불과하다고 생각한다는 점에서 플라톤의 진리관은 엘리트주의적이다. 플라톤은 "대중이 '지혜를 사랑하게' 되는 것은 불가능하"다고 말한다.[21] 과감하게 동굴에서 나와 햇빛 속으로 들어갈 수 있는 사람은 오로지 철학자뿐이다. 이에 반해 계몽주의는 모든 사람에게 이성이 있다고 간주한다. 플라톤의 견해는 진리를 인간의 존재와 의도에 외생적인 '형상' 또는 영원불변한 보편자로 정의한다는 점에서도 독특하다.[22] 이는 의지 의존성이야말로 권위 있는 지식의 금 본위本位라는, 초기 계몽주의의 환원 불가능한 내생적 관념과 뚜렷하게 대비된다.

엘리트주의—또는 포퍼가 플라톤의 '주지주의'[23]라고 부른 것—를 제쳐두면, 플라톤의 견해는 모든 의심을 넘어서 알 수 있는 것이 무엇인지에—비록 이 절대주의적 기준에서는 궁극적으로 아무것도 알 수 없음을 인정해야 하지만—관심을 가진다는 점에서 초기 계몽주의 사상가들과 일맥상통한다. 초기 계몽주의 사상가들과의 또다른 공통점은 엄격한 내면 성찰을 탐구 방법으로 삼았다는 것이다. 하지만 성숙한 계몽주의 사상가들과 마찬가지로 플라톤은 진리가 초기 계몽주의 사상가들이 생각한 것보다 훨씬 더 파악하기 어렵다고 믿었으며, 부패와 정치판에서의 이해관계 충돌 때문에 진리가 곧잘 희생당한다고 생각했다. 사실 플라톤은 이 점에서 밀이나 듀이보다도 훨씬 비관적이었으며, 어쩌면 더 현실적이었을지도 모른다. 과학은 편견에 사로잡히지 않으며 진리 추구에 걸맞다는 이들의 신념이 거짓으로 드러나는 장면을 우리는 숱하게 목격했다. 차라리 플라톤의 설명이 정답에 더 가까운 듯하다.

하지만 민주주의와 진리 사이의 긴장에 대한 플라톤의 설명은 정치제도의 정당성을 판단하는 기준을 확립하는 데 안성맞춤인 것 같지는 않다. 진리 추구에 대한 플라톤의 견해는 본질적으로 성찰적이기 때문에, 우리가 실제로 살아가는 제각각의 불완전한 정치체제를 평가하는 데는 별 도움이 안 되며, 따라서 이 정치체제가 저 정치체제보다 상대적으로 낫다고 주장할 타당한 근거도 내놓지 못한다. 어떤 해석에 따르면 플라톤은 철학자가 앎을 추구하도록 내버려둘 가능성이 가장 큰 정치체제를 선호한다고 말할 수 있다. 철학자가 귀족에게 후원받으려면 그의 비위를 맞추어야 한다는 스트라우스의 이야기는 이런 맥락에서 나왔다.[24] 논의의 편의를 위해 이것이 플라톤의 입장을 정확히 나타내었다고 가정하더라도, (7.2절에서 언급하겠지만) 언론 및 결사의 자유 같은 (자유로운 철학적 성찰에 필요한) 소극적 권리를 보호하는 데 민주주의 체제가 비민주주의 체제보다 더 낫다는 이유로 민주주의를 거부해야 한다는 뜻은 결코 아닐 것이다.

하지만 이것은 정치적 정당성의 판정 기준으로는 설득력이 부족하다. (플라톤의 설명에 따르면) 철학적 성찰 능력이 없는 대다수에게는 민주주의가 무의미하기 때문이다. 따라서 대중은 철학하기에 안전한 세상을 만드는 일의 유효성이 정치체제의 정당성을 판단하는 기준이어야 한다는 명제에 관심을 두지 않을 것이고 감명받지도 않을 것이다. 그러니 철학 추구에 가장 친화적인 정치체제를 대중이 지지하게 하려면 온갖 형태의 속임수와 세뇌를 동원해야 한다고 말할 수도 있다. 이런 조작적 견해가 바람직하지 않다는 사실을 제쳐놓더라도, 대중이 읽고 쓸 줄 알고 여러 정파가 경쟁하는 시대에 그러한 조작적 시도가 통할 수 있을지는 의심스럽다. 위선과 부정직을 폭로할 의향과 능력이 있는 사람들이 언제나 있을 테니 말이다. 플라톤의 세뇌 체계는 완벽하게 정의로운 질서를 유지하는 데 무엇이 필요한가에 대한 설명의 일환이었지, 우리가 실제로 살아가는 불완전한 사회를 위한 것이 아니었다.[25]

7.1.2 민주적 경쟁은 진리의 동맹

우리가 아는 민주주의에서는 (플라톤의 선장과 짐승 비유에서 보듯) 대중에게 영합하고 특수 이익에 사로잡히기 쉽지만, 민주주의 지도자들은 진실을 말해야 하는 의무에서 결코 완전히 자유로울 수 없다. 이를테면 정당과 (이들이 구성하는) 정부는 곧잘 일부 특정 국민의 이익을 도모하지만, 그럼에도 하나같이 모든 사람의 이익을 위해 행동한다고 주장한다.[26] 그래서 야당은 여당과 정부가 약속을 지키지 않고 진실을 호도하는 사례를 지적할 수 있다. 실제로 민주주의 정치에 야당이 필요하고 정당 간 경쟁이 필요한 주된 이유는 그것들이 민주주의 지도자에게 책임을 지우는 메커니즘이 되기 때문이다.[27] 빌 클린턴 대통령은 진실을 조작하는 능력이 대단했으나 부정직이 명백하게 드러나자

탄핵 요구를 받았고, 그 여파로 부통령 앨 고어는 2000년 대선에서 패배했다.

물론 민주주의 정치에서 진실이 항상 승리하는 것은 아니지만, 진실에 충실해야 하는 것은 민주주의 정치 논쟁에서 중요한 규범적 이상이다. 유력한 대통령 후보이던 조지프 바이든 상원의원은 1988년 선거 연설에서 자신의 어린 시절에 대한 '개인적' 사연을 닐 키넉[당시 영국 노동당 당수]에게서 표절했다가 대통령의 꿈을 버려야 했다. 게리 하트도 혼외정사를 보도한 언론을 부정직하게 조롱했다가 비슷한 운명을 맞았다. 1970년대 후반 FBI에서 앱스캠 Abscam 함정수사를 벌이자 수많은 공직자가 부정직이 드러나 물러났다. 심지어 오랫동안 하원의원이자 하원 세입위원회 위원장을 지낸 댄 로스턴카우스키 같은 거물도 세금을 유용하다 1996년에 유죄 판결을 받고 투옥되는 불명예를 입었다. 비민주주의 체제에서는 이런 유형의 부정직과 부패가 폭로될 가능성이 적다. 권력을 차지하려는 경쟁과 야당의 존재가 없어서, 부정직을 폭로할 제도화된 동기가 없기 때문이다.

내가 보기에, 정치에서 진실을 말할 의무가 정당성의 필수 요건인 이유는 진실을 알고 그에 따라 행동하는 것이 자신에게 이롭다는 사실을 대다수 사람들이 알기 때문이다. 2.3절에서 노직의 경험 기계를 논의할 때 언급했듯, 사람들이 좋은 삶을 쾌락과 동일시하는 고전 공리주의의 관점에 불편함을 느끼는 한 가지 이유는 자신의 경험이 진짜라는, 즉 현실에 뿌리를 두고 있다는 사실을 믿어야 하기 때문이다. 물론 사람들은 권력을 쥐었거나 좇는 사람들이 진실을 왜곡하거나 조작하려는 유혹을 늘 받는다는 사실을 대체로 알고 있다. "권력은 모두 부패한다. 절대 권력은 절대적으로 부패한다"라는 액턴 경의 경구는 과장이겠지만, (플라톤의 『국가』 등에서 설명하는 이유로) 현실을 잘 포착했다고 널리 인정받는다. 따라서 정당한 정치체제에는 반드시 부패와 부정직을 폭로하는 메커니즘이 있어야 한다. 민주주의가 현재의 여타 대안들보다 나은 이유는 바로 이런 메커니즘을 제도화하여, 정치적 야심가들에게 어두운 구석에 빛을 비추고 서로의 실책과 속임수를 폭로할 동기를 부여하기 때문이다. 따라서 민주주의는 (권력을 유지해야 한다는 명령에 인질로 잡히기 십상인) 권력 독점을 치료하는 중요한 해독제다. 파레토 체계가 밀의 동의 관념을 구현한 것이듯, 민주주의는 밀과 듀이가 자유의 유지에 꼭 필요하다고 생각한 '사상 경쟁'을 제도화한 것이다.

조지프 슘페터는 1942년에 『자본주의, 사회주의, 민주주의』에서 정치적 경쟁과 경제적 경쟁의 유비를 통해 경쟁 민주주의의 이상을 설득력 있게 서술했다. 슘페터는 유권자를 소비자에, 정당과 정치인을 기업에, 정치인이 추구하는 득표를 이윤에, 정부가 실행하는 정책을 정치적 재화와 용역에 비유해 생각하자고 제안했다.[28] 물론 경쟁만으로 민주주의를 설명할 수는 없다. 의제 설정과 어느 정도의 공적 토의에 참여할 권리를 비롯한 그밖의 요소가 종종 결부되기 때문이다.[29] 하지만 권력 경쟁은 불가피하다.[30] 새뮤얼 헌팅턴 같은 현대의 슘페터주의자들이 '어떤 나라를 민주국가로 부르려면 정부가 두 번 이상 선거에서 패배하여 권력을 내놓았어야 한다'라고 주장하는 것은 이 때문이다. 이것은 까다로운 기준이어서 논란의 여지가 있지만, 미국은 1840년까지 이 기준을 충족하지 못했으며 일본과 인도는 20세기에 들어서고도 상당 기간 동안, 1980년대 이후의 공산주의 출신 국가와 사하라 이남 아프리카에서 등장한 이른바 제3의 물결 민주주의도 대부분 민주국가에 들지 못했다.[31] 또한 경쟁이라는 요건 때문에 민주주의에서는 반대할 권리가 필수 불가결하다. 정치적 경쟁이 의미를 가지려면, 정부를 비판하고 유권자들에게 가능성 있는 대안을 제시하면서 기회를 노리는 야당이 있어야 한다.

파레토 체계가 밀의 동의 개념을 불완전하게만 구현한 것이듯 슘페터적 민주주의는 온전한 정치적 경쟁에 도달하지 못한다. 시장에 대한 전통적인 좌파의 비판—자원을 많이 가진 사람에게 보상한다는 것—은 적어도 이론적으로는 적용되지 않는다. 효율과 효력을 근거로 투표에서 시장을 옹호하는 경우도 있지만, 민주주의의 타협 불가능한 요건으로 널리 여겨지는 1인 1표제는 자원을 평등하게 한다.[32] 그러나 이를 실행할 때의 어려움은 (특히 미국에서 두드러지지만 다른 민주주의 국가에서도 정도가 심해지고 있는데) 정치인들이 경쟁하는 첫째 대상은 선거 자금이고 둘째가 유권자라는 것이다. 1000만 달러 이상의 부동산에 초고율의 과세를 하는 방안은 유권자의 결정적인 지지를 얻겠지만 어떤 정당도 그런 안을 내놓지 않는다. 오히려 2000년과 2001년에 미국 의회는 기존 부동산세를 폐지하는 법안을 초당파적으로 적극 지지했다(미국에서 가장 부유한 2퍼센트만이 이 세금을 내고 있었다).[33] 정치인들이 부자들에게 과세하기를 꺼리는 이유는 그랬다가는 선거 경쟁자에게 자금이 몰릴까봐 우려하기 때문인 듯하다. 이런 주장을 경험적으로 연구하는 것은 본질적으로 어렵지만, 정치인들이 내놓는 제안이 선거 자금 기부자들의 의제로부터 큰 영향을 받는다는 주장은 타당한 듯하다. 안 그러면 왜 기부하겠는가? 게다가 주요 정당의 수가 적다는 점에서 실제 정치 현실은 과점 경쟁이다. 그렇기 때문에 기업이 경쟁 시장에서 소비자에게 귀기울이듯 정당이 유권자에게 귀기울이리라는 예측은 현실과는 한참 거리가 먼 것이다.

중요한 점은 이 강력한 반론이 정치적 경쟁 자체가 아니라 불완전 경쟁을 겨냥하고 있다는 것이다. 선거 자금 기부자의 지나친 권력은 제한될 수 있으며(이를 위한 개혁안은 얼마든지 있다),[34] 정당 수를 늘려 경쟁을 촉진하기 위한 개혁을 실행할 수도 있다. 하지만 놀랍게도 공익 소송을 제기하는 사람, 운동가, 정치 평론가 등은—정치 이론가는 말할 것도 없다—독점 금지법으로 현재의 양당 독점을 공격하자고 주장하지 않는다. 권력 경쟁이 민주주의의 생명력이라면, 양당이 합의를 도모하는 것은—또한 그 배경에 놓인 토의적 합의의 이상은—실은 민주주의를 제약하는 반反경쟁적 결탁이다. 사람들이 이러한 근거로 양당이 지지하는 입법이나 그밖의 양당 합의 형식에 문제를 제기하지 않는 것은 왜일까? 민주당과 공화당을 쪼개야 하는 타당한 이유는 AT&T와 마이크로소프트를 쪼개야 하는 이유만큼이나 많은데 말이다.[35]

양당 합의와 민주주의를 제약하는 결탁의 비교에서 보듯 제도화된 정치적 경쟁의 이상을 (일각에서 민주주의의 본질로 여기는) 토의 개념과 혼동해서는 안 된다.[36] 토의는 민주주의 정치에서, 특히 사람들의 견해가 충분한 정보에 입각하도록 하는 데 나름의 쓸모가 있지만, 대다수 이론에서 토의의 목표는 합의를 도출하는 것이다.[37] 이에 반해 권력 경쟁은 (사람들이 일정한 규칙을 지켜야 한다는 사실을 아는) 구조화된 상황에서 이루어지는 경쟁에 초점을 맞추는데, 그 상황에서 사람들이 추구하는 것은 정적과 서로 합의에 이르는 것이 아니라 유권자가 보는 앞에서 논쟁에서 이기는 것이다. 합의를 의무화하는 메커니즘을 제도화하는 것은 사람들이 진실에 수렴하는 일을 촉진하는 것과 무관하다. 사람들은 지구가 평평하다고 합의할 수도 있고, 외국인이 야만인이라고 합의할 수도 있고, 흑인이 백인보다 못났다고 합의할 수도 있다. 밀이 공적 삶에서 논쟁이 무척 중요하다고 생각한 한 가지 이유는 오도된 관습과 정통적 편견을 반대파가 폭로할 여지를 논쟁이 만들어낸다는 데 있다. 이 과정이 순조롭게 이루어지면 경쟁 민주주의는 열띤 논쟁을 촉진하며, 권력을 추구하는 사람들은 논쟁을 통해 대중에게 자신의 주장을 정당화해야 하는 한편 이 견해의 단점과 여타 견해의 장점을 대중에게 설득하려 하는 반대파의 심문을 받아야 한다.[38]

정치 경쟁이 유의미하려면, 권력을 추구하는 사람들이 대안을 내놓는 것과 더불어, 대안에 대해 비판적으로 생각하고 정치 논쟁의 적절성을 판단할 수 있는 유권자들이 대안을 요구해야 한다. 일반 국민에게서 이에 꼭 필요한 기술을 길러내고 유지하는 것은 듀이가 플라톤의 '귀족적' 사회 구성 원칙에 맞서 민주주의를 지지한 이유 중 하나였다. 듀이는 사람들에게 좋은 것이라면 (심지어 이론상으로조차) 그들에게 강요할 수 있다는 생각에 이의를 제기했다. 듀이는 개인이 "사회에서 자신에게 가장 알맞은 자리를 찾아 그 자리에 알맞은 역할을 할" 때 "가장 완전한 발전"을 달성한다는 플라톤의 말이 옳을 수 있다고 인정하면서도, "개인이 스스로 그 자리를 찾고 그 역할을 맡"아야 한다고 주장했다.[39] 개인성에 대한 듀이의 보편적 옹호를 뒷받침한 것은 매우 반反전위주의적인 관점이었으며 이에 따라 듀이는 (점잖아 보이는) 권위주의적 통치자를 늘 의혹의 눈으로 바라보았다. 듀이가 보기에 플라톤의 귀족주의적 이상이 실패하는 이유는 "현명하고 선한 소수에게 권력을 주었을 때 실제로 일어나는 결과는 그들이 더는 현명하고 선하지 않게 된다는 것이다. 그들은 다수의 필요와 요구를 무시하고 다수가 공동체에서 실제의 몫을 얻지 못하도록 배제한"다. 게다가 그들은 지위 때문에 쉽사리 부패하여 "공공선을 해치면서까지 스스로를 위해, 또한 특권과 지위를 행사하기 위해 지혜와 힘"을 이용한다.[40] 따라서 정치 엘리트는 권력 독점을 유지하는 과정에서, 지도자가 정직하고 정신 바짝 차리도록 하는 데 필요한 비판적 요구를 훼손하며 전체 대중의 수준을 떨어뜨리려 할 것이라고 예상할 수밖에 없다.

듀이의 관점에서 민주주의가 현행 대안들보다 뛰어나다는 정치적 논증을 강화하는 것은 인식론적 고려다. 플라톤의 진리 이론과 초기 계몽주의의 공통점인 절대주의적 특징을 버리고 성숙한 계몽주의의 가류주의를 받아들이면, 민주주의와 진리의 연관성을 다른 각도에서 볼 수 있게 된다.[41] 무지의 한계선을 밀쳐내는 누적적이고 실험적인 모험에서 민주주의는 진리의 가장 믿음직스러운 동맹이다. 민주주의적 태도와 과학적 태도가 서로를 강화하는 이유는 바로 둘 다 공론을 필요로 하기 때문이다. 듀이가 『우리 시대의 개인성』에서 주장한바 새로운 사상과 이론은 반드시 과학 공동체에 부쳐 비판적 평가를 받도록 해야 한다.

> 실험적 방법은 송풍관, 증류기, 시약을 쓰는 것과 다르다. 습관이 발명과 발견을 지배하도록 하고 기성 체계가 입증 가능한 사실보다 우선하도록 하는 것은 모든 믿음의 적이다. 실험적 탐구가 하는 일은 끊임없는 수정이다. 지식과 아이디어를 수정함으로써 우리는 변화를 실현하는 능력을 얻는다. 일단 이 태도가 개인의 정신에 구현되면 우리는 유효한 배출구를 찾을 것이다. 새로운 아이디어가 등장하면 독단과 제도는 전율한다. 하지만 이 전율은 이 아이디어가 새로운 진리를 끊임없이 발견하고 낡은 믿음을 비판할 수단을 갖추었을 때에 비하면 아무것도 아니다. 과학을 '묵인'하는 것은, 게으른 습관이나 사익 때문에 기존 사회 질서가 그대로 유지되기를 바라는 사람들에게만 위험하다. 과학적 태도는 무엇이 발견되든 이를 받아들이고 새로운 진리를 굳게 따르는 것이기 때문이다.[42]

듀이는 대중 교육을 통해 사회 전반에 이 관점을 확산시켜 "인류의 문제에 대한 과학적 태도의 전반적 수용"을 증진하는 방안을 구상했다.[43] 『자유와 문화』에서는 "과학을 주제의 측면에서 정의했을 때 모든 사람이 과학자가 되는 것이 바람직하다거나 가능하다고 믿는 것은 터무니없을 것"임을 인정하면서도 이렇게 주장했다. "민주주의의 미래는 과학적 태도의 확산과 결부되어 있다. 과학적 태도는 선전에 의한 대대적 여론 호도에 확실하게 저항하는 유일한 방법이다. 더 중요하게도 과학적 태도는 여론이 현재의 사회문제에 대처할 만큼 현명해지도록 보장하는 유일한 방법이라는 것이다."⁴⁴

듀이는 2차대전 전야에 이 글을 썼다. 6.3절에서 보았듯 듀이는 과학적 태도가 얼마나 빨리 확산될 것인가에 대해, 또한 편견과 편협과 미신을 대체하는 과학적 태도의 누적적 능력에 대해 지나치게 낙관적이었다. 21세기의 관점에서 보자면 현실은 비판적인 과학적 태도가 늘 승리하리라는 보장이 전혀 없이 끊임없는 전투를 벌이는 것에 가깝다. 민주주의 정치에서는 이해관계의 충돌이 영원히 사라지지 않을 것이기 때문에, 플라톤이 선장과 짐승의 비유를 들어 정치권력을 손에 넣고 지키려고 진리를 왜곡하고 열정과 편견에 영합하려는 충동에 굴복하는 사람들이 늘 있으리라고 주장한 것은 옳다. 하지만 이 문제에 대한 해답이 정치 엘리트에게 권력을 부여하는 것이라는 플라톤의 처방은 정치적 이유뿐 아니라 인식론적 이유로도 틀렸다. 플라톤의 절대주의적 지식관에는 초기 계몽주의와 공통되는 여러 미심쩍은 특징들이 있다(앞에서 보았듯 그보다는 근대 과학의 실험적 가류주의를 받아들이는 것이 옳다). 민주주의는 과학이나 과학의 정치적 적용을 통해 진리를 추구할 수 있음을 결코 보증하지 않지만, 민주주의적 태도와 과학적 태도가 선택적 친화성을 공유하며 정치에서 결국 진리가 승리할 가능성은 민주주의가 어떤 대안적 정치체제보다 높다는 듀이의 말은 옳았다. 윈스턴 처칠은 민주주의가 "지금껏 시도된 다른 모든 통치 형태를 제외하면 최악의 통치 형태"라고 주장하면서 틀림없이 이 측면을

염두에 두었을 것이다.[45]

7.2 민주주의와 권리

민주주의가 진리에 적대적이라는 플라톤의 주장 못지않게 유서 깊은 주장으로 (토크빌과 밀이 논의한 '다수의 횡포'와 관련하여) 민주주의가 개인 권리에 적대적이라는 주장이 있다.[46] 이 주장의 근대적 형태는 적어도 루소의 우려까지 거슬러올라가며, 매디슨이 『연방주의자 논집』 제10호에서 '다수 파벌'에 대해 논한바 다수가 소수를 희생하여 자기 구성원의 이익을 채울 것이라는 주장과도 일맥상통한다.[47]

7.2.1 민주주의가 비합리적이라는 주장

근대의 사회적 선택 이론가들은 다수결 원칙이 자의적 결과로, 심지어 소수의 독재로 이어질 수 있다는 점에서 고전적 논자들이 깨달은 것보다 문제가 심각하다고 주장해왔다. 케네스 애로는 콩도르세 후작(1743~1794)의 오래된 통찰을 확장하여, 일부 극단적인 가정하에서는 다수결 원칙이 구성원 다수가 반대하는 결과로 이어질 수 있음을 밝혔다. 이를테면 유권자 1의 선호 순위가 ABC, 유전자 2는 CAB, 유전자 3은 BCA라면 A가 B에 대해 다수가 될 수도 있고(유권자 1과 유권자 2), B가 C에 대해 다수가 될 수도 있고(유권자 1과 유권자 3), C가 A에 대해 다수가 될 수도 있다(유권자 2와 유권자 3).[48] '투표의 순환성'이라고도 하는 이 결과는 (일반적으로 합리성의 필수적 특징으로 간주되는) 이행성 원칙에 어긋난다. 투표의 순환성이 발생 가능한 경우, 투표 순서에 대해 통제권을 가진 사람이 유권자의 선호도를 알면 얼마든지 결과를 좌우할 수 있다. 의제 설정자가 결과를 조작하지 않더라도, 투표 순서가 실제와 달랐다면 결과가 달랐으리라는 점에서 결과가 자의적일 수도 있다. 한마디로 민주주의는 다수의 횡포로 이어질 수 있을 뿐 아니라, 전략적으로 유리한 소수의 횡포, 또는 비합리적 자의성의 횡포로도 이어질 수 있다.

이 중 어느 것도 개인 권리를 보호하는 민주주의를 전망하지 못하게 한다. 매디슨과 연방주의자들은 다수 파벌의 횡포를 우려하여 다수가 정치적 행동을 쉽게 하지 못하도록 다양한 거부권으로 이루어진 정치체제를 고안했다. 여기에는 "야심에는 야심으로 대항하"[49]는 권력 분립 체제가 포함되는데, 그 요소로는 입법이 헌법에 어긋난다고 선언할 수 있는 권력을 가진 독립된 법원과, 입법기관과 무관하게 선출되어 독립적으로 정당성을 가지는 대통령, 법안이 하원과 상원을 모두 통과해야 하고 상하원의 3분의 2가 찬성하면 대통령의 거부권 행사를 기각할 수 있는 강력한 양원제, 연방 정부와 주 정부 사이에 끊임없는 사법적 긴장이 존재하는 연방제 등이 있다. 애로 이후의 사회적 선택 연구에서 밝혀진 사실들을 바탕으로 윌리엄 라이커와 배리 와인개스트 같은 연구자들은 이와 같이 정부 행위에 대한 제도적 거부권을 겹겹이 배치하는 것을 지지했으며 법률이 개인 권리, 특히 소유권을 침해하지 않도록 법원이 입법기관을 최대한 통제해야 한다고 주장했다.[50]

다수결 원칙이 개인 권리를 위협하는 결과를 낳는다는 주장과 다수결 원칙이 비합리적 결과를 낳는다는 주장은 구분해야 한다. 다수결 원칙이 개인들의 선호도를 완벽하게 종합하는 것이라면, 이것이 피통치자의 선택을 구현한 것이며 (그럼으로써) 체제를 통해 표현되는 개인 권리를 보호한다고 말하고 싶을 수도 있다. 아마도 루소는 이를 염두에 두고 결정 과정이 일반의지에 수렴해야 한다고 말했을 것이다. 루소의 유명한 일반의지는 (애매하기는 하지만) 다음과 같다. "개별 욕망들의 총합에서 서로 상쇄하는 양수와 음수를 제거하고 남는 차이의 총합이 일반의지다."[51] 하지만 이러한 일반의지 개념은—근대 문헌에서는 사회후생함수social welfare function라고 부른다—애로가 밝혔듯이 달성할 수 없다.

하지만 애로와 루소의 대결에서 애로의 손을 들어주더라도, 그 결과로 민주주의가 개인 권리에 어떤 특정한 위협을 가한다고 생각할 이유는 전혀 없다. 어쨌든 결정적 물음은 이것이다. 무엇에 비해 그렇다는 것인가? 애로가 발견한 사실은 다수결 원칙과만 관련된 것이 아니다. 그의 정리는, 그가 추정하는 선호의 다양성과 온건한 제도적 조건, 합리성에 대한 평범한 제약을 전제할 경우 어떤 메커니즘도 합리적인 집단적 결정을 낳으리라는 보장이 없음을 보여준다. 하지만 대안은 무엇일까? 라이커와 와인개스트 같은 자유지상주의자들은 정부의 행위를 최대한 줄이는 것이 대안이라고 주장하지만, 이는 두 가지 이유에서 부적절하다. 첫째, 3.4절에서 보았듯 정부의 행위를 까다롭게 만드는 것은 사실상 현 상태에 특권을 부여하는 것인데, 여기에 집단적 행위가 결부되지 않는다고 가정하는 것은 착각이다. 자유지상주의적 논자들은 사회계약론의 관점에서 생각하는 성향 때문인지, 집단적 행위가 '없'는 것이 사회에서 일관된 선택지라면서도 이 사회에 사적 소유, 계약 집행, 표준적인 소극적 자유 등이 있다고 주장한다. 러시아 같은 탈공산주의 나라의 최근 경험에서 보듯 이러한 제도는 모두 꾸준한 집단적 행위를 요하며 비용이 많이 든다.[52] 자유지상주의적 입헌 체제는 국가에 의해 유지되는 집단 행위 체제이며, 대안 체제를 선호할 만한 사람들이 부담하는 내재적 조세로 비용의 대부분을 충당한다. 그렇다면 더 적절한 물음은 '집단적 행위인가 아닌가'가 아니라 '어떤 종류의 집단적 행위인가'다.

둘째, 라이커와 와인개스트 같은 자유지상주의자들은 입법기관의 잠재적인 제도적 병리 현상에 초점을 맞추면서도 법원처럼 입법 행위를 견제할 수 있는 기관의 병리 현상은 무시하는 경향이 있다. 적어도 미국에서는 항소법원이 그 자체로 다수결 기관이다(대법관이 아홉 명인 미국 대법원도 마찬가지다). 이 기관들 또한 적어도 입법기관만큼 순환성에 취약하며 심지어 조작에 더 취약할 수 있다고 생각할 이유가 충분하다. 법정의 의제와 (사안을 다루는) 순서에 꽤 큰 영향력을 행사하는 수석 판사는 동료의 취향을 잘 안다. 판사들이 밀접하게 연관된 사건을 많이 판결하며 인력 충원과 교체가 느리기 때문이다. 이에 비하면 재적수가 100명이고 3분의 1이 2년마다 새로 선출되는 상원이나 재적수가 435명이고 전체 의원이 2년마다 새로 선출되는 하원에서는 조작에 필요한 정보가 적다고 가정하는 것이 합리적일 것이다(전체 인구는 말할 것도 없다). 물론 현직 의원의 당선율이 높아서 의원 교체가 느리고 의정 업무 중 상당수가 소규모 위원회에서 진행되는 것은 사실이다. 그렇더라도 (애로가 지적한) 자의적이거나 조작된 결과를 낳을 가능성이 법원보다 입법기관이 크다고 생각할 그럴듯한 이유는 전혀 없다.[53]

자유지상주의자들의 민주주의 비판에 담긴 이러한 약점보다 더 중요한 것은 비자의적 의사결정의 결과가 무엇일지에 대한 그들의 예측일 것이다. 애로가 루소의 일반의지 같은 것이 대체로 존재하지 않는다고 증명했을 수 있지만, 우리가 '일반의지가 없다는 사실'에 대해 우려해야 한다고 말하는 것은 플라톤 철학의 사촌격인 인식론적 절대주의를 받아들이는 것과 같다. 이행성은 개인적 합리성의 타당한 속성일 테지만, 여러 집단적 결정에 대해 이를 요구하는 것이 온당한지는 미지수다. 뉴욕 자이언츠가 댈러스 카우보이스를 이기고 댈러스 카우보이스가 워싱턴 레드스킨스를 이겼을 때, 이행성 원칙을 위반하지 않도록 레드스킨스와 자이언츠가 경기하지 말아야 한다고 주장하는 사람은 아무도 없다. 교착 상태에 빠진 위원회는 이따금 동전 던지기로 결정을 내린다. 이것이 자의적일지도 모르지만, 집단생활을 영위하려면 어쩔 수 없다. 이런 상황에서는 각 경쟁 또는 결정 메커니즘이 공정하다고 인식되는 것이 다른 날에 다른 결과가 나올 수도 있다는 것보다 중요하다.[54]

루소의 일반의지나 사회후생함수가 형이상학적 공간의 플라톤적 형상처럼 어디에선가 발견되기를 기다린다는 기대를 버려도, 다수결 원칙이 여러 상황에서 의사결정 메커니즘으로서 장점이 있다는 데 동의할 수는 있다. 7.1.2절에서 논의했듯 사상의 경쟁을 촉진하는 것은 다수결 원칙을 뒷받침하는 이유 중 하나다. 또다른 이유는 다수결 원칙이 정치적 안정에 이바지할 수 있다는 것인데, 그 이유는 바로 현 상태를 무너뜨릴 가능성이 영구적으로 존재하기 때문이다. 주세페 디 팔마와 아담 프셰보르스키 같은 민주주의 이론가들은 경쟁에서 패배한 사람들이 총을 들거나 정치체제에서 소외되지 않고 정치 과정에 참여하도록 동기를 부여하는 것은 미래에 대한 제도화된 불확실성이라고 주장한다.[55] 사회의 지배적 분열상이 한 가지이고 인구 대다수의 선호도 순서가 똑같은 경우에는 이런 일이 일어나지 않을 것이다. 이런 선호 구조는 애로의 순환을 미연에 방지할 수 있지만, 충직한 반대loyal opposition(민주주의 체제는 받아들이되 현 정부에 대해서는 반대하는 것)가 불충한 반대disloyal opposition로 바뀌어 패배자들이 체제 자체를 무너뜨리려 드는 대가를 치르게 될 가능성이 크다. 니컬러스 밀러는 이를 일반화하여 애로 이후의 공공 선택 연구에 나타난 안정성 개념(순환을 방지하기 위해 선호도에 대해 여러 제한을 가한다)과 다원주의적 안정성 개념 사이에 모순이 있음을 지적했다. 후자의 개념에서 요구되는 주기적 정권 교체를 촉진하는 것은 순환의 가능성을 열어주는 이질적 선호다.[56] 실제로, 비교정치학 연구자들은 이질적 선호가 결여되었을 때는 경쟁 민주주의가 작동하지 않는다고 종종 주장한다. 이들은 인구 내의 선호 분열이 이러한 결과를 낳을 정도로 크지 않을 경우에는, 아런트 레이파르트의 '협의 민주주의consociational democracy'처럼 소수집단의 거부권을 보장하고 여러 집단을 대변하는 엘리트가 카르텔로서 합의에 의해 통치함으로써 정치적 경쟁을 회피하도록 하는 대안적인 제도적 편제를 제안한다.[57]

이처럼 자세히 들여다보면 투표의 순환성이 발생할 가능성이 특별히 우려스럽지는 않으며 민주주의 제도의 안정성을 위해서는 오히려 유리할 수도 있음을 알 수 있다. 순환성이 실제로 발생할 가능성이 얼마나 큰가는 또다른 문제다. 앞서 절대다수의 선호도가 똑같으면 이 가능성이 배제된다고 언급한 바 있다. 선호도에 대한 그밖의 여러 제약도 순환성의 가능성을 줄이거나 아예 없앨 수 있다.[58] 인구 규모가 크면 선호가 이질적이어도 순환이 발생할 가능성이 비교적 적음을 시사하는 이론적 결과가 적어도 하나 있으며, 제리 매키의 방대한 경험적 연구에서는 사회적 선택 연구에서 지목한 순환이 모두 거짓 주장이나 오류 데이터에 기반하고 있음이 드러났다.[59] 민주국가들은 각각의 서로 다른 장점을 취하고 있는지도 모른다. 순환의 가능성은 선거에서 패배한 사람들로 하여금 미래에 정권을 차지할 희망을 품고서 체제에 참여할 동기를 주는데, 순환이 실제로는 드물다고 해서 정부 정책이 영구적으로 뒤집히지 않는다는 것은 아니다.[60] 이를테면 조세 정책 영역의 경우, 상상 가능한 모든 현 상태를 무너뜨릴 잠재적 연합이 존재한다는 것은 의심할 여지가 없다. 세 명으로 이루어진 사회에서 1달러를 나누는 다수결 투표를 하는 경우를 생각해보면 알 수 있다. 분배가 어떻게 이루어지든 어떤 다수 연합은 결과를 바꾸고 싶어할 테지만, 그럼에도 조세 정책은 시간이 흘러도 매우 안정적일 것이다.[61]

7.2.2 다수의 횡포?

공공 선택 연구에서의 발견이 민주주의적 정당성에 대해 흔히 가정되는 것보다 덜 위협적이라면, 토크빌과 밀의 논증과 연관된, 다수의 횡포에 대한 좀더 전통적인 우려와 미국 건국의 아버지들이 헌법에 포함시킨 반反다수결적 요소는 어떻게 보아야 할까? 토크빌의 예견은 이 점에서 유달리 종말론적이다. 토크빌은 1835년에 이렇게 썼다. "쇠사슬과 교수형 같은 것들은 옛날 폭정에서 사용되던 거친 도구들이지만 우리 시대의 문명은 더이상 배울 것이 없는 것 같으면서도 전제정치 자체를 완벽하게 만들었다." 토크빌은 다수의 횡포가 벌어질 가능성이야말로 미국의 민주주의에서 제기되는 가장 큰 위협이라고 생각했다. 『연방주의자 논집』 제51호에서 매디슨이 "강한 당파들이 쉽사리 결합하여 약한 당파들을 억압할 수 있는 형태의 사회는, 약자들이 강자들의 폭력으로부터 보호되지 못하는 자연 상태에서처럼 무정부주의가 실제로 지배한다고 할 수 있"다고 우려한 것을 인용하면서 토크빌은 "아메리카의 자유로운 제도가 붕괴된다면 그런 사태는 다수의 절대 권력 때문일 것이다. 다수의 절대 권력은 앞으로 어느 때엔가는 소수파들을 절망에 몰아넣어서 물리적인 힘에 호소하게 만들지도 모른다"라고 주장했다. 그 결과는 매디슨 말마따나 무정부 상태일 테지만, "그런 사태가 초래된 것은 전제정치 때문일" 것이다.[62]

제임스 뷰캐넌과 고든 털럭은 1962년에 이 위험에 대해 영향력 있는 이론적 반박을 내놓았는데, 그 바탕은 일부 권리와 자유가 다수결에 의해 바뀌는 것을 더욱 어렵게 만들고자 한 미국 건국의 아버지들의 충동에 있다. 뷰캐넌과 털럭은 훗날 롤스 덕분에 유명해진 추론 양식을 전개하여 이런 물음을 던졌다. 제헌의회에서 "실제로 행해질 앞으로의 집합적 선택들의 전체 사슬 중 어느 한 선택에서도 자기 자신의 정확한 역할이 무엇일지" 아무도 확신하지 못한다면, 이때 서로 이해관계가 없는 시민은 어떤 결정 규칙을 선택할까? 각 행위자는 이기적이든 이타적이든 상황별로 "이기심을 따르되 마치 자기가 사회집단을 위한 최상의 규칙 집합을 선택하고 있는 것처럼 행동하"게 된다.[63] 그렇다면 가능한 대안들 대신 다수결 원칙을 선호할 이유가 전혀 없다는 것이 두 사람의 주장이었다. 집단적 의사결정은 예외 없이 모든 개인에 대해 비용과 편익이 발생하며, 최적의 결정 규칙은 '외부 비용'(제삼자의 합법적이지만 해로운 행위가 개인에게 미치는 비용)과 '의사결정 비용'(집단적 행위에 대한 합의를 도출하는 협상 비용)의 합을 최소화하는 것이다. 집단적 행위의 외부 비용은 필요한 다수의 크기가 커질수록 감소한다. 극단적으로, 만장일치 규칙에서는 모든 개인이 거부권을 행사할 수 있으므로 절대적으로 보호받는다. 역으로, 의사결정 비용은 대체로 필요한 다수의 크기에 따라 증가한다. 이는 협상 비용이 커지기 때문이다. 제헌 단계에서의 선택 문제는 여러 유형의 집단적 행위에 대해 비용 합계가 최소인 지점을 판단하고 미래의 여러 상황에 적용할 일련의 결정 규칙에 대해 합의하는 것이다.[64]

저마다 다른 결정 규칙이 필요한 (적어도) 세 종류의 집단적 행위를 구별해볼 수 있다. 첫째는 나머지 결정 규칙을 결정하기 위해 확정해야 할 최초의 결정 규칙이다. 뷰캐넌과 털럭은 "상세한 설명 없이 이

궁극적 단계에는 만장일치 규칙이 적용된다고 가정한"다. 둘째는 "이 규칙들이 정의되고 공동체에서 일반적으로 수용된 뒤에 개인의 인권이나 소유권의 구조를 변경하거나 제한하는 집단적 또는 공적 결정"이다. 개인은 집단적 행위가 "자신에게 매우 심각한 비용을 부과할" 수도 있음을 예견하고서 "자신의 동의를 얻는 것에 높은 가치를 부여하는 경향이 있으며, 자신이 권리나 재산의 몰수로부터 합리적으로 보호받도록 보장하기 위한 의사결정 비용을 상당한 정도로 감수할 의향이 있을 것"이다. 따라서 그가 요구하는 결정 규칙은 만장일치에 가까울 것이다. 셋째는 대체로 정부에서 수행하는 집단적 행위의 집합이다. 이에 대해 "개인은 사적 조직이 자신에게 (아마도 상당한 양의) 상호 의존 비용을 부과할 것임을 인식할 것이며 (추측건대) 그러한 활동을 공공 부문에 이전하는 것을 지지할 것"이다. 이러한 예로는 공교육 제공, 건축 규정과 소방 규정의 시행, 적절한 경찰력의 유지 등이 있다. 제헌 단계에서의 개인은 이런 '일반적 입법'에 대하여 덜 포괄적인—반드시 단순한 다수결 원칙은 아니더라도—결정 규칙을 지지할 것이며, 이 집합 안에서의 저마다 다른 다수들은 각자 최선의 목적을 좇아 합의에 이를 것이다. "범주의 개수와 선택된 의사결정 규칙의 개수는 개인이 우세하리라 예상되는 상황과, 같은 규칙을 여러 활동에 적용했을 때 예상되는 '규모별 수익'에 따라 달라질 것이다."[65]

(지금은 고민할 필요가 없지만) 이 논증에는 여러 면에서 결함이 있다.[66] 여기서 강조해야 할 요점은 만장일치 규칙을 옹호하는 관성적 편향으로 인한 두 가지 미심쩍은 가정 때문에 민주주의가 실제보다 덜

매력적으로 보인다는 것이다. 첫째는 사회계약이라는 허구―이것이 타당하지 않음은 이미 살펴본 바 있다―로, 사회에서 사적 행위만이 (집단적 제도의 승인을 받지 않고서도) 우세하게 이루어지는 최초 단계가 있을 수 있다는 생각이다. 정치에 앞서서 사람들이 자원과 능력을 '소유'한다는 뷰캐넌과 털럭의 가정이 5.2.2절에서 논의한 롤스의 강력한 도덕적 자의성 논증과 어긋난다는 것은 말할 것도 없다. 두번째 결함은 심지어 우리가 뷰캐넌과 털럭이 제시하는 사고실험에 참여하더라도 생긴다. 두 사람에 따르면 결정 규칙으로서의 만장일치는 독특한 속성을 지녀서, 의사결정 비용이 0이면 이것이 제안된 모든 집단적 행위에 대해 유일하게 합리적인 결정 규칙이 된다.[67] 하지만 이 논증은 결정 규칙으로서의 만장일치를 사회적 상태로서의 만장일치―즉 모든 사람이 실제로 같은 결과를 원하는 상태―와 혼동한다. 브라이언 배리의 앞선 연구를 바탕으로 더글러스 레이는 제헌의회의 관점에서, 우리가 미래의 어떤 상태에 대해 호의적이지 않을 가능성이 호의적일 가능성 못지않으며 우리가 호의적이지 않을 경우에는 만장일치를 요구하는 결정 규칙이 우리의 선호를 좌절시킬 것이라고 지적했다. 뷰캐넌과 털럭은 정당화가 필요한 것은 현 상태로부터의 이탈이라고 줄곧 가정했지만, 이 가정은 근거가 없다. 시간의 흐름에 따른 외부효과나 '효용 이동 utility drift'(레이의 용어) 때문에 현 상태에 대한 평가가 달라질 수 있기 때문이다. 어떤 상황에서 우리는 집단적 행동을 옹호하는 사람들보다는 집단적 행동의 불이행을 옹호하는 사람들이 입증 책임을 져야 한다고 여길 수도 있다.[68] 사람들은 (예견했든 못했든) 다른 이유로 마음을 바꿀 수도 있고, 이전 세대의 만장일치 합의로 만들어진 현 상태에 반대하며 얽매이고 싶어하지 않을 수도 있다. 실제로 레이는 우리가 어떤 제안에 대해 찬성하는 것만큼이나 반대할 가능성이 있다고 가정한다면—제헌의회에서의 불확실성 조건은 이를 요구하는 듯하다—다수결 원칙이나 이와 매우 비슷한 방식이 뷰캐넌과 털럭의 선택 문제를 해결할 수 있는 유일한 방법임을 형식적으로 밝혔다.[69]

궁극적으로, 다수결 민주주의가 토크빌, 밀, 미국 건국의 아버지들의 우려처럼 개인 권리를 침해하므로 그 범위를 제한하기 위한 반反다수결적 장치를 도입해야 하는가는 경험적 문제다. 미국에서 가장 많은 논쟁과 주목을 끈 제도적 장치는 사법부이다. 이는 대법원이 위헌 법률 심사권이라는 막강한 권한을 가지고 있기 때문이다. 롤스주의적 기획은 미국 사법부가 작동하는 데 영향을 미친 입헌적 제약 중 하나다.[70] 브루스 애커먼, 로널드 드워킨, G. A. 코언 같은 이론가들은 (지금까지는 영향력이 덜한) 대안 이론을 내놓았지만, 이 이론들은 전부 그들이 제시한 원칙을 독립적으로 집행하는 기관—아마도 헌법재판소—이 민주주의의 영역에 한계를 부과해야 한다는 것을 전제로 삼는다.[71]

하지만 민주주의가 개인 권리와 자유를 위협한다는 우려를 뒷받침하는 확고한 근거를 찾기는 힘들다. 최근에 로버트 달은 토크빌이 종말론적 두려움을 표명한 지 한 세기 하고도 반이 지난 뒤에 비민주주의 국가에서보다 민주국가에서 정치적 자유가 훨씬 존중받는다는 사실을 지적했다. 언론, 결사, 인격권 및 소유권의 존중, 고문 금지, 법 앞에서의 평등 보장 같은 의미 있는 자유가 있는 나라는 거의 대부분 민주주의 정치체제를 갖추고 있다.[72] 개인 권리의 정의를 확대하여 사회적·경제적 보장을 포함하더라도 비민주국가가 이러한 권리를 민주국가보다 더 많이 제공한다고 신뢰성 있게 주장할 수는 없다.[73] 이 문제를 경험적으로 연구하기는 분명 힘들다. 유의미한 사회경제적 보장에 필요한 자원을 갖춘 전 세계의 대다수 부자 나라는 민주주의 국가이며, 공산주의 체제가 실패한 것은 (논란의 여지는 있지만) 정치체제보다는 경제의 탓이 컸다. 하지만 토크빌의 주장에 대한 근거로 공산주의의 사례를 들고 싶은 사람은 거의 없을 것이다. 공산주의에서는 시민적·정치적 자유가 민주주의에서보다 훨씬 존중받지 못했으며 사회적 급부의 수준이 전반적으로 낮았다. 최소한, 토크빌의 주장은 확고하게 입증되지는 않았으며 그 반대 주장, 즉 개인 권리와 시민의 자유를 보장하는 최선의 방법은 민주주의를 달성하고 확립하려고 노력하는 것이라는 주장이 참일 가능성이 더 크다는 결론을 내릴 수밖에 없다.

민주국가들 사이에서도 헌법재판소의 성격에 따라 차이가 생길까? 미국에서는 연방 사법제도가 정부의 법무 부처에 맞서 개인 권리와 시민의 자유를 지켜낸 시기가 분명히 있었다(워런 대법원장 시기가 대표적이다).[74] 하지만 타 인종을 억압하고 시민의 자유를 부인하던 시기도 있었다.[75] 최근까지도 이 문제에 대해서는 일화를 거론하는 것 이상의 체계적인 연구가 거의 이루어지지 않았다. 1956년부터 달은 헌법재판소를 갖춘 민주주의가 그렇지 않은 민주주의에 비해 개인의 자유가 존중되는 정도에 긍정적 영향을 미친다고 볼 수 있다는 주장에 대해 회의론을 제기했으며, 2년 뒤에는 기념비적 논문 「민주주의에서의 의사

결정: 국가정책 결정자로서의 대법원」에서 이 견해를 상술했다.[76] 이후의 학자들도 달의 회의론에 탄탄한 근거가 있음을 밝혔다.[77] 실제로, 신흥 민주주의 국가에서 독립적 법원이 인기를 끄는 것은 개인 자유의 보호보다는 독립적 은행의 인기와 공통점이 더 많으리라는 생각에도 일리가 있다. 독립적 은행이라는 장치는 외국 투자자나 국제 경제기구를 운용하는 사람들에게 '선출된 공직자가 재분배 정책에 관여하거나 소유권에 개입하는 능력이 제한될 것'이라는 신호를 보내는 역할을 할 수 있다. 즉 이러한 장치가 인기 없는 정책을 배제하여 국내의 정치적 반대를 제한할 수 있다는 것이다.[78]

7.2.3 누구의 권리인가?

앞에서 우리는 권리에 대한 중요한 물음 중에서 많은 정치 이론이 누구의 권리인가, 라는 문제를 설득력 있게 설명하지 못했음을 살펴보았다. 겉보기에 민주주의 전통은 이 점에서 똑같은 약점이 있는 듯하다. 민주주의가 다수결 원칙 같은 결정 규칙을 이용해야 한다면, 이는 '누구의 다수인가?'라는 문제가 해결되었음을, 즉 '데모스$_\text{demos}$(시민, 대중)'가 이미 확립되었음을 전제한다. 그런데 이는 민주주의가 시행될 수 있으려면 정치에서 가장 근본적이고 논쟁적인 몇 가지 문제들이 이미 해결되었다고 추정되어야 함을 시사한다. 여기서는 민주주의 전통의 뿌리로 돌아가봐야 틀림없이 별 도움이 되지 않는다. 잘 알려진 바 고대 그리스인들은 여성과 노예에게 시민권을 부여하지 않았으며, 외국 야만인에게 어떤 정치적 책무도 인정하지 않았다. 보통선거권은 민주주의 나라들에서 비교적 최근에 도입되었으나, 시민권은 여전히 대부분의 경우에서 민주주의적 참여를 가로막는 절대적 장애물이다. 현대의 연구까지 통틀어, 타당한 성원권 이론을 내놓지 못한 점이야말로 민주주의 이론의 오랜 골칫거리라는 것은 곧잘 지적되어왔다.[79]

사실 민주주의 전통에는 이 문제에 대처할 독특한 역량이 있다. 그 정당성의 기반이 '영향받는 이해 당사자affected interest'가 있다는 인과적 관념에 있기 때문이다. 말하자면 민주주의가 정당하다고 주장할 수 있는 이유는, 사람들에게 영향을 미치는 결정에 대해서는 그들에게 발언권을 주어야 하기 때문이다. 넬슨 만델라가 1963년 아파르트헤이트 정책하의 남아프리카공화국 법정에서 반역 혐의에 대한 판결을 앞두고 "나도 우리 민족의 어느 누구도 제정 과정에서 발언권을 부여받지 못한 법률"에 구속되어서는 안 된다고 진술한 것은 이 때문이다.[80] '영향받는 이해 당사자'의 인과적 원칙은 결정 규칙의 구조가 (이상적으로는) 성원권이나 시민권의 형태가 아니라 권력관계의 형태를 따라야 함을 시사한다. 즉 내가 결과로 인해 영향을 받는다면 나는 발언권이 있다고 추정된다. 이 견해는 도덕적으로 자의적인 시민권 분배에 대해 잠재적으로 답변할 수 있는 근거를 제공한다. 즉 시민권 분배는 권력 현실에 더 부합하도록 개선되어야 한다. 또는 의사결정에 참여할 권리는 권력관계의 형태를 더 효과적으로 따를 수 있도록 시민권과 분리되어야 한다.

이 같은 논증에 대한 한 가지 논평은 성원권 문제와 정면으로 충돌하지 않는 민주주의 이론의 형태들이 있을 수 있듯이, 우리가 논의한 다른 전통에서도 정치에 정당성을 부여하는 토대인 국가 성원 여부를 회피하는 형태가 있다는 것이다. 공리주의 논자들 중에는 전 지구적 계산 기준을 정해야 한다고 주장하는 사람들이 있으며,[81] 마르크스주의 전통 또한 처음부터 세계주의적이었다(비현실적인 세계주의였을지는 몰라도). 6.6절에서 보았듯, 롤스를 비판하는 사람들 중 일부는 그의 계약적 정의 이론이 지구적 차원에서 적용되어야 한다고 주장한다. 그밖의 자유주의적 논자들은 자의식적인 세계주의 이론을 옹호하며 대부분의 자유주의 전통에서 관찰되는 경솔한 국민국가 숭배를 비판한다.[82] 심지어 공동체주의 전통에 속하는 논자들도 국민국가의 압도적 우위에 기꺼이 의문을 던진다. 적어도 이 모든 계열의 전통들이 국가 시민권의 우위에 의문을 던진다면, 민주주의 이론의 계열을 콕 집어 이 점에서 우월하다고 말할 수 있는 이유는 무엇인가?

이에 대한 답변은 민주주의 전통이 현실에서 이 문제에 대처하는 더 타당하고 현실적인 역량을 가지고 있다는 것이다. 일부 공동체주의 논자는 국가적인 정치적 성원권의 우위를 거부하지만, 6.6절에서 보았듯 이는 성원권에 대해 자신의 가설이 취하는 공동체주의 특유의 맹점으로 대체되는 경향이 있다. 자유주의적·공리주의적 세계주의의 여러 형태가 맞닥뜨린 주된 난점은—마르크스주의는 말할 것도 없이—그럴듯한 적용 메커니즘이 없다는 것이다. 노직이 (베버를 따라) 주어진 영토에서 강제력을 독점하는가를 기준으로 국가를 정의한 것은 사안을 과장한 것인지도 모른다.[83] 국가는 그 기준에 훨씬 못 미쳐도 종종 존립이 가능하지만, 국제적 강제력은 무척 제한적이기 때문에 세계주의 철학에서 전제하는 세계정부라는 개념은 본질적으로 터무니없어 보인다.

물론 국제재판소들이 설립되어 전쟁범죄를 비롯한 범죄행위를 기소하는 데 제한적이나마 일부 성공을 거둔 것은 사실이다. 하지만 국제 체제의 초강대국들은 국제재판소를 무시하고도 무사하며, 어떤 경우든 국제재판소를 현행 국제 정부의 엔진으로 상상하기는 힘들다. 데이비드 헬드 같은 일부 연구자는 17세기와 19세기 사이의 중앙집권화된 국민국가를 본떠 국제적 법질서 또는 법치국가rechtsstaat를 만들 수 있다고 주장한다. 하지만 이 유비가 타당하지 않다고 비판하는 사람도 있다. 결정적 차이는 국민국가 형성의 시대와 유사점이 하나도 없는 오늘날의 국제 무대에서 지구적 정치기구—말하자면 지도자가 폭넓은 정치적 정당성을 인정받고 강제적 수단을 동원할 수 있는 강력한 중앙정부—를 형성하는 데 크나큰 장애물이 있다는 사실이다.[84] 게다가 국민국가의 힘이 침식된다면(이것은 과장일 수 있다),[85] 이 침식의 원인은 초국적 경제 세력이다. 국가 정부가 조만간 지구적 정치기구에 패배하여 이빨 빠진 호랑이 신세가 되리라는 주장은 진지하게 받아들이기 힘들다. 지구적 정치기구는 결국 효율성과 정당성이라는 중대한 어려움을 맞닥뜨릴 것이며, 따라서 이러한 기구가 바람직한가에 대해 심각한 의문이 제기될 것이다.[86] 세계주의적 이론은 지구적 강제 기구라는 주제를 걸핏하면 외면하기 때문에, 각 이론이 실제로 어떻게 작동할 수 있는지, 나아가 공적 정당성을 얻기 시작할 수나 있는지에 대한 명백한 의문에 이상하게도 초연한 것처럼 보이기 쉽다.[87]

이에 반해 (민주주의 전통을 정당화하는) '영향받는 이해 당사자' 원칙은 의사결정의 분할에 적합하여, 데모스를 사람에 따라 정의하지 않고 결정별로 정의한다. 그런 점에서는, 참여의 결정적 요인인 성원권 기반의 주권을 분산하여, 이를 저마다 다른 집단이 저마다 다른 부류의 결정에 대해 주권을 행사하는 중첩적 사법 체계로 대체하고자 최근에 고안된 여러 논증과 부합한다. 최근 등장한 유럽연합의 구조가 모범적인 사례다.[88] 영국이 어떤 의사결정을 브뤼셀로 집중화하는 것이 타당하듯이, 동시에 다른 의사결정은 스코틀랜드와 웨일스의 지방 의회에, 심지어 지방 정부에까지 위임하는 것도 타당할 수 있다.

나는 다른 글에서 이 견해를 상세히 논의한 바 있다.[89] 여기서는 (민주주의의 관점에서 볼 때) 실제로 내려지는 결정에 자신의 이해관계가 걸린 사람들의 참여를 더 잘 구현할 수 있도록—'영향받는 이해 당사자'의 기준으로 가장 확실한 것은 기본적 이해관계가 매우 중요하게 걸려 있는 사람들이다—의사결정의 재구성을 목표로 삼아야 한다는 사실을 지적하는 것으로 충분하다. 결정의 유형에 따라 저마다 다른 시민 집단에 결정을 분할하는 것과 더불어, 이 접근법은 특정한 사안(가령 여러 나라에서 외국인 노동자를 비롯한 장기 체류 외국인의 권리를 박탈하는 관행에 반대하는 것)에 대해 비非시민이 투표해야 하는 경우가 많음을 시사한다. 이들에게 시민권을 주지 않는 것은 타당할 수 있지만, 이들이 내는 세금에 대해 또는 이들의 자녀가 다니는 학교의 운영 방식에 대해 투표할 권리를 주지 않는 것은 타당하지 않을 수도 있다. 물론 기본적 이해관계가 매우 중요하게 걸려 있는 사람들이 계속해서 무시당하는 영역은 앞으로도 많을 것이다. 하지만 영향받는 이해 당사자 원칙은 이런 경우에도 유용하다. 이 원칙은 이러한 영역에서 내려지는 결정에 정당성이 없음을 시사하며 정당성을 개선할 수 있는 개혁의 방향을 제시하기 때문이다. 게다가 영향받는 이해 당사자 원칙에 따라 통치되는 세상을 향한 변화는 부분적으로 일어날 수도 있다. 어떤 영역에서는 넘을 수 없는 장애물이 있을 수도 있지만, 다른 영역에서는 계속해서 변화를 추구할 수 있는 것이다.

특정한 결정에 의해 누가 얼마나 영향을 받는가, 영향받는다는 주장 중에서 어떤 것을 받아들여야 하는지는 누가 결정할 것인가 등을 판단하는 데는 중대한 어려움이 따를 것이다. 물론 이것은 심각한 어려움일 테지만, 문제를 조금 가볍게 할 수 있는 두 가지 요소를 생각해 볼 수 있다. 첫째, 누가 결정에 의해 영향받는가가 논란거리일 수밖에 없더라도, 참여에 대한 인과율 기반의 논증과 성원권 기반의 논증은 거의 구별되지 않는다. '누가 구성원이 될 것인가를 누가 어떤 권위로 결정할 것인가'라는 문제는 '특정한 집단적 결정에 의해 누가 인과적으로 영향받는지를 누가 어떤 권위로 결정할 것인가'라는 문제 못지않게 개념적·이념적 선입견들로 가득하다. 따라서 성원권에 기반한 견해를 대안으로 생각한다면 이러한 어려움을 인과율 기반의 견해에 대한 결정적 반론으로 간주해서는 안 된다. 둘째, 불법행위법에는 인과율에 기반한 논증이 상당히 축적되어 있다. 불법행위는 집단적 결정보다는 개인적 결정의 인과적 영향과 관련된 경우가 많지만, 이를 처리하는 과정에서 법원은 누구의 주장을 청취해야 하는지를 결정하고 진짜 주장과 거짓 주장을 가려내고 어떤 행위에 의해 부정적 영향을 받았다는 주장 중에서 설득력이 약한 것과 강한 것을 구별하는 메커니즘을 발전시켰다. 이것은 정치를 불법행위법으로 전환하자는 말이 아니다. 이 비교의 요점은 사회생활에서 정치 이외의 영역에서도 어떤 행위로 인한 인과적 영향을 놓고 상충하는 주장이 있을 때 이를 평가하고 관리하기 위해 제도적 메커니즘이 발전했음을 보이려는 것이다. 이 메커니즘이 불완전할 수도 있지만, 이는 아무 곳에서도 일어나지 않는 이상理想과 비교할 것이 아니라 세상에서 실제로 일어나는 집단적 의사결정의 불완전한 메커니즘들을 잣대로 평가해야 한다.

8장
성숙한 계몽주의에서의 민주주의

　지난 여러 세기에 걸친 민주주의 전통의 논증들은 이 책에서 살펴본 그밖의 전통과 마찬가지로 과학과 개인 권리에 대한 계몽주의 특유의 집착을 중심으로 형성되었다. 물론 이 관심사들은 계몽주의 시대보다 앞서 발생했다. 플라톤의 민주주의 논의에서 보듯 정치철학자들은 2000년이 넘도록 민주주의와 진리 사이의 잠재적 긴장에 관심을 기울였으며 민주주의 체제에서의 개인 자유에 대한 존중이 군중의 횡포에 위협받을 가능성을 우려했다. 이는 현대의 태양 아래 완전히 새로운 것은 아무것도 없다는 진실을 일깨운다. 실제로 두 주제에 대한 플라톤의 개념화는 계몽주의의 많은 견해들과 놀랍도록 닮았다.

　플라톤의 외생적 진리론과 초기 계몽주의의 내생적 진리론 사이에 중요한 차이점이 있음에도, 둘 다 정치에 대한 전위주의적 접근법으로 자연스럽게 이어지는 절대주의적 성격을 나타낸다. 국가를 어떻게 구성해야 하고 어떤 정책을 추구해야 하는지에 대해 확실한 정답이 있다면, (철인왕이든 공리주의자이든 혁명적 노동자당의 이념적 지도자이든) 정답을 아는 사람들에게 정치권력을 주는 것이 타당하다. 이에 반해 성숙한 계몽주의의 과학관은, 탈근대주의적 비판에 전적으로 동의하는 것은 아니더라도 모든 지식 주장에 오류 가능성과 수정의 여지가 있음을 인정한다는 점에서 초기 계몽주의적 견해와는 다르다. 또한 성숙한 계몽주의의 관점에서는, 사람들마다 가치와 이해관계가 다르므로 정치 영역에서는 늘 진실을 왜곡하고 호도하려는 동기를 가진 사람이 있으리라고 인정할 수밖에 없다. 그 결과, 성숙한 계몽주의의 지지자들은 모든 형태의 정치적 전위주의에 회의를 품을 충분한 이유가 있다.

5.5절에서 보았듯, 근본적 믿음이나 세계관의 불일치가 영속적이라는 가정에서는 롤스의 중첩적 합의에의 호소가 나름의 매력을 가진다. 중첩적 합의의 장점은 궁극적 진리라는 문제와 정치적 신념의 정당화라는 문제에 대해 "형이상학적이지 않은 정치적인" 접근법을 취하여, 국가가 특정한 견해를 선택하고 승인할 때 누가 이익을 보고 누가 불이익을 입는지에 초점을 맞춘다는 것이다. 하지만 중첩적 합의라는 접근법은 롤스가 주장하는 결과를 가져다주지 못한다. 중첩적 합의는 롤스의 원칙을 도출하는 견해를 포함하고 그렇지 않은 견해를 배제하도록 자의식적으로 정의될 수 있지만, 이렇게 하면 전체 기획이 하찮은 순환론으로 전락하기 마련이다. 이에 반해 중첩적 합의를 밑바닥에서부터 규정하면 좀더 관심을 끌 수 있겠지만, 어떤 나라에서도—현대 미국은 말할 것도 없고—롤스의 원칙이 도출되리라고 생각할 이유가 전혀 없다. 이러한 난점이 있긴 해도, 6장에서 보았듯 계몽주의 기획 자체를

폐기하는 것은 선택 가능한 방안이 아니다. 진리 추구를 결한 있는 토대론적 기획과 동일시하는 로티 같은 반反계몽주의 논자들의 경향은 초기 계몽주의 비판으로서만 설득력이 있다. 반계몽주의는 상충하는 가류주의적 진리 주장들, 또는 심지어 참이라고 여겨지지도 않는 주장들을 판단할 기준을 전혀 제시하지 않기 때문이다.

민주주의적 접근법은 상충하는 주장들을 해결하기 위해 사람들의 (어떤 경우든 거짓으로 수렴할 수 있는) 믿음 중에서 애매하고 변화하는 교집합을 파악하려고 시도하기보다는, 공론에서의 규제적 이상으로서 진리를 인식하고, 경쟁하는 정치적 입장에 진리가 영향을 미칠 수 있게끔 방법을 제도화한다. 공적 삶에서 논쟁이 중요하다는 밀의 주장은 옳았으나, 밀은 과학 발전으로 인해 논란이 줄어들 가능성을 과대평가했으며 민주주의 제도가 (자신이 예찬하는) 활발한 토론을 촉진할 가능성을 과소평가했다. 탄탄한 반대 제도를 갖춘 민주주의 경쟁의 역동적 성격에 (밀이 『자유론』 2장에서 옹호한) 사상 및 토론의 관용적 자유를 결합하는 것이야말로 활발한 토론을 달성할 최선의 방책이다. 물론 현대 민주주의에서 관찰되는 실제 정치 논쟁은 이에 너무도 미흡한데, 그 주된 이유는 논쟁 과정이 자본의 개입으로 더럽혀졌기 때문이다. 현 세대의 민주주의 개혁가에게 중요한 창조적 과제는 자본의 영향을 줄여 실제 민주주의 논쟁이 (밀과 듀이의 구상처럼 진리가 규제적 이상으로 작동하는) 규율된 토론에 가깝게 바뀌도록 방법을 찾는 것이다.[1]

정치에 있어 민주주의가 진리의 적이라는 두려움이 터무니없는 것으로 드러났듯, 절대주의적 진리관이 성숙한 계몽주의의 가류주의에 밀려 폐기되고 경쟁 민주주의의 장점이 현재의 대안에 비추어 평가되면서, 민주주의가 개인 권리를 위협한다는 주장 또한 과장된 것으로 드러났다. 밀과 토크빌의 두려움에도 불구하고, 역사는 민주국가가 개인 권리와 시민의 자유를 비민주국가보다 더 존중한다는 사실을 입증한다. 결국 이것이야말로 적절한 비교의 토대다. 민주주의적 정치제도가 결여된 나라에 사는 사람들은 권위주의적 정치제도를 감내해야 한다. 민주국가에서 살아가는 사람들도 민주주의 제도가 폐기되거나 무너지면 대부분 같은 처지가 된다.

민주주의 전통은 이 책에서 논의한 그밖의 지적 전통들과 나란히 놓고 고려해도 비교 우위에 있다. 앞에서 보았듯 고전 공리주의는 개인 권리에 무관심했으며 개인 간 차이를 진지하게 고려하지 못한다는 롤스의 비판에 취약했다. 신고전 공리주의는 이 공격을 피해가지만, 그 대가로 개인 권리와 관련한 새로운 난점을 떠안는다. 일부 정식화에서 신고전 공리주의는 개인 자율의 자유지상주의적 관념을 극단적으로 추구한 탓에, 의도하지 않은 위해와 폭넓은 자원의 맥락을 고려하면 타인의 권리를 침해하게 되기 때문이다. 다른 정식화에서는 밀의 위해 원칙을 결과주의적으로 독해할 때와 마찬가지로 이 문제를 피할 수 있다. 하지만 위해 원칙을 논란의 여지 없이 적용할 수 있는 위해계나 결과주의적 계산법은 존재하지 않기 때문에, 위해 원칙을 어떻게 적용해야 하는지에 대한 밀의 주장은 설득력이 없으며 계산을 맡은 사람들에게 책임을 부여하는 문제에 대해서도 밀은 묵묵부답일 수밖에 없다.

마르크스주의 전통은 (불의가 철폐되면 권리의 필요성도 사라질 것이라는) 받아들이기 힘든 유토피아적 이상과, 로크의 제작자적 이상의 강력한 형태 사이에서 오락가락한다. 여기서 착취 이론이 도출되는 과정에는 일관성이 없으며, 마르크스주의는 어떤 경우에서도 도덕적 자의성에 대한 롤스의 논증에 취약하다. 밀의 위해 정의와 마찬가지로, 노동가치설과 별개인 일부 형태의 착취 이론은 타당하지만 신마르크스주의 전통에서는 누가 착취계를 들 것인가에 대해 설득력 있는 설명을 전혀 내놓지 못하고 있다. 착취 최소화가 효율성 같은 그밖의 가치와 어떻게, 어느 정도까지 상반관계를 이루어야 하는지를 누가 결정할 것인가, 이런 문제에 대한 결정과 관련하여 누가 의사 결정권자에게 책임을 부여할 것인가 등에 대해서도 아무런 설명이 없다. 마르크스주의 내부에는 강한 전위주의적 충동이 자리잡고 있다(물론 전위주의의 주된 역사적 동력은 마르크스 본인이 아니라 레닌에게서 왔지만). 그 결과, 마르크스주의자들은 민주주의 절차에 진지하게 주목한 적이 한번도 없고, 그들의 유토피아 세상에서는—그런 세상이 존재할 수 있다면—민주주의 절차가 불필요해진다고 언급한 것이 전부다. 전 세계에 존재한 비민주주의적 사회주의 국가와 공산주의 국가의 사례가 좀처럼 고무적이지 않다는 것은 분명하다.

여러 전통들이 개인 권리를 다루는 방식에 대한 롤스의 비판은 강력하지만, 롤스는 자신의 방식에 대해서는 설득력 있는 설명을 제시하지 못한다. 5.4절과 5.5절에서 보았듯 롤스가 자신의 원칙들을 배열하면서 '심각한 위험'의 가정을 변덕스럽게 고수하는 것이나 자신의 도덕적 자의성 논의를 자원 활용 능력의 차이로 확장하기를 거부하는 것에는 내적 모순이 있다. 누군가 이 문제를 그와 다르게 풀고자 한다면 권리에 대한 극단적으로 다른 설명이 도출될 것이다. 어떤 경우든 초기의 롤스는 이 문제를 원초적 입장에서처럼 다룰 수 있으리라는 설득력 있는 주장을 제시하지 못하며, 후기의 롤스는 자신의 원칙들이—내적으로 모순이든 아니든—우리가 살펴본 중첩적 합의를 이끌어내리라는 것을 입증하지 못한다. 5장에서 보았듯 뷰캐넌과 털럭, 노직, 드워킨 같은 계약론자들도 이 문제를 다루는 데 성공하지 못한 것은 마찬가지다.

반계몽주의의 설명 방식은 개인 권리의 측면에서 턱없이 불만족스럽다. 버크의 논증은 문제를 고치려다 망치지 말라는 경고이며, 정치 제도를 바꾸는 데는 바다에서 배를 고치는 불가피한 차원이 있음을 상기시킨다는 점에서 타당하다. 전위주의에 대한 그의 경고는 의심할 여지 없이 정당하지만, 배는 이따금 썩고 녹슬며 또 개량될 수도 있다. 제도의 체계가 지속되어왔다는 것으로 정당성을 추정할 수도 있겠지만, 이것은 반박의 여지가 있는 추정이다. 계승된 언어와 관습에 내재하는 기준에서 이 언어와 관습을 비판할 수단을 찾을 수 있지만, 6.6절에서 살펴보았듯 여러 탈근대주의 및 공동체주의 학파의 논자들은 부당한 관습을 곧잘 내버려두며, 어떤 경우든 내재적 비판이 제기된다고 해서 계승된 관습이 더 나은 방향으로 발전하는 것은 아니다. 이에 반해 민주주의적 접근법은 계승된 관습을 미래에 재생산하면서 개혁할 추동력을 만들어낸다. 의사결정을 '영향받는 이해 당사자' 원칙에 부합하도록 압박히고 유의미한 반대의 기회를 열어줌으로써, 지배를 최소화하여 발전할 수 있는 것이다. 잘 작동한다면, 민주화는 집단적 실천이 점점 더 많은 정당성을 획득하고 또 그럴 자격을 누리는 세상으로 이어진다.

마지막으로, 민주주의 전통에서는 과학을 통한 진리 추구에의 계몽주의적 천착과 개인 권리의 중심성 사이의 잠재적 긴장을 해소하는 유용한 자원을 찾을 수 있다. 물론 이러한 가치들을 어떻게 해석하느냐에 따라 이 결론이 도출되지 않을 수도 있다. 특히 순환성에 대한 애로 이후의 연구에서 제기되는 주장들은 민주주의가 개인에 대해 횡포를 부릴 뿐 아니라 과학적 관점에서 비합리적인 결과를 낳는다는 의미로 해석될 수도 있다. 순환성의 경험적 가능성을 제쳐둔다면, 앞에서 보았듯 이 비합리성 개념은 정치에 정답이 있다는 (초기 계몽주의의 절대주의적 진리 개념과 사촌지간인) 절대주의적 관념에 호소한다. 이 견해에서 전제하는 정치적 안정성 개념은 개인 자유도, 집단생활에서의 진리 추구도 증진하지 못할 것이다. 두 가치를 구현하는 데는 (민주주의 지지자들이 제도화하려 하는) 권력관계의 구조화된 불안정성이 더 유용하다. 민주주의는 현재의 편제에서 불이익을 받는 사람들이 편제의 결함을 제기하고, 어떻게 해서 진리가 호도되는지 밝히고, 편제를 바꾸고자 노력하는 데 필요한 동기와 자원을 모두 가지고 있는 체제다. 권력을 다투는 사람들의, 진리를 알고 진리에 따라 행동하려는 인간적 관심이 호소력을 가지는 세상에서는 진리를 자신의 목적에 맞게 왜곡하여 남을 이용하려 드는 사람이 꼭 있을 것이다. 내가 이 책에서 설명한 민주주의적 권력 경쟁은 이 문제에 대처하는 최선의 방법이다. 하지만 더이상 처방이 불필요한 완치제라기보다는 만성병에 대한 필수 의약품 정도로 생각하는 편이 나을 것이다.

주

머리말

1. 자신의 행동이 정당했다는 아이히만의 주장에 대한 논의로는 Hannah Arendt, *Eichmann in Jerusalem* (New York: Penguin Books, 1963) [한국어판: 『예루살렘의 아이히만』(김선욱 옮김, 한길사, 2006)] 참고.

2. Charles Taylor, *Sources of the Self: The Making of Modern Identity* (Cambridge, Mass.: Harvard University Press, 1992).

1장 계몽주의 정치학

1. 계몽주의 전반에 대한 최상의 연구서는 Jonathan Israel, *Radical Enlightenment: Philosophy and the Making of Modernity, 1650–1750* (Oxford: Oxford University Press, 2001) 일 것이다.

2. René Descartes, *Discourse on the Method* (Notre Dame: University of Notre Dame Press, 1994 [1637]), p. 53 [한국어판: 『데카르트 연구』(최명관 옮김, 창, 2010) 97쪽].

3. Immanuel Kant, *The Critique of Pure Reason* (London: Macmillan, 1976 [1781]), p. 17 [한국어판: 『순수이성비판 1』(백종현 옮김, 아카넷, 2014) 180~181쪽].

4. Francis Bacon, *Selected Philosophical Works* (Indianapolis: Hackett Publishing, 1999), p. xv.

5. Kant, *The Critique of Pure Reason*, p. 48 [한국어판: 『순수이성비판 1』 222쪽].

6. W. V. Quine, "Two dogmas of empiricism," in W. V. Quine, *From a Logical Point of View: Logico-Philosophical Essays* (New York: Harper Torchbooks, 1953), pp. 20–46 참고.

7. Thomas Hobbes, *De Homine* (New York: Anchor, 1972 [1658]), p. 42 [한국어판: 『인간론』(이준호 옮김, 지식을만드는지식, 2009) 41쪽].

8. Thomas Hobbes, *The English Works of Thomas Hobbes* (London: John Bohn, 1966) VII pp. 183–184.

9. Thomas Hobbes, *Leviathan* (London: Pelican Books, 1968 [1651]), p. 83 [한국어판: 『리바이어던 1』(진석용 옮김, 나남, 2008) 24쪽].

10. John Locke, *Two Treatises of Government*, ed. Peter Laslett (Cambridge: Cambridge University Press, 1988), pp. 306, 358 [한국어판: 『통치론』(강정인 · 문지영 옮김, 까치, 2007)]. 이에 대한 논의는 Patrick Riley, *Will and Political Legitimacy* (Cambridge, Mass.: Harvard University Press), pp. 61-97 참고. 또한 Ian Shapiro, *The Evolution of Rights in Liberal Theory* (New York: Cambridge University Press, 1986), pp. 100-118 참고.

11. T. J. Hochstrasser, *Natural Law Theories in the Early Enlightenment* (Cambridge: Cambridge University Press, 2001); Ian Hunter, *Rival Enlightenments: Civil and Metaphysical Philosophy in Early Modern Germany* (Cambridge: Cambridge University Press, 2001); James Tully, *A Discourse on Property: John Locke and His Adversaries* (Cambridge: Cambridge University Press, 1980) 참고.

12. John Locke, *An Essay Concerning Human Understanding*, ed. Peter Nidditch (Oxford: Clarendon Press, 1975 [1690]) Book II, Chapters 31-32, Book III, Chapter 3, 6 [한국어판: 『인간지성론』(정병훈 외 옮김, 한길사, 2015) 제2, 3권 참고]. 추가 논의에 대해서는 Tully, *A Discourse on Property*, pp. 9-27; Ian Shapiro, *The Evolution of Rights in Liberal Theory*, pp. 109-110 참고.

13. 헴펠의 연역-법칙적 모형 논의에 대해서는 Carl G. Hempel, *Aspects of Scientific Explanation and Other Essays in the Philosophy of Science* (New York: Free Press, 1965), pp. 298-303 참고. 포퍼의 반증주의 논의에 대해서는 Karl R. Popper, *Conjectures and Refutations: The Growth of Scientific Knowledge* (London: Routledge & Kegan Paul, 1963), pp. 228, 238 [한국어판: 『추측과 논박』(이한구 옮김, 민음사, 2001)] 참고.

14. J. K. Webb, M. T. Murphy, V. V. Flambaum, V. A. Dzuba, J. D. Barrow, C. W. Churchill, J. X. Prochaska, and A. M. Wolfe, "Further evidence for cosmological evolution of the fine structure constant," *Physical Review Letters* 87 (August 2001): 091301-091601.

15. Alfred J. Ayer, *Language, Truth, and Logic* (Harmondsworth: Penguin Books, 1971 [1936]), p. 29 [한국어판: 『언어, 논리, 진리』(송하석 옮김, 나남, 2010) 45쪽].

16. *Ibid.*, pp. 149-150 [한국어판: 같은 책 170쪽].

17. Hobbes, *Leviathan*, p. 189 [한국어판: 『리바이어던 1』 177쪽].

18. John Locke, *Essays on the Law of Nature*, ed. W. Von Leiden (Oxford: Clarendon Press, 1958 [1660]), p. 111.

19. 이 구별 형식에서 홉스와 푸펜도르프를 따름으로써 로크는 아퀴나스 전통과의 중요한 결별을 받아들였다. 이는, 권리를 모든 사람이 가지고 있는 도덕적 힘, 즉 '파쿨타스facultas'의 일종인 '숨suum'으로 간주하는 (그로티우스가 되살린) 로마법적 관념에 뿌리를 두고 있으며, 퀜틴

스키너가 확고히 밝혔듯 프란시스코 수아레스와 (궁극적으로는) 장 제르송과 공의회 우위설 전통에 개념적 뿌리를 두고 있다. Quentin Skinner, *The Foundations of Modern Political Thought* (Cambridge: Cambridge University Press, 1978), vol. 2, pp. 117, 176 – 178 [한국어판: 『근대 정치사상의 토대 2』(박동천 옮김, 한국문화사, 2012)]. 또한 Richard Tuck, *Natural Rights Theories* (Cambridge: Cambridge University Press, 1979); John Finnis, *Natural Law and Natural Right* (Oxford: Clarendon Press, 1980), pp. 207 – 208 참고.

20. Locke, *Essays on the Law of Nature*, pp. III, 187.

21. John Locke, *Two Treatises of Government*, p. 271 [한국어판: 『통치론』 13쪽]. 추가 논의에 대해서는 Tully, *A Discourse on Property*, pp. 35 – 38; John Dunn, *The Political Thought of John Locke* (Cambridge: Cambridge University Press, 1969), p. 95 참고.

22. John Locke, *An Essay Concerning Human Understanding*, Book II, Chapter 27 and Book I, Chapter 30 [한국어판: 『인간지성론』 제1, 2권 참고]. 또한 Tully, *A Discourse on Property*, pp. 108 – 110, 121 참고.

23. Hobbes, *Leviathan*, pp. 268 – 270

24. John Locke, *Two Treatises of Government*, p. 173. 추가적 분석으로는 Richard Ashcraft, *Locke's Two Treatises of Government* (London: Allen & Unwin, 1986), Chapter 3 참고.

2장 고전 공리주의

1. Jeremy Bentham, *An Introduction to the Principles of Morals and Legislation* (New York: Hafner Publishing Co., 1948 [1789]), p. 1. [한국어판: 『도덕과 입법의 원칙에 대한 서론』(강준호 옮김, 아카넷, 2013) 47~48쪽]. 원서의 이탤릭체를 고딕체로 표시.

2. *Ibid.*, pp. 126 – 127 [한국어판: 같은 책 49쪽].

3. 그리하여 엥겔스는 진짜 사회주의 아래에서 "인간에 대한 지배가 사물에 대한 관리로 대체된다"라는 유명한 말을 남겼다. Frederick Engels, *Anti-Dühring* (Moscow: Foreign Language Publishing House, 1959 [1878]), p. 387 [한국어판: 『반듀링론』(김민석 옮김, 중원문화, 2010) 301쪽] 참고.

4. Jeremy Bentham, *Anarchical Fallacies*, reprinted in *The Works of Jeremy Bentham*, published under the superintendence of his executor, John Bowring (Edinburgh: William Tait, 1843), vol. 2, p. 501.

5. *Ibid.*, p. 500.

6. Bentham, *Introduction to Principles of Morals and Legislation*, pp. 4-5 [한국어판: 『도덕과 입법의 원칙에 대한 서론』 54쪽].

7. *Ibid.*, p. 9 [한국어판: 같은 책 62쪽]. 이 점에서 벤담은, 죄를 저지른 대가인 영원한 저주를 겪을 위험을 없애기 위해 자살한 것으로 유명한 초기 기독교 집단 키르쿰켈리온Circumcelliones을 제시할 수도 있었을 것이다. 불신자를 도발하여 순교하거나 금욕 끝에 사망하는 것은 특히 선한 일로 간주되었으나, 결국에는 다른 방법들이 받아들여졌다. G. Steven Neeley, *The Constitutional Right to Suicide: A Legal and Philosophical Examination* (New York: Peter Lang, 1994), p. 40 참고.

8. 다윈의 『종의 기원』은 1859년에 처음 출간되었다.

9. Bentham, *Introduction to Principles of Morals and Legislation*, p. 27 [한국어판: 『도덕과 입법의 원칙에 대한 서론』 93쪽].

10. *Ibid.*, p. 4 [한국어판: 같은 책 53쪽].

11. Bentham, *The Psychology of Economic Man*, reprinted in W. Stark, ed., *Jeremy Bentham's Economic Writings*, vol. 3 (London: George Allen & Unwin, 1954), p. 422. 이 책은 이후의 경제심리학에 영향을 미친 벤담의 저작을 모은 것으로, 제목은 스타크가 붙였다.

12. *Ibid.*, p. 421.

13. Jeremy Bentham, *Principles of the Civil Code*, reprinted in *The Works of Jeremy Bentham*, vol. 1, p. 301.

14. *Ibid.*, p. 308.

15. 벤담이 법의 근본 목적이 안전 보장임을 강조하는 것에 대한 추가 논의에 대해서는 Nancy Rosenblum, *Bentham's Theory of the Modern State* (Cambridge, Mass.: Harvard University Press, 1978), p. 53 참고.

16. Bentham, *Psychology of Economic Man*, p. 429.

17. 공공재는 깨끗한 공기나 국방처럼 본질상 공동으로 공급해야 하고 집단의 일부 구성원을 배제하는 것이 불가능하므로 무임승차자에게 취약하다. 무임승차에 대한 일반적 논의로는 Mancur Olson, *The Logic of Collective Action* (Cambridge, Mass.: Harvard University Press, 1971), pp. 1-3, 64-65, 125-126 [한국어판: 『집단행동의 논리』(최광·이성규 옮김, 한국문화사, 2013)] 참고.

18. Bentham, *Psychology of Economic Man*, p. 431.

19. Charles L. Stevenson, *Ethics and Language* (New Haven: Yale University Press, 1944), p. 275. 물론 더 잘 알려진 것은 '존재is'에서 '당위ought'를 이끌어내는 것이 불가능하다는 흄의

주장이다. David Hume, *A Treatise on Human Nature* (New York: Everyman, 1974 [1739]), vol. 2, pp. 177-178 참고. 하지만 사실/가치의 간극에 대한 흄의 견해는 정의가 무엇을 요구하는가와 무엇이 사회의 일반적 이익에 부합하는가에 대한 흄의 결론을 위협하지 않았는데, 이는 흄이 모든 사람의 심리가 대체로 비슷하다고 가정했기 때문이다. Alasdair MacIntyre, "Hume on 'is' and 'ought,'" in Vere C. Chappell, ed., *Hume* (London: Macmillan, 1966), pp. 240-264; Geoffrey Hunter, "Hume on is and ought," *Philosophy* vol. 37 (1962), pp. 148-152; Chappell, *Hume*, pp. 278-294에서 헌터와 앤서니 플루의 논의; W. D. Hudson, "Hume on is and ought," *ibid.*, pp. 295-307 참고.

20. Bentham, *Psychology of Economic Man*, p. 425.

21. Bentham, *Introduction to the Principles of Morals and Legislation*, pp. 29-32 [한국어판: 『도덕과 입법의 원칙에 대한 서론』 95~96쪽]. 또한 벤담은 어떤 행동에서 비롯하는 쾌락이나 고통이 미래에 비슷한 쾌락이나 고통을 일어나게 할 가능성을 일컫는 '다산성fecundity'을, "정반대의 감각을 연달아 일어나게 하지 않을 가능성, 즉 그것이 쾌락이라면 여러 고통을, 혹은 그것이 고통이라면 여러 쾌락을 일어나게 하지 않을 가능성"을 일컫는 '순수성purity'과 마찬가지로 계산할 수 있을 것이라고 생각했다. 이 마지막 두 가지 상황은 "엄밀히 말해서 쾌락이나 고통 자체의 속성으로 간주되지 않는다. 그러므로 그것들은 엄밀히 말해서 쾌락이나 고통의 가치로 고려되지 않"는다. *Ibid.*, p. 30 [한국어판: 같은 책 96쪽].

22. Bentham, *Psychology of Economic Man*, p. 443.

23. *Ibid.*, pp. 152-154.

24. Bentham, *The Philosophy of Economic Science*, reprinted in Stark, *Jeremy Bentham's Economic Writings*, vol. 1, p. 118.

25. *Ibid.*, p. 117.

26. Bentham, *Psychology of Economic Man*, p. 438.

27. Bentham, *Philosophy of Economic Science*, p. 117.

28. 가령 리처드 포스너는 소수집단이 "너무 증오를 받아서 그들의 절멸이 사회의 총 행복을 증가시킨다면 일관성 있는 공리주의자는 이들의 절멸을 비난하기 힘들 것"이라고 말했다. *The Economics of Justice* (Cambridge, Mass.: Harvard University Press, 1981), p. 58. 포스너 자신의 이론은 공리보다는 부의 극대화와 연관되어 있으며 개인 간 비교를 배제하므로, 이 난점을 모면한다. 하지만 부의 생산에 전혀 기여하지 않는 장애인이 (포스너 자신의 주장에 따라) 굶어 죽도록 허용해야 한다는 난점은 회피하지 못한다. *Ibid.*, pp. 60-87. 일반적으로는 Alan Donagan, "Is there a credible form of utilitarianism?" in *Contemporary Utilitarianism*, ed. by Michael Bayes (Garden City, N.Y.: Anchor Books, 1968), pp. 187-202 참고.

29. Robert Nozick, *Anarchy, State and Utopia* (New York: Basic Books, 1974), pp. 42-45 [한국어판: 『아나키에서 유토피아로』(남경희 옮김, 문학과지성사, 2009) 68쪽].

30. Aldous Huxley, *Brave New World* (New York: Harper, 1946 [1932]) [한국어판: 『멋진 신세계』(안정효 옮김, 소담출판사, 2015)].

31. Bentham, *Philosophy of Economic Science*, p. 113.

32. *Ibid.*, p. 115.

33. *Ibid.*, p. 114.

34. Elie Halévy, *The Growth of Philosophic Radicalism* (Bath, England: Faber & Faber, 1972 [1928]), p. 254.

35. Jeremy Bentham, *Resolutions on Parliamentary Reform*, printed in *The Works of Jeremy Bentham*, vol. 10, pp. 495-97.

36. 벤담의 점진적인 정치적 급진화와 윌리엄 코빗이나 헨리 헌트 같은 선동적 혁명가와 벤담이 결국 결별한 사연에 대해서는 Halévy, *Growth of Philosophic Radicalism*, pp. 251-264 참고.

37. Bentham, *Philosophy of Economic Science*, pp. 115-116.

38. Bentham, *Psychology of Economic Man*, p. 442n.

39. *Ibid.*, p. 442.

40. *Ibid.*, p. 443n.

41. Ian Shapiro, *Democracy's Place* (Ithaca, N.Y.: Cornell University Press, 1996), pp. 197-204 참고.

42. Joseph A. Pechman, *Federal Tax Policy* (Washington: Brookings Institute, 1971), p. 255 참고. 미국에서 세율이 가장 높았던 시기는 1944~1945년으로, 최고 과세 등급은 조정 총 소득의 최대 94퍼센트를 세금으로 납부했다. 또한 Alan Peacock and Jack Wiseman, *The Growth of Public Expenditures in the United Kingdom* (Princeton: Princeton University Press, 1961), Chapter 1 참고. 피콕과 와이즈먼은 전쟁을 비롯한 사회 혼란기에는 대중이 세율 인상에 더 수용적이라고 말한다. 영국에서는 2차대전 전비의 약 32퍼센트를 세금으로 충당했으며, 1946년의 세율은 1939년보다 3.4배 높았다.

43. 이 논리가 모든 특정 가치에 적용되지 않음에 유의하라. 아스피린 투약이나 음주에서 분명히 알 수 있듯 일정한 역치를 넘어서면 좋은 것이 나쁜 것으로 바뀐다. 화폐의 경우 포화와 부정적 효과가 교환을 통해 (아마도 무한히) 회피될 수 있는 것은 화폐가 그밖의 가치와 늘 교환될 수 있기 때문이다.

44. Halévy, *Growth of Philosophic Radicalism*, p. 264.

45. Jean-Jacques Rousseau, *The Social Contract and Discourses* (New York: Hafner Publishing, 1947 [1762]), pp. 26-27 [한국어판: 『사회계약론』(이환 옮김, 서울대학교출판부, 1999) 41쪽]. 『연방주의자 논집』 제10호에 나오는 매디슨의 당파 설명에 대해서는 Alexander Hamilton, and John Jay, *The Federalist Papers* (London: Penguin Books, 1987), pp. 122-128 [한국어판: 『페더럴리스트 페이퍼』(김동영 옮김, 한울아카데미, 2013) 61~68쪽] 참고.

46. 이 결론은 1달러 나누기divide-a-dollar 게임의 논리에서 도출된다. 다수결 원칙이라는 조건에서 1달러를 어떻게 나눌지에 대해 세 사람이 이기적으로 투표하면, 현 상태가 어떻든 다수가 화폐를 새로 분배하려고 현 상태를 뒤집을 가능성이 늘 존재한다. 이 결과는 완벽하게 일반적이다. 이에 대한 정교한 설명으로는 Dennis Mueller, *Public Choice* (Cambridge: Cambridge University Press, 1979), pp. 19-31 참고. 이러한 영구적 불안정의 가능성을 감안할 때, 민주주의에서 오랜 기간에 걸쳐 조세제도가 이토록 안정적이었다는 것은 놀라운 일이다. Joseph Pechman, *Who Paid the Taxes, 1966–85?* (Washington: Brookings Institute, 1985), pp. 3-10; Sven Steinmo, *Taxation and Democracy* (New Haven: Yale University Press, 1993) 참고.

47. Rosenblum, *Bentham's Theory of the Modern State*, pp. 152, 120.

48. Halévy, *Growth of Philosophic Radicalism*, p. 264.

3장 권리와 공리의 종합

1. 고전 공리주의의 이 약점을 가장 설득력 있게 드러낸 것은 헨리 시지윅의 공리주의에 관한 존 롤스의 분석이다. John Rawls, *A Theory of Justice* (Cambridge: Belknap Press, 1971), pp. 183-192 [한국어판: 『정의론』(황경식 옮김, 이학사, 2013) 254~264쪽] 참고.

2. Vilfredo Pareto, *Manual of Political Economy* (New York: Augustus Kelley, 1971 [1909]), pp. 1-2.

3. *Ibid.*, pp. 104-105.

4. *Ibid.*, p. 48.

5. *Ibid.*, p. 49.

6. Mark Blaug, *Economic Theory in Retrospect*, third ed. (Cambridge: Cambridge University Press, 1978), p. 618.

7. Pareto, *Manual of Political Economy*, p. 39.

8. *Ibid.*, p. 111.

9. 이를테면 George Edward Moore, *Principia Ethica* (Cambridge: Cambridge University Press, 1960 [1903]), pp. 59-109에서 공리주의가 행복을 쾌락과 동일시하는 것에는 발생론적 오류의 한 형태가 결부되어 있다는 G. E. 무어의 주장 참고.

10. Pareto, *Manual of Political Economy*, p. 13.

11. *Ibid.*, p. 38.

12. *Ibid.*, p. 10.

13. *Ibid.*, p. 8.

14. *Ibid.*, p. 9.

15. *Ibid.*, p. 11.

16. 파레토는 물건 수집이나 '구두쇠'의 행동 같은 예외가 있음을 인정했다. *ibid.*, p. 193. 하지만 일반적으로는, 모든 고전파 및 신고전파 이론가와 마찬가지로 한계효용체감의 법칙이 충분한 사례에 부합하기 때문에 대안적 견해보다 더 나은 가정이라고 생각했다.

17. 이행성 개념에 대한 설명으로는 Dennis C. Mueller, *Public Choice* (Cambridge: Cambridge University Press, 1979), pp. 189-194 참고.

18. Pareto, *Manual of Political Economy*, p. 105.

19. *Ibid.*, pp. 113, 10.

20. 이 기본적인 파레토적 개념을 더 자세히 설명한 것으로는 Charles E. Ferguson and John P. Gould, *Microeconomic Theory* (Homewood, Ill.: R. D. Irwin, 1975), chapters 1 and 15 참고.

21. 그림 3.2의 두 축이 빵과 포도주의 보유량이 아니라 A와 B의 공리를 나타낸다는 점에 유의하라.

22. 모두가 더 나은 상태가 되어야 한다는 강한 형태의 파레토-우월성은 아무도 더 나쁜 상태가 되지 않을 것만을 요구하는 (이 책에서 설명한) 약한 형태의 파레토-우월성과 구별되기도 한다. 그림 3.2에서 점 x를 현 상태로 가정할 때, 강한 해석에 따르면 파레토-우월한 변화의 전체 집합이 x의 북동쪽에 위치한 반면에 약한 해석은 x의 북동쪽에 있는 점들 중에서 선분 mn과 st 위에 있는 것까지 포함한다.

23. 파레토가 자신의 주장이 규범적이라는 해석에 대해 전반적으로 부정하는 내용은 *Manual of Political Economy*, pp. 1-2 참고. 하지만 인구에 대한 장을 보면 파레토는 사회다윈주의적 관점에서 강자에게서 약자에게로 이루어지는 인도주의적 재분배의 장기적 이익에 대해 회의적인 것이 분명하다(파레토는 사회의 '열등한 요소'가 보존될 것이라고 언급했다). 따라서

알코올중독은 "강력한 선택 인자이며 알코올중독에 저항하는 법을 모르는 개인과 인종을 사라지게 한다. ……결핵도 강력한 선택 수단이다. 건강한 사람은 소수만이 결핵을 앓지만 허약한 사람의 대다수는 결핵에 걸려 죽기 때문"이다. *Ibid.*, pp. 288–289.

24. Peter Singer, *Practical Ethics*, second ed. (New York: Cambridge University Press, 1993), pp. 182–188 [한국어판:『실천윤리학』(황경식·김성동 옮김, 연암서가, 2013)]. 인간 아닌 존재의 공리와, 이들이 객관적인 공리주의적 관점에서 인간에게 정당하게 제기할 수 있는 요구는 말할 것도 없다. *ibid.*, pp. 63–68, 134 참고.

25. 벤담의 철학적 감각이 인상적이기는 하지만 인간의 동기를 터무니없이 피상적으로 파악하여 어려움을 겪었다고 주장하는 밀의 통렬한 에세이 참고. "그에게 인간 본성의 얼마나 많은 부분이 잠들어 있는가를 그는 몰랐다. 우리도 알 수 없다. …… 그는 인간의 감정에 대해 아는 바가 거의 없었을 뿐 아니라 이 감정을 형성하는 영향에 대해서는 더 무지했다. 정신이 스스로를 대상으로 하고 외부 사물이 정신을 대상으로 하는 모든 미묘한 작용을 그는 파악하지 못했다. 고등교육을 받은 사람 중에서 인간 행동에 영향을 미치고, 미쳐야 하는 요인에 대해 그[벤담]보다 더 제한적인 관념을 가지고서 모든 인간 행동에 규칙을 부여하려 든 사람은 아무도 없을 것이다." John Stuart Mill, *Mill on Bentham and Coleridge*, ed. by F. R. Leavis (Cambridge: Cambridge University Press, 1980 [1950]), p. 63.

26. John Stuart Mill, *On Liberty* (Indianapolis: Hackett, 1978 [1859]), p. 9 [한국어판:『자유론』(서병훈 옮김, 책세상, 2015) 32~33쪽].

27. *Ibid.*, p. 54 [한국어판: 같은 책 111쪽].

28. *Ibid.*, pp. 55–56 [한국어판: 같은 책 112쪽].

29. *Ibid.*, p. 55 [한국어판: 같은 책 113쪽].

30. *Ibid.*, p. 62 [한국어판: 같은 책 125쪽].

31. John Stuart Mill, *Representative Government*, reprinted in Mill, *Three Essays* (Oxford: Oxford University Press, 1975), pp. 284–285.

32. Mill, *On Liberty*, p. 10 [한국어판:『자유론』 34쪽].

33. *Ibid.*, p. 50 [한국어판: 같은 책 103쪽].

34. *Ibid.*, p. 70 [한국어판: 같은 책 138쪽].

35. *Ibid.*, pp. 38–39 [한국어판: 같은 책 82~83쪽].

36. *Ibid.*, pp. 93–94 [한국어판: 같은 책 178쪽].

37. *Ibid.*, p. 94 [한국어판: 같은 책 179쪽].

38. *Ibid.*, p. 94 [한국어판: 같은 책 180쪽].

39. *Ibid.*, p. 4 [한국어판: 같은 책 24쪽]. Alexis de Tocqueville, *Democracy in America* (New York: Anchor Doubleday, 1966 [1832]), pp. 250-276 [한국어판:『미국의 민주주의 1』(임효선·박지동 옮김, 한길사, 2002) 참고.

40. Mill, *On Liberty*, p. 4 [한국어판:『자유론』24쪽].

41. *Ibid.*, p. 73 [한국어판: 같은 책 144쪽].

42. 행위 공리주의와 규칙 공리주의의 구분에 대해서는 D. H. Hodgson, *Consequences of Utilitarianism* (Oxford: Clarendon Press, 1967), pp. 1-8 참고.

43. 위해 원칙의 논리를 명확하게 설명한 글로는 Joel Feinberg, *Social Philosophy* (Englewood Cliffs, N.J.: Prentice Hall, 1973), pp. 25-54가 있다.

44. 영미 사법 체계에서 불법행위tort는 일반적으로 법원이 구제를—대체로 손해배상의 형태로—제공하는 (계약 위반 이외의) 민사적 피해나 상해로 이해된다. 이 용어는 '비틀다'를 뜻하는 라틴어 '토르퀘레torquere', 또는 '비틀린'을 뜻하는 '토르투스tortus'에서 비롯했다. *Black's Law Dictionary*, fifth edition (St. Paul, Minn.: West Publishing Co., 1983), p. 774 참고.

45. 조지프 햄버거는 *John Stuart Mill on Liberty and Control* (Princeton: Princeton University Press, 1999)에서 밀이 (그의 저작을 총체적으로 고려한다면) 상당한 정도의 사회적 통제를 실제로 선호했다고 지적한다.

46. Mill, *On Liberty*, p. 53 [한국어판:『자유론』109쪽].

47. *Ibid.*, p. 9 [한국어판: 같은 책 33쪽].

48. *Ibid.*, pp. 79-80 [한국어판: 같은 책 155쪽].

49. 여기서 우리의 관심사는 해로운 또는 '부정적' 외부효과이지만, 피구는 많은 상황에서 행위에 대한 이로운 또는 '긍정적' 외부효과도 있을 수 있음을 잘 알고 있었다. A. C. Pigou, *The Economics of Welfare*, fourth edition (London: Macmillan, 1948), pp. 167-203 참고.

50. Mill, *On Liberty*, 89-90, 87-89 [한국어판:『자유론』171~173쪽. 밀은 간통이나 도박도 비슷한 이유에서 용인해야 한다고 주장한다. 단, "포주가 될 자유"나 "도박장을 운영할 자유"에 대해서는 찬반 양쪽 모두 논거가 훌륭하다고 인정하며 얼버무린다. *Ibid.*, p. 98 [한국어판: 같은 책 185쪽].

51. *Ibid.*, pp. 79-88 [한국어판: 같은 책 154~168쪽].

52. *Ibid.*, p. 87 [한국어판: 같은 책 167쪽].

53. Ibid., p. 80 [한국어판: 같은 책 155쪽].

54. 여기에는 음주운전처럼 분명한 악의를 형성하는 능력이 손상되는 예외가 있다고 말할 수도 있다. 하지만 이런 유형의 예외는 음주운전이 해로울 수 있다는 사실을 누구나 알기에 고의를 추정할 수 있다는 점에서 규칙을 입증하는 예외다. 술에 너무 취해서 누군가를 치기 전에 차에 탄 것조차 기억하지 못하더라도, 술 마신 뒤에 운전하게 될 상황을 자초했다면 그에 해당하는 고의가 있었다고 추정한다.

55. Guido Calabresi, *The Costs of Accidents: A Legal and Economic Analysis* (New Haven: Yale University Press, 1970), pp. 24–31 참고.

56. 1970년대 이후로 미국에서는 과실 책임을 묻는 쪽에서 무과실 책임을 묻는 쪽으로 변화가 일어났다. *ibid.*, pp. 13–14 참고. 이에 대한 개관으로는 Guido Calabresi and A. Douglas Melamed, "Property rules, liability rules and inalienability: One view of the cathedral," *Harvard Law Review*, vol. 85 (April 1972), pp. 1089–1128 참고.

57. Calabresi, "Optimal deterrence and accidents," *Yale Law Journal*, vol. 84, pp. 656–671 참고.

58. 얼 워런은 1953년부터 1969년까지, 워런 E. 버거는 1969년부터 1986년까지 연방 대법원장을 지냈으며 로널드 레이건이 버거의 후임으로 윌리엄 렌퀴스트를 지명했다.

59. *Green v. County School Board*, 391 U.S. 430 (1968); *Swann v. Charlotte Mecklenburg Board of Education*, 402 U.S. 1 (1971).

60. *Freeman v. Pitts*, 503 U.S. 467 (1992); *Missouri v. Jenkins*, 495 U.S. 33 (1990).

61. *Griggs v. Duke Power Co.*, 401 U.S. 424 (1971); *Washington v. Davis*, 426 U.S. 229 (1976) at 240; 또한 *Alexander v. Sandoval*, 121 S. Ct. 1511 (2001) 참고. 이 사건에서 법원은 1964년 민권법 제6편으로 공표된 불이익한 결과 규제를 집행할 사적 소권訴權이 없다고 판결했다. 이후로 소인訴因은 제6편 601조에서 규정한 고의적 차별에 대한 금지를 집행하기 위해서만 제기될 수 있다. 하지만 불이익한 결과 주장은 여전히 제7편에 의거하여 가능하다.

62. *Mobile v. Bolden*, 446 U.S. 55 (1980), *City of Rome v. United States*, 446 U.S. 156 (1980), *Rogers v. Lodge*, 458 U.S. 613 (1982) 참고. 1982년 6월 29일에 개정된 1965년 선거권법 제2조 수정 조항은 *Thornburg v. Gingles*, 478 U.S. 30 (1986)에서 확인되었다.

63. Brian Barry, *Political Argument* (London: Routledge and Kegan Paul, 1965), pp. 237–259 참고. Douglas W. Rae, "Decision-rules and individual values in Constitutional choice," *American Political Science Review*, vol. 63, no. 1 (1969), pp. 40–46, 51; "The limits of consensual decision," *American Political Science Review*, vol. 69, no. 4 (1975), pp. 1270–1294.

64. 햄버거가 지적하듯 밀은 사회적 지위가 손상되리라는 두려움에서뿐 아니라 자신의 글이 진지하게 해석되길 바라는 마음에 일생 동안 반종교적·반기독교적 의견을 얼버무려야 한

다고 느꼈다. *Mill on Liberty and Control*, pp. 55 – 85.

65. 밀이 개인 자율을 과학에 대한 결정론적 견해와 결합하지 못한 것에 대한 더 포괄적 논의로는 Alan Ryan, *The Philosophy of John Stuart Mill* (London: Macmillan, 1970), pp. 103 – 131 참고.

4장 마르크스주의

1. Graeme Duncan, *Marx and Mill: Two Views of Social Conflict and Social Harmony* (Cambridge: Cambridge University Press, 1973) 참고.

2. Karl Marx and Frederick Engels, *The Communist Manifesto* (New York: Monthly Review Press, 1964 [1848]), pp. 39, 25 – 26 [한국어판: 『공산당 선언』(강유원 옮김, 이론과실천, 2008) 29, 39쪽].

3. V. I. Lenin, *State and Revolution* (New York: International Publishers, 1943 [1918]), pp. 23 – 24 [한국어판: 『국가와 혁명』(문성원·안규남 옮김, 아고라, 2013) 46~47쪽].

4. Karl Marx, *Theses on Feuerbach*, reprinted in Karl Marx and Frederick Engels, *Selected Works* (Moscow: Progress Publishers, 1969), vol. I, p. 13 [한국어판: 『루트비히 포이어바흐와 독일 고전철학의 종말』(양재혁 옮김, 돌베개, 1994) 106쪽].

5. Ernest Mandel, *Late Capitalism* (London: New Left Books, 1975) 참고.

6. 이 용어는 테오도어 아도르노(1903~1969), 헤르베르트 마르쿠제(1898~1979), 막스 호르크하이머(1895~1973) 등이 주도한 유럽의 지식인 집단을 일컫는다. 이들은 히틀러를 피해 유럽을 떠나 1933년 뉴욕에서 뉴스쿨New School for Social Research을 설립했다. 1929년에 태어난 위르겐 하버마스는 대체로 이들의 동시대 상속자로 간주된다.

7. 마르크스주의 사상이 20세기 초에 영국 노동당 건설에 미친 영향을 생생히 묘사한 글로는 Michael Foot, *Aneurin Bevan, A Biography, 1897–1960* (New York: Athenum, 1963) 참고.

8. 그래서 『자본론』 첫머리에서는 자본주의 체제가 상품의 거대한 집합'처럼 보인'다는 진술을 통해 이 겉모습이 다른 현실을 감춘다는 주장을 제시한다("자본주의적 생산 양식이 지배하는 사회의 부는 '상품의 방대한 집적'으로 나타나며……"). Karl Marx, *Capital: A Critique of Political Economy*, Vol. 1, Ernest Mandel, ed. (Harmondsworth, England: Penguin Books, 1976), p.125 [한국어판: 『자본론 I[상]』(김수행 옮김, 비봉출판사, 2002) 43쪽] 참고.

9. Karl Marx and Frederick Engels, *The German Ideology*, Part I, C. J. Arthur, ed. (New York: International Publishers, 1970 [1845 – 46]), p. 42 [한국어판: 『독일 이데올로기 I』(박재

희 옮김, 청년사, 2007) 42쪽].

10. 이 이름표는 헤겔이 붙인 것이 아니다. 처음에는 요한 고틀리프 피히테(1762~1814)가 『현상학』 등에서 헤겔의 변증법적 추론 구조를 설명하기 위해 제시했으며, 『철학의 빈곤』에서 마르크스가 정립-반정립-종합의 공식을 헤겔에게 부여한 뒤로 정착되었다. Walter Kaufmann, *Hegel: Reinterpretation, Texts, and Commentary* (Garden City, N.Y.: Doubleday, 1965), pp. 165–175; G. E. Muller, "The Hegel legend of thesis-antithesis-synthesis," *Journal of the History of Ideas*, vol. 19, no. 3 (1958), pp. 411–414 참고].

11. Marx and Engels, *Communist Manifesto* (New York: Monthly Review Press, 1964 [1848]), p. 2 [한국어판: 『공산당 선언』 8쪽].

12. Marx and Engels, *German Ideology*, Part I, p. 57 [한국어판: 『독일 이데올로기』 68쪽].

13. Karl Marx, *Address of the Central Committee to the Communist League* (1850), reprinted in Robert C. Tucker, ed., *The Marx-Engels Reader* (New York: Norton, 1978), p. 506 [한국어판: 「동맹에 보내는 중앙 위원회의 1850년 3월의 호소」, 『칼 맑스/프리드리히 엥겔스 저작 선집 2』 (박종철출판사, 2010) 121쪽]; Marx and Engels, *Communist Manifesto*, p. 24 [한국어판: 『공산당 선언』 26쪽].

14. 엥겔스가 *The Origin of the Family, Private Property, and the State* (New York: International Publishers, 1972 [1884]) [한국어판: 『가족, 사적 소유, 국가의 기원』(김경미 옮김, 책세상, 2007)]에서 지적하듯 노동 분업은 가족 내에서 초보적 형태로 시작된다. 마르크스는 이 사실을 이따금 언급했지만(이를테면 *The German Ideology*, part I, pp. 44, 51–53), 남녀 간의 노동 분업은 자본주의하의 착취 분석에서 한번도 진지하게 고려되지 않았으며 이 때문에 마르크스주의는 4.2.3절에서 논의한 여성주의적 비판에 취약하다.

15. Adam Smith, *An Inquiry into the Nature and Causes of the Wealth of Nations*, Edwin Cannan, ed. (Chicago: University of Chicago Press, 1976 [1776]), pp. 7–9 [한국어판: 『국부론(상)』(김수행 옮김, 비봉출판사, 2014) 8~9쪽].

16. Marx and Engels, *German Ideology*, part I, pp. 82, 85, 94.

17. *Ibid.*, p. 54 [한국어판: 『독일 이데올로기』 64~65쪽]. "사회적인 힘, 즉 생산력[은]⋯⋯ 이들 개인들에게는 자신들의 단결된 힘으로 느껴지는 것이 아니라, 그들 밖에 있는 하나의 소외된 힘으로 느껴지게 되어, 그 힘의 기원도 목적도 알지 못하고, 따라서 이제 그 힘을 지배하기는커녕 오히려 그 힘이 인간의 의지와 행동을 무대 위에서 지휘하고 있는 일련의 국면과 단계를 경험하게 된다."

18. Marx and Engels, *Communist Manifesto*, p. 22 [한국어판: 『공산당 선언』 25쪽].

19. Karl Marx, *Critique of the Gotha Programme* (Peking: Foreign Languages Publishers,

1972 [1875]), pp. 12−16 [한국어판: 『칼 맑스, 프리드리히 엥겔스 저작 선집 4』(박종철출판사, 1997) 377쪽].

20. *Ibid.*, p. 17 [한국어판: 같은 책 377쪽].

21. *Ibid.*, pp. 8, 10 [한국어판: 같은 책 375~377쪽].

22. *Ibid.*, p. 10 [한국어판: 377쪽].

23. Marx, *A Contribution to the Critique of Political Economy*, pp. 20−21 [한국어판: 『정치경제학 비판을 위하여』(김호균 옮김, 중원문화 2012) 7쪽].

24. Karl Marx, *The Eighteenth Brumaire of Louis Bonaparte* (New York: International Publishers, 1963 [1852]), p. 15 [한국어판: 『루이 보나파르트의 브뤼메르 18일』(최형익 옮김, 비르투, 2012) 11쪽].

25. 이런 정식화는 알튀세르의 논의에서 유래한다. Louis Althusser, *For Marx* (London: Verso, 1979) [한국어판: 『맑스를 위하여』(이종영 옮김, 백의, 2002) 130쪽]. 또한 Nicos Poulantzas, *Classes in Contemporary Capitalism* (London: Verso, 1979) 참고. 유물론적 역사관에 대한 분석적 재건에 대해서는 G. A. Cohen, *Karl Marx's Theory of History: A Defense* (Princeton: Princeton University Press, 1978) [한국어판: 『카를 마르크스의 역사 이론』(박형신·정헌주 옮김, 한길사, 2011)] 참고.

26. 이를테면 Alasdair MacIntyre, *After Virtue* (Notre Dame, Indiana: University of Notre Dame Press, 1984), pp. 88−108 [한국어판: 『덕의 상실』(이진우 옮김, 문예출판사, 1997)] 참고.

27. 일반적으로는 Donald Green and Ian Shapiro, *Pathologies of Rational Choice Theory* (New Haven, Conn.: Yale University Press, 1994), pp. 26−28, 192−193에서의 불완전하고 분절된 보편성에 대한 논의 참고.

28. *Ibid.*, 특히 chapter 8 및 Green and Shapiro, "Pathologies revisited: Reflections on our critics," in Jeffrey Friedman, ed., *The Rational Choice Controversy: Economic Models of Politics Reconsidered* (New Haven, Conn.: Yale University Press), pp. 235−276 참고.

29. Rousseau, *The Social Contract*, p. 64 [한국어판: 『사회계약론』 25쪽].

30. 마르크스의 방법론적 개인주의에 대해서는 Jon Elster, *Making Sense of Marx* (New York: Cambridge University Press, 1985) 참고.

31. Marx and Engels, *The German Ideology*, Part 1, p. 53 [한국어판: 『독일 이데올로기』 64쪽].

32. Marx and Engels, *The Communist Manifesto*, p. 41 [한국어판: 『공산당 선언』 41쪽].

33. Isaiah Berlin, "Two concepts of liberty," in his *Four Essays on Liberty* (London: Oxford University Press, 1969), pp. 118-172.

34. 이를테면 소극적 자유지상주의와 적극적 자유지상주의 사이의 논쟁은 이따금 수감자가 족쇄의 존재 때문에 부자유한가, 열쇠의 부재 때문에 부자유한가에 대한 의미론적 논쟁으로 환원된다. Gerald C. MacCallum, "Negative and positive freedom," in Peter Laslett, W. G. Runciman, and Quentin Skinner, eds., *Philosophy, Politics, and Society*, fourth series (Oxford: Blackwell, 1972), pp. 174-193 참고.

35. Anatole France, *Le Lys Rouge* (Paris: Calmann-Lévy, 1923 ed. [c. 1895]), p. 113 [한국어판: 『타이스·붉은 백합』(이환 옮김, 서울대학교출판부, 1998) 276쪽].

36. Niccolò Machiavelli, *The Discourses* (London: Routledge & Kegan Paul, 1950 [1517]) §I.5, p. 220-222 [한국어판: 『로마사 논고』(강정인 옮김, 한길사, 2013) 89쪽].

37. 페티와 홉스가 받아들인 노동가치설에 대한 추가 논의로는 Shapiro, *Evolution of Rights in Liberal Theory*, pp. 35-38 참고.

38. 이 주제를 일반적으로 다룬 문헌 중에서 가장 훌륭한 것은 Maurice Dobb, *Theories of Value and Distribution Since Adam Smith* (Cambridge: Cambridge University Press, 1973)다.

39. 이를테면 마르크스는 *Wage, Labor, and Capital* (New York: International Publishers, 1978 [1849]) 3장 [한국어판: 『임금 노동과 자본』(김태호 옮김, 박종철출판사, 1999)]에서처럼 수요와 공급의 변동에 따라 가격이 달라지는 것을 곧잘 언급한다.

40. Marx, *Capital*, vol. 1, pp. 129, 131 [한국어판: 『자본론 I(상)』 49, 50쪽].

41. Marx, *Capital*, vol. 1, pp. 781-793 [한국어판: 『자본론 I(하)』 858~874쪽].

42. Marx, *Capital*, vol. 1, p. 275. 또한 pp. 701-706 [한국어판: 『자본론 I(상)』 224쪽] 참고.

43. Marx, *Capital*, vol. 1, pp. 389-410 [한국어판: 같은 책 372~400쪽] 참고. 하루 10시간 노동 법안은 1847년 잉글랜드 공장법에서 규정되었다. R. W. Cooke-Taylor, *The Factory System and the Factory Acts* (London: Methuen & Co., 1894) 참고.

44. Lenin, *Imperialism: The Highest Stage of Capitalism* (New York: International Publishers, 1939 [1916]) [한국어판: 『제국주의론』(남상일 옮김, 백산서당, 1986)]; Samir Amin, *Accumulation on a World Scale: A Critique of the Theory of Underdevelopment* (New York: Monthly Review, 1974) 참고.

45. Marx, *Capital*, vol. 1, pp. 227-231 [한국어판: 『자본론 I(상)』 166~171쪽].

46. Marx and Engels, *Communist Manifesto*, pp. 11-13 [한국어판: 『공산당 선언』 17쪽]. 또한 Karl Marx, *Theories of Surplus Value*, vol. 2 (London: Lawrence & Wishart, 1969 [1861-

63]), pp. 499-535 [한국어판: 『잉여 가치 학설사』(아침, 1991)]에서 리카도 비판과 관련하여 자본주의적 과잉 생산에 대한 마르크스의 논의 참고.

47. Marx, *Capital*, vol. II, p. 250 [한국어판: 『자본론 II』].

48. Marx and Engels, *Communist Manifesto*, p. 5 [한국어판: 『공산당 선언』 11쪽]. 부르주아 권리의 제한에 대한 더 일반적인 논의에 대해서는 Marx, *On the Jewish Question* (1844) reprinted in Karl Marx and Frederick Engels, *Collected Works*, vol. 3 (London: Lawrence and Wisehart, 1975), pp. 146-174 참고.

49. David Gordon, Richard Edwards, and Michael Reich, "Long swings and stages of capitalism," in David Kotz, Terrence McDonough, and Michael Reich, eds., *Social Structures of Accumulation: The Political Economy of Growth and Crisis* (Cambridge: Cambridge University Press, 1994), pp. 11-28; David Kotz, "Interpreting the social structure of accumulation theory," *ibid.*, pp. 50-69; Terrence McDonough, "Social structures of accumulation, contingent history, and stages of capitalism," *ibid.*, pp. 72-84 참고.

50. Ralph Miliband, *The State in Capitalist Society* (New York: Basic Books, 1974).

51. Marx and Engels, *Communist Manifesto*, p. 62 [한국어판: 『공산당 선언』 63쪽].

52. Robert Frank, *Choosing the Right Pond: Human Behavior and the Quest for Status* (New York: Oxford University Press, 1985), pp. 39-107 참고.

53. 일반적으로는 Jonathan Kelley and M. D. R. Evans, "Class and class conflict in six Western nations," *American Sociological Review*, vol. 60 (April, 1995), pp. 157-178 참고. 가용성 휴리스틱에 대해서는 Amos Tversky and Daniel Kahneman, "The framing of decisions and the rationality of choice," *Science* No. 211 (1981), pp. 543-558; Daniel Kahneman, Paul Stovic, and Amos Tversky, *Judgment Under Uncertainty* (Cambridge: Cambridge University Press, 1982) [한국어판: 『불확실한 상황에서의 판단』(이영애 옮김, 아카넷, 2006)] 참고.

54. 고전적 명제에 대해서는 W. G. Runciman, *Relative Deprivation and Social Justice* (London: Routledge & Kegan Paul, 1996), pp. 3-52 참고. 물리적 근접성이 동원의 중요한 변수라고 주장하는 최근 논의로는 Damarys Canache, "Looking out of my back door: The neighborhood context and the perceptions of relative deprivation," *Political Research Quarterly*, vol. 49, no. 3 (September 1996), pp. 547-571 참고.

55. Kelley and Evans, "Class and class conflict in six Western nations," pp. 174-175.

56. M. D. R. Evans, Jonathan Kelley, and Tamas Kolosi, "Images of class: Public perceptions in Hungary and Australia," *American Sociological Review*, vol. 57 (1992), pp. 461-482; Robert Hodge and Donald Trieman, "Class identification in the United States,"

American Journal of Sociology, vol. 73 (1968), pp. 535–547. 또한 가난한 사람들이 "박탈의 맥락적 증거가 가장 분명한" 비교적 동질적인 부유한 이웃과 함께 살 때, 더 다양한 이웃과 함께 살 때보다—그들이 전반적으로 똑같이 부유하더라도—폭력에 더 취약하다는 카나체의 주장 참고. "Looking out of my back door: The neighborhood context and the perceptions of relative deprivation," pp. 556–557.

57. Pierro Sraffa, *The Production of Commodities by Means of Commodities* (Cambridge: Cambridge University Press, 1960), pp. 3–4, 7–8, 10, 74, 78 [한국어판: 『商品에 의한 商品生産』(박찬일 옮김, 비봉출판사, 1986)].

58. John Roemer, "Should Marxists be interested in exploitation?" *Philosophy and Public Affairs*, vol. 14, no. 1 (Winter 1985), pp. 36–37 참고.

59. Engels, *Anti-Dühring*, p. 387 [한국어판: 『반듀링론』 301쪽] 참고.

60. John Roemer, *A Future for Socialism* (Cambridge, Mass.: Harvard University Press, 1994) [한국어판: 『새로운 사회주의의 미래』(고현욱 외 옮김, 한울, 1996)] 참고.

61. Locke, *Two Treatises*, I, sec. 53, p. 179, and I, sec. 54, pp. 179–180.

62. *Ibid.*, II, sec. 6, p. 271 [한국어판: 『통치론』 13~14쪽].

63. Marx, *Capital*, vol. 1, pp. 716, 990, 1003.

64. 이를 비롯하여 마르크스의 노동가치설 정식화에서의 (이와 관련한) 분석적 난점에 대한 논의로는 Roemer, "Should Marxists be interested in exploitation?" pp. 30–65 and G. A. Cohen, "The labor theory of value and the concept of exploitation," *Philosophy and Public Affairs*, vol. 8, no. 4 (Summer 1979), pp. 338–360; "Freedom, Justice and Capitalism," *New Left Review*, no. 125 (1981), pp. 3–16 참고.

65. O'Brien v. O'Brien 66 NY 2d 576 (1985) 참고. 이 재판에서 뉴욕 제2법무국의 대법원 항소부는 "한 배우자의 직업이나 경력에 대한 다른 배우자의 기여가 결혼의 경제적 합작에 대한 투자와 쌍방의 공동 노력의 산물을 나타낸"다는 이유로 남편의 의료 면허가 부부 공동재산이라는 결정을 확인했다. 따라서 뉴욕은 부부 공동재산을 인정하는 주가 아니지만 이혼하는 아내는 의료 면허를 11년 동안 사용했을 경우에 추정되는 가치의 40퍼센트를 받았으며 이혼하는 남편은 이혼하는 아내를 수령인으로 하는 생명보험의 미납액을 계속 납부하도록 명령받았다.

66. Nancy Folbre, "Exploitation comes home: A critique of the Marxian theory of family labor," *Cambridge Journal of Economics*, vol. 6, no. 4, pp. 317–329 참고.

67. 코언의 설명에 대해서는 "The structure of proletarian unfreedom," in G. A. Cohen, *History, Labour, and Freedom* (Oxford: Clarendon Press, 1988), pp. 255–285 참고. 또한 Cohen, "The labor theory of value and the concept of exploitation," *Philosophy and Public*

Affairs, vol. 8, no. 4 (1979), pp. 338-360 참고.

68. Douglas Rae, "Knowing power," in Ian Shapiro and Grant Reeher, eds., *Power, Inequality, and Democratic Politics* (Boulder: Westview Press, 1988), pp. 17-49; "Democratic liberty and tyrannies of place," in Ian Shapiro and Casiano Hacker-Cordón, ed., *Democracy's Edges* (Cambridge: Cambridge University Press, 1999), pp. 165-192; Clarissa Hayward, *Defacing Power* (Cambridge: Cambridge University Press, 2000), pp. 161-178 참고.

69. 4.1.2절 참고.

5장 사회계약론

1. Robert Nozick, *Anarchy, State, and Utopia* (New York: Basic Books, 1974), pp. 150-153 [한국어판:『아나키에서 유토피아로』(남경희 옮김, 문학과지성사, 2009) 192~196쪽].

2. John Rawls, *A Theory of Justice*, second edition (Cambridge, Mass.: Harvard University Press, 1999), pp. 6-7 [한국어판:『정의론』(황경식 옮김, 이학사, 2013) 40쪽].

3. Richard Tuck, *Natural Rights Theories: Their Origin and Development* (Cambridge: Cambridge University Press, 1982) 참고.

4. Rawls, *A Theory of Justice*, pp. 19-24, 284-285.

5. Hobbes, *Leviathan*, p. 187. 자세한 설명으로는 Shapiro, *Evolution of Rights*, pp. 26-27 참고.

6. Locke, *Two Treatises*, II, sec. 225, p. 415 [한국어판:『통치론』212쪽].

7. Aristotle, *The Politics*, Books I and II, trans. Trevor Saunders (Oxford: Clarendon Press, 1995 [c. 350 BC]), 1253aI-39, pp. 3-4 [한국어판:『정치학』(천병희 옮김, 숲, 2009)].

8. Rousseau, *The First and Second Discourses*, ed. R. D. Masters, trans. J. R. Masters (New York: St. Martin's Press, 1964), p. 129.

9. Nozick, *Anarchy, State, and Utopia*, p. 54 [한국어판:『아나키에서 유토피아로』81쪽].

10. Locke, *Two Treatises*, II, sec. 95-99, pp. 330-333, sec. 121, p. 349 [한국어판:『통치론』93~96, 115~116쪽 참고].

11. James Buchanan and Gordon Tullock, *The Calculus of Consent: Logical Foundations of Constitutional Democracy* (Ann Arbor: University of Michigan Press, 1962) [한국어판:『국민 합의의 분석』(황수연 옮김, 지식을만드는지식, 2012)].

12. Nozick, *Anarchy, State, and Utopia*, pp. 10 – 35 [한국어판: 『아나키에서 유토피아로』 31~53쪽] 참고.

13. Rawls, *A Theory of Justice*, pp. 18 – 19, 42 – 45, 507 – 508.

14. Ian Shapiro, "Optimal deliberation?" *The Journal of Political Philosophy* (vol. 10, no. 2, June 2002), p. 197 참고.

15. Jürgen Habermas, *Communication and the Evolution of Society*, trans. Thomas McCarthy (Boston: Beacon Press, 1979); Jürgen Habermas, *Theory of Communicative Action*, 2 vols., trans. Thomas McCarthy (Boston: Beacon Press, 1984, 1987) [한국어판: 『의사소통행위이론 1, 2』(장춘익 옮김, 나남, 2006)]; Bruce Ackerman, *Social Justice in the Liberal State* (New Haven, Conn.: Yale University Press, 1980) 참고.

16. *Behemoth* [1679], reprinted in *The English Works of Thomas Hobbes* (London: John Bohn, 1966), vol. VI, p. 166에서 잉글랜드 내전의 원인에 대한 홉스의 논의 참고.

17. Locke, *Two Treatises*, II, sec. 168, p. 379 [한국어판: 『통치론』 159~160쪽].

18. Nozick, *Anarchy, State, and Utopia*, pp. 54 – 87.

19. Hobbes, *Leviathan*, p. 186 [한국어판: 『리바이어던 1』 172쪽].

20. Locke, *Two Treatises*, II, sec. 89, p. 325 [한국어판: 『통치론』 85~86쪽] 참고.

21. Hobbes, *Leviathan*, pp. 239 – 251; Locke, *Two Treatises*, II, sec. 132 – 133, pp. 354 – 355; Rousseau, *The Social Contract*, pp. 110 – 123 참고.

22. Rawls, *A Theory of Justice*, p. 113 [한국어판: 『정의론』 188쪽].

23. Hobbes, *Leviathan*, pp. 129 – 130, 160 – 161.

24. Fyodor Dostoevsky, *The Brothers Karamazov* (Hammondsworth: Penguin, 1958), pp. 35 – 95.

25. James Tully, *A Discourse Concerning Property: John Locke and His Adversaries* (Cambridge: Cambridge University Press, 1980).

26. Richard Tuck, *Natural Law Theories: Their Origin and Development* (Cambridge: Cambridge University Press, 1979); Quentin Skinner, *The Foundations of Modern Political Thought*, vol. I: The Renaissance (Cambridge: Cambridge University Press, 1978) [한국어판: 『근대 정치사상의 토대 1』(박동천 옮김, 한길사, 2004)]; J. G. A. Pocock, *The Ancient Constitution and The Feudal Law* (Cambridge: Cambridge University Press, 1957) and *The Machiavellian Moment* (Princeton: Princeton University Press, 1975) [한국어판: 『마키아벨리

언 모멘트』(곽차섭 옮김, 나남, 2011)]; Otto von Gierke, *Natural Law and the Theory of Society*, 2 vols. (Cambridge: Cambridge University Press, 1934).

27. Hobbes, *Leviathan*, p. 186 [한국어판: 『리바이어던 1』 174~175쪽].

28. Locke, *Two Treatises*, II, sec. 123-131, pp. 350-353 [한국어판: 『통치론』 119~123쪽] 참고.

29. Nozick, *Anarchy, State, and Utopia*, pp. 9-12, 26-28.

30. Shapiro, *Evolution of Rights*, pp. 240, 249-251 참고.

31. Rawls, *Political Liberalism* (New York: Columbia University Press, 1993), p. 15 [한국어판: 『정치적 자유주의』(장동진 옮김, 동명사, 1998) 17~18쪽].

32. *Ibid.*, pp. 9-11, 133-172. 또한 Cass Sunstein, "On legal theory and legal practice," in *NOMOS XXXVII: Theory and Practice*, ed. Ian Shapiro and Judith Wagner DeCew (New York: New York University Press, 1995), pp. 267-287 참고.

33. Rawls, *Political Liberalism* pp. 150-158.

34. Rawls, *A Theory of Justice*, pp. 222-223 [한국어판: 『정의론』 341쪽].

35. Richard J. Herrnstein and Charles Murray, *The Bell Curve: Intelligence and Class Structure in American Life* (New York: Free Press, 1994). 뒤이은 논쟁의 예로는 Joe Kincheloe, Shirley Steinberg, and Aaron Gresson, eds., *Measured Lies: The Bell Curve Examined* (New York: St. Martin's Press, 1997); Bernie Devlin, Stephen Fienburg, Daniel Resnick, and Kathryn Roeder, eds., *Intelligence, Genes, and Success: Scientists Respond to The Bell Curve* (New York: Copernicus Books, 1997); and Steven Fraser, ed., *The Bell Curve Wars: Race, Intelligence, and the Future of America* (New York: Basic Books, 1995) 참고.

36. Rawls, *A Theory of Justice*, p. 63 [한국어판: 『정의론』 119쪽].

37. 러니드 핸드의 유명한 '불법행위의 효율성 기반 규칙'에 따르면 위해를 막는 예방 비용이 위해의 비용에 사건 발생 확률을 곱한 것보다 작을 경우에만 피해에 대한 책임을 물어야 한다. 이 조건이 충족되지 않으면 손해는 그대로 각자의 몫으로 남는다. *U.S. v. Carroll Towing Co.* (1947) 참고.

38. John Harsanyi, "Democracy, equality, and popular consent," in Power, *Inequality, and Democratic Politics*, ed. Ian Shapiro and Grant Reeher (Boulder: Westview, 1988), p. 297.

39. Rawls, *A Theory of Justice*, pp. 21-22, 26-27, 35-36.

40. *Ibid.*, pp. 350-358 [한국어판: 『정의론』 516~527쪽].

41. 일반론에 대한 최초의 정식화는 *ibid.*, p. 53-54 [한국어판: 같은 책 106~107쪽] 참고. 마지막 정식화는 p. 266 [한국어판: 같은 책 400쪽] 참고.

42. Douglas Rae, "Maximin justice and an alternative principle of general advantage," *American Political Science Review*, vol. 69, no. 2 (1975), pp. 630-647; John Harsanyi, "Can the maximin principle serve as a basis for morality? A critique of John Rawls's Theory," *American Political Science Review*, vol. 69, no. 2 (1975), pp. 594-606; as well as my discussion in *Evolution of Rights*, pp. 226-234 참고.

43. Rawls, *A Theory of Justice*, pp. 132-135 [한국어판: 『정의론』 214~219쪽]. 롤스는 최소수혜자의 입장을 모든 사람의 입장에 대한 암묵적 대용물로 간주해야 하는 또다른—내가 보기에는 덜 타당한—이유들을 제시한다. 이를테면 '연쇄 관계'는 케인스주의적 가정으로, 이에 따르면 밑바닥에 있는 사람들의 여건을 개선하면 나머지 모든 사람에게 긍정적 파급효과가 미칠 것이라고 가정한다. Shapiro, *Evolution of Rights*, pp. 225-234의 논의 참고.

44. Nozick, *Anarchy, State, and Utopia*, pp. 160-164 [한국어판: 『아나키에서 유토피아로』 204~209쪽].

45. Bruce Kogut, Gerald McDermott, and Andrew Spicer, "Entrepre-neurship and privatization in Central Europe: The tenuous balance between destruction and creation," *Academy of Management Review*, vol. 25, no. 3 (July 2000), pp. 630-649; Gerald McDermott, *Embedded Politics: Industrial Networks and Institution Building in Post-Communism* (Ann Arbor: Michigan University Press, 2001) 참고.

46. Nozick, *Anarchy, State, and Utopia*, pp. 169-172, 152-155 [한국어판: 『아나키에서 유토피아로』]. 노직은 더 나아가 일부 '자립인'이 최소 국가, 즉 고전 자유주의 이론의 '야경국가'에 반대하더라도, 강제력이 자연독점이라면 이들을 강제로 동참시키는 것이 불가피하다는 이유로 최소 국가를 정당화할 수 있다고 주장한다. 강제로 구성원이 되는 사람들은 이론상 자신이 당한 불가피한 피해에 대해 보상을 받을 수 있으므로, 이들의 강제 통합은 정당하다. *Ibid.*, pp. 23-24, 108-118. 이 논증이 실패하는 이유에 대한 논의로는 내 책 *Evolution of Rights*, pp. 174-178 참고.

47. Nozick, *Anarchy, State, and Utopia*, p. 29 [한국어판: 『아나키에서 유토피아로』 52쪽].

48. 노직은 첫머리에서 "개인들은 권리들을 가지고 있으며, 세상에는 어느 인간이나 집단도 이 권리들에 해서는 안 되는 것들이 있다(이들의 행사는 곧 개인 권리의 침해다)"라고 주장한 것을 제외하면 자신이 자기 소유권을 받아들인 것을 실제로는 결코 옹호하지 않는다. *Ibid.*, p. ix [한국어판: 같은 책 11쪽]. 과세의 부당성 추정에 대한 논의에서 보듯 노직은 자신이 생산한 것에 대한 소유권이 이 권리들에 포함됨을 시사한다.

49. 이 논쟁에 대한 유용한 검토로는 Ronald Dworkin, "What is equality? Part I: Equality

of welfare," *Philosophy and Public Affairs*, vol. 10, no. 3 (Summer 1981), pp. 185–246 참고.

50. Rawls, *A Theory of Justice*, pp. 54–55, 78–81 [한국어판:『정의론』107~108, 140~145쪽].

51. 이를테면 Dworkin, "What is equality? Part II: Equality of resources," *Philosophy and Public Affairs*, vol. 10, no. 4 (Fall 1981), pp. 283–345 참고. 자원주의와 복지주의의 중간에 위치하는 '중간 지대' 지표를 옹호하는 논의로는 Amartya Sen, "Well-being, agency and freedom," *The Journal of Philosophy*, vol. 82, no. 4 (April 1985), pp. 169–221; Richard Arneson, "Equality and equal opportunity for welfare," *Philosophical Studies*, vol. 56 (1989), pp. 77–93; G. A. Cohen, "On the currency of egalitarian justice," *Ethics*, vol. 99, no. 4 (July 1989), pp. 906–944 참고.

52. 로머는 이것이 자원주의 논증에서 일반적으로 참임을 밝혔다. Roemer, "Equality of resources implies equality of welfare," *Quarterly Journal of Economics*, vol. 101, no. 4 (1986), pp. 751–784 참고. 또한 Thomas Scanlon, "Equality of resources and equality of welfare: A forced marriage?" *Ethics*, vol. 97, no. 1 (1986), pp. 111–118 참고.

53. Rawls, *A Theory of Justice*, p. 266 [한국어판:『정의론』400쪽].

54. *Ibid*.

55. 노동 참여와 임금의 성차에 대해서는 Claudia Goldin, "The gender gap in historical perspective," in Peter Kilby, ed., *Quantity and Quiddity* (Middletown, Conn.: Wesleyan University Press, 1987), pp. 135–168; Claudia Goldin, *Understanding the Gender Gap* (New York: Oxford University Press, 1990), pp. 58–118 참고. 또한 Susan Okin, *Justice*, Gender, and the Family, pp. 144–145 참고.

56. Shapiro, *Evolution of Rights*, pp. 231–232, 266–270 참고.

57. Locke, *Two Treatises*, II, sec. 27, p. 288 [한국어판:『통치론』35쪽].

58. *Ibid*., sec. 37, p. 298 [한국어판: 같은 책 42~44쪽].

59. '기본적' 자유(대체로 미국 수정헌법의 권리장전에서 보호하는 자유)가 위험에 처할 우려가 있을 때, 미국 법원은 제안된 정부 행위를 '엄격 심사strict scrutiny'에 부친다. 그러면 정부는 정부의 목표가 이례적으로 중요하며 '중대한 국가 이익'이 걸려 있음을 입증해야 한다. 또한 그보다 침해가 덜한 방법으로는 이 목표를 이룰 수 없음을 정부는 일반적으로 입증해야 한다. 이에 반해 '중간 심사intermediate scrutiny'는 제안된 정책과 '중요한 정부 목표' 사이에 '상당한 연관성'이 있음을 입증하기만 하면 되며, '최소 심사minimal scrutiny'는 정당한 정부 목표에 대한 '합리적 연관성'을 입증하기만 하면 된다. 이러한 조정은 해당 권리의 중요성뿐 아니라 개선 정책의 대상인 불의의 강도와도 연관되도록 설계된다. 하지만 이 점에서 미국 법원이 늘 일관된 것은

아니다. 이를테면 소수자 우대 정책에서 법원은 모든 인종 분류에 대해 엄격 심사를 고수해왔으나—이를 따르지 않은 예외가 몇 건 있긴 하다—*Craig v. Boren* 429 U.S. 190 (1976) 이후로 성별 분류는 중간 심사에만 회부되었으며 이는 여성에게 혜택을 주기 위한 소수자 우대 정책이 흑인에게 혜택을 주기 위한 소수자 우대 정책보다 덜 심사받는 예외를 낳았다. 일반적으로는 Laurence H. Tribe, *American Constitutional Law*, 2d ed. (New York: Foundation Press, 1988), pp. 251-275 참고.

60. 자세한 설명으로는 Shapiro, *Evolution of Rights*, pp. 218-223 참고.

61. Rawls, *A Theory of Justice*, p. 18 [한국어판:『정의론』 56쪽].

62. 위험에 대해 중립적인 사람들이 원초적 입장에서 최소 극대화보다는 공리주의를 선택할 것이라는 하사니의 주장은 설득력이 있다. J. Harsanyi, "Can the maximin principle serve as a basis for morality? A critique of John Rawls's theory," *American Political Science Review*, vol. 69, no. 2 (June, 1975), pp. 594-606 참고.

63. 울프의 논증은 *In Defense of Anarchism* (New York: Harper and Row, 1970) [한국어판:『아나키즘: 국가권력을 넘어서』(임홍순 옮김, 책세상, 2001)]에서 전개된다. 이에 대한 비판적 평가로는 내 글 "Gross concepts in political argument," *Political Theory*, vol. 17, no. 1 (February 1989), pp. 51-76 참고. 뷰캐넌과 털럭이 제시한 원칙들의 위계에 대한 논의로는 *Calculus of Consent*, pp. 3-97 [한국어판:『국민 합의의 분석』] 참고. 비판적 논의로는 내 책 *Democracy's Place*, pp. 17-29 참고. 드워킨의 견해는 아래 5.5절에서 다룬다. 노직과 롤스의 논증에 담긴 경험적 가정에 대한 추가적 평가로는 *Evolution of Rights*, pp. 155-195 and 205-251 참고.

64. Dworkin "What Is equality? I," pp. 300-301.

65. Nozick, *Anarchy, State, and Utopia*, pp. 174-175 [한국어판:『아나키에서 유토피아로』 211쪽].

66. Amartya Sen, "Equality of what?" in *The Tanner Lectures on Human Values*, vol. 4, ed. Sterling McMurrin (Salt Lake City: University of Utah Press, 1980), pp. 212-220; Sen, "Well-being, agency and freedom," *Journal of Philosophy*, vol. 82, no. 4 (April, 1985), pp. 185-221 참고.

67. 사람들이 자신의 선호에 책임을 진다고 간주해야 한다는 견해에 대한 롤스의 가장 명시적 진술은 "Social unity and primary goods," Amartya Sen and Bernard Williams, eds., *Utilitarianism and Beyond* (Cambridge: Cambridge University Press, 1982), pp. 168-169에서 찾아볼 수 있다. 이 주장과, 능력 차이가 자의적이라는 논증—*A Theory of Justice* at pp. 101-104—간의 긴장에 대한 논의로는 Thomas Scanlon, "Equality of resources and equality of welfare," pp. 116-117, "The significance of choice," *The Tanner Lectures on Human Values*, vol. 8 (Salt Lake City: University of Utah Press, 1988), pp. 192-201; Arneson, "Equality and equal opportunity for welfare"; Cohen, "Equality of what?" pp. 7-10 참고.

68. Ronald Dworkin, "What is equality?" part I, pp. 185-246, part II, pp. 283-385. "What is equality? Part II," pp. 283-290에서 묘사하는 드워킨의 가설적 경매는 무엇이 자원의 균등한 최초 할당으로 간주될 수 있는지를 결정하는 수단으로서는 그 자체로 실패다. 이를테면 가설적 경매에서 드워킨은 일부 참가자가 자신은 원하지 않지만 다른 누군가는 무슨 수를 써서라도 손에 넣어야 한다는 사실을 자신이 알고 있는 재화(이를테면 드워킨의 예에 등장하는, 당뇨병 환자가 한 명 있는 섬에서의 인슐린 재고)의 가격을 올리는 것이 얼마든지 가능할 것이라고 묘사한다. 이런 식으로 당뇨병 환자는 어쩔 수 없이 최초 자원을 전부—적어도 막대하게—인슐린에 소비하여 그밖의 재화가 다른 주민에게 상대적으로 저렴해지도록 하거나, 최초 경매에서 인슐린을 낙찰받은 사람에게서 인위적으로 높은 가격에 인슐린을 살 수밖에 없을 것이다. 이 예에서 보듯 드워킨의 가설적 경매는 사람들이 저마다 다른 전략적 자원과 협상 능력을 가지고 있지 않으며 이들이 자신의 선호를 엉뚱하게 표현할 이유가 전혀 없으리라고 가정한다. 하지만 두 가정 중 어느 것이라도 참이라고 볼 그럴듯한 이유는 전혀 없으며 드워킨의 경매가 그의 주장대로 자원을 균등화할 것이라고 생각할 이유도 전혀 없다.

69. *Ibid.*, pp. 300-301.

70. *Ibid.*, pp. 292-304.

71. *Ibid.*, p. 301.

72. *Ibid.*, pp. 300 참고. 여기서 드워킨은 '정상적' 인간의 능력이라는 관점이 있을 수 있다는 발상에 반대하여, 맹인이나 지적 장애인으로 태어난 사람에게 최초 보상을 아무리 많이 하더라도 '정상적'인 것으로 간주되는 사람들과 신체적 또는 정신적 자원 면에서 동등하게 만들 수 없다고 주장한다.

73. "중대한 장애를 타고난 사람은 바로 그 이유 때문에 (우리가 인정하는바) 남들보다 더 적은 자원을 가지고서 삶을 맞닥뜨린다. 이는 자원의 평등을 도모하는 체제하에서 보상을 정당화하며, 가설적 보험 시장이 비록 균형을 찾아주지 못하더라도—무엇도 그렇게 하지 못한다—결과적 불공정의 한 측면을 교정할 방법을 찾는다." *Ibid.*, p. 302. 강조는 샤피로.

74. *Ibid.*, pp. 311, 288, 302.

75. *Ibid.*, p. 311ff.

76. 그렇다고 해서 사람들에게 야심을 달성할 능력이 늘 있다거나 우리가 달성할 수 없음을 아는 야심을 품지조차 못한다고 말하려는 것은 아니다. 단, 분석을 계속하면 야심과 공상의 차이 중 일부는 야심이 일반적으로 행동의 자극제가 되는 반면에 공상은 그럴 필요가 없다는 사실에서 비롯됨이 밝혀질 것이다. 여기서는 (드워킨의 범주적 구분에서 요구하는바) 야심이 능력과 독립적으로 발달한다는 생각이 그럴듯하지 않음을 확실히 해두고 싶을 뿐이다.

77. Dworkin, "What is equality? II," pp. 302-303ff.

78. 이런 난점을 최소화하기 위해 코언은 노력하는 능력이 통제 밖 요인의 '영향'을 받는다는 옳은 진술을 이 능력이 통제 밖 요인에 의해 '결정'된다는 (노직 같은 사람들이 롤스 같은 평등주의자에게 잘못 부여하는) 틀린 진술과 혼동해서는 안 된다고 주장한다. 이 구분을 유지하기에 코언은 모든 노력이 보상받을 가치가 있지는 않더라도 어떤 노력도 보상받을 가치가 없는 것은 아니며, 노력이 "부분적으로는 칭송받을 가치가 있고 부분적으로는 그렇지 않"다고 말할 수 있다. 단, 현실에서 "부분들을 분리할 수 없"음은 코언도 인정한다. Cohen, "Equality of what?" pp. 8–10. 하지만 (아래 80번 주석에서 언급하겠지만) 노력을 쏟겠다고 선택하는 결정 자체가, 도덕적으로 자의적이라고 인정되는 요인의 영향을 받는다는 사실을 받아들인다면 난점은 현실성이 아니라 원칙의 문제가 된다. 틀림없이 코언은 보상받을 자격이 있는 노력의 요소를 어떻게 원칙상 가려낼 수 있는지에 대해 아무 설명도 내놓지 않는다.

79. Cohen, "On the currency of egalitarian justice," p. 922.

80. 위의 78번 주석에서 언급했듯 코언은 이 난점을 해결했다고 주장하지 않는다. 나는 해결 가능성에 대해 여전히 회의적이다.

6장 반계몽주의 정치학

1. Christopher Hill, *The World Turned Upside Down* (London: Temple Smith, 1972); Malcolm Thomis, *The Luddites: Machine-Breaking in Regency England* (Newton Abbot, England: David & Charles, 1970); George Woodcock, *Pierre-Joseph Proudhon: A Biography* (New York: Black Rose Books, 1987); Christopher Lasch, *The True and Only Heaven: Progress and Its Critics* (New York: Norton, 1991) [한국어판:『진보의 착각』(이희재 옮김, 휴머니스트, 2014)]; Thomas Poguntke, *Alternative Politics: the German Green Party* (Edinburgh: Edinburgh University Press, 1993) 참고.

2. "Biographical Note" in Burke's *Reflections on the Revolution in France* (Harmondsworth: Penguin, 1969), p. 77 [한국어판:『프랑스 혁명에 관한 성찰』(이태숙 옮김, 한길사, 2010) 참고].

3. *Ibid.*, p. 141 [한국어판: 같은 책 109쪽].

4. *Ibid.*, p. 119 [한국어판: 같은 책 81~82쪽].

5. *Ibid.*, pp. 194–195 [한국어판: 같은 책 172쪽].

6. *Ibid.*, p. 140 [한국어판: 같은 책 107쪽].

7. 루소에 대한 버크의 감정은 경멸뿐이었다. 버크는 루소를 실속 없고 원칙 없는 사람으로 여겼으며 루소가 모든 선택되지 않은 의무를 인정하기를 거부한 것에 경악했다. 루소가 프랑스 혁명가들에게 인기가 있지만 않았더라도 버크는 그를 단지 불쌍한 사람으로 생각했을 것이

다. 1791년의 루소에 대한 버크의 맹렬한 비난에 대해서는 "Letter to a member of the National Assembly," in *The Works of the Right Honourable Edmund Burke* (London: F. & C. Rivington, 1803), vol. 6, pp. 1-68 참고. 루소의 반근대주의 정서가 가장 온전하게 표현된 것은 *First Discourse: On the Arts and Sciences*, in Jean-Jacques Rousseau, *The First and Second Discourses*, ed. Roger Masters (New York: St. Martin's Press, 1964 [1750])이다.

8. Richard Rorty, *Philosophy and the Mirror of Nature* (Princeton, N.J.: Princeton University Press, 1979), pp. 136-164 [한국어판: 『철학 그리고 자연의 거울』(박지수 옮김, 까치, 1998) 155쪽].

9. Ludwig Wittgenstein, *Philosophical Investigations* (Oxford: Blackwell, 1953) [한국어판: 『철학적 탐구』(이영철 옮김, 책세상, 2011)] 참고.

10. Rorty, *Philosophy and the Mirror of Nature*, p. 136 [한국어판: 『철학 그리고 자연의 거울』 406쪽), and "Postmodernist bourgeois liberalism," *The Journal of Philosophy*, vol. 80, no. 10 (1983), pp. 583-589.

11. 내 책 *Political Criticism* (Berkeley: University of California Press, 1990), pp. 36-53; Richard Rorty, *Achieving Our Country* (Cambridge, Mass.: Harvard University Press, 1998), pp. 27-29, 34-35, 96-97 참고.

12. Rorty, *Achieving Our Country*, p. 96-97.

13. Max Weber, "Science as a vocation," 1918년 뮌헨 대학 강연, in H. H. Gerth and C. Wright Mills, *From Max Weber: Essays in Sociology* (New York: Oxford University Press, 1946), pp. 135-136.

14. John Dewey, *Characters and Events: Popular Essays in Social and Political Philosophy* (New York: Henry Holt, 1929), vol. 1, p. iii.

15. John Dewey, *Individualism Old and New* (New York: Capricorn Books, 1962 [1929]), p. 164.

16. 20세기 후반에 처벌의 갱생적 견해에 대한 적대감이 등장한 것에 대해서는 Francis A. Allen, *The Borderland of Criminal Justice* (Chicago: University of Chicago Press, 1964) 참고. 더 엄격한 판결을 내리도록 하기 위한 로비에서 이익집단이 어떤 역할을 했는지에 대해서는 Edwin Bender, "Private prisons, politics, and profits," National Institute on Money in State Politics (July 2000, *mimeo*), www.followthemoney.org/issues/private_prison/private_prison.html; Eric Blumenson and Eva Nilsen, "Policing for profit," *University of Chicago Law Review*, vol. 65 (1998), pp. 35-114 참고. 마약과의 전쟁이 인종 차별과 어떤 연관성이 있는지에 대해서는 Michael Tonry, *Malign Neglect: Race, Crime, and Punishment in America* (New York:

Oxford University Press, 1996); and Mark Mauer, *Race to Incarcerate* (New York: New Press, 1998) 참고. 범죄의 정치화 일반에 대해서는 Stuart Scheingold, "The politics of street crime and criminal justice," in *Crime, Community, and Public Policy*, ed. Lawrence Joseph (Chicago: University of Illinois Press, 1995), pp. 265-294 참고.

17. Don Herzog, *Without Foundations: Justification in Political Theory* (Ithaca: Cornell University Press, 1985), p. 27.

18. Peter Winch, *The Idea of a Social Science* (London: Routledge and Kegan Paul, 1958) [한국어판: 『사회과학의 빈곤』(박동천 옮김, 모티브북, 2011)] 참고.

19. J. L. Austin, *Sense and Sensibilia* (New York: Oxford University Press, 1964); *How to Do Things With Words* (Cambridge, Mass.: Harvard University Press, 1962) [한국어판: 『말과 행위』(김영진 옮김, 서광사, 1992)] 참고.

20. Roy Bhaskar, *A Realist Theory of Science* (Sussex: Harvester and Humanities, 1978); *The Possibility of Naturalism* (Sussex: Harvester and Humanities, 1979); Richard Miller, *Fact and Method: Explanation, Confirmation and Realism in the Natural and Social Sciences* (Princeton, N.J.: Princeton University Press, 1987); Ian Shapiro and Alexander Wendt, "The difference that realism makes: Social science and the politics of consent," *Politics and Society*, vol. 20, no. 2 (June 1992), pp. 197-224; Alexander Wendt and Ian Shapiro, "The false promise of realist social theory," in Kristen Monroe ed., *Empirical Political Theory* (Berkeley: University of California Press, 1997), pp. 166-187 참고.

21. Alasdair MacIntyre, *After Virtue*, second edition (Notre Dame: University of Notre Dame Press, 1984), pp. 88-108.

22. 이 차이에 대한 설명으로는 내 책 *Political Criticism*, pp. 232-242과 위의 20번 주석에서 소개한 문헌 참고.

23. Daniel Bell, *The End of Ideology: The Exhaustion of Political Ideas in the Fifties* (Glencoe, Ill.: Free Press, 1960) [한국어판: 『이데올로기의 종언』(이상두 옮김, 범우사, 1999)]. 근대화 이론의 수렴 예측에 대해서는 Seymour Martin Lipset, *Political Man: The Social Bases of Politics* (Baltimore: Johns Hopkins University Press, 1981 [1960]), pp. 82-83; David Apter, *The Politics of Modernization* (Chicago: University of Chicago Press, 1965), pp. 313-356 참고. 이념적 정치가 공산주의 붕괴 이후에 종점에 이르렀다는 생각의 최근 설명에 대해서는 Francis Fukuyama, *The End of History and the Last Man* (New York: Avon Books, 1993)] [한국어판: 『역사의 종말』(이상훈 옮김, 한마음사, 1992)] 참고.

24. 남아프리카공화국 이행기 연구에서 축적된 지혜를 뽑아내려 한 영웅적 시도에 대해서는 세 권짜리 South African Law Commission, *Report on Constitutional Models Project 77*

(Pretoria: South African Government Printer, 1991) 참고.

25. Donald Green and Ian Shapiro, *Pathologies of Rational Choice Theory: A Critique of Applications in Political Science* (New Haven, Conn.: Yale University Press, 1994); Jeffrey Friedman, ed., *The Rational Choice Controversy: Economic Models of Politics Reconsidered* (New Haven, Conn.: Yale University Press, 1996) 참고.

26. 2000년 미국 대통령 선거를 바탕으로, 실패한 선거 예측 모형을 사후 분석한 일련의 연구에 대해서는 *P.S.: Political Science and Politics*, vol. 34, no. 1 (March 2001), pp. 9–44 참고.

27. 국제 관계 연구에 합리적 선택 모형을 적용한 것에 대해서는 Stephen Walt, "Rigor or rigor mortis?: Rational choice and security studies," *International Security*, vol. 23, no. 4 (Spring 1999), pp. 5–48; Alexander Wendt, *Social Theory of International Politics* (New York: Cambridge University Press, 1999), pp. 113–138, 313–343 [한국어판: 『국제정치의 사회적 이론』(박건영 외 옮김, 사회평론, 2009)] 참고. 전쟁의 상관관계에 대한 경험적 연구의 어려움에 대해서는 Donald Green, Soo Yeon Kim, and David Yoon, "Dirty pool," *International Organization*, vol. 55 (2001), pp. 441–468 참고.

28. Louis Hartz, *The Liberal Tradition in America* (New York: Harcourt Brace & World, 1955) [한국어판: 『미국의 자유주의 전통』(백창재·정하용 옮김, 나남, 2012)].

29. Rogers Smith: *Civic Ideals: Conflicting Visions of Citizenship in U.S. History* (New Haven, Conn.: Yale University Press, 1995).

30. Adam Przeworski, Michael E. Alvarez, Jose Antonio Cheibub, and Fernando Limongi, *Democracy and Development: Political Institutions and Well-being in the World 1950–1990* (New York: Cambridge University Press, 2000), pp. 142–175.

31. Alexis de Tocqueville, *Democracy in America*, ed. J. P. Mayer, trans. George Lawrence (New York: Harper Perennial, 1966 [1832]), pp. 31–47.

32. Seymour Martin Lipset, "Some social requisites of democracy: Economic development and political legitimacy," *American Political Science Review*, vol. 53, 1959, pp. 69–105.

33. Barrington Moore, *The Social Origins of Dictatorship and Democracy: Lord and Peasant in the Making of the Modern World* (Boston: Beacon Press, 1965), pp. 413–432; Evelyne Huber, Dietrich Rueschemeyer, and John D. Stephens, *Capitalist Development and Democracy* (Oxford: Polity, 1992) [한국어판: 『자본주의 발전과 민주주의』(박명림 외 옮김, 나남, 1997)].

34. Adam Przeworski, *Democracy and the Market* (Cambridge University Press, 1991), chapter 1 [한국어판: 『민주주의와 시장』(임혁백 옮김, 한울, 2010)]; Samuel Huntington, *The Third Wave: Democratization in the Late Twentieth Century* (Norman: University of Oklahoma

Press, 1991), chapter 1 [한국어판: 『제3의 물결』(강문구 · 이재영 옮김, 인간사랑, 2011)]; Ian Shapiro, *Democracy's Place* (Ithaca: Cornell University Press, 1996), chapter 4 참고.

35. Juan J. Linz, *The Breakdown of Democratic Regimes: Crises, Breakdown, and Reequilibration* (Baltimore: Johns Hopkins University Press, 1978); "Presidential or Parliamentary democracy: Does it make a difference?" in *The Failure of Presidential Democracy*, Linz and Arturo Valenzuela, eds. (Baltimore: Johns Hopkins University Press, 1994) 참고.

36. Matthew Shugart and John M. Carey, *Presidents and Assemblies: Constitutional Design and Electoral Dynamics* (New York: Cambridge University Press, 1992), chapter 3; Matthew Shugart and Scott Mainwaring, eds., *Presidentialism and Democracy in Latin America* (Cambridge: Cambridge University Press, 1997), pp. 12–55.

37. Joe Foweraker, "Institutional design, party systems, and governability—Differentiating the Presidential regimes of Latin America," in *British Journal of Political Science*, vol. 28, 1998, pp. 665–670; Cheibub and Limongi, "Parliamentarism, Presidentialism, is there a difference," mimeo, Yale University, 2000 참고.

38. Przeworski et al., *Democracy and the Market*, pp. 106–117.

39. Weber, "Science as a vocation," Gerth and Mills, *From Max Weber*, p. 147. 베버는 과학자들이 권력자에게 진실을 말하는 현재의 능력에 대해 낙관적이지 않았다. 과학 행위가 점차 거대한 정부 관료 조직의 지배를 받을 것이라고 예상—나중에 지나치게 종말론적인 것으로 드러났지만—했기 때문이다. 베버는 연방 정부와 더불어 여러 기업, 독립 재단, 부유한 사립 대학 등의 후원을 받아 연구한 까닭에 다원주의가—지식 분야에서 (관료화에 저항할 수 있도록 해주는) 정보 기술 같은 작음smallness의 경제는 말할 것도 없고—특히 미국에서 지속될 가능성을 과소평가했다.

40. Jean-Francois Lyotard, *The Postmodern Condition: A Report on Knowledge* (Minneapolis: University of Minnesota Press, 1988), p. 41 [한국어판: 『포스트모던적 조건』(이현복 옮김, 서광사, 2010) 96쪽]. 또한 Rorty, "Postmodernist bourgeois liberalism," *The Journal of Philosophy*, vol. 80, no. 10, pp. 583–589; and "Thugs and theorists," *Political Theory*, vol. 15, no. 4, pp. 564–580; and William Connolly, *Identity/Difference: Democratic Negotiations of Political Paradox* (Ithaca: Cornell University Press, 1991), pp. 158–197; and *The Ethos of Pluralization*, pp. 75–104 (Minneapolis: University of Minnesota Press, 1995) 참고.

41. 이 점에 대한 확장된 논의로는 내 책 *Political Criticism*, chapter 2 참고.

42. Friedrich Nietzsche, *On the Genealogy of Morals and Ecce Homo*, trans. Walter Kaufmann (New York: Vintage Books, 1967), chapter 3, §24 [한국어판: 『선악의 저편 · 도덕의 계보』(김정현 옮김, 책세상, 2007) 525쪽].

43. Connor Cruise O'Brien's introduction to Edmund Burke, *Reflections on the Revolution in France* (London: Penguin Books, 1968), pp. 9-76 [한국어판: 『프랑스혁명에 관한 성찰』(이태숙 옮김, 한길사, 2008)].

44. MacIntyre, *After Virtue* [한국어판: 『덕의 상실』]; Michael Sandel, *Liberalism and the Limits of Justice* (Cambridge: Cambridge University Press, 1982) [한국어판: 『정의의 한계』(이양수 옮김, 멜론, 2012)]; *Democracy's Discontent* (Cambridge, Mass.: Harvard University Press, 1996) [한국어판: 『민주주의의 불만』(안규남 옮김, 동녘, 2012)]; Michael Walzer, *Spheres of Justice: A Defense of Pluralism and Equality* (New York: Basic Books, 1983) [한국어판: 『정의와 다원적 평등』(정원섭 외 옮김, 철학과현실사, 1999)]; *Interpretation and Social Criticism* (Cambridge, Mass.: Harvard University Press, 1987) [한국어판: 『해석과 사회비판』(김은희 옮김, 철학과현실사, 2007)]; Charles Taylor, *Sources of the Self* (Harvard University Press, 1989); Will Kymlicka, *Multicultural Citizenship: A Liberal Theory of Minority Rights* (New York: Oxford University Press, 1995) [한국어판: 『다문화주의 시민권』(황민혁 옮김, 동명사, 2010)]; *Politics in the Vernacular: Nationalism, Multiculturalism, and Citizenship* (New York: Oxford University Press, 2001) 참고.

45. Kymlicka, *Multicultural Citizenship*, p. 83 [한국어판: 『다문화주의 시민권』 170쪽].

46. Walzer, "Commitment and social criticism: Camus's Algerian war," *Dissent* (Fall 1984), pp. 428-430.

47. Hegel, *Phenomenology of Spirit*, trans. A.V Miller (Oxford: Clarendon Press, 1977 [1807]), pp. 115-117 [한국어판: 『정신현상학 1』(임석진 옮김, 한길사, 2007) 228~230쪽]. 또한 Alexandre Kojève, *Introduction to the Reading of Hegel* (New York: Basic Books, 1969), pp. 3-30 참고.

48. Walzer, *Spheres of Justice*, pp. 31-63.

49. Sandel, *Liberalism and the Limits of Justice*, p. 11 [한국어판: 『정의의 한계』 83쪽].

50. *Ibid.*, p. 183 [한국어판: 같은 책 365쪽].

51. Sandel, *Democracy's Discontent*, pp. 13-14 [한국어판: 『민주주의의 불만』 29쪽].

52. 샌델의 비판은, 상대방이 내게 '흑인이 될지 백인이 될지 모르는 상태에서 인종 선호에 대한 정책 중 어떤 것을 선호하겠느냐'라고 물었을 때 (칸트가 물자체 영역을 언급하면서 함축하듯) 색깔 없는 사람들을 상상할 필요가 없다는 점에서 타당하지 않다.

53. Sandel, *Liberalism and the Limits of Justice*, pp. 11-14, 183.

54. 이 점에서 월저와 매킨타이어에 대한 비판적 논의를 확대한 글로는 *Political Criticism*, pp. 75-88, 141-165 참고.

55. 이와 관련하여 흥미롭게도 1984년 이후에 세계에서 진행된 민주주의로의 이행이라는 '제3의 물결'이 등장하기 전에는 가톨릭이 민주주의와 양립할 수 없다는 것이 사회과학자들의 통념이었다. 하지만 제3의 물결로의 이행 중 상당수는 국민 대부분이 가톨릭인 나라에서 일어났으며, 이는 통념이 오해였음을 보여준다. 개신교, 유대교, 이슬람교를 비롯한 주요 종교와 마찬가지로 가톨릭의 여러 형태는 다양한 정치체제 및 이념과 양립할 수 있는 것으로 보인다. Samuel Huntington, "Democracy's third wave," in *Journal of Democracy*, vol. 2, no. 2, Spring 1991, pp. 12-34 참고.

56. 아동과 관련한 기준에 대한 논의로는 Shapiro, *Democratic Justice*, pp. 64-109 참고. 성인의 가족 관계에 대해서는 pp. 110-142 참고.

57. Albert O. Hirschman, *Exit, Voice, and Loyalty* (Cambridge, Mass.: Harvard University Press, 1970) [한국어판: 『떠날 것인가 남을 것인가』(강명구 옮김, 나남, 2005)].

58. 월저가 『정의와 다원적 평등』의 부제를 '다원성과 평등의 옹호'라고 붙이면서 공리 같은 하나의 지표로 환원되지 않는 사회생활의 다양한 영역에 대해 저마다 다른 정의 원칙이 적용된다(의료는 필요 기반으로 분배해야 한다, 교육은 사람들을 민주 시민으로 준비시키는 것이다 등)는 주장을 내세우기 위해 '다원성'이라는 용어를 독특하게 사용하는 것에 유의하라. 하지만 월저는 각 영역 내에서 적절한 원칙이 무엇이어야 하는지에 대해 사회적 합의가 있다는—즉 다원성이 없다는—받아들이기 힘든 가정을 제시한다. 이에 대한 논의로는 내 책 *Political Criticism*, pp. 82-85 참고.

59. Susan Moller Okin, *Justice, Gender, and the Family* (New York: Basic Books, 1989), pp. 134-169 참고. 미국에서의 배우자 강간법 변화에 대해서는 Diana E. H. Russell, *Rape in Marriage*, second edition (Indiana University Press, 1990), Rebecca M. Ryan, "The sex right: A legal history of the marital rape exception," *Law and Social Inquiry*, vol. 20, no. 4 (Fall 1995), pp.941-1001 참고.

60. 노동력 참여와 임금에서의 성차에 대해서는 Claudia Goldin, *Understanding the Gender Gap* (New York: Oxford University Press, 1990), pp. 58-118 참고. 이혼 후 남성과 여성의 경제적 격차에 대해서는 Susan Moller Okin, "Economic equality after divorce: 'Equal rights or special benefits?'" *Dissent* (Summer 1991), pp. 383-387; Richard R. Peterson, "A reevaluation of the economic consequences of divorce," *American Sociological Review*, vol. 61, no. 3 (June 1996), pp. 528-536 참고. 가정 폭력에 대해서는 Daniel J. Sonkin, ed., *Domestic Violence on Trial: Psychological and Legal Dimensions of Family Violence* (New York: Springer, 1987) 참고.

61. 이 문제에 대한 내 대답으로는 *Democratic Justice*, chapters 2-3 참고.

62. Benedict Anderson, *Imagined Communities* (London: Verso, 1983), pp. 129-140 [한국어판: 『상상의 공동체』(윤형숙 옮김, 나남, 2004)].

63. V. O. Key, *Southern Politics in State and Nation* (New York: A. A. Knopf, 1949).

64. Anthony Marx, *Making Race and Nation* (New York: Cambridge University Press, 1998) 참고. 남아프리카공화국과 북아일랜드에 대해서는 John Cash, *Identity, Ideology and Conflict: The Structuration of Politics in Northern Ireland* (New York: Cambridge University Press, 1996) 참고.

65. 아파르트헤이트에서 민주주의로의 이행 전, 중, 후 남아프리카공화국 내 줄루족, 아프리카너, 케이프컬러드Cape Coloureds 간에 이루어진 집단 정체성의 정치적 동원을 이해하기 위한 논의로는 Courtney Jung, *Then I Was Black: South African Political Identities in Transition* (New Haven, Conn.: Yale University Press, 2000) 참고.

66. 남아프리카공화국의 아파르트헤이트 이후 헌법의 평등주의적 측면과 줄루족 전통 법률이 줄루족 여인들에게 불리하게 작용하는 방식 사이의 긴장에 대한 유용한 논의로는 Davis Chambers, "Civilizing the natives: Marriage in post-Apartheid South Africa," *Daedalus*, vol. 129, no. 4 (Fall 2000), pp. 101–124; 휴먼 라이츠 워치 보고서 "South Africa: The state response to domestic violence and rape," www.hrw.org/reports/1995/Safricawm-02.htm 참고. 일반적으로는 T. W. Bennett, *Human Rights and African Customary Law* (Johannesburg: Jutas, 1995) 참고.

67. 전통적인 공동의 관습이 취할 수 있는 여러 형태에 대한 논의로는 Brian Barry, *Culture and Equality: An Egalitarian Critique of Multiculturalism* (Cambridge, Mass.: Harvard University Press, 2000), pp. 155–193 참고.

68. Walzer, *Spheres of Justice*, p. 100 [한국어판: 『정의와 다원적 평등』 179쪽]; "Liberalism and the art of separation," *Political Theory*, vol. 12, no. 3 (1984), pp. 315–330 참고.

69. Walzer, *Interpretation and Social Criticism*, pp. 33–66.

70. Kymlicka, *Multicultural Citizenship*, pp. 152–153, 또한 *Politics in the Vernacular*, pp. 17–48 참고.

71. Kymlicka, *Multicultural Citizenship*, p. 167–169 [한국어판: 『다문화주의 시민권』 344, 348쪽].

72. Rawls, *The Law of Peoples* (Cambridge, Mass.: Harvard University Press, 1999), pp. 36, 48 [한국어판: 『만민법』(이글리오, 2000)]. 이 주장의 변형들에 대한 논의는 내 책 *Democratic Justice*, pp. 234–237 참고.

73. Sarah Song, "Liberalism, multiculturalism, and the problem of gender," Ph.D. dissertation prospectus, Department of Political Science, Yale University, *mimeo*, 2001.

74. 이 오래된 격언은 지금의 세계화 시대에 다시 수면으로 떠올랐다. 이 예측이 과장된 이유에 대해서는 Geoffrey Garrett, *Partisan Politics in the Global Economy* (New York: Cambridge

University Press, 1998) 참고.

75. Thomas Pogge, *Realizing Rawls* (Ithaca, N.Y.: Cornell University Press, 1989); Charles Beitz, *Political Theory and International Relations*, second edition (Princeton, N.J.: Princeton University Press, 1999); Ian Shapiro and Lea Brilmayer, eds., *NOMOS XLI: Global Justice* (New York: New York University Press, 1999) 참고.

76. Brian Barry, *Culture and Equality*, pp. 252-328 참고.

7장 민주주의

1. Bruce Ackerman, *We The People: Foundations* (Cambridge, Mass.: Harvard University Press, 1993).

2. John Dunn, *Western Political Theory in the Face of the Future* (Cambridge: Cambridge University Press, 1979), p. 26.

3. 아테네 민주주의의 이론과 실천에 대한 유용한 논의로는 H. D. F. Kitto, *The Greeks* (Middlesex, Penguin, 1956) [한국어판:『그리스 문화사』(김진경 옮김, 탐구당, 2004)]; David Held, *Models of Democracy* (Cambridge: Polity Press, 1987), ch. 1 [한국어판:『민주주의의 모델들』(박찬표 옮김, 후마니타스, 2010)] 참고. 아테네 민주주의와 노예 경제의 관계에 대해서는 M. I. Finley, *The Ancient Economy*, second edition (London: Hogarth, 1985) 참고.

4. J. S. Mill, *Representative Government*, reprinted in Mill, *Three Essays* (Oxford: Oxford University Press, 1975 [1861]), pp. 284-285.

5. Plato, *The Republic*, trans. Desmond Lee, second edition (Harmonds-worth: Penguin, 1974), pp. 359-364 [한국어판:『국가·정체』(박종현 옮김, 서광사, 2012)].

6. *Ibid.*, p. 282 [한국어판: 같은 책 393~394쪽].

7. *Ibid.*, p. 288 [한국어판: 같은 책 404쪽].

8. *Ibid.*, pp. 359-391 [한국어판: 같은 책 527~561쪽].

9. 정치인의 지대 추구에 대해서는 Dennis C. Mueller, *Public Choice II* (Cambridge: Cambridge University Press, 1989), pp. 235-244 참고. 정치인의 선거 관련 행위에 대해서는 David Mayhew, *The Electoral Connection* (New Haven, Conn.: Yale University Press, 1974) 참고.

10. Plato, *The Republic*, p. 300 [한국어판:『국가·정체』430쪽].

11. *Ibid.*, pp. 347-355 [한국어판: 같은 책 493~503쪽].

12. Karl Popper, *The Open Society and Its Enemies* (Princeton, N.J.: Princeton University Press, 1966 [1943]), pp. 86-87, 388 [한국어판: 『열린 사회와 그 적들 I』(이한구 옮김, 민음사, 2006)].

13. Leo Strauss, *The City and Man* (Chicago: University of Chicago Press, 1964), pp. 124-127 참고.

14. Miles Burnyeat, "Sphinx without a secret," *The New York Review of Books* (May 30, 1985) pp. 35-36.

15. Plato, *The Republic*, p. 360 [한국어판: 『국가·정체』 513쪽].

16. *Ibid.*, pp. 360-398 [한국어판: 같은 책 513~561쪽].

17. 하지만 플라톤의 논의는 정치체제 안정성의 조건과 정치체제가 다른 정치체제로 진화하는 방식을 처음으로 탐구했다. 이 주제는 아리스토텔레스의 『정치학』에서 자세히 다루었고, 여섯 가지 정치체제 유형으로 분류되었으며, 기원전 2세기 스토아 철학자이자 로마에 볼모로 잡혀 있던 그리스인 폴리비오스에 의해 '아나쿠클로시스 폴리테이온anakuklōsis politeion', 즉 체제의 순환 이론으로서 역사 서술에 이용되었다. 정치체제는 군주정, 독재정, 귀족정, 과두정, 민주정, 중우정(군중의 지배 또는 무정부 상태) 순으로 발전하며 그뒤에는 다시 처음부터 순환이 시작된다고 생각되었다. 폴리비오스 순환을 연구하면서 성장한 시민적 인문주의civic humanism 전통에서 정치학은 지금이 정치체제 순환의 어느 단계인지, 그 제약하에서 어떻게 하면 정부를 최대한 도덕적으로 바꿀 수 있는지 판단하는 학문으로 이해되기에 이르렀다. J. G. A. Pocock, *The Machiavellian Moment: Florentine Political Thought and the Atlantic Republican Tradition* (Princeton, N.J.: Princeton University Press, 1975), pp. 76-80 [한국어판: 『마키아벨리언 모멘트』(곽차섭 옮김, 나남, 2011) 참고].

18. Plato, *The Republic*, pp. 398-420 [한국어판: 『국가·정체』].

19. *Ibid.*, p. 306 [한국어판: 같은 책 436쪽].

20. *Ibid.*, pp. 316-325 [한국어판: 같은 책 448~462쪽].

21. *Ibid.*, p. 289 [한국어판: 같은 책 406쪽].

22. *Ibid.*, pp. 260-280.

23. Popper, *Open Society*, p. 131 [한국어판: 『열린사회와 그 적들』 219쪽].

24. Leo Strauss, *Natural Right and History* (Chicago: University of Chicago Press, 1953), pp. 138-143 [한국어판: 『자연권과 역사』(홍원표 옮김, 인간사랑, 2001)]; "Liberal education and responsibility," in *Liberalism Ancient and Modern* (New York: Basic Books, 1968), pp. 9-25 참고.

25. 이를테면 『법률』의 군사훈련 논의 참고. 여기에서 목표는 일반인들이 권위에 무조건 복

종하도록 장려하는 것이다. Plato, *The Laws* (Harmondsworth: Penguin, 1970), pp. 489-491 [한국어판: 『법률』(박종현 옮김, 서광사, 2009)]. 추가 논의에 대해서는 Popper, *The Open Society and Its Enemies*, pp. 131-133 [한국어판: 『열린 사회와 그 적들』] 참고.

26. John Roemer, "Does democracy engender justice?" in Shapiro and Hacker-Cordón, *Democracy's Value*, p. 60; Margaret Levi, "Death and taxes: Extractive equality and the development of democratic institutions," in *Ibid.*, pp. 112-127 참고.

27. 내 책 *Democracy's Place*, pp. 180-184, 234-242 참고.

28. Joseph Schumpeter, *Capitalism, Socialism, and Democracy* (New York: Harper, 1942) [한국어판: 『자본주의, 사회주의, 민주주의』(변상진 옮김, 한길사, 2011)]. 사실 이 비유는 Harold Hotelling, "Stability in competition," *Economic Journal*, vol. 39 (March 1929) pp. 41-57에서 경제학자 해럴드 호텔링이 처음 제시했다.

29. Jane Mansbridge, *Beyond Adversary Democracy* (New York: Basic Books, 1980); Amy Gutmann and Dennis Thompson, *Democracy and Disagreement* (Cambridge, Mass.: Harvard University Press, 1996) 참고.

30. 슘페터적 민주주의에 대한 비판과 대안을 논의한 글로는 Ian Shapiro, "The state of democratic theory," in Ira Katznelson and Helen Milner, eds., *Political Science: The State of the Discipline*, third edition (Washington, D.C.: American Political Science Association and Norton, 2002) 참고.

31. Samuel Huntington, *The Third Wave Democratization in the Late Twentieth Century* (Norman: University of Oklahoma Press, 1991), p. 267.

32. James Buchanan and Gordon Tullock, *The Calculus of Consent: Logical Foundations of Constitutional Democracy* (Ann Arbor: University of Michigan Press, 1962), pp. 125-126, 132-142 [한국어판: 『국민 합의의 분석』(황수연 옮김, 지식을만드는지식, 2012) 참고].

33. '2000년 사망세 폐지법'은 2000년 여름에 의회를 통과했으나 빌 클린턴 대통령이 거부권을 행사했다. 조지 W. 부시 대통령은 2001년에 1조 3500억 달러 규모의 10개년 감세를 시행하며 그 일환으로 비슷한 조항을 넣은 법안에 서명했다. 상속세estate tax 폐지로 인한 비용은 해당 기간에 1380억 달러에 이르는 것으로 추산된다. 합동세제위원회에서 발행한 "Estimated Effects of the Conference Agreement on HR 1836" (May 26, 2001) 참고. 웹 문서: www.house.gov/jct/x-51-01.pdf.

34. 미국에서 가장 만만찮은 걸림돌은 대법원이 자금을 (수정헌법 제1조에서 보호하는) 연설과 동일시한다는 것이다. *Buckley v. Valeo* 424 US 1 (1976)에서 법원은 의회가 정당이나 입후보자에 대한 자금 기부를 규제할 수는 있으나 그밖에 정치 연설에 대한 사적 지출을 규제

할 수는 없다고 판결했다. 그뒤로 법원은 *Austin v. Michigan State Chamber of Commerce*, 494 US 652 (1990)에서 기업의 지출에 대해 사소한 제약을 허용했으나, (모든 현실적 목표에 비추어볼 때) 사적으로 후원받은 정치 광고를 제한하는 것은 *Buckley* 판결로 인해 불가능해졌다. *Buckley* 판결에 어긋나지 않는 개혁안의 사례에 대해서는 Bruce Ackerman, "Crediting the voters: A new beginning for campaign finance," *The American Prospect*, no. 13 (1993), pp. 71-80; Ian Ayres, "Disclosure versus anonymity in campaign finance," *NOMOS XLII: Designing Democratic Institutions*, ed. Ian Shapiro and Stephen Macedo (New York: New York University Press, 2000), pp. 19-54 (2000) 참고.

35. 진보주의자들은 이 비판의 한 형태를 제시한 바 있다. Leon D. Epstein, *Political Parties in the American Mold* (Madison: University of Wisconsin Press, 1986), pp. 17-71 참고. 현대 문헌에서 유일하게 찾아볼 수 있는 견해는 Donald A. Wittman, "Parties as utility maximizers," American Political Science Review, vol. 67 (1973), pp. 490-498 인 듯하다.

36. Gutmann and Thompson, *Democracy and Disagreement; and Jürgen Habermas, The Theory of Communicative Action*, vol. 1, *Reason and Rationalization of Society* (Boston: Beacon Press, 1984); "Three normative models of democracy," *Constellations*, vol. 1, no. 1, pp. 1-10 참고.

37. 여기서 예외는 James Fishkin, *Democracy and Deliberation: New Directions for Democratic Reform* (New Haven, Conn.: Yale University Press)이다. 피시킨의 토의 이론은 합의가 아니라 합리적인 선호만을 장려하기 위한 것이다.

38. 저자의 "Enough of deliberation: Politics is about interests and power," in Stephen Macedo, ed., *Deliberative Politics: Essays on Democracy and Disagreement* (New York: Oxford University Press, 1999), pp. 28-38; "Optimal deliberation?" *Journal of Political Philosophy*, vol. 10., no. 2 (June 2002), pp. 196-211 참고.

39. John Dewey, "The Ethics of Democracy" in John Dewey, *The Early Works of John Dewey* (Carbondale: Southern Illinois University Press, 1969), vol. 1, p. 243.

40. *Ibid.*, p. 242.

41. 포퍼는 소크라테스가 플라톤과 달리 단지 이 이유 때문에, 말하자면 우리가 아는 것이 얼마나 적은지 깨닫고 모든 사람이—노예를 비롯하여—교육을 통해 진리를 이해할 수 있다고 생각했다는 점에서 소크라테스가 민주주의자였다는 (논란의 여지가 있지만) 설득력 있는 주장을 제시한다. *The Open Society and Its Enemies*, pp. 128-133 [한국어판:『열린 사회와 그 적들』 214~221쪽].

42. Dewey, *Individuality in our Day*, reprinted in John Dewey, *The Political Writings*, ed. Debra Morris and Ian Shapiro (Indianapolis: Hackett, 1993), p. 83.

43. *Ibid.*

44. Dewey, *Freedom and Culture* (New York: G.P. Putnam's Sons, 1939), pp. 148–149.

45. Winston Churchill, Speech to the House of Commons, Nov. 1947. adamsharp.com/RAVES/QUOTES/index.asp 참고.

46. John Stuart Mill, *On Liberty* (Indianapolis: Hackett, 1978 [1859]), p. 4 [한국어판: 『자유론』(서병훈 옮김, 책세상, 2015) 24쪽]; Alexis de Tocqueville, *Democracy in America* (New York: Anchor Books, 1969 [1832]), pp. 246–261 [한국어판: 『미국의 민주주의 1』(임효선·박지동 옮김, 한길사, 2002)].

47. Jean-Jacques Rousseau, *The Social Contract* (Harmondsworth: Penguin 1968 [1762]), p. 73 [한국어판: 『사회계약론』(이환 옮김, 서울대학교출판부, 1999)]; James Madison, *Federalist #10*, James Madison, Alexander Hamilton, and John Jay, *The Federalist Papers* (Harmondsworth: Penguin, 1987 [1787–88]), pp. 122–128 [한국어판: 『페더럴리스트 페이퍼』(김동영 옮김, 한울아카데미, 2009) 61~68쪽].

48. Marquis de Condorcet, *Essay on the Application of Analysis to the Probability of Majority Decisions* (1785). Kenneth Arrow, *Social Choice and Individual Values* (New York: Wiley, 1951).

49. Madison, *Federalist #51*, *Federalist Papers*, p.318 [한국어판: 『페더럴리스트 페이퍼』 316쪽].

50. William Riker, *Liberalism Against Populism: A Confrontation Between the Theory of Democracy and the Theory of Social Choice* (New York: W. H. Freeman, 1982), pp. 101–116; William Riker and Barry Weingast, "Constitutional regulation of legislative choice: The political consequences of judicial deference to legislatures," *Virginia Law Review*, vol. 74 (1988), pp. 373–401. 또한 George Tsebelis, *Veto Players: How Political Institutions Work and Why* (Princeton, N.J.: Princeton University Press, 2001) 참고.

51. Rousseau, *The Social Contract*, p. 72 [한국어판: 『사회계약론』 40쪽].

52. Stephen Holmes and Cass Sunstein, *The Costs of Rights: Why Liberty Depends on Taxes* (New York: Norton, 1999).

53. Frank Easterbrook, "Ways of criticizing the Court," *Harvard Law Review*, vol. 95 (1982), pp. 802–832; and Walter Murphy, *Elements of Judicial Strategy* (Chicago: University of Chicago Press, 1964), pp. 37–122 참고. 라이커 말마따나 투표가 실제로 무의미하다면, 이는 그가 공격하는 '포퓰리즘' 못지않게 그 자신의 '자유주의'를 훼손한다는 좀더 일반적인 논증에 대해서는 Jules Coleman and John Ferejohn, "Democracy and social choice," *Ethics*, vol. 97, no. 1 (1986), pp. 11–22 참고.

54. 집단적 결정에 있어 탁월한 이행성 기준으로서의 공정성에 대한 추가 논의로는 Mueller, *Public Choice II*, pp. 390–392 참고.

55. Guiseppe Di Palma, *To Craft Democracy: An Essay on Democratic Transitions* (Berkeley: University of California Press, 1990), p. 55; Adam Przeworski, *Democracy and the Market* (Cambridge: Cambridge University Press, 1991), pp. 10–12.

56. Nicholas Miller, "Pluralism and social choice," *American Political Science Review*, vol. 77, no. 3 (1983), pp. 735–740.

57. Arend Lijphart, *Democracy in Plural Societies* (New Haven: Yale University Press, 1977). 어떤 인구 집단에서의 선호가 상호 강화적이거나 분열적인지, 또한 (그렇다면) 어떻게 전자에서 후자로 변화될 수 있는지 판단하는 것과 관련된 커다란 경험적 난점은 제쳐둔다. Shapiro, *Democracy's Place*, pp. 177–180, 216–218 참고.

58. Mueller, *Public Choice II*, pp. 63–66, 81–82 참고.

59. A.S. Tangian, "Unlikelihood of Condorcet's paradox in a large society," *Social Choice and Welfare*, vol. 17 (2000), pp. 337–365; Gerry Mackie, *Is Democracy Impossible? A Preface to Deliberative Democracy* (Cambridge University Press, forthcoming) 참고. 또한 Green and Shapiro, *Pathologies of Rational Choice Theory*, ch. 7 참고.

60. Gordon Tullock, "Why so much stability?" *Public Choice*, vol. 37, no. 2 (1981), pp. 189–202 참고. 제도가 순환의 가능성을 줄인다는 논증으로는 Kenneth Shepsle and Barry Weingast, "Structure induced equilibrium and legislative choice," *Public Choice*, vol. 37, no. 3 (1981), pp. 503–519 참고.

61. John Witte, *The Politics and Development of the Federal Income Tax* (Madison: University of Wisconsin Press, 1985).

62. Tocqueville, *Democracy in America*, pp. 255, 260 [한국어판: 『미국의 민주주의』 342, 347~348쪽].

63. Buchanan and Tullock, *The Calculus of Consent*, pp. 78, 96 [한국어판: 『국민 합의의 분석』 137, 171쪽]. 이 작업의 영향력을 확인할 수 있는 한 가지 지표는 책이 출간된 지 거의 사반세기 만인 1986년에 뷰캐넌이 노벨 경제학상을 받았을 때 선정 근거가 "경제적·정치적 의사결정 이론을 위한 계약적·입헌적 기초를 발전시킨" 공로였다는 것이다. www.nobel.se/economics/laureates/1986.

64. Buchanan and Tullock, *Calculus*, pp. 63–77.

65. *Ibid.*, pp. 77, 73, 73–74, 75, 75–76.

66. Shapiro, *Democracy's Place*, pp. 19-29 참고.

67. 투표 거래가 허용된다면, 이것이 엄밀히 참은 아니다. 그 가정하에서는, 또한 의사결정 비용이 전혀 없다고 가정한다면, 코스가 밝혀낸 것과 같은 이유로—정보 비용, 부휼 효과, 외부 효과, 그밖에 무임승차 같은 교환의 걸림돌이 없다면 불법행위 책임 규칙의 어떤 체계도 다른 것보다 더 효율적이지 않다—어떤 최적의 결정 규칙도 없다. 체계가 어떻든 사람들은 파레토-최적인 결과를 낳도록 교환할 것이다. R. H. Coase, "The problem of social cost," *The Journal of Law and Economics*, vol. 3 (1960), pp. 1-44. 하지만 투표에는 순수한 시장이 존재하지 않으며 이에 대한 일부 제약이 불가피하다는 것을 인정한다고 가정한 후, 뷰캐넌과 털럭은 의사결정 비용이 없을 때 만장일치가 유일하게 선택될 것이라고 주장한다. Buchanan and Tullock, *Calculus*, pp. 270-274.

68. Douglas W. Rae, "The limits of consensual decision," *American Political Science Review*, vol. 69, no. 4 (1975), pp. 1270-1294 참고. 배리의 앞선 논의에 대해서는 *Political Argument* (New York: Humanities Press, 1965), pp. 243-285 참고.

69. 유권자 수가 홀수이면 최적의 결정 규칙은 다수결($n/2 + 1/2$)이며, n이 짝수이면 최적의 결정 규칙은 다수결($n/2 + 1$)이나 다수결 빼기 $1(n/2)$이다. Douglas W. Rae, "Decision-rules and individual values in constitutional choice," *American Political Science Review*, vol. 63, no. 1 (1969), pp. 40-56, 51.

70. R. B. Parker, "The jurisprudential uses of John Rawls," *NOMOS XX: Constitutionalism*, ed. J. Roland Pennock and John Chapman (New York: New York University Press, 1979).

71. Bruce Ackerman, *Social Justice in the Liberal State* (New Haven: Yale University Press, 1980); Ronald Dworkin, *Law's Empire* (Cambridge, Mass.: Harvard University Press, 1986); G. A. Cohen, "On the currency of egalitarian justice," Ethics, vol. 99, no. 4 (July 1989), pp. 906-944.

72. Robert Dahl, *How Democratic Is the American Constitution?* (New Haven: Yale University Press, 2002), pp. 132-139 [한국어판: 『미국 헌법과 민주주의』(박수형·박상훈 옮김, 후마니타스, 2004)].

73. 사회학자 T. H. 마셜은 포괄성이 점차 커지는 세 가지 유형의 권리를 구별했다. 시민적 권리에는 "개인 자유—인신의 자유, 언론·사상·신앙의 자유—에 필요한 권리, 재산을 소유하고 유효한 계약을 맺을 권리, 정의의 권리(자신의 권리를 주장하고 지킬 권리)"가 포함된다. 정치적 권리에는 "정치적 권위를 부여받은 집단의 구성원으로서 또는 그러한 집단 구성원의 선출자로서 정치권력을 행사하는 데 참여할 권리"가 포함된다. 사회적 권리는 "경제적 복지와 안전에 대한 최소한의 권리로부터 온전한 사회적 유산을 공유하고 사회의 지배적 기준에 따라 문명화된 존재로서 살아갈 권리에 이르는 모든 범위의 권리"를 뜻한다. Terence H. Marshall,

Class, Citizenship, and Social Development (New York: Doubleday, 1965), p. 78. 마셜은 사회가 근대화되면서 시민적 권리에서 정치적 권리로, 정치적 권리에서 사회적 권리로 나아간다고 생각했다는 점에서 역사적 기록으로 확인되는 것보다 더 낙관적이었다.

74. 여기서는 실질적 사안과 결부된 용어 문제가 있다. 이를테면 로크너 대법원장 시절에 대법원은 개인 자유를 보호한다는 명분을 내세워 많은 법률을 폐지했지만, 문제가 된 법률들의 목적은 사회적·경제적 보장을 늘리는—위의 73번 주석에서 논의한 마셜의 용어에 따르면 사회적 권리를 대가로 시민적 권리를 증진하는—것이었다. *Lochner v. New York* 198 U.S. 45 (1905) 참고. 로크너 대법원장 시절에 대한 논의로는 Lawrence Tribe, *American Constitutional Law* (New York: Foundation Press, 1978), pp. 567–586 참고. 워런 대법원장 시절(1953~1969)에 미국 헌법이 어떻게 발전했는지에 대한 일반적 논의로는 pp. 558–720 참고.

75. Rogers Smith, *Civic Ideals: Conflicting Visions of Citizenship in U.S. History* (New Haven: Yale University Press, 1997), pp. 165–409 참고.

76. Robert Dahl, *A Preface to Democratic Theory* (Chicago: University of Chicago Press, 1956), pp. 105–112; "Decision making in a democracy: The Supreme Court as national policymaker," *Journal of Public Law*, vol. 6, no. 2 (1958), pp. 279–295.

77. Dahl, *Democracy and Its Critics* (New Haven: Yale University Press, 1989), pp. 188–192; *How Democratic Is the American Constitution?* (New Haven: Yale University Press, 2002), ch. 3 [한국어판: 『미국 헌법과 민주주의』 3장]; Mark Tushnet, *Taking the Constitution Away From the Courts* (Princeton, N.J.: Princeton University Press 1999); Ran Hirschl, *Towards Juristocracy: A Comparative Inquiry onto the Origins and Consequences of the New Constitutionalism* (Cambridge, Mass.: Harvard University Press, 2002) 참고.

78. Ran Hirschl, "The political origins of judicial empowerment through constitutionalization: Lessons from four constitutional revolutions," *Law and Social Inquiry*, vol. 25, no. 1 (2000), pp. 91–147 참고.

79. Ian Shapiro and Casiano Hacker-Cordón, "Outer edges and inner edges," in Shapiro and Hacker-Cordón, *Democracy's Edges*, pp. 1–16 참고.

80. Nelson Mandela, "Address to the court before sentencing," in J. Ayo Langley, ed., *Ideologies of Liberation in Black Africa, 1856–1970* (London: Rex Collins, 1979), p. 664.

81. Shelly Kagan, *The Limits of Morality* (Cambridge: Oxford University Press, 1989) 및 비슷한 맥락에서—명백히 공리주의적이진 않지만—James Fishkin, *The Limits of Obligation* (New Haven: Yale University Press, 1982) 참고. 피터 싱어는 말할 것도 없다. 그는 공리주의적 관심을 인간 아닌 생명체에까지 확장한다. *Practical Ethics*, second edition (New York: Cambridge University Press, 1993), pp. 63–68, 134 [한국어판: 『실천윤리학』(연암서가, 2013)] 참고.

82. 특히 Brian Barry, "Statism and nationalism: A cosmopolitan critique," in Ian Shapiro and Lea Brilmayer, eds., *NOMOS XLI: Global Justice* (New York: New York University Press, 1999), pp. 12–66; Hillel Steiner, "Just taxation and international redistribution," in *ibid.*, pp. 171–191 참고.

83. Nozick, *Anarchy, State, and Utopia*, pp. 23–24, 108–118 [한국어판: 『아나키에서 유토피아로』].

84. David Held, *Democracy and the Global Order* (Stanford: Stanford University Press, 1995) 참고. 본문에서 언급한 비판에 대해서는 Alexander Wendt, "A comment on Held's cosmopolitanism," in Shapiro and Hacker-Cordón, *Democracy's Edges*, pp. 127–133 참고.

85. Geoffrey Garrett, *Partisan Politics in the Global Economy* (Cambridge: Cambridge University Press, 1998) 참고.

86. Wendt, "Comment on Held's cosmopolitanism," pp. 130–131; Shapiro, *Democratic Justice*, pp. 234–237 참고.

87. 여기서 "Statism and nationalism"의 브라이언 배리는 예외다. 그는 세계주의적 기준을 민주주의 체제 안에서 증진해야 할 목표로서 제시하기 때문이다.

88. Thomas Pogge, "Cosmopolitanism and sovereignty," *Ethics*, vol. 103 (October 1992), pp. 48–75; Alexander Wendt, "Collective identity-formation and the international state," *American Political Science Review*, vol. 88, no. 2 (June 1994), pp. 384–396; William Antholis, "Liberal Democratic Theory and the Transformation of Sovereignty," unpublished Ph.D. dissertation, Yale University, 1993; Seyla Benhabib, *Transformations of citizenship: Dilemmas of the nation state in the era of globalization* (Amsterdam: Koninklijke Van Gorcum, 2001) 참고.

89. 내 책 *Democratic Justice*, 특히 pp. 1–63, 143–195, 230–240 참고.

8장 성숙한 계몽주의에서의 민주주의

1. 이와 관련하여 한 가지 흥미로운 제안은 선거 자금 기부를 미국 수정헌법 제1조의 연설 조항보다는 (수령인을 비롯한 모든 사람에게 비밀인) 비밀 투표 모형으로 생각해야 한다는 이언 에이어의 주장이다. "Disclosure versus anonymity in campaign finance," in Ian Shapiro and Stephen Macedo, eds., *NOMOS XLII: Designing Democratic Institutions* (New York: New York University Press, 2000), pp. 19–54.

옮긴이의 말

이 책을 쓴 이언 샤피로는 남아프리카공화국 출신의 정치철학자로 1984년부터 예일 대학 정치학과에서 가르치고 있다. 그의 주 관심사는 민주주의와 사회학 연구 방법이다. 특히 학계의 통념과 달리 참여와 대표성이 아니라 지배의 제한 가능성에서 민주주의의 가치를 추구한다. 샤피로의 사회학 연구는 이론을 전제하고 모든 현상을 설명하려는 것이 아니라 문제를 인식하고 이를 해결하는 데 알맞은 방법을 모색한다. 그의 『민주적 정의 Democratic Justice』는 롤스의 『정의론』 이후 가장 중요한 사회학 저작 중 하나로 손꼽히기도 한다. 또한 샤피로는 미국정치·법철학회 연감 『노모스 NOMOS』를 8년간 편집하기도 했다.

『정치의 도덕적 기초』는 계몽주의, 반계몽주의, 성숙한 계몽주의로 이어지는 사상적 흐름에서 정치 체제의 정당성을 논한다. 계몽주의 기획이 한물갔다고들 하지만, 저자는 계몽주의의 핵심인 진리 추구와 개인 자유가 여전히 중요하다고 말한다. 공리주의, 마르크스주의, 사회계약론에서 계몽주의의 흔적을 찾아볼 수 있다는 지적은 흥미롭다. 저자는 각각의 사상이 세상을 설명하고 변화시키는 데 실패했지만 그 속에 담긴 핵심은 버리지 말아야 한다며, 반계몽주의 사조의 공격에도 여전히 살아남은 두 가치, 즉 진리 추구와 개인 자유를 구현하는 최선의 체제는 민주주의라고 주장한다.

이성으로 진리를 알 수 있다는 초기 계몽주의자들의 확신은 오류로 판명났지만 진리를 추구하되 늘 오류 가능성을 인정하고 타인의 견해를 존중하는 성숙한 계몽주의의 태도는 종교적·사상적 독단에 대응하는 훌륭한 방법이다. 민주주의가 힘을 발휘하는 것은 정치권력을 차지하기 위해 경쟁하는 집단이 둘 이상 있어서 지배 세력이 민의와 어긋난 독단적 정치를 하거나 부패하지 않도록 견제하기 때문이다. 사상의 경쟁을 통한 진리 추구야말로 민주주의가 가장 잘할 수 있는 일이다. 이를 통해 개인의 자유와 권리를 존중할 때 우리는 진리에 가장 가까이 다가갈 수 있을 것이다.

이 책은 강의를 토대로 한 만큼 단편적인 생각거리가 많이 등장한다. 개인적으로는 벤담의 공리주의가 급진적 재분배론과 일맥상통한다는 사실, '계산하다$_{calculate}$'를 어떻게 해석하느냐에 따라 밀의 주장을 결과주의적으로 읽을 수도 있고 의도주의적으로 읽을 수도 있다는 사실, 롤스가 제시한 무지의 베일에서는 타고난 능력의 차이조차도 평등하게 해야 한다는 도덕 자의성 논증, 국민국가에 대한 설득력 있는 정당화가 이루어지지 않았다는 사실, 민주주의에서 '영향받는 이해당사자'가 통치 권한을 가져야 한다는 주장 등이 특히 흥미로웠다. 독자들도 책의 기본 줄기를 따라가며 다양한 아이디어를 얻을 수 있길 바란다.

대다수 독자들은 이 책에 등장하는 사상 중 하나를 신념으로 삼고 있을 것이다. 나는 피터 싱어의 책을 접한 이후로 공리주의가 최선의 접근법이라 생각해왔다. 그런데 이 책에서 공리주의의 한계와 약점을 조목조목 살펴보면서 나의 신념을 업그레이드해야겠다는 생각이 들었다. 자신의 신념을 사상사적 흐름 속에서 파악하고 장단점을 인식하는 것은 교과서적 저작의 미덕이다. 이 책은 나와 다른 신념을 가진 사람을 설득하는 데에도 유용하게 쓰일 수 있다.

여러 사상을 깊이 들여다본다는 것, 그 속에서 일관된 테마를 끄집어내고 이것이 어떻게 구현되는지 평가한다는 것은 쉬운 일이 아니다. 나도 번역하면서 애를 먹었다. 다행히 예일 대학의 공개강좌 프로그램 '오픈예일코스$_{OpenYaleCourses}$'에서 저자의 강의 동영상(http://oyc.yale.edu/political-science/plsc-118)을 볼 수 있어 도움을 많이 받았다. 영어 자막이 제공되니 독자 여러분도 강의를 들어보면 이 책을 더 풍부하게 이해할 수 있을 것이다. 이 책은 강의의 입말을 그대로 녹취한 것이 아니라 내용을 엄밀하고 체계적으로 재구성했다. 따라서 천천히 꼼꼼히 읽어가며 곱씹기 바란다. 노력하는 만큼 소득이 있을 것이다.

이 책의 출간을 앞둔 지금, 한국에서는 현대 정치사를 통틀어 가장 역동적인 변화가 일어나고 있다. 정치적 격변은 새로운 정치 질서를 낳을 것이다. 새로운 정부가 국민에게 정당성을 인정받으려면 독단이 아니라 합의를 추구하고 소수자의 의견을 존중하여 영향받는 이해당사자들의 요구를 반영해야 한다. 이 책이 새로운 질서의 확립에 한몫하기 바란다.

2016년 12월

노승영

찾아보기

가격 60, 69, 119~122, 129, 311, 320
가류주의 18, 28, 84, 86, 161, 206~207, 209, 213, 266, 268, 291
가변자본 125, 128~130
가부장제 162, 232, 238
가설적 경매(드워킨) 189, 191, 320
가설적 계약 150, 155, 183, 185, 227
가용성 휴리스틱 134, 312
가정 폭력 231~232, 327
『가족, 사적 소유, 국가의 기원』(엥겔스) 309
가족 44, 108~109, 143, 147, 228~236, 240, 309, 327
가톨릭 200, 202, 229, 327
개신교 200, 202, 327
개인 권리 16~19, 22, 29, 31~33, 57, 67~68, 80, 83, 85, 98, 101, 106, 118, 141~142, 195, 222, 245, 248~249, 269~271, 280~281, 289, 292~295, 317
개인성 85~86, 266~267
거래적 자유 145~147, 169, 172~173
거부권 141, 270, 277, 331

건강보험 172, 186, 196
게바라, 체 Guevara, Che 104
결사의 자유 183, 259, 280
결정 규칙 151, 186, 277~279, 282~283, 335
결혼 99, 112, 212, 231, 238, 240, 313
경쟁 86, 91, 119~120, 122, 128~129, 131, 133, 190, 214, 229, 235, 253, 260~265, 273~275, 291~292, 296
경쟁 시장 120, 190
『경제과학의 철학』(벤담) 48
『경제적 인간의 심리』(벤담) 38, 49
경험 기계 46, 261
경험론자 16
경험적 검증 28, 105
계급 투쟁 108
계몽주의 16~33, 37~38, 55, 57, 65, 67~68, 81~82, 98, 101, 104, 138, 160~161, 195, 197, 199, 203~207, 209~210, 212~213, 221~223, 245, 248~249, 251, 258, 266, 268, 289~291, 295, 297
초기 계몽주의 18, 24~25, 27, 28, 38,

55, 65, 104, 204~205, 207, 210, 213,
258, 266, 268, 289~291, 295
성숙한 계몽주의 18~19, 67, 161,
204~205, 207, 212~213, 221, 258,
266, 289~296

고어, 앨버트 Gore, Albert 261

고용 차별 95

『고타 강령 비판』(마르크스) 138, 162

공급 중시 경제학 51~52

공동체주의 전통 17, 222~230, 233, 238,
244~245, 284, 294

공리 원칙 35~38, 48

공리 39~41, 43~48, 52~53, 55, 57,
59~63, 66~79, 83~86, 91, 97, 121,
139, 148, 179, 189, 301, 304~305, 327

공리계 43, 53, 59, 62, 68, 70, 89, 173, 194

『공리주의』 81

공리주의 12, 14~17, 33, 60, 67~68, 77,
81, 84~85, 88, 93, 97~98, 104, 106,
148, 151, 160, 183, 186, 210, 225~226,
243, 248, 284, 290, 292, 301, 319, 336
  객관적 공리주의 80, 148, 173, 305
  고전 공리주의 35~57, 59~61, 66, 77,
  148, 243, 261, 292, 303~304
  규칙 공리주의 89, 306
  급진적 공리주의 개혁가들 48
  주관적 공리주의 148, 173
  행위 공리주의 89, 306

『공산당 선언』(마르크스와 엥겔스)
108~109, 308~312

공산주의 15, 98, 102~103, 108, 113,
116~117, 138~139, 169, 215, 256,
263, 272, 281, 293, 323

공장법(1847) 311

공화주의 118

과두정 250, 257, 330

과세 50, 74, 170, 263, 302, 317

과실 책임주의 93~94, 307

교조주의 98

교환가치 121, 123~124

9·11 테러 98

구조적 자유 146, 172

구조주의 104

『국가』(플라톤) 22, 251, 255~257, 262,
329~330

『국가와 혁명』(레닌) 102, 308

국가주의 235, 247

국민국가 171, 234, 237, 242~245,
284~285

국민 주권 244

『국민 합의의 분석』(뷰캐넌과 털럭) 151,
314, 319, 331, 334

『국부론』(스미스) 109, 119, 309

국제 관계 216, 324

국제재판소 285

군주정 250, 330

권력 분립 248, 270

권력관계 232, 283, 295

권리장전(미국 수정헌법) 176, 217, 318
권리장전(영국) 201
귀족(귀족 계급, 귀족정) 47~48, 54~55, 110~111, 118, 202, 257, 259, 265~266, 330
규범적 탐구 29, 65
그리그스 대 듀크 파워 재판 95
그리스(인) 236, 250~251, 282, 329~330
그린 대 공립학교 교육위원회 재판 95
근대화 214, 217, 323, 336
근본주의 98, 166~167
금권정치 257
기독교 30, 89, 200, 202, 300
기르케, 오토 폰 Gierke, Otto von 157
기술혁신 126, 129~130
기혼 여성 재산법 231
기회 균등 176~178, 182~183

나치즘 13, 148
낙태 94, 196
『남부 정치』(키) 236
남아프리카공화국 49, 218, 236, 238, 244, 283, 323, 328
냉전의 수사 249
네이글, 토머스 Nagel, Thomas 189
노동가치설(마르크스) 61, 103, 119~144, 293, 311, 313
노동 분업 109~110, 117, 309
노동생산성 109, 122, 126, 129

노동자 계급 102~103, 111, 115, 125, 132~133, 135~136, 218
노동자의 상품화 142
노동조합 129, 199
노예제 49, 62, 140, 150, 225, 250
노직, 로버트 Nozick, Robert 46, 147, 150~153, 158, 168~173, 186, 188, 243, 261, 284, 294, 317, 319, 321
녹색당 199
논리실증주의 29, 41
농민 46, 49, 109~111
뇌물 239
능력의 사회화 전략 187, 191~192, 195
능력주의 86, 91, 247
능력주의 Meritocracy, 59?60, 64
니부어, 라인홀드 Niebuhr, Reinhold 199
니체, 프리드리히 Nietzsche, Friedrich 204, 221
니카라과 218
『니코마코스 윤리학』(아리스토텔레스) 22

다문화주의 234, 240~241, 245, 247, 326, 328
다수결 원칙 50, 54, 269, 271~278, 280, 282, 303, 335
다수의 횡포 87, 269~270, 276~282
다원주의 92, 94, 156~162, 165, 181~183, 186, 230, 274, 325, 327
다윈, 찰스 Darwin, Charles 38, 106, 300

달, 로버트 Dahl, Robert 11, 280~281
당파(파벌) 54, 220, 253, 269~270, 276, 303
대법원(미국) 95, 272, 280~282, 313, 331, 336
대처, 마거릿 Thatcher, Margaret 51
대통령제 218~219
던, 존 Dunn, John 249
데카르트, 르네 Descartes, René 16, 23~24, 37, 56, 105, 204~205, 207, 226, 297
도덕 상대주의 157
도덕적 자의성 162~165, 168, 173, 186~197, 279, 293~294
『도덕과 입법의 원칙』(벤담) 43
『도덕과 입법의 원칙에 대한 서론』(벤담) 14, 299~301
도덕법 160
독일 관념론자 106
『독일 이데올로기』(마르크스와 엥겔스) 108, 308~310
독재 102~103, 242, 255, 269, 330
독점 금지 입법 131, 264
동굴 비유 257~258
동물권 138
동유럽 103, 218
듀이, 존 Dewey, John 97, 206~210, 214, 220, 259, 262, 265~268, 291
드워킨, 로널드 Dworkin, Ronald 186~195, 280, 294, 319~320

디 팔마, 주세페 Di Palma, Guiseppe 274
라이커, 윌리엄 Riker, William 270~272, 333
라이프니츠, 고트프리트 Leibnitz, Gottfried 16
라틴아메리카 104, 215, 219
래시, 크리스토퍼 Lasch, Christopher 199
러다이트 199
러시아 103~104, 171, 218, 242, 272
러시아혁명 243
런시먼, W. G. Runciman, W. G. 135
레닌, V. I. Lenin, V. I. 102, 104, 130, 243, 293
레이, 더글러스 Rae, Douglas 11, 279~280
레이건, 로널드 Reagan, Ronald 51, 133, 307
레이파르트, 아런트 Lijphart, Arend 274
렌퀴스트, 윌리엄 Rehnquist, William 95, 307
로마 대 미국 재판 95
로마법 298
로마(인) 62, 118
로머, 존 Roemer, John 140, 318
로빈슨, 조앤 Robinson, Joan 145
로스턴카우스키, 댄 Rostenkowski, Dan 261
로저스 대 로지 재판 95~96
로젠블룸, 낸시 Rosenblum, Nancy 55
로크, 존 Locke, John 16, 26~27, 29~33, 56, 116, 137, 140~142, 148~151, 153~154, 157~158, 162~163, 172, 181~182, 194, 200, 204, 222~223,

230, 232, 243, 293, 298, 336
로티, 리처드 Rorty, Richard 204~208, 221, 228, 291
롤스, 존 Rawls, John 119, 147~148, 151~153, 155~168, 173~189, 192, 195~196, 227, 230, 242~244, 277, 279~280, 284, 290, 292~294, 303, 317, 319, 321
루소, 장자크 Rousseau, Jean-Jacques 18, 54, 116, 149, 154, 185~186, 204, 269, 271, 273, 321~322
루슈마이어, 디트리히 Rueschemeyer, Dietrich 218
『루이 보나파르트의 브뤼메르 18일』(마르크스) 114, 145, 310
루터, 마르틴 Luther, Martin 13
룩셈부르크, 로자 Luxembourg, Rosa 104
『리바이어던』(홉스) 15, 26, 29, 149, 152, 297~298, 315~316
『리비우스의 로마사 논고』(마키아벨리) 118, 311
리오타르, 장프랑수아 Lyotard, Jean-François 204, 221
리카도, 데이비드 Ricardo, David 61, 119, 312
린츠, 후안 Linz, Juan 218
립셋, 시모어 마틴 Lipset, Seymour Martin 217

마르쿠제, 헤르베르트 Marcuse, Herbert 308
마르크스, 카를 Marx, Karl 15, 36, 61, 101~146, 162~163, 172~173, 187, 214, 220, 232, 243, 293, 309~313
마르크스주의 12, 15~17, 33, 101~146, 173, 187, 203, 210, 225~226, 243, 248, 284, 293, 308~309
마셜, T. H. Marshall, T. H. 335~336
마셜, 앨프리드 Marshall, Alfred 60, 63
마오쩌둥 104
마이크로소프트 Microsoft 264
마키아벨리, 니콜로 Machiavelli, Niccollò 116
만델라, 넬슨 Mandela, Nelson 13, 283
만장일치 규칙 97, 277~280, 335
매디슨, 제임스 Madison, James 54, 269~270, 276, 303
매춘 80, 94
매키, 제리 Mackie, Gerry 275
매킨타이어, 앨러스데어 MacIntyre, Alasdair 16, 204, 212, 222, 229, 326
맥베이, 티머시 McVeigh, Timothy 239
머리, 찰스 Murray, Charles 163
『멋진 신세계』(헉슬리) 46
멕시코 페소화 131
멘스 레아 Mens rea 기준 92
명목적 본질 27
모빌 대 볼든 재판 95
모스카, 가에타노 Mosca, Gaetano 105
모어, 토마스 More, Thomas 13

모형 개념(로크) 27, 30
목적론 165, 223
무과실 책임 92~94, 307
무속박적 자아 227~228
무어, 배링턴Moore, Barrington 217
무임승차 40, 300, 335
무정부 상태 185, 276, 330
무정부주의 157, 199, 204, 276
무지의 베일 155, 160, 176, 178, 180
무차별 곡선 68~73, 75, 170, 177~178
『물구나무선 세계』(힐) 199
미국 독립혁명 202
미국 연방수사국FBI 261
미주리 대 젠킨스 재판 95
미헬스, 로베르트Michels, Robert 105
민권법(1964) 307
민법 40, 92, 94
『민법 원칙』(벤담) 39
민주주의 12, 18~19, 33, 48, 54~56, 83, 87, 90, 98, 102, 105, 109, 132, 151, 161, 196, 214~215, 217~221, 227, 231, 247~296, 303, 327~332, 337
『민주주의의 불만』(샌델) 227, 326
밀, 제임스Mill, James 48, 81
밀, 존 스튜어트Mill, John Stuart 41, 81~91, 93, 96~99, 101, 148, 162, 170, 210, 214, 220, 241, 251, 259, 262~263, 265, 269, 276, 280, 291~293, 305~308
밀러, 니컬러스Miller, Nicholas 274

밀스, C. 라이트Mills, C. Wright 105
바스크계 스페인인 236
바이든, 조지프Biden, Joseph 261
반反계몽주의 12, 18, 199~245, 249, 291, 294
반성적 평형(롤스) 151, 184~185
발라, 레옹Walras, Léon 60
배리, 브라이언Barry, Brian 279, 335, 337
배우자 강간 231~232, 240, 327
버거, 워런 E.Burger, Warren E. 95, 307
버닛, 마일스Burnyeat, Miles 256
버크, 에드먼드Burke, Edmund 17, 200~204, 210, 222, 227, 244~245, 249, 294, 321~322
버클리, 조지Berkeley, George 16
벌린, 이사야Berlin, Isaiah 118
범죄 14, 43, 92, 94, 208~209, 231, 233, 285, 323
『법률』(플라톤) 330~331
법리상 기준 95
법치국가Rechtstaat 285
베네수엘라 219
베버, 막스Weber, Max 105, 207, 220, 284, 325
베이컨, 프랜시스Bacon, Francis 23, 56
벤담, 제러미Bentham, Jeremy 14~15, 35~60, 67~68, 76~81, 87, 89, 91, 105~107, 151, 179~180, 214, 220,

223, 300~302, 305
변증법적 결정론 107~113
보부아르, 시몬 드 Beauvoir, Simone de 224
보수주의 부활(1980~1990년대) 214
보통선거권 48, 54, 231, 282
본성 대 양육 논쟁 163
봉건제 109~111, 239
부르주아 57, 102, 109~110, 118, 131~132, 138, 217, 312
부시, 조지 W. Bush, George W. 331
부의 재분배 46~51, 54, 57, 60, 73~74, 78~79, 131, 170, 178, 180, 187, 245, 254, 282, 304
부족주의 98
부패 55, 240, 247, 251, 253~254, 256, 258, 261~262, 266
북아일랜드 171, 236, 328
북한 103
불법행위(법) 92~94, 170, 287~288, 306, 316, 335
불변자본 125, 130
불이익한 결과 주장 95, 307
불평등 47, 57, 78, 112, 134, 138, 162~164, 169~170, 176, 178, 183, 191
뷰캐넌, 제임스 Buchanan, James 151, 186, 276~277, 279~280, 294, 319, 334~335
비지배 232, 239, 245
빅셀, 크누트 Wicksell, Knut 60, 63
빈곤(층) 80, 133, 168, 181

사르트르, 장폴 Sartre, Jean-Paul 224
사법 체계 232, 286, 306
사실상 De facto 기준 95
사실주의자 213
사용가치 121, 123~124
사하라 이남 아프리카 263
사회계약론 12, 15~17, 30, 33, 116, 146~197, 202, 227, 243, 248, 272, 279
『사회계약론』(루소) 18, 303, 310, 333
사회과학(자) 62, 65, 105, 115, 211~214, 327
사회다윈주의 304
사회적 권리 91, 335~336
사회주의 15, 102~103, 108, 111~113, 132, 138, 140, 163, 180, 216, 243, 293, 299
사회후생함수 271, 273
상대적 박탈감 명제 135
상대주의 157, 206
상품 71, 120~124, 136~137, 177, 179, 308
상품화 142
샌델, 마이클 Sandel, Michael 222, 227~229, 326
생계 농업 108~109
생계 수준의 임금 126, 129
생산력 108, 113~114, 138, 309
생산성 109, 122, 126, 129~130, 182
생산수단 108, 117, 125, 144, 146~147

생산양식 107, 109, 111, 117, 135
선거권 48, 95, 282
선거권법(1965) 307
선거권법(1982) 96
설문 조사 254
성경 32~33
세계정부 242, 285
세계주의 102, 225, 240, 243, 247, 284~285, 337
세계화 220, 328
세속주의 157
센, 아마티아 Sen, Amartya 189
소련 256
소수집단 209, 240~242, 244, 274, 301
소수자 우대 정책 183, 319
소외 142, 167, 274, 309
소유권 30, 40, 140~141, 147, 162~164, 173, 190, 231, 270, 278, 280, 282, 317
소크라테스 Socrates 13, 251~252, 256~257, 332
소피스트 252~253
속박적 자아 228
송, 세러 Song, Sarah 242~243
수리과학 25
수아레스, 프란시스코 Suarez, Francisco 299
수요와 공급 121, 123, 311
수정헌법 제1조(미국) 166~167, 331, 337
수학 25~26, 28, 65, 255
『수학 교수들에게 주는 여섯 가지 교훈』(홉스) 25
『순수이성비판』(칸트) 23, 297
순응 46, 85~86, 201
슈거트, 매슈 Shugart, Matthew 219
슘페터, 조지프 Schumpeter, Joseph 262~263, 331
스라파, 피에로 Sraffa, Pierro 136
스미스, 로저스 Smith, Rogers 216
스미스, 애덤 Smith, Adam 61, 109~110, 119, 130~131
스완 대 샬럿 메클렌버그 교육위원회 재판 95
스코틀랜드 286
스키너, 퀜틴 Skinner, Quentin 157, 299
스탈린, 이오시프 Stalin, Joseph 203
스트라우스, 레오 Strauss, Leo 223, 256, 259
스티븐스, 존 Stephens, John 218
스티븐슨, 찰스 L. Stevenson, Charles L. 41~42, 65, 106, 156
스파르타 255
스피노자, 바뤼흐 Spinoza, Benedict 16
시계 제작 비유 30
시민권 282~284, 286
『시민적 이상』(스미스) 216
시애틀 추장 188
시장 체계 72, 124, 140, 144~146
시장 행동 68, 70
시지윅, 헨리 Sidgwick, Henry 303
신고전파 가격 이론 60

신마르크스주의 140, 144, 203, 293
신의 의지 26, 30, 106, 141
신의 자연권 30~31
신정 국가 167
신칸트주의 185
신학 26, 30~32, 141, 157, 160, 197, 222
실용주의 204, 207, 213
실재적 본질 27
싱어, 피터 Singer, Peter 80, 336

아니슨, 리처드 Arneson, Richard 189
아도르노, 테오도어 Adorno, Theodor 308
아리스토텔레스 Aristotle 22, 106, 149, 157, 330
아리아인 지상주의 46
아메리카 원주민 150, 171
아이히만, 아돌프 Eichmann, Adolph 13~14, 297
아인슈타인, 알베르트 Einstein, Albert 28
아일랜드 200, 202
아퀴나스 전통 298
아테네 민주주의 250~251, 329
아파르트헤이트(남아프리카공화국) 49, 171, 176, 236, 244, 283, 328
안락사 60, 80
안식일 엄수 입법 91
알레뷔, 엘리 Halévy, Elie 48, 54, 57
알제리 전쟁 224
암묵적 동의(로크) 150~151, 243

애국주의 235
애로, 케네스 Arrow, Kenneth 269~271, 273~274, 295
애커먼, 브루스 Ackerman, Bruce 11, 151~152, 248, 280
애플 컴퓨터 131
액턴 경 Acton, Lord 262
앤더슨, 베네딕트 Anderson, Benedict 235
앱스캠 함정수사 261
언론 자유 85, 89, 184
『언어, 논리, 진리』(에이어) 28, 298
언어의 수행적 측면 211
에이어, A. J. Ayer, A. J. 28~29, 41, 337
에이즈 AIDS 139, 209
에지워스 상자 도표 76, 78
에지워스, 프랜시스 Edgeworth, Francis 60, 63
엥겔스, 프리드리히 Engels, Friedrich 36, 108~109, 299, 309
여론 조사 252
여론 조작 252, 254
여성주의 104, 143, 204, 231, 309
역사적 유물론 105~119
『연방주의자 논집』 269, 276, 303
『열린 사회와 그 적들』(포퍼) 255, 330~332
영향받는 이해 당사자 원칙 283, 286~287, 294
오스틴, J. L. Austin, J. L. 211
오펠리머티(파레토) 63

와인개스트, 배리 Weingast, Barry 270~272
외국인 혐오증 235
외부 비용 277
외부효과 91, 93, 279, 306, 335
우루과이 219
『우리 시대의 개인성』(듀이) 267
우생학 45, 99
울프, 로버트 폴 Wolff, Robert Paul 185, 319
워런, 얼 Warren, Earl 95, 281, 307, 336
원형(로크) 27
월저, 마이클 Walzer, Michael 222, 224~226, 228, 233~234, 239~240, 245, 326~327
웨일스 286
위계질서 216, 229, 255
위해계 89, 94, 98~99, 194, 292
위해 원칙(밀) 82~84, 86~88, 90~93, 96~98, 101, 148, 170, 241, 292, 306
유고슬라비아 171
유권자 48, 56, 161, 201, 217, 262~265, 269~270, 335
유대인 14, 46, 237~238
유럽연합 286
유물론적 역사 이론 103, 113, 310
윤리학 23~24, 28~29, 65
의무론적 정의관(롤스) 165~166, 175, 230
의사결정 비용 277~279
의지계 195
의지 중심주의 26~27, 224
『의회 개혁 방안』(벤담) 48

의회제 218~219
2차대전 50, 103, 255, 268, 302
이상적 담화 상황(하버마스) 152
이스라엘 14, 171
이행성 66~69, 270, 273, 304, 334
인간 가치에 대한 (타인) 준거 이론 133~135, 225
인간 능력 187, 189, 320
인간 심리 38, 106, 185~186, 225
『인간론』(홉스) 25
인과적 이론(마르크스) 116
인구 증가 220
인권 217, 241, 249, 278
인도 218, 263
인식론 24, 26~27, 31, 205, 207, 266, 268, 273
인종 간 결혼 99
인종 격리 폐지 95
인종주의 236
1달러 나누기 게임 303
일본 218, 263
일부다처제 91, 238
임금 80, 112, 120, 123~126, 129, 131, 134, 142~143, 145, 147, 172, 176, 318, 327
잉여가치 노동 이론(마르크스) 120~128
잉여 노동시간 대 필요 노동시간 126~127

자기 이익 41, 54~56, 66

자기중심주의 40, 42, 66
자본 108, 125~131, 291
자본가 계급 110, 120, 124~125, 128~129, 133, 142, 144
『자본론』(마르크스) 119~120, 308, 311~312
『자본주의, 사회주의, 민주주의』(슘페터) 262, 331
자본주의 15, 61, 102~103, 108~109, 111, 113, 117, 120, 122, 125~126, 128~133, 135, 138, 140, 142, 145, 180, 243, 308~309, 312
자아 17, 223, 227~228
자연권 29~31, 37
자연법 26~27, 29~33, 37, 56~57, 68, 106, 116, 141, 153, 157, 200, 204, 222~223
『자연법론』(로크) 29
자연적 정체성의 원칙 54
자연주의 이론 38, 106
자원주의 173~181, 318
자유의지 32, 56, 106, 195, 212~213
『자유론』(밀) 81, 84, 86~89, 91, 98~99, 291, 305~306, 333
『자유와 문화』(듀이) 267
자유주의 81, 102, 118, 204, 226~227, 239, 241~242, 247~248, 284, 317, 333
자유주의적 문화주의 224, 240
자유지상주의 57, 59, 67, 92, 271~273, 292, 311
자율 30, 46, 67, 83, 88, 113~119, 162, 185~186, 194, 238, 240~241, 245, 292, 308
장애(인) 22, 45~46, 155, 163, 190, 196, 301, 320
'재능의 노예' 문제 190
전략적 선택 모형 216
전위주의 vanguardism 289~290, 293~294
전쟁 40~41, 50, 103, 148~149, 171, 216, 224, 237, 255, 268, 285, 302, 322, 324
전족 206
전체주의 98, 203, 255~256
절대주의 157, 160, 258, 266, 268, 273, 289, 291, 295
정당 260, 262~264
'정립, 반정립, 종합' 공식 107, 309
정서주의자 106
『정신현상학』(헤겔) 326
정의 Justice 147~148, 151, 155~156, 159~160, 163~168, 170~171, 173, 175~176, 186~187, 189, 191, 194, 196~197, 225, 229, 233~234, 239, 244~245, 255~257, 260, 272, 281, 284, 301, 335
『정의론』(롤스) 158, 167, 175, 180, 244, 303, 314~319
『정의와 다원적 평등』(월저) 238, 326~328
정치경제학 61, 64~66, 121, 128, 181

『정치경제학과 과세의 원리에 대하여』(리카도) 119~120
『정치경제학 제요』(파레토) 61, 65
정치생활의 모형으로서의 가족 228~233
정치학 73, 104, 203~204, 214~218, 220, 254, 274
『정치학』(아리스토텔레스) 314, 330
제국주의 130~131
제번스, 윌리엄 Jevons, William 60
제3의 물결 민주주의 263, 327
제작자적 이상 24~27, 33, 137, 140~142, 173, 187~188, 192, 195~196, 200, 293
제조물 책임 93~94
제헌의회 248, 277, 279~280
『종형 곡선』(헌스타인과 머리) 163
좋음 Good 159, 165~166, 173~175, 223, 226~227, 231, 255, 257
좌파 168~170, 204, 224, 263
주관주의 42
주권(자) 32, 37, 82, 153~154, 195, 243~245, 251, 286
주의주의(의지 중심주의) 26~27, 30, 212~213, 222
줄루족 171, 236, 328
중국 103~104
중동 237~238
중산층 135, 178
중첩적 합의 159~161, 166, 196~197, 290, 294

지구온난화 181, 220
진리 18, 61, 84, 86, 205~206, 220~221, 249~269, 289~291, 295, 332
진보주의자 97, 199, 332
진실성 19, 24, 46
질병 208~209
짐바브웨 171
집단 살해 60, 206
집단주의적 목적론 223
집합체의 정신 48

차등(최소 극대화) 원칙 176~183
차별 95, 118, 176, 307, 322
착취 15, 40, 46, 80, 92, 103, 108~109, 111, 117, 119~120, 123, 126~128, 133~144, 146, 148, 173, 240, 293, 309
착취계 142, 194, 293
창조자적 지식 이론 26, 28
처칠, 윈스턴 Churchill, Winston 268
철인왕 251, 255, 290
『철학 그리고 자연의 거울』(로티) 204, 322
체임벌린, 월트 Chamberlain, Wilt 169, 172~173, 178
최대 행복 원칙(벤담) 15, 36, 45, 47, 59, 62, 67, 76~78, 179~180
최소 수혜자로서의 개인 119, 167~168, 173, 176, 178, 180, 182, 317
최소 심사 318
취향 이론 61, 64, 192~194

칠레 218~219

카나체, 다마리스 Canache, Damarys 313
카너먼, 대니얼 Kahneman, Daniel 134
카라마조프, 이반 Karamazov, Ivan 157, 221
카뮈, 알베르 Camus, Albert 224~225, 233, 239
카우츠키, 카를 Kautsky, Karl 104
카트라이트 소령 Cartwright, Major 48
칸트, 이마누엘 Kant, Immanuel 16, 23~24, 160~161, 167, 204~205, 207, 242, 326
칼라브레시, 귀도 Calabresi, Guido 93~94
케인스, 존 메이너드 Keynes, John Maynard 131, 317
코기토('나는 생각한다. 그러므로 나는 있다') 23~24, 37, 226
코널리, 윌리엄 Connolly, William 221
코빗, 윌리엄 Cobbett, William 302
코언, G. A. Cohen, G. A. 144, 146, 189, 194~195, 280, 313, 321
콜롬비아 242
콩도르세 후작 Condorcet, Marquis de 269
쾌락/고통 35, 37~46, 56, 301
쿠르드족 234
쿠바 103
클린턴, 빌 Clinton, Bill 131, 260, 331
키, V. O. Key, V. O. 236
키넉, 닐 Kinnock, Neil 261
키르쿰켈리온(기독교) 300

킴리카, 윌 Kymlicka, Will 222, 224, 234, 240~242, 245

탈구조주의 104
탈근대주의 17, 204~205, 207, 210~211, 213, 290, 294
턱, 리처드 Tuck, Richard 157
털럭, 고든 Tullock, Gordon 151, 186, 276~277, 279~280, 294, 319, 335
털리, 제임스 Tully, James 157
테일러, 찰스 Taylor, Charles 17, 222~223, 234
토대론 210, 291
토크빌, 알렉시 드 Tocqueville, Alexis de 87, 216~217, 220, 269, 276, 280~281, 292
통념을 뛰어넘으려는 시도 85, 87, 89, 97~98, 146, 217, 231, 249~250, 327
『통치론』(로크) 16, 30, 32, 162, 232, 298~299, 313~316, 318
투표(권) 18, 83, 161, 231, 251, 263, 269~270, 275, 286, 303, 333, 335, 337
투표의 순환성 270, 275
트럼프, 도널드 Trump, Donald 193
트로츠키, 레온 Trotsky, Leon 104, 203
트버스키, 아모스 Tversky, Amos 134
특수 이익(집단) 54~55, 260

파레토, 빌프레도 Pareto, Vilfredo 60~80, 83~84, 92, 96, 101, 119, 133, 144~145,

172, 178~180, 243, 262~263, 304, 335
파레토-결정 불가능한 변화 73~74, 78, 80, 180
파레토-열등 72~74
파레토-우월 72, 74~75, 77, 80, 144, 172, 180, 304
파레토 원칙 74, 76~77, 96, 101, 119, 133, 178~179
파레토-최적 73, 78, 335
파시즘 98, 148, 221
팔레스타인 171, 237
페루 219
페티 경, 윌리엄 Petty, Sir William 119, 311
편견 84, 96, 98, 251, 254, 259, 265, 268
평등/불평등 47, 49~50, 53, 57, 78, 85, 103, 112, 134, 138, 162~164, 169~170, 176, 178, 183, 191~192, 200, 216~217, 232, 238, 240, 247, 251, 256, 263, 280, 320~321, 327~328
포르투갈 218
포스너, 리처드 Posner, Richard 94, 301
포이어바흐, 루트비히 Feuerbach, Ludwig 103
포칵, J. G. A. Pocock, J. G. A. 157
포퍼, 칼 Popper, Karl 28, 255~256, 258, 298, 332
폴리비오스 Polybius 330
표적 집단 254
푸펜도르프, 사무엘 폰 Pufendorf, Samuel von 27, 298

풍요/초풍요 138~139
프랑스 중농주의자 119
프랑스혁명 200~201, 227
프랑스, 아나톨 France, Anatole 118
프랑스 118~119, 224, 235
프랑크푸르트 학파 104
프로이센 107~108
프롤레타리아 102~103, 109, 111, 114, 117~119, 126, 133, 144~145
프루동, 피에르조제프 Proudhon, Pierre-Joseph 199
프리먼 대 피츠 재판 95
프셰보르스키, 아담 Przeworski, Adam 217, 219, 274
플라톤 Plato 22, 106, 223, 251~260, 262, 265~266, 268~269, 273, 289, 330, 332
피구, 아서 Pigou, Arthur 90, 306
피콕, 앨런 302
피히테, 요한 고틀리프 Fichte, Johann Gottlieb 309
필머 경, 로버트 Filmer, Sir Robert 32, 140, 162

하버마스, 위르겐 Habermas, Jürgen 151~152, 308
하벨, 바츨라프 Havel, Vaclav 13
하사니, 존 Harsanyi, John 165, 185~186, 319
하츠, 루이스 Hartz, Louis 216

하트, 게리 Hart, Gary 261
학생운동(1960년대) 214
한계효용체감의 법칙 47, 50~53, 66, 68~69, 304
합리적 행위자 모형 215
해방 운동 248
해석학 206
해체주의 104
핵 확산 220
핸드, 러니드 Hand, Learned 164, 316
햄버거, 조지프 Hamburger, Joseph 306~307
행위자성 56~57, 105~119
허시먼, 앨버트 Hirschman, Albert 230
헉슬리, 올더스 Huxley, Aldous 46
헌법(미국) 150, 166~167, 176, 276, 318, 331, 336~337
헌법 체계 215, 248
헌스타인, 리처드 Herrnstein, Richard 163
헌트, 헨리 Hunt, Henry 302
헌팅턴, 새뮤얼 Huntington, Samuel 262
헤겔, G. W. F. Hegel, G. W. F. 106~107, 113, 225~226, 309
헬드, 데이비드 Held, David 285
현 상태 Status quo 71~75, 77~78, 80, 97, 101, 133, 169, 177, 180, 236, 240, 271, 274~275, 279~280, 303~304
현시선호 이론 70
현실의 사회적 구성 명제 237
협의 민주주의 274

형법 40, 43, 92~94, 240
형사 사법제도 233
호르크하이머, 막스 Horkheimer, Max 308
호텔링, 해럴드 Hotelling, Harold 331
홉스, 토머스 Hobbes, Thomas 15, 25~27, 29, 32, 106, 119, 149, 152~154, 156, 158, 185~186, 298, 311, 315
홉슨의 딜레마 91
화폐 43~44, 52, 54, 123~125, 130, 302~303
확실성 7, 18, 23, 27~29, 42, 56, 60, 204~207
환경주의 단체 199
효용 이동 279
효율성 68, 122, 182, 285, 293, 316
훔볼트, 빌헬름 폰 Humboldt, Wilhelm von 83
휴버, 이블린 Huber, Evelyne 218
흄, 데이비드 Hume, David 16, 26, 28, 41~42, 106, 156, 300~301
히틀러, 아돌프 Hitler, Adolf 239, 256, 308
힐, 크리스토퍼 Hill, Christopher 199

지은이 이언 샤피로 Ian Shapiro
남아프리카공화국 출신의 정치철학자로 예일 대학 정치학과 교수이다. 1956년 요하네스버그에서 태어나 16세 때 영국으로 이주해 브리스틀 대학에서 철학과 정치학을 공부한다. 이어 예일 대학 정치학과에 들어가 1983년 박사학위를 받는다. 1984년부터 예일 대학에서 가르치기 시작해 1992년 정교수, 2005년 스털링 명예교수에 오른다. 주요 저서로 『민주적 정의』(1999), 『인문과학의 현실도피』(2005), 『민주주의 이론의 실세계』(2010)가 있고 미국정치·법철학회 연감 『노모스NOMOS』를 8년간 편집했다.

옮긴이 노승영
서울대 영문과를 졸업하고 서울대 대학원 인지과학 협동과정을 수료했다. 역서로 피터 싱어 『이렇게 살아가도 괜찮은가』, 잭 골드스톤 『혁명』, 리처드 토이 『수사학』, 토머스 캐스카트 『누구를 구할 것인가?』, 잭 이브라힘 외 『테러리스트의 아들』, 이반 일리치 『그림자 노동』, 조너선 실버타운 『늙는다는 건 우주의 일』, 재런 러니어 『미래는 누구의 것인가』 등이 있다.

오픈예일코스
정치의 도덕적 기초

1판 1쇄 2017년 2월 6일
1판 4쇄 2024년 4월 25일

지은이 이언 샤피로 | **옮긴이** 노승영
책임편집 김영옥 | **편집** 김형균 오윤성 송지선 고원효
디자인 김현우 유현아 | **저작권** 박지영 형소진 최은진 서연주 오서영
마케팅 정민호 서지화 한민아 이민경 안남영 왕지경 정경주 김수인 김혜원 김하연 김예진
브랜딩 함유지 함근아 고보미 박민재 김희숙 박다솔 조다현 정승민 배진성
제작 강신은 김동욱 이순호 | **제작처** 영신사

펴낸곳 (주)문학동네 | **펴낸이** 김소영
출판등록 1993년 10월 22일 제2003-000045호
주소 10881 경기도 파주시 회동길 210
전자우편 editor@munhak.com | 대표전화 031) 955-8888 | 팩스 031) 955-8855
문의전화 031) 955-3576(마케팅) 031) 955-3572(편집)
문학동네카페 http://cafe.naver.com/mhdn
인스타그램 @munhakdongne | 트위터 @munhakdongne
북클럽문학동네 http://bookclubmunhak.com

ISBN 978-89-546-4398-6 04340
978-89-546-4397-9 (세트)

잘못된 책은 구입하신 서점에서 교환해드립니다.
기타 교환 문의 031) 955-2661, 3580

www.munhak.com